KB174368

[개정판]

# 오라클 DATABASE **11g**와
## 함께하는
# **SQL**과 **PL/SQL**

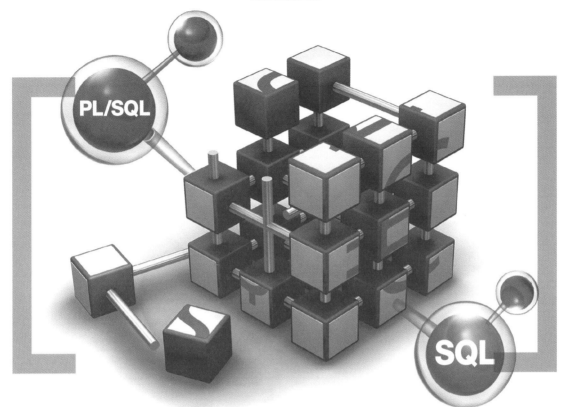

PL/SQL

SQL

# 오라클 DATABASE 11g와
## 함께하는

조행남 지음

# SQL과 PL/SQL

컴원미디어

# 머리말

컴퓨터 응용기술의 꽃이라 불리는 정보시스템에서 가장 기본적이고 중요한 분야가 데이터베이스이며, SQL과 PL/SQL은 관계형 데이터베이스 언어이다. 이러한 언어의 구사능력과 활용도는 매우 중요하나 초심자가 쉽게 이해하고 실무에 응용할 수 있는 교재는 많지 않은 것 같다. 그동안 SQL과 PL/SQL, JSP 프로그래밍 등을 강의해 오면서 쉽게 이해하고 학습할 수 있는 강의 교재를 집필하려고 노력해 왔다.

이 책은 오라클 8i 기반에서 집필한 "개발자를 위한 ORACLE SQL과 PL/SQL"을 모태로 "오라클 DATABASE 11g와 함께하는 SQL과 PL/SQL"로 발간한 1판 3쇄의 "개정판"이다. 계속 발표되는 SQL 표준문법과 소홀했던 문법들을 발췌하여 편집하고, 학습자들의 이해도와 요구사항들을 바탕으로 "초심자 학습서와 프로그래머가 실무에 응용할 수 있는 참고서"를 목표로 개정하였다.

이 책은 Oracle Database 11g 데이터베이스 서버를 기반으로 클라이언트에 설치한 SQL*Plus 오라클 도구로 접속하여 학습하도록 집필한 교재이다. 1판 3쇄의 일부는 삭제하거나 장의 순서를 변경하고, 각 장을 보완하고 1장을 추가, 그리고 SQL의 중요성을 고려하여 5장부터 14장까지 연습문제Ⅱ를 새롭게 추가하여 총19장으로 개정하였다.

제1부는 SQL에 대한 데이터베이스 개념, 데이터베이스 설계와 DB 서버, SQL*Plus 사용법, 데이터타입과 데이터 무결성, SQL문법, SQL함수, 조인, 서브 쿼리, 시퀀스와 뷰, 인덱스. SQL 최적화 개요의 14장이며, 예제 중심으로 학습하도록 기본 예제 283개, 연습문제Ⅰ 81개, 연습문제Ⅱ 114개로 대폭 개정하였고, 제2부는 PL/SQL에 대한 PL/SQL 기초, 서브 프로그래밍, 고급 프로그래밍, 데이터베이스 트리거의 4장으로 구성하여 예제 55개, 연습문제 11개를 보완하였다.

제3부는 오라클 서버, 사용자 생성과 권한 등 관리자 기능을 예제 중심으로 편집하였다.

이 책은 SQL과 PL/SQL의 학습방법으로 다음과 같은 부분에 중점을 두고 개정하였다.

첫째, 업무 이해도가 높은 학사관리와 쇼핑몰관리 업무를 토대로 SQL과 PL/SQL의 기본 예제와 연습문제Ⅰ, 연습문제Ⅱ를 단계적으로 학습하고 응용력을 향상시키도록 하였다.

둘째, 다양한 SQL과 PL/SQL을 학습하는데 최소의 테이블을 사용하고, 난해한 설명보다 그림이나 표를 사용하여 이해력을 높이려고 하였다.

셋째, 모든 예제는 반드시 단계적으로 실행해야 동일한 결과가 출력되도록 하였다.

끝으로, 이 책이 나오기까지 도움을 주신 컴원미디어 대표님과 직원들에게 감사드린다.

2018년 8월
저자 씀

# 학습자를 위한 팁

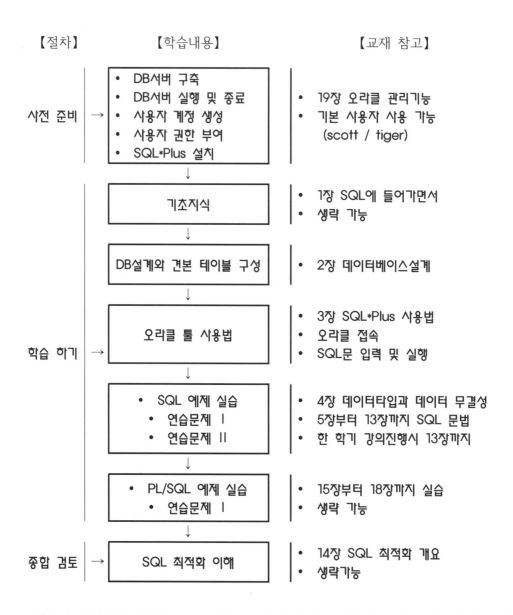

【절차】　　　　　【학습내용】　　　　　　　【교재 참고】

**사전 준비** →
- DB서버 구축
- DB서버 실행 및 종료
- 사용자 계정 생성
- 사용자 권한 부여
- SQL*Plus 설치

- 19장 오라클 관리기능
- 기본 사용자 사용 가능
  (scott / tiger)

↓

**학습 하기** →

기초지식
- 1장 SQL에 들어가면서
- 생략 가능

↓

DB설계와 견본 테이블 구성
- 2장 데이터베이스설계

↓

오라클 툴 사용법
- 3장 SQL*Plus 사용법
- 오라클 접속
- SQL문 입력 및 실행

↓

- SQL 예제 실습
- 연습문제 Ⅰ
- 연습문제 Ⅱ

- 4장 데이터타입과 데이터 무결성
- 5장부터 13장까지 SQL 문법
- 한 학기 강의진행시 13장까지

↓

- PL/SQL 예제 실습
- 연습문제 Ⅰ

- 15장부터 18장까지 실습
- 생략 가능

↓

**종합 검토** →

SQL 최적화 이해
- 14장 SQL 최적화 개요
- 생략가능

※ 5장부터 13장까지 예제가 상호 연관되어 있기 때문에 중간에 예제를 생략할 경우 실행이 되지 않거나, 결과가 다르게 나올 수 있습니다.

※ 7장의 예제, 연습문제 1, 연습문제 2를 생략하면 8장부터 결과가 다르게 나올 수 있습니다.

# 차 례

## Part Ⅰ. SQL

## Chapter 1. SQL에 들어가면서

## Chapter 2. 데이터베이스 설계와 DB 서버

## Chapter 3. SQL*Plus 사용법

# Chapter 4.　데이터타입과 데이터 무결성

# Chapter 5.  테이블 설계

# Chapter 6.  데이터베이스 검색

# Chapter 7.  데이터베이스 수정

# Chapter 8.  단일 행 SQL 함수

# Chapter 9.   다중 행 SQL 함수

# Chapter 10.  조인

# Chapter 11.  서브 쿼리

# Chapter 12.  시퀀스와 뷰

# Chapter 13. 인덱스

# Chapter 14.  SQL 최적화 개요

# Part II.  PL/SQL

## Chapter 15.  PL/SQL 기초

# Chapter 16. PL/SQL 서브프로그래밍

# Chapter 17. PL/SQL 고급 프로그래밍

# Chapter 18. 데이터베이스 트리거

# Part III.  Oracle Administrator

## Chapter 19.  오라클 관리 기능

# SQL

# Chapter 01

## SQL에 들어가면서

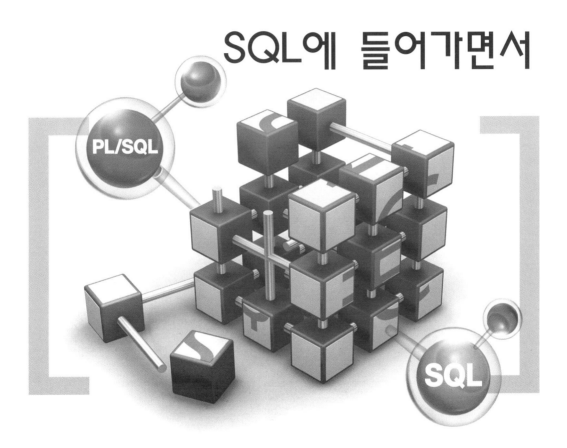

# 1.1 데이터베이스의 등장 배경

1946년 미국 펜실베이니아 대학교의 J.W.모클리와 P.에커트가 공동 설계하여 완성한 세계 최초의 진공관 컴퓨터 ENIAC(Electronic Numerical Integrator And Calculator)이 탄생하면서, 컴퓨터가 우리 생활의 필수도구가 되기까지에는 많은 발달이 있었다. 특히, 컴퓨터가 과학•기술 분야뿐만 아니라 회계 관리, 인사관리, 생산관리, 판매관리 등에 이용되면서 1960년대 중반에 컴퓨터 연구가들이 애플리케이션 프로그램(application program)에서 데이터의 중복이 많고, 주어진 데이터 처리 위주로 하는 파일 처리 시스템(file processing system)에서

- 정보 검색과 복잡한 데이터 관리의 불편 해소
- 다양한 정보를 신속하게 수집하여 가공 저장하고, 쉽게 검색할 수 있는 방법의 필요성

에 대한 사회적 요구와

- 하드웨어의 소형화와 가격의 저렴화
- 신뢰성 향상
- 대용량의 기억장치와 자기 디스크의 실용화
- 고속의 연산장치
- 데이터통신 기술의 발달 등

컴퓨터 하드웨어기술이 발달되면서,

데이터베이스(Database)라는 새로운 개념의 처리 방법이 탄생되었다.

그림 1.1　세계 최초의 진공관 컴퓨터인 ENIAC

# 1.2 데이터베이스 시스템

조직을 운영하는 현실세계에는 많은 정보들이 산재해 있으며, 이를 운영하기 위한애플리케이션 프로그램을 작성하고 이를 정보시스템이라 부른다. 현실세계의 업무들을 처리하기 위하여 추출 가공한 정보를 데이터(data)라 한다. 초기의 파일 처리 시스템들은 데이터를 파일로 저장하고 관리하여 왔다. 처리 업무가 증가하면서 이러한 정보를 가공하여 저장 관리하기 위한 문제점이 발생되고, 새로운 개념의 저장 방법이 필요하게 되었으며, 데이터베이스는 이러한 문제점을 해결해 줄 수 있는 새로운 개념으로 출현되었다.

● **데이터베이스 시스템(Database System)**

데이터베이스 시스템이란 데이터를 중앙에서 통제할 수 있게 하여 데이터의 중복이나 불일치성을 없애고, 데이터를 여러 사용자가 공동 이용하게 하며, 데이터에 접근하는데 비밀 유지가 되게 하는 시스템을 말하며, 데이터베이스가 저장되는 하드웨어(hardware), 데이터베이스(Database)와 데이터베이스 관리 시스템(Database Management System), 사용자(User), 데이터베이스 언어(Database Language), 데이터베이스 관리자(Database Administrator)를 포함한다.

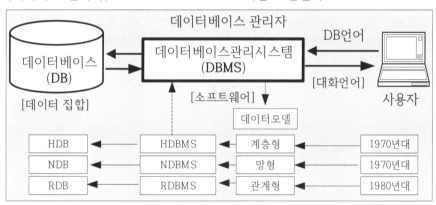

그림 1.2 데이터베이스 시스템

# 1.2.1 데이터베이스 관리 시스템

데이터베이스 관리 시스템 (Database Management System 혹은 DBMS)이란 '사용자가 데이터베이스의 생성, 유지 및 사용을 제어하는 프로그램의 집합', 즉 사용자와 데이터베이스를 연결시켜주는 소프트웨어 시스템을 말한다.

### ● 데이터 모델 (Data Model)

데이터 모델(Data Model)이란 데이터베이스를 설계하고 관리할 때 필요한 기법의 기초를 제공하기 위해 구성되는 것으로, 데이터와 데이터 간의 관계를 어떻게 표현하고 저장하는가에 따라 계층형 데이터 모델(Hierarchical Data Model), 망형 데이터 모델(Network Data Model), 관계형 데이터 모델(Relational Data Model), 객체지향형 데이터 모델(Object Oriented Data Model)로 구분한다.

일반적으로 데이터베이스관리시스템(DBMS)은 하나의 데이터 모델을 적용하여 소프트웨어를 개발한다. 예를 들어, 계층형 데이터 모델(Hierarchical Data Model)을 적용하여 개발한 DBMS를 HDBMS(Hierarchical Database Management System)라 부르고, 관계형 데이터 모델(Relational Data Model)을 적용하여 개발한 DBMS를 RDBMS(Relational Database Management System)라 부른다.

## 1.2.2 데이터베이스

데이터베이스(Database 혹은 DB)란 '어느 특정 기업체 조직의 응용 시스템에서 사용하기 위해 저장된 데이터의 집합'으로
- 동일한 데이터들이 원칙적으로 중복되지 않는 통합된 데이터이다.
- 컴퓨터가 액세스하여 처리할 수 있는 저장 장치에 수록된 저장된 데이터이다.
- 그 기능을 수행하는데 반드시 유지해야 할 데이터베이스에 저장된 운영 데이터이다.
- 여러 응용 시스템들이 공동으로 소유하고 유지하며 이용하는 공용 데이터이다.

데이터베이스는 어떤 종류의 DBMS 소프트웨어 시스템을 사용하는가에 따라 다르게 생성된다. HDBMS 소프트웨어를 사용하면 계층형 데이터베이스(Hierarchical Database 또는 HDB)가 생성되고, RDBMS 소프트웨어를 사용하면 관계형 데이터베이스(Relational Database 또는 RDB)가 생성된다.

## 1.2.3 데이터베이스 언어

데이터베이스 언어란 DBMS와 사용자간의 대화 언어이며, 데이터베이스를 정의하고 접근하기 위한 시스템과의 통신수단을 말한다. 데이터베이스 언어는 DBMS 제품에 따라 사용언어가 다르며, 처리 기능에 따라 데이터 정의어, 데이터 조작어, 데이터 제어어로 구분한다.

### 1.2.4 사용자

사용자는 데이터베이스 언어 등으로 데이터베이스에 접근하는 최종 사용자와 언어 구사능력을 갖춘 응용 프로그래머, 개체(entity)나 관계들을 정의하고, 데이터베이스를 구축하는 데이터베이스 설계자(Database Designer), 시스템의 관리, 운영 등을 총괄하는 데이터베이스 관리자(Database Administrator)가 있다.

## 1.3 관계형 데이터베이스 시스템

관계형 데이터 모델(Relational Data Model)의 원칙은 1970년 6월 E.F.Codd 박사의 논문 "A Relational Model of Data for Large Shared Data Bank"에서 관계형 데이터베이스를 이루는 요소로 릴레이션(relation), 속성(attribute), 도메인(domain), 관계 연산자 등에 대해 처음으로 정리되었고, 1970년대부터 계층형 데이터 모델과 망형 데이터 모델을 적용한 DBMS가 주류를 이루어 사용되었으나, 관계형 데이터 모델을 적용한 관계형 데이터베이스 관리 시스템(Relational Database Management System)이 출현하면서 이해하기 쉽고, 데이터 조작 면에서 명확하다는 장점으로 1980년대부터 가장 많이 사용되고 있다.

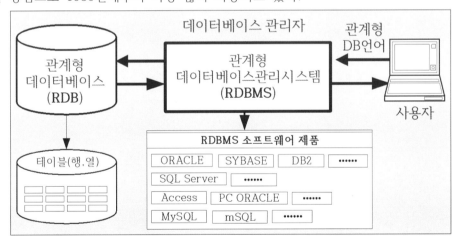

그림 1.3  관계형 데이터베이스 시스템

### 1.3.1  관계형 데이터베이스 시스템

관계형 데이터베이스 시스템(Relational Database System)이란 관계형 데이터베이스 관리 시스템(RDBMS), 관계형 데이터베이스(RDB), 관계형 데이터베이스 언어, 사용자, 데이터베이스 관리자를 말하며, 현재 운용되고 있는 대부분의 데이터베이스 시스템 환경이다.

## ● 관계형 데이터베이스 관리 시스템

많은 소프트웨어 개발 업체에서 관계형 데이터 모델을 적용한 상업용의 관계형 데이터베이스 관리 시스템(Relational Database Management System, RDBMS)을 발표하였다. 상업용 RDBMS의 제품들은 범용(enterprise), 소규모용(workgroup), PC용으로 구분되며, 대표적인 범용의 제품으로 Oracle[오라클], DB2[IBM], Sybase[Sybase] 등이 있고, 소규모용 제품으로 Oracle[오라클], MS SQL Server[Microsoft] 등이 있으며, PC용 제품으로 MS Access[Microsoft], PC Oracle[오라클] 등이 있다. 특히, MySQL, mSQL 등은 공개 소프트웨어로 웹(Web)상에서 무료로 다운로드를 받아 사용할 수 있는 RDBMS 제품들이다.

## ● 관계형 데이터베이스

관계형 데이터베이스 관리 시스템(RDBMS)에서 생성된 데이터베이스를 관계형 데이터베이스(Relational Database, RDB)라 부른다. 관계형 데이터베이스는 그림 1.4와 같이 사용자에게 논리적인 2차원 테이블(행, 열)의 데이터베이스 구조로 표현한다. 따라서 정보모델링의 모든 엔티티(entity)와 관계(relationship)들은 모두 동일하게 테이블(Table)로 표현한다.

그림 1.4  논리적인 테이블의 구조

관계형 데이터베이스의 특징은
- 2차 행렬의 테이블(table) 집합으로 표현하고
- 각 테이블은 행(row)과 열(column)로 구성되며
- 테이블에서 각 행은 유일하게 구별되는 특징을 가지며
- 각 칼럼들은 데이터 무결성(data integrity)을 보장받아야 한다.
- 사용자는 테이블에 대한 데이터 정의, 데이터 조작 및 데이터 검색을 SQL을 이용하여 수행한다.

● **관계형 데이터베이스 언어**

RDBMS 소프트웨어 시스템과 사용자 간의 대화 언어를 관계형 데이터베이스 언어라 한다. 관계형 데이터베이스 시스템 환경에서 사용할 수 있는 데이터베이스 언어로는 SQL, PL/SQL 등의 텍스트 중심 언어와 Oracle Developer, Delphi, PowerBuilder, Visual Basic 등의 GUI(Graphical User Interface) 데이터베이스 개발 도구들이 있다.

# 1.4 관계형 데이터 모델 이론

관계형 데이터 모델에서 정보의 표현은 개념적 데이터로 개체(entity), 속성(attribute), 인스턴스(instance), 관계(relationship)들을 ER Diagram으로 표현하고, 관계형 모델에 의해 표현되는 논리적 스키마(schema)는 테이블(table)이나 뷰(view), 인덱스(index) 등으로 변환된다.

● **관계형 데이터베이스의 이론적인 개념은 다음과 같다.**
  - 모든 개체(entity)는 개체를 설명해 주는 속성(attribute)의 집합을 갖는다.
  - 행(row)은 속성 값 중 하나의 인스턴스(instance)이다.
  - 개체의 속성 중 어떤 속성은 개체의 각 행을 유일하게 식별한다.
  - 기본 키(primary key)를 구성하는 속성은 널(null)이 될 수 없다.
  - 개체는 서로 관계(relationship)가 있다.
  - 개체의 행은 순서가 임의적(random)이다.
  - 개체의 속성은 순서가 임의적(random)이다.

## 1.4.1 관계형 데이터베이스

관계형 데이터베이스에서는 논리적으로 모든 데이터를 2차원 테이블로 표현한다. 2차원 테이블의 논리적인 구조로 데이터를 표현하기 때문에 누구나 이해하기가 쉽다.

● **테이블**

테이블(table)은 RDBMS의 기본적인 데이터의 저장구조로, 1개 이상의 칼럼(column)과 0개 이상의 행(row)으로 구성된다. 각 칼럼은 테이블에서 단일 종류의 데이터를 나타내며, 이름, 성별, 사원번호, 급여액 등과 같은 속성(attribute)이다. 행은 하나 이상의 칼럼으로 구성되는 집합의 정보로 레코드(record)와 같은 하나의 인스턴스(instance)이다. 그림 1.5와 같이 "학과" 테이블은 "학과코드"와 "학과명" 칼럼으로 구성되고, 첫 번째 인스턴스는 "컴공", "컴퓨터공학과"이다.

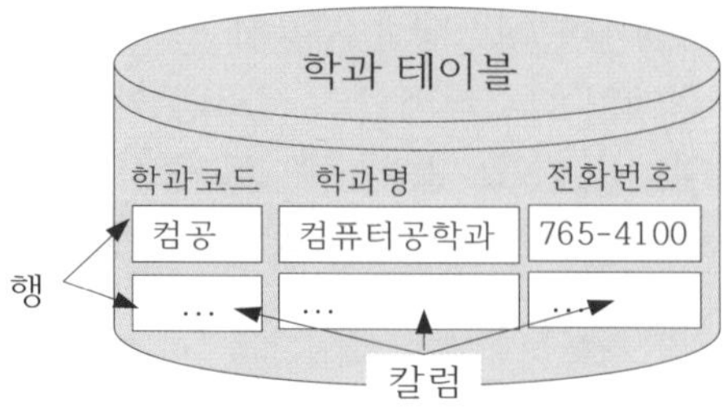

그림 1.5  학과 테이블의 논리 구조

● **칼럼**

한 칼럼(column)은 테이블 상에서 단일 종류의 데이터를 나타내며, 각 칼럼은 데이터타입(datatype)과 크기(size)를 갖고 있다. 칼럼 순서는 데이터를 저장할 때는 무의미하지만, 조회할 때는 칼럼의 순서를 지정할 수 있다. 각 칼럼명은 한 테이블 내에서 유일하며, 각 테이블명은 한 스키마(schema) 내에서 유일하다. 그림 1.5에서 학과 테이블의 칼럼명은 "학과코드", "학과명", "전화번호"이며, 칼럼에 대하여 데이터타입과 크기를 지정한다.

● **행**

행(row)은 칼럼들의 값의 조합이며, 레코드(record)라고도 부른다. 각 행은 기본 키(primary key)에 의해 구분되고, 기본 키는 중복된 값을 허용하지 않으며, 반드시 데이터를 입력되어야 하는 필수(not null) 칼럼이다. 행의 순서는 중요하지 않으며, 기본적으로 데이터는 입력되는 순서대로 저장된다.

● **키**

테이블에는 여러 개의 칼럼이 있다. 테이블의 칼럼들 중에서 특별한 의미를 갖는 칼럼을 키(key)라 한다. 관계형 데이터베이스에는 기본 키와 후보 키, 복합 키, 외부 키가 있다.

● 기본 키

기본 키(primary key)는 한 테이블의 각각의 행을 유일하게 식별해 주는 한 칼럼 또는 칼럼의 조합을 말한다. 기본 키는 중복된 값이나 널(null) 값을 허용하지 않는다. 기본 키는 테이블에 대하여 단지 한 개만 지정할 수 있다.

● 후보 키

테이블의 칼럼들 중에서 기본 키가 될 수 있는 칼럼을 후보 키 또는 보조키라 부른다. 후보 키의 칼럼 중에서 기본 키가 되고, 기본 키로 지정되지 않은 후보 키 (candidate key)를 대체 키(alternate key)라고도 부른다.

● 복합 키

테이블의 칼럼들 중에서 한 개의 칼럼으로 행을 식별하지 못할 때, 여러 개의 칼럼을 조합하여 식별하는데 이런 키를 복합 키(composite key)라 부른다. 예를 들어, 학생들이 수강한 과목들의 성적을 저장하여 식별할 때, '학번'이나 "과목번호"로 식별하기 어렵기 때문에 "[학번]+[과목번호]"를 기본 키로 해야 한다. 이런 키를 복합 키라 부른다.

● 외부 키

애플리케이션을 개발할 때, 업무의 성격이나 데이터의 중복을 최소화하기 위해서 데이터를 여러 개의 테이블로 분리하여 저장한다. 분리된 테이블들은 관계 (relationship)를 통해 연결한다.

외부 키(foreign key)는 외래 키라고도 부르며, 같은 테이블 또는 다른 테이블의 기본 키를 참조하는 단일 칼럼 또는 칼럼의 조합으로 구성되며, 테이블과 테이블 간의 관계를 정의한다. 외부 키를 정의함으로써 관계형 데이터베이스 설계 규칙을 따를 수 있다. 외부 키는 논리적인 값에 근거를 한 것이지 물리적으로 존재하는 포인터(pointer)와는 다르다. 외부 키가 가질 수 있는 값은 참조하는 테이블의 기본 키 값이나 널 값만을 허용한다. 각 테이블에 대하여 여러 개의 외부 키를 지정할 수 있다.

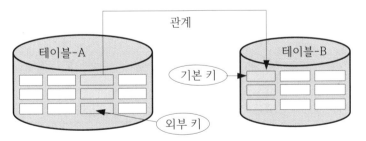

그림 1.6 외부 키와 기본 키와의 관계

● **관계**

관계(relationship)란 개체와 개체 간의 연결을 정의하는 것으로, 한 개체가 부모가 되고, 다른 개체가 자식으로 식별된다. 그림 1.6에서 테이블-B가 부모가 되고, 테이블-A가 자식이 된다. 관계는 필수와 선택, 크기에 대한 특징이 있다.
● 필수 관계 : 자식 개체의 행이 반드시 부모 개체의 행을 가져야 하는 경우
● 선택 관계 : 자식 개체의 행이 부모 개체의 행을 가지지 않아도 되는 경우
● 관계 크기 : 부모 개체의 단일 행이 가질 수 있는 자식 개체의 행의 수

## 1.4.2 관계형 데이터베이스의 객체

오라클에서 생성되는 관계형 데이터베이스의 객체 종류는 테이블(table), 뷰(view), 시퀀스(sequence), 인덱스(index), 시노님(synonym), 프로그램 유닛(program unit)이 있다.

# 1.5 SQL은 무엇인가?

SQL(Structured Query Language)은 사용자가 데이터를 정의하고, 데이터를 조작하기 위해 접근하는 비절차적 데이터베이스 언어이다. C, JAVA, JSP 등의 절차적인 프로그래밍 언어들은 '어떻게 처리할 것인가?'에 중점을 두고 프로그램을 작성하여 실행하며, 각종 프로그램 작성 기법에 의한 알고리즘 중심으로 작성한다. 그러나 SQL은 '무엇을 할 것인가?'에 중점을 두고 처리하는 4세대의 비절차적인 데이터베이스 언어이다. SQL은 구조화된 질의어(Structured Query Language)라고 한다. 데이터 정의어(DDL)와 데이터 조작어(DML)를 포함한 데이터베이스 질의 언어(query language)의 일종이다. 초기에는 IBM의 관계형 데이터베이스 시스템 환경에서만 사용되었으나 현재는 표 1.1과 같이 ANSI와 ISO의 표준으로 제정되어 계속 기능이 추가되고 있다.

| 연도 | 이 름 | 별 명 | 주 요 내 용 |
|------|-------|-------|-------------|
| 1986 | SQL-86 | SQL-87 | ANSI에서 SQL 표준 최초 채택 및 공식화 |
| 1989 | SQL-89 | FIPS 127-1 | 무결성 제약조건 기능 강화 등 |
| 1992 | SQL-92 | SQL2 | 새로운 DDL과 DML 기능 등 추가 |
| 1999 | SQL:1999 | SQL3 | 정규표현, 객체관계형 기능 등 |
| 2003 | SQL:2003 | SQL4 | 윈도우 함수 등 소개, MERGE문 등 |
| 2006 | SQL:2006 | SQL2006 | SQL 데이터와 XML문서 접근 기능 등 |
| 2008 | SQL:2008 | SQL2008 | TRUNCATE문, INSTEAD OF 트리거 |
| 2011 | SQL:2011 | SQL2011 | 임시 데이터(PERIOD FOR), 윈도우함수 개선 |
| 2016 | SQL:2016 | SQL2016 | 행 패턴 일치, 다형성 테이블함수 JSON 추가 |

표 1.1  SQL의 변화

SQL은 단순한 질의 기능뿐만 아니라 완전한 데이터 정의 기능과 조작 기능을 갖추고 있으며, 영어 문장과 비슷한 구문을 갖고 있으므로 초보자들도 비교적 쉽게 사용할 수 있다. 특히 웹 기반과 모바일 기반의 애플리케이션에 사용되는 JSP, 스프링프레임워크 등 프로그램 개발시 관계형 데이터베이스를 접근하기 위하여 SQL은 필수적으로 반드시 마스터해야 할 데이터베이스 언어이다.

# Chapter 02

## 데이터베이스 설계와 DB서버

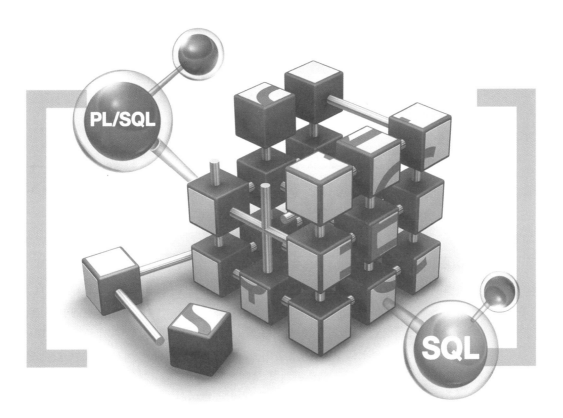

# 2.1 데이터베이스 설계 개요

모든 조직의 정보시스템 개발은 그림 2.1과 같이 데이터베이스 설계 과정에 따른다.
현실 세계란 그 조직에서 처리되고 있는 다양한 업무들을 말한다. 기업체, 공공기관
등과 같은 조직에서는 인사 관리, 급여 관리, 판매 관리, 고객 관리, 재고 관리, 생산
관리, 회계 관리 등의 다양한 업무들이 있고, 대학교와 같은 조직에서는 학적 관리,
성적 관리 등의 업무가 있으며, 병원에서는 환자관리, 진료관리 등의 업무가 있다.
이러한 업무들을 관계형 데이터 모델에서 데이터베이스로 구축하여 정보시스템을 개
발하는 일련의 과정은 그림 3.1과 같다.

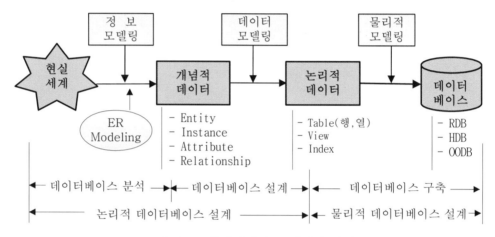

그림 2.1  데이터베이스 설계의 과정

● **데이터베이스 분석**

데이터베이스 분석이란 현실 세계의 업무 중에서 컴퓨터로 처리 가능한 세부 업무를
찾아내어 애플리케이션 개발에 필요한 정보를 추출하는 것으로, 정보 모델링을 통하
여 개념적 데이터로 표현하는 과정이다. 정보 모델링이란 현실 세계를 세분화하여
특징을 추출하고, 추상화하여 사람이 이해하는 개념으로 현실 세계를 표현하는 과정
을 말한다. 이때 추출된 정보는 관계형 모델에서 엔티티(entity), 속성(attribute), 인
스턴스(instance), 관계(relationship)의 개념적 데이터로 표현하는데, 주로 E-R 모
델링 기법을 사용하여 정보들을 표현한다.

● **데이터베이스 설계**

데이터베이스 설계란 데이터베이스 분석 과정에서 표현된 개념적 데이터를 컴퓨터
작업 환경에 맞도록 사상(mapping)시키기 위한 단계로, 사용자의 입장에서 표현한
논리적 구조가 필요한데, 관계형 모델에서는 개념적 데이터를 데이터 모델링을 통하

여 테이블, 뷰, 인덱스 등의 논리적인 스키마의 구조로 표현한다.

● **데이터베이스 구축**

데이터베이스 구축은 논리적인 데이터 구조를 물리적 모델링을 통하여 디스크에 데이터베이스를 생성하는 과정이다. 물리적 모델링에 의해 생성되는 데이터베이스는 표 2.1과 같이 DBMS에 따라 계층형(hierarchical) DB, 망형(network) DB, 관계형(relational) DB가 생성된다.

| DBMS 제품 | 생성되는 데이터베이스 |
|---|---|
| Hierarchical DBMS (HDBMS) | Hierarchical Database (HDB) |
| Network DBMS (NDBMS) | Network Database (NDB) |
| Relational DBMS (RDBMS) | Relational Database (RDB) |

표 2.1  RDBMS에 따른 데이터베이스

관계형 데이터베이스 시스템에서는 SQL의 데이터베이스 언어나 ER Win 등의 데이터베이스 설계 도구를 이용하여 관계형 데이터베이스를 생성할 수 있다.

데이터베이스 분석과 데이터베이스 설계 과정을 논리적인 데이터베이스 설계라 하고, 데이터베이스 시스템의 환경과 관계없이 설계할 수 있으며, 데이터베이스 구축 과정을 물리적인 데이터베이스 설계라 하고, 데이터베이스 시스템 환경에 의해서 구축된다.

# 2.2  샘플 애플리케이션 개발 개요

데이터베이스 언어인 SQL과 PL/SQL 프로그래밍 실습을 위한 예제 애플리케이션은 업무 이해가 비교적 쉬운 대학 학사관리 업무의 일부분을 모델링하여 클라이언트/서버 컴퓨팅 환경이나 웹 기반의 컴퓨팅 환경에서 대학의 학사 정보 시스템을 개발하기 위한 업무를 기초로 하고, SQL과 PL/SQL 활용을 위한 연습문제의 업무는 접근이 비교적 용이한 전자상거래 시스템 구축을 위한 업무를 위주로 한다.

● **기본 학사관리 사용자 요구사항**
  - 학생 정보를 저장, 유지, 검색한다.
  - 교수 및 강사 정보를 저장, 유지, 검색한다.
  - 학과 정보를 저장, 유지, 검색한다.
  - 개설과목 정보를 저장, 유지, 검색한다.
  - 수강신청 및 성적에 관한 정보를 저장, 유지, 검색한다.
  - 학사관리에 관한 기본적인 업무들을 처리한다.

학사관리 사용자 요구사항에 대하여 논리적 데이터베이스 설계 과정에서 개체
(Entity)와 속성(Attribute), 관계(Relationship)로 추출된 정보들을 다음과 같다.

- 학생 (학과코드, 학년, 학번, 성명, 주민등록번호, 주소, 전화번호, Email주
  소, 재학상태, 입학일자)
- 교수 (교수번호, 교수명, 직위, 전화번호, EMAIL주소, 직책명, 관리자번호,
  소속학과코드)
- 학과 (학과코드, 학과명, 전화번호)
- 과목 (과목코드, 과목명, 학점수, 추가수강료, 담당교수번호)
- 수강 (학번, 과목코드, 성적, 등급, 성적취득일자)

학생, 교수, 학과, 과목은 개체이고 괄호안의 정보는 속성이며, 수강은 학생 개체와 과
목 개체간의 관계이다. 언더바(_)가 있는 속성이 기본 키이다. 이러한 정보들은 업무별
서류 등을 통하여 분석할 수 있다. 4개의 개체와 4개의 관계, 속성들을 E-R
(Entity-Relationship) 다이어그램으로 표시하면 그림 2.2와 같다.

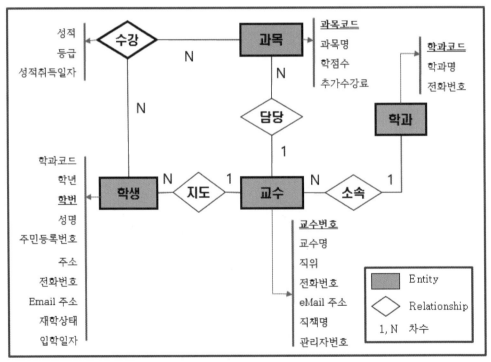

그림 2.2  학사관리 사용자 요구사항의 E-R 다이어그램

데이터모델링에 의하여 E-R 다이어그램에서 추출된 정보를 논리적 스키마로 표현하면

- 학생(Student) 테이블
- 교수(Professor) 테이블

- 학과(Department) 테이블
- 과목(Course) 테이블
- 수강 및 성적(SG_Scores) 테이블

로 나타내며, 각 테이블의 논리적 스키마는 다음과 같다.

## 1) 학생(Student) 테이블

대학에 재학중인 학생 정보를 관리하기 위한 테이블로, 각 학생은 학번(Student_ID)으로 식별하며, 학과코드(Dept_ID)는 학과(Department) 테이블과 외부 키로 관계를 정의한다.

| 칼럼명 | 영문명 | 데이터형 | 크기 | NN | 키 | 참조테이블 |
|--------|--------|----------|------|-----|-----|-----------|
| 학과코드 | Dept_ID | 문자형 | 10 | | FK | 학과 |
| 학년 | Year | 문자형 | 1 | | | |
| 학번 | Student_ID | 문자형 | 7 | NN | PK | |
| 성명 | Name | 문자형 | 20 | NN | | |
| 주민등록번호 | ID_Number | 문자형 | 14 | NN | UK | |
| 주소 | Address | 문자형 | 40 | | | |
| 전화번호 | Telephone | 문자형 | 12 | | | |
| eMail 주소 | Email | 문자형 | 20 | | | |
| 재학상태 | Status | 문자형 | 1 | | | |
| 입학일자 | I_Date | 날짜형 | | | | |

## 2) 학과(Department) 테이블

대학의 학과에 관련된 정보를 관리하기 위한 테이블로, 각 학과는 학과코드(Dept_ID)로 식별한다.

| 칼럼명 | 영문명 | 데이터형 | 크기 | NN | 키 | 참조테이블 |
|--------|--------|----------|------|-----|-----|-----------|
| 학과코드 | Dept_ID | 문자형 | 10 | NN | PK | |
| 학과명 | Dept_Name | 문자형 | 25 | | | |
| 전화번호 | Dept_Tel | 문자형 | 12 | | | |

## 3) 교수(Professor) 테이블

대학에 재직중인 교수의 정보를 관리하기 위한 테이블로, 각 교수는 교수번호(Professor_ID)로 식별한다. 교수가 소속된 학과코드(Dept_ID)는 학과(Department) 테이블과 외부 키로 관계를 정의한다. 또 교수의 직위는 '총장', '교수', '부교수', '조교수', '초빙교수'로 제한한다.

| 칼럼명 | 영문명 | 데이터형 | 크기 | NN | 키 | 참조테이블 |
|--------|--------|----------|------|----|----|------------|
| 교수번호 | Professor_ID | 문자형 | 3 | NN | PK | |
| 교수명 | Name | 문자형 | 20 | NN | | |
| 직위 | Position | 문자형 | 10 | NN | | |
| 소속학과코드 | Dept_ID | 문자형 | 10 | | FK | 학과 |
| 전화번호 | Telephone | 문자형 | 13 | | UK | |
| eMmail 주소 | Email | 문자형 | 20 | | | |
| 직책명 | Duty | 문자형 | 10 | | | |
| 관리자번호 | Mgr | 문자형 | 3 | | FK | 교수 |

### 4) 과목(Course) 테이블

대학에 개설된 과목 정보를 관리하기 위한 테이블로, 각 개설과목은 과목코드 (Course_ID)로 식별하고, 담당교수번호(Professor_ID)는 교수(professor) 테이블과 외부 키로 관계를 정의한다.

| 칼럼명 | 영문명 | 데이터형 | 크기 | NN | 키 | 참조테이블 |
|--------|--------|----------|------|----|----|------------|
| 과목코드 | Course_ID | 문자형 | 5 | NN | PK | |
| 과목명 | Title | 문자형 | 20 | NN | | |
| 학점수 | C_Number | 숫자형 | 1 | NN | | |
| 담당교수번호 | Professor_ID | 문자형 | 3 | | FK | 교수 |
| 추가수강료 | Course_Fees | 숫자형 | 7 | | | |

### 5) 수강(SG_Scores) 테이블

학생들이 수강 신청한 정보와 성적 취득한 정보를 관리하기 위한 테이블로, 각 정보들은 학번(Student_ID)과 과목코드(Course_ID)로 식별하고, 학번 (Student_ID)은 학생(Student) 테이블과 외부 키로 관계를 정의하고, 과목코드 (Course_ID)는 과목(Course) 테이블과 외부 키로 정의한다.

| 칼럼명 | 영문명 | 데이터형 | 크기 | NN | 키 | 참조테이블 |
|--------|--------|----------|------|----|----|------------|
| 학번 | Student_ID | 문자형 | 7 | NN | PK, FK1 | 학생 |
| 과목코드 | Course_ID | 문자형 | 5 | NN | PK, FK2 | 과목 |
| 성적 | Score | 숫자형 | 3 | | | |
| 등급 | Grade | 문자형 | 2 | | | |
| 성적취득일자 | Score_Assigned | 날짜형 | | | | |

# 2.3　응용을 위한 애플리케이션 개발 개요

SQL과 PL/SQL의 응용력 향상을 위하여 전자상거래 업무를 이용한다. 전자상거래 사이트는 비교적 쉽게 접근하여 상품의 구매도 가능하고, 전자상거래의 업무 흐름을 쉽게 이해할 수 있다. 전자상거래는 4가지 유형이 있으나, 응용을 위한 연습문제는 전자상거래의 B2C유형 중에서 일반적인 부분만을 다룬다.

## ● 기본 전자상거래 사용자 요구사항

- 상품 정보를 저장, 유지, 검색한다.
- 회원에 대한 정보를 저장, 유지, 검색한다.
- 주문한 정보를 저장, 유지, 검색한다.
- 주문 처리한 정보를 저장, 유지, 검색한다.
- 전자상거래의 기본적인 업무들을 처리한다.

논리적 데이터베이스 설계 과정에서 추출된 정보들을 다음과 같은 논리적 스키마로 구분하여 사용한다.

## 1)　상품관리(EC_Product) 테이블

소비자에게 상품 정보를 제공할 쇼핑몰(shopping mall)에 관한 정보를 유지 관리하기 위한 테이블로, 각 상품은 상품코드(Product_Code)로 식별한다.

| 칼럼명 | 영문명 | 데이터형 | 크기 | NN | 키 | 참조테이블 |
|---|---|---|---|---|---|---|
| 상품코드 | Product_Code | 문자형 | 10 | NN | PK | |
| 상품명 | Product_Name | 문자형 | 20 | NN | | |
| 규격 | Standard | 문자형 | 20 | | | |
| 단위 | Unit | 문자형 | 10 | | | |
| 단가 | Unit_Price | 숫자형 | 7 | NN | | |
| 재고수량 | Left_Qty | 숫자형 | 5 | NN | | |
| 생산처 | Company | 문자형 | 20 | | | |
| 상품이미지명 | ImageName | 문자형 | 20 | | | |
| 상품정보 | Info | 문자형 | 50 | | | |
| 상세소개 | Detail_Info | 문자형 | 255 | | | |

## 2)　회원관리(EC_Member) 테이블

회원으로 가입한 고객의 정보를 유지 관리하기 위한 테이블로, 각 회원들은 회원 ID(UserID)로 식별한다.

| 칼럼명 | 영문명 | 데이터형 | 크기 | NN | 키 | 참조테이블 |
|---|---|---|---|---|---|---|
| 회원 ID | UserID | 문자형 | 10 | NN | PK | |
| 회원비밀번호 | Passwd | 문자형 | 10 | NN | | |
| 회원명 | Name | 문자형 | 10 | NN | | |
| 주민등록번호 | Regist_No | 문자형 | 14 | NN | UK | |
| eMail 주소 | Email | 문자형 | 20 | | | |
| 전화번호 | Telephone | 문자형 | 13 | NN | | |
| 주소 | Address | 문자형 | 40 | | | |
| 구매실적 | Buycash | 숫자형 | 9 | | | |
| 가입일자 | Timestamp | 날짜형 | | | | |

## 3) 장바구니(EC_Basket) 테이블

회원이 주문한 상품의 주문 정보를 유지 관리하기 위한 테이블로, 각 주문 상품
들은 주문번호(Order_No)로 식별하며, 상품코드(Product_Code)와 주문자
ID(Order_ID)를 상품관리(EC_Product) 테이블과 회원관리(EC_Member) 테이
블과 외부 키로 관계를 정의한다.

| 칼럼명 | 영문명 | 데이터형 | 크기 | NN | 키 | 참조테이블 |
|---|---|---|---|---|---|---|
| 주문번호 | Order_No | 문자형 | 10 | NN | PK | |
| 주문자 ID | Order_ID | 문자형 | 10 | NN | FK1 | 회원관리 |
| 상품코드 | Product_Code | 문자형 | 10 | NN | FK2 | 상품관리 |
| 주문수량 | Order_Qty | 숫자형 | 3 | NN | | |
| 주문일자 | Order_Date | 날짜형 | | NN | | |

## 4) 주문처리(EC_Order) 테이블

회원이 주문한 상품 정보를 처리하기 위한 테이블로, 주문번호(Order_No)로 식
별한다.

| 칼럼명 | 영문명 | 데이터형 | 크기 | NN | 키 | 참조테이블 |
|---|---|---|---|---|---|---|
| 주문번호 | Order_No | 문자형 | 10 | NN | PK | |
| 주문자ID | Order_ID | 문자형 | 10 | NN | | |
| 상품코드 | Product_Code | 문자형 | 10 | NN | | |
| 주문수량 | Order_Qty | 숫자형 | 3 | NN | | |
| 결재방법 | Csel | 문자형 | 10 | | | |
| 결재금액 | CMoney | 숫자형 | 9 | | | |
| 결재일자 | Cdate | 날짜형 | | | | |
| 배달일자 | Mdate | 날짜형 | | | | |
| 구분 | Gubun | 문자형 | 10 | | | |

# 2.4 실습환경 구축

SQL과 PL/SQL을 학습하기 위해서 실습환경이 구축되어야 한다. 실습환경 구축은 데이터베이스 서버와 클라이언트 소프트웨어 설치를 말한다.

## 2.4.1 데이터베이스 서버 구성요소

데이터베이스 서버는 그림 2.3과 같이 하드웨어와 운영체제, RDBMS 제품이 설치되어야 한다.

● 하드웨어는 서버 사양 또는 단일 사용자 학습용으로 PC를 이용할 수도 있다.
● 운영체제(또는 OS)는 UNIX, Linux, Windows Server중에서 선택하여 설치한다. 단일 사용자의 학습용은 Windows 10과 같은 운영체제도 가능하다.
● RDBMS 제품은 Oracle, Sybase 등의 기업용, MS SQL Server 등의 소규모용, MySQL 등 공개용 등이 있으며, 하나의 RDBMS 제품이 필요하다.

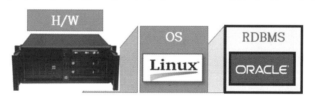

그림 2.3 데이터베이스 서버 구성요소

## 2.4.2 데이터베이스 서버 구축

실습용으로 데이터베이스 서버의 하드웨어(H/W)는 IBM 서버로 메인 메모리는 2GB, 하드디스크 용량은 140GB이다. 동시 접속 사용자수가 최소 50명으로 운영체제(OS)는 LINUX를 설치하고, RDBMS 제품으로 오라클 데이터베이스 11g를 설치하였다.

## 2.4.3 클라이언트 소프트웨어

RDBMS 제품의 클라이언트 소프트웨어를 PC에 설치한다. 오라클 제품의 클라이언트 소프트웨어는 sqlplusw, Oracle Developer, SQL Developer, Toad for Oracle 등이 있으며, 교재에서는 sqlplusw(client oracle 10g) 오라클 도구를 설치하여 그림 2.4와 같이 "Oracle Net Manager"에서 "서비스이름지정"을 추가하여 "서비스이름"과 "호스트이름"을 "ora11"로 설정하였다.

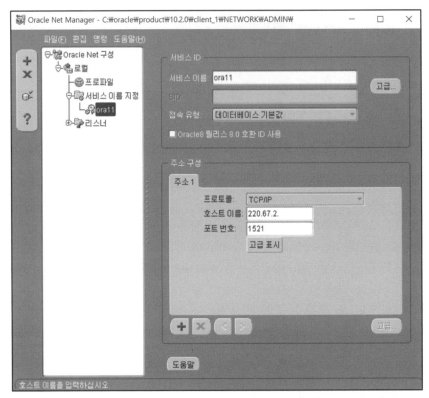

그림 2.4  Oracle Net Manager에서 데이터베이스 서버 설정

사용자는 클라이언트의 sqlplusw를 실행하여 오라클 데이터베이스 서버 접속에 필요한 사용자이름, 암호, 호스트문자열을 입력하여 접속하며, 접속한 후 "SQL>" 프롬프트에서 SQL문과 PL/SQL 블록을 입력하여 실행할 수 있다.

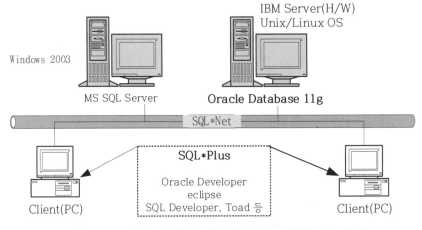

그림 2.5  오라클 서버와 데이터베이스 개발도구 설치

# Chapter 03

## SQL*Plus 사용법

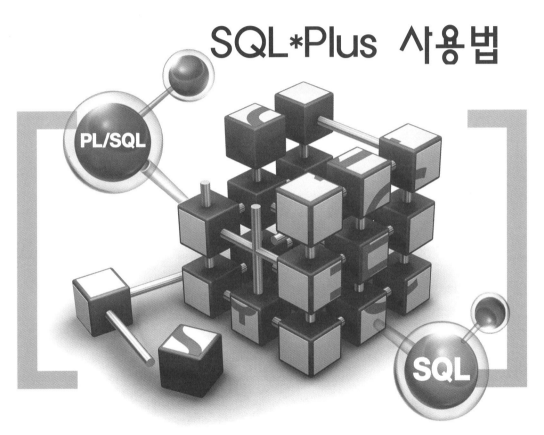

# 3.1 SQL과 SQL*PLUS, PL/SQL

## 3.1.1 SQL

SQL은 ISO에서 지정한 관계형 데이터베이스의 표준 언어이며, '무엇을 할 것인가?' 에 중점을 두고 처리하는 비절차적인 데이터베이스 언어이다. SQL은 표 3.1과 같이 데이터 정의어(Data Definition Languages), 데이터 조작어(Data Manipulation Language), 데이터 제어어(Data Control Language), 트랜잭션 제어어 (Transaction Control Language)로 구분하며, 모든 SQL문은 세미콜론(;)으로 끝 나고, 명료하도록 여러 줄에 입력할 수 있다.

| 구 분 | SQL문 | 내 용 |
|-------|-------|-------|
| DDL | CREATE, ALTER, DROP | 객체의 생성, 수정, 삭제 |
| | RENAME | 객체명 변경 |
| | TRUNCATE* | 객체 내의 데이터 삭제 |
| DML | SELECT | 데이터 검색의 질의어 |
| | INSERT, UPDATE, DELETE | 행 추가, 칼럼 값 수정, 행 삭제 |
| | MERGE* | 행 병합 |
| DCL | GRANT, REVOKE | 사용자에 관한 권한 부여, 해제 |
| TCL | COMMIT, ROLLBACK, SAVEPOINT* | 트랜잭션 제어 |

표 3.1  오라클의 SQL 명령문

## 3.1.2 SQL*Plus

SQL*Plus(sqlplusw)는 오라클 데이터베이스에 접속하기 위하여 클라이언트에서 실 행되는 오라클 도구이다. SQL이나 PL/SQL 블록을 실행하기 위한 명령어를 갖고 있 으며, SQL 버퍼(Buffer)라는 임시 기억장소에 최근에 실행된 SQL문이나 PL/SQL 블록이 저장된다.

● **SQL*Plus는 다음과 같은 특성을 갖는다.**
   ● 모든 명령어는 엔터 키(Enter Key)에 의해 끝난다.
   ● 명령어 끝에 세미콜론(;)을 붙여도 되고 생략해도 된다.
   ● SQL 버퍼의 내용을 출력, 편집, 실행, 삭제에 관한 명령어가 있다.
   ● SQL*Plus 명령어는 저장되지 않는다.

● **SQL*Plus 명령어에 관한 기능은 다음과 같다.**

① 테이블의 구조를 출력할 수 있다.

② SQL 버퍼내의 SQL문 또는 PL/SQL 블록의 명령문을 편집할 수 있다.

③ SQL문 또는 PL/SQL 블록을 포함하는 명령문을 파일로 저장할 수 있다.

④ 디스크에 기억되어 있는 SQL 파일을 실행할 수 있다.

⑤ SQL 파일을 SQL 버퍼에 저장할 수 있다.

### 3.1.3 PL/SQL

PL/SQL(Procedural Language/SQL)은 오라클 환경에서만 실행되는 절차적인 데이터베이스 언어이다. 따라서 프로그램의 형태를 갖게 되며 이를 블록(block)이라 부르고, 선언절, 실행절, 예외처리절로 구분하여 작성한다.

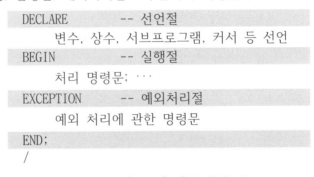

DECLARE     -- 선언절
     변수, 상수, 서브프로그램, 커서 등 선언
BEGIN     -- 실행절
     처리 명령문; …
EXCEPTION     -- 예외처리절
     예외 처리에 관한 명령문
END;
/

표 3.2 PL/SQL의 기본 블록 구조

선언절(DECLARE)에서는 변수, 상수, 서브프로그램, 커서 등을 선언하며, 실행절(BEGIN)은 필수절로 실제 처리할 명령문들을 기술하고, 예외처리절(EXCEPTION)은 실행절에서 예외가 발생되었을 때 예외처리에 관한 명령문들을 기술한다.

## 3.2 SQL*Plus 실행

### 3.2.1 실행 방법

SQL*Plus 도구는 클라이언트 환경과 터미널 환경에서 실행하는 방법이 있다. 일반 사용자는 오라클 데이터베이스의 사용자 이름[U]과 암호[P], 호스트문자열[H]을 부여받는다. 호스트 문자열은 그림 2.4에서 설정한 "서비스이름"으로 데이터베이스 서버에 접속할 오라클 데이터베이스의 SID를 말한다.

● **클라이언트 환경에서 실행**

윈도우즈 10의 「Oracle-OraClient10g_home1」「SQL Plus」의 메뉴 또는 바탕화면에서 sqlplusw 아이콘을 더블 클릭 한다. 그림 3.1의 "로그온" 대화상자에서 부여받은 '사용자 이름[U]', '암호[P]', '호스트 문자열[P]'에 오라클 계정과 비밀번호, 오라클 데이터베이스의 호스트 문자열[H]을 입력하고, <확인> 버튼을 누른다.

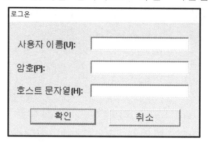

그림 3.1   SQL*Plus 로그온

오라클 데이터베이스에 접속되면 클라이언트 화면에 그림 3.2와 같이 Oracle SQL*Plus 초기 화면이 나타난다. 이 화면에서 SQL문이나 PL/SQL 블록을 입력하여 실행할 수 있다.

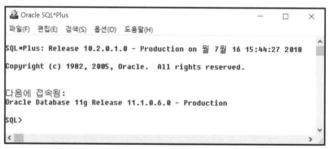

그림 3.2   Oracle SQL*Plus 초기 실행 화면

● **SQL*Plus에서 SQL문 입력과 실행**

오라클 데이터베이스에 접속하여 "SQL>" 프롬프트가 나타나면 그림 3.3과 같이 SQL문을 입력하여 실행한다.

그림 3.3   SQL*Plus에서 SQL문 실행

## 3.2.2 SQL*Plus 명령어 종류

SQL*Plus의 명령어들은 표 3.3과 같이 실행 명령어, 편집 명령어, 파일 조작 명령어, 환경 제어, 보고서 형식, 대화식, 데이터베이스 연결과 해제, 기타 명령어가 있다. SQL문이나 PL/SQL 블록을 입력하거나 실행하면 최근에 실행한 명령문이 SQL 버퍼(buffer)에 저장된다.

| 구 분 | 명령어목록 | 사용용도 |
|---|---|---|
| 편 집 | List, Edit, Append, Change, DEL, Input | SQL 버퍼 내의 SQL문을 출력, 편집, 추가, 수정, 삭제 |
| 파일조작 | Save, Get, Start, @, @@, Spool | SQL 버퍼 내의 명령문을 SQL 파일로 저장, 읽기, 실행 |
| 실 행 | /, Run, Execute | SQL 버퍼 내의 SQL문 실행 |
| 환경제어 | Set, Show, Pause | 환경 제어 |
| 보고서 형 식 | Column, Clear, Break, Compute, Ttitle, Btitle | 보고서 출력시 칼럼의 출력형식, 계산, 머리말, 꼬리말 등을 지정 |
| 대 화 식 | Define, Undefine, Prompt, Accept, Variable, Print | 변수 선언, 키보드 입력 등 |
| DB 연결 | Connect, Disconnect, Copy | 오라클 데이터베이스와 연결 및 해제 |
| 기 타 | sqlplus, Exit, Help, Describe, Host, Timing | SQL*Plus 실행 및 종료, 도움말, 테이블 구조 출력, O/S 명령어 실행 등 |

표 3.3 SQL*Plus 명령어

# 3.3 편집 방법

SQL문과 PL/SQL 블록의 편집 방법은 라인 편집기(line editor)와 화면 편집기(screen editor)를 이용하는 두 가지 방법이 있다.

## 3.3.1 라인 편집기를 이용한 편집 방법

편집 명령어는 표 3.4와 같이 SQL 버퍼에 있는 SQL문이나 PL/SQL 블록에 대한 출력과 별표(*)가 있는 편집 라인에 대하여 수정, 삭제, 추가 등을 편집할 수 있는 명령어이다. 별표(*)는 편집 라인의 표시 기호이다. 표 3.4는 라인 편집기에 사용되는 명령어들이다. 괄호()안의 문자열은 생략할 수 있다.

| 구분 | 편 집 명 령 어 | 사용 예 | 처 리 내 용 |
|---|---|---|---|
| 내용<br>출력 | L(ist)<br>L(ist) 라인번호<br>L(ist) 라인번호 라인번호 | L<br>L 2<br>L 2 3 | 모든 내용 출력<br>2번째 줄 내용 출력<br>2부터 3번째 줄 내용 출력 |
| 내용<br>추가 | A(ppend) 문자열 | A xy | 편집라인 끝에 xy 추가 |
|  | I(nput) 문자열<br>I(nput) | I xyz | 편집라인 다음 줄에 xyz 추가 |
|  |  | I | 편집라인 다음 줄에 여러 줄 추가,<br>종료시 엔터 키 |
|  | 0 문자열 | 0 xyz | 0번째 라인에 xyz 추가 |
| 내용<br>수정 | C(hange)/기존문자/수정문자<br>C(hange)/기존문자/ | C/ab/xy<br>C/ab/ | 편집라인의 'ab'를 'xy'로 수정<br>편집라인의 'ab'를 삭제 |
|  | n 문자열 | n xyz | n번째 줄을 xyz로 변경 |
| 내용<br>삭제 | DEL<br>DEL 라인번호<br>DEL 라인번호1 라인번호2 | DEL<br>DEL 2<br>DEL 2 4 | 편집라인을 삭제<br>2번째 라인 삭제<br>2번째부터 4번째 라인 삭제 |

표 3.4 SQL*Plus의 편집 명령어

**haksa.sql 파일과 haksa_data.sql 파일을 실행하여 견본 데이터베이스를 생성한**
**다.** [497쪽 참고]

| 【예제 3.01】 | ▶ 【파일(F)】 메뉴의 【열기(O)】 메뉴를 선택하여 haksa.sql 파일을<br>열고, @haksa.sql, @haksa_data.sql 파일을 차례로 실행하<br>여 견본 DB를 생성하시오. |
|---|---|

```
SQL> @haksa.sql              ☞ 입력한 후 엔터 키를 누른다.
테이블이 생성되었습니다.

테이블이 생성되었습니다.
……(이하 생략)
SQL> @haksa_data.sql         ☞ 입력한 후 엔터 키를 누른다.
1 개의 행이 만들어졌습니다.

1 개의 행이 만들어졌습니다.
……(이하 생략)
커밋이 완료되었습니다.

SQL>
```

※ "……(이하 생략)" 표시는 "……"로 기술합니다.

---

**【예제 3.02】** ▶ 다음 SQL문을 입력하여 실행하시오.

```
SQL> SELECT *          ☞ Enter 키를 누른다.
  2  FROM   TAB;        ☞ Enter 키를 누른다.

TNAME                              TABTYPE         CLUSTERID
---------------------------------  --------------  ----------
COURSE                             TABLE
DEPARTMENT                         TABLE
PROFESSOR                          TABLE
SCORE_GRADE                        TABLE
SG_SCORES                          TABLE
STUDENT                            TABLE
T_COURSE                           TABLE
T_SG_SCORES                        TABLE

8 개의 행이 선택되었습니다.

SQL>
```

---

● **SQL 버퍼 내용 출력**

L(ist) 명령어는 SQL 버퍼의 내용을 출력한다. SQL 버퍼의 내용 전체를 출력하거나, 한 줄 또는 일부분을 출력할 수 있다. SQL 버퍼의 내용이 출력되면, 마지막 라인에 '*' 편집라인 기호가 표시된다.

---

**【예제 3.03】** ▶ SQL 버퍼의 모든 내용을 출력하시오.

```
SQL> L                 ☞ Enter 키를 누른다.
  1  SELECT *
  2* FROM   TAB         ☞ 편집라인

SQL>
```

---

● **SQL 버퍼 내용 수정**

C(hange) 명령어는 '*' 표시가 붙은 편집라인에서 기존 문자를 새로운 문자로 변경한다. 수정할 라인에 '*' 편집 라인이 되도록 l(ist) 명령어를 실행한다.

---

**【예제 3.04】** ▶ SQL 버퍼의 2번째 라인 TAB 문자를 USER_CATALOG 문자로 수정하시오.

```
SQL> C/TAB/USER_CATALOG
  2*  FROM    USER_CATALOG
SQL> L
  1    SELECT *
  2*  FROM    USER_CATALOG

SQL>
```

## ● SQL 버퍼 내용 삭제

DEL(ete) 명령어는 '*' 표시가 붙은 편집라인을 삭제한다. DEL 2는 버퍼의 2번째 라인을 삭제한다. 라인이 삭제되면 라인 번호는 다시 지정된다.

| 【예제 3.05】 | ▶ SQL 버퍼의 2번째 라인을 삭제하고, SQL 버퍼의 내용을 출력하시오. |
|---|---|

```
SQL> L
  1    SELECT *
  2*  FROM    USER_CATALOG
SQL> DEL                    ☜ 또는 DEL 2
SQL> L
  1*   SELECT *
```

## ● SQL 버퍼 내용 추가

I(nput) 명령어는 SQL 버퍼에 새로운 명령어를 한 라인 또는 여러 라인을 추가한다. 추가되는 위치는 편집 라인(*) 표시 기호가 있는 다음 라인에 추가된다.

| 【예제 3.06】 | ▶ 2번째 라인에 'FROM TAB'를 추가하고, 출력하시오. |
|---|---|

```
SQL> I                      ☜ 또는 I FROM TAB     Enter 키
  2  FROM    TAB
  3                          ☜ 입력할 내용이 없으면 Enter 키를 누른다.
SQL> L
  1    SELECT *
  2*  FROM    TAB

SQL>
```

## ● SQL 버퍼 내용 삭제

CL(ear) BUFF(er) 명령어는 SQL 버퍼의 내용을 삭제한다.

## 3.3.2 화면 편집기를 이용한 편집 방법

화면 편집기(screen editor)는 윈도우의 메모장이나 **호글** 등과 같이 커서를 이동하면서 편집하는 방법이다. SQL*Plus에서 설정한 편집기를 확인할 수 있다.

① 그림 3.4와 같이 SQL*Plus 화면에서【편집(E)】【편집기(E)】【편집기 정의(D)】 메뉴를 차례로 선택한다.

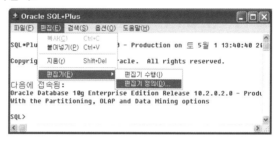

그림 3.4 화면 편집기 정의를 위한 메뉴

② 그림 3.5와 같이 "편집기 정의" 대화상자의 "편집기 이름(E)"에 "Notepad" 메모장이 화면편집기로 정의된 것을 확인할 수 있다. 만약 화면 편집기를 변경할 경우 변경할 화면 편집기 실행 파일을 입력하여 <확인> 버튼을 누른다.

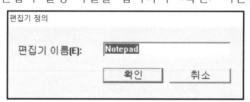

그림 3.5 화면 편집기의 notepad 정의

SQL*Plus에서 화면 편집기를 호출하여 실행하는 명령어는 다음과 같다.

| 명령어 | ed[it] |
|---|---|

① SQL*Plus 화면에서 "ed"를 입력하여 엔터 키를 누르면, 그림 3.6과 같은 메모장에 SQL 버퍼에 저장된 명령문이 출력된다.

그림 3.6 notepad를 이용한 편집 화면

② 이 편집기 화면에서 SQL문이나 PL/SQL 블록을 입력 또는 수정 편집한 후,【파
  일(F)】메뉴를 선택하여
  • SQL 버퍼에 저장하는【저장(S)】메뉴 선택
  • 편집기를 끝낼 경우에는【끝내기(X)】메뉴를 선택한다.
③ SQL*Plus 화면으로 되돌아오면 SQL 버퍼에 저장된 명령문을 실행시킬 수 있다.

# 3.4  파일 조작 명령어

표 3.5의 파일 조작 명령어는 SQL 버퍼의 내용을 파일로 저장하거나, SQL 파일을
읽어 SQL 버퍼에 저장하거나, SQL 파일을 실행하는 명령어이다. SQL*Plus 최초
실행시 sql 파일을 저장하거나 읽기 위한 폴더를【파일(F)】메뉴의【저장(S)】또는【열
기(O)】메뉴를 선택하여 실행한 이후부터 파일조작 명령어를 사용할 수 있으며, 파일의 확
장자는 ".sql"이며 생략할 수 있다.

| 구분 | 파일 조작 명령어 | 사 용 예 | 처 리 내 용 |
|------|------------------|----------|-------------|
| 파일<br>저장 | save 파일명 | save test | test.sql로 저장 |
|  | save 파일명 replace | save test replace | test.sql로 재저장 |
| 파일<br>읽기 | get 파일명 | get test | test.sql 파일을 읽어<br>SQL 버퍼에 저장 |
| 기타 | spool 파일명<br>spool off | spool test.txt<br>spool off | 명령어와 실행 결과를<br>test.txt에 저장 / 해제 |

표 3.5  SQL*Plus의 파일 조작 명령어

● **SQL*Plus 기본 폴더 지정**

파일조작 명령어를 사용할 경우 기본 폴더를 반드시 지정해야 한다. Windows
10에서 SQL*Plus의 초기 기본 폴더는 "c:\oracle\product\10.2.0\client_1\
BIN"이며, 이 폴더에 사용자의 SQL 파일을 저장하고 관리하는 것은 좋은 방법이
아니다. PC에 특정 폴더[d:\sql]을 생성하고, SQL*Plus의 기본 폴더를 지정하는
방법은 다음과 같다.
  ● SQL*Plus 화면의【파일(F)】메뉴의【저장(S)】【생성(C)】메뉴를 차례로 선택하여
    "d:\sql"와 같이 폴더를 선택하고 파일명을 입력하여 저장하거나,【파일(F)】메뉴의
    【열기(O)】메뉴를 선택하여 "d:\sql" 폴더에서 특정 파일을 읽어온다.
  ● 이후부터 "d:\sql" 폴더는 SQL*Plus 종료까지 기본 폴더로 설정된다.
  ● SQL*Plus 접속할 때마다 "d:\sql" 폴더가 기본 폴더가 된다.

## ● SQL 파일로 저장

【예제 3.07】 ▶ SQL 버퍼의 내용을 ex03-07.sql 파일로 저장하시오.

```
SQL> L                         ☜ 저장할 내용 확인
  1  SELECT *
  2* FROM TAB

SQL> save ex03_07.sql
file ex03-07.sql(이)가 생성되었습니다.
SQL>
```

- SQL*Plus 화면의 【파일(F)】【저장(S)】 메뉴를 이용하여 저장할 수 있다.
  - 새파일로 저장할 경우에는 【생성(C)…】 메뉴를 선택하고 "다른 이름으로 저장" 대화상자가 나타나면 파일이름을 입력하고 【저장(S)】 버튼을 누른다.
  - 재저장할 경우에는 【바꾸기(R)…】 메뉴를 선택하고 "다른 이름으로 저장" 대화상자가 나타나면 파일이름을 선택한다.
  - SQL 버퍼의 내용을 추가할 경우에는 【추가(A)…】 메뉴를 선택하고 "다른 이름으로 저장" 대화상자가 나타나면 파일이름을 선택한다.
  파일을 저장한 후 [내PC][d:\sql]폴더에서 sql 파일을 확인할 수 있다.

## ● SQL 파일에 재저장

【예제 3.08】 ▶ 2번째 라인을 FROM TAB를 FROM USER_CATALOG로 수정하여 ex03-07.sql 파일에 재저장하시오.

```
SQL> 2 FROM    USER_CATALOG
SQL> L
  1   SELECT *
  2*  FROM    USER_CATALOG
SQL> save ex03-07.sql replace
file ex03-07.sql(이)가 기록되었습니다.
SQL>
```

## ● SQL 파일을 읽어오기

【예제 3.09】 ▶ ex03_07.sql 파일을 읽기 하시오.

```
SQL> get ex03-07.sql
  1   SELECT *
  2*  FROM    USER_CATALOG
SQL>
```

# 3.5  실행 명령어

실행 명령어는 표 3.6과 같이 SQL 버퍼에 저장된 SQL문이나 PL/SQL블록 또는  기본폴더에 저장된 SQL 파일을 실행하는 명령어이다.

| 구 분 | 실 행 명 령 | 사 용 예 | 처 리 내 용 |
|---|---|---|---|
| 버퍼 실행 | / | / | SQL 버퍼의 명령문을 실행한다. |
| | r[un] | r | SQL 버퍼의 명령문을 출력하고, 실행한다. |
| 파일 실행 | @ 파일명 | @ test | 파일을 읽어 실행한다. |
| | start 파일명 | start test | 파일을 읽어 실행한다. |

표 3.6  SQL*Plus 실행 명령어

● **SQL 버퍼 내용을 실행**

【예제 3.10】 ▶ /와 r[un]으로 각각 실행하고, 차이점을 비교하시오.

```
SQL> /

TABLE_NAME                    TABLE_TYPE
────────────────────────     ──────────────────────
COURSE                        TABLE
DEPARTMENT                    TABLE
PROFESSOR                     TABLE
......
8 개의 행이 선택되었습니다.


SQL> run
  1   SELECT *
  2*  FROM    USER_CATALOG

TABLE_NAME                    TABLE_TYPE
────────────────────────     ──────────────────────
COURSE                        TABLE
DEPARTMENT                    TABLE
PROFESSOR                     TABLE
......
8 개의 행이 선택되었습니다.

SQL>
```

● **SQL 파일을 실행**

**【예제 3.11】** ▶ ex03-07.sql 파일을 @이나 start 명령어로 실행하시오.

```
SQL> @ ex03-07.sql

TABLE_NAME                    TABLE_TYPE
----------------------------  ----------------------
COURSE                        TABLE
DEPARTMENT                    TABLE
PROFESSOR                     TABLE
......
8 개의 행이 선택되었습니다.

SQL>
```

## 3.5.1 SQL문 및 실행 결과를 파일로 저장

SPOOL 명령어를 이용하면 SQL*Plus에서 입력하고, 실행되는 모든 내용들에 대하여 텍스트 파일로 저장할 수 있고, 'spool off' 명령어로 해제한다.

예: ① spool text01.txt ↵   test01.txt 파일에 저장된다.
　　② spool off ↵          spool 명령어가 해제된다.

**【예제 3.12】** ▶ 실행되는 SQL 명령문과 결과를 ex03-12.lst 파일로 저장하시오.

```
SQL> spool ex03-12.lst
SQL> SELECT * FROM USER_CATALOG;

TABLE_NAME                    TABLE_TYPE
----------------------------  ----------------------
COURSE                        TABLE
DEPARTMENT                    TABLE
PROFESSOR                     TABLE
......
8 개의 행이 선택되었습니다.

SQL> spool off
```

spool 파일로 생성한 ex03-12.lst 텍스트 파일을 메모장으로 읽을 수 있다.

# 3.6  환경변수 제어 명령어

환경변수란 SQL*Plus에서 SQL문을 실행하는데 사용되는 시스템변수이다. 환경변수는 표 3.7과 같이 SHOW 명령어로 출력행의 길이, 출력 페이지 길이, 실행 결과의 부제목 하단에 사용할 문자, 부제목 표시 여부, 실행시간 표시 및 표시방법 등을 출력하거나, SET 명령어로 제어할 수 있다. 환경변수는 69종류가 있다.

| 구 분 | 환경제어 명령어 | 사 용 예 | 처 리 내 용 |
|---|---|---|---|
| 제어 | SET 환경변수 값 | SET HEADING OFF | 부제목 출력을 해제 |
| | | SET LINESIZE 15 | 페이지 당 라인 수를 15로 지정 |
| 보기 | SHOW 환경변수 | SHOW LINESIZE | 한 행이 출력되는 칼럼 수 표시 |
| | | SHOW ALL | 설정된 모든 환경변수 출력 |

표 3.7  SQL*Plus의 환경제어 명령어

## 3.6.1  환경제어 변수의 출력

SHOW 명령어는 SQL*Plus 실행 환경에서 현재 세션에 설정된 시스템 변수를 출력하는 명령어이다. ALL을 사용하면 모든 시스템 변수에 대하여 출력한다.

| 명령어 | SHOW {환경변수 │ ALL } |
|---|---|

【예제 3.13】 ▶ SQL*Plus 실행 환경에 설정된 시스템 변수를 출력하시오.

```
SQL> show all
appinfo은 OFF이고 이것을 "SQL*Plus"로 설정합니다
arraysize 15
autocommit OFF
......
wrap : 행이 줄바꿈됨

SQL>
```

## 3.6.2  환경제어 변수의 제어

SET 명령어는 표 3.8과 같이 주요 환경변수에 "설정값"를 지정하여 SQL*Plus 실행 환경을 제어하는 명령어이다.

| 형식 | SET 시스템변수 설정값 |
|---|---|

| 환경변수 | 기본값 | 설 정 예 |
|---|---|---|
| ECHO | OFF | SET ECHO ON |
| FEEDBACK | 6 | SET FEED 10 **또는** SET FEEDBACK ON\|OFF |
| HEADING | ON | SET HEADING OFF |
| LINESIZE | 80 | SET LINESIZE 100 |
| NUMWIDTH | 10 | SET NUMWIDTH 8 |
| PAGESIZE | 14 | SET PAGESIZE 10 |
| PAUSE | OFF | SET PAUSE ON |
| TIME | OFF | SET TIME ON |
| TIMING | OFF | SET TIMING ON |

표 3.8  SQL*Plus의 주요 환경변수

● **ECHO 시스템 변수**

sql 파일을 @나 START 명령어로 실행할 때 SQL문을 출력도록 설정[ON]하거나
해제[OFF]하며, 기본값은 OFF이다.

| 형식 | SET ECHO {OFF \| ON} |
|---|---|

◆ ON/OFF : SQL문을 출력하도록 설정하거나 해제한다.

| 【예제 3.14】 | ▶ ex03-07.sql 파일을 @ 명령어로 실행하되 echo 변수의 설정과 해제하여 차이점을 비교하시오. |
|---|---|

```
SQL> @ex03-07.sql

TABLE_NAME                      TABLE_TYPE
------------------------------  ----------------------
COURSE                          TABLE
DEPARTMENT                      TABLE
PROFESSOR                       TABLE
......
8 개의 행이 선택되었습니다.

SQL> SET ECHO ON
SQL> @ex03-07.sql
SQL> SELECT *                              ☜ SQL 명령문이 출력
  2  FROM   USER_CATALOG
  3  /
```

```
TABLE_NAME                  TABLE_TYPE
------------------------    --------------------
COURSE                      TABLE
DEPARTMENT                  TABLE
PROFESSOR                   TABLE
......
8 개의 행이 선택되었습니다.

SQL> SET ECHO OFF
```

● **FEEDBACK 변수**

SELECT문의 실행 결과를 출력할 때 "n개의 행이 선택되었습니다."라는 메시지를 출력하도록 행의 수를 설정[ON]하거나 해제[OFF]한다. 기본값은 6이며, n은 행의 수를 나타낸다.

| 형식 | SET  FEED[back] {6 ∣ n ∣ OFF ∣ ON} |
|---|---|

◆ ON/OFF : 메시지를 출력하도록 설정하거나 해제한다.
◆ n : 메시지를 출력하는 행의 수를 지정한다.

| 【예제 3.15】 | ▶ 출력 행이 10 이상이 될 때 메시지를 출력하도록 시스템 변수를 설정하고, 테이블명을 조회하시오. |
|---|---|

```
SQL> SET FEEDBACK 10
SQL> SELECT * FROM USER_CATALOG;

TABLE_NAME                  TABLE_TYPE
------------------------    --------------------
COURSE                      TABLE
DEPARTMENT                  TABLE
PROFESSOR                   TABLE
......
                                    ☞ Feedback 출력 부분

SQL>
```

● **HEADING 변수**

SELECT문의 실행 결과를 출력할 때 칼럼명이나 별명을 칼럼 제목으로 출력하도록 설정[ON]하거나 해제[OFF]하며, 기본값은 ON이다.

| 형식 | SET  HEADING {OFF ∣ ON} |
|---|---|

◆ ON/OFF : 실행 결과의 부제목 출력을 설정하거나 해제한다.

| 【예제 3.16】 | ▶ Department 테이블의 모든 행을 출력하되 Heading 부분을 해제하여 출력해 보시오. |

```
SQL> SELECT * FROM Department;

DEPT_ID  DEPT_NAME         DEPT_TEL             ☞ Heading 출력
-------- ----------------- ------------
대학      대학본부          765-4000
컴공      컴퓨터공학과       765-4100
정통      정보통신공학과     765-4200
경영      경영학과          765-4400
행정      세무행정학과       765-4500

SQL> SET HEADING OFF
SQL> /
                                               ☞ Heading 해제
대학      대학본부          765-4000
컴공      컴퓨터공학과       765-4100
정통      정보통신공학과     765-4200
경영      경영학과          765-4400
행정      세무행정학과       765-4500

SQL> SET HEADING ON
```

## ● NUMWIDTH 변수

SELECT문의 실행 결과에서 숫자를 표현할 때 사용할 너비를 설정하며, 기본값은 10이다. 만약, 너비가 부족할 경우에는 "####" 형태로 나타난다.

| 형식 | SET  NUM[width] {10 | n} |

◆ n: 숫자 표현시 사용할 너비를 설정한다. 기본값은 10.

## ● LINESIZE 변수

SQL*Plus 화면에 대하여 한 행에 출력하는 최대 문자수를 지정한다. 기본값은 80이고, n은 최대 문자수를 나타낸다. 만약 n을 증가시키면 [옵션] 메뉴의 [환경] 대화상자에서 스크린 버퍼도 증가시켜야 한다.

| 형식 | SET  LIN[esize] {80 | n} |

◆ n : 한 행의 최대 문자수를 지정한다.

| 【예제 3.17】 | ▶ Course 테이블의 모든 행을 출력하고, 한 행의 문자수를 100으로 지정하여 Course 테이블의 모든 행을 출력해 보시오. |
|---|---|

```
SQL> SET LINESIZE 100
SQL> SELECT * FROM COURSE;

COURSE_ID   TITLE              C_NUMBER PROFES COURSE_FEES
----------  ----------------   ---------- ------ -----------
L0011       TOEIC연구                2
L0012       문학과 여행              2
L0013       문학개론                2
......
15 개의 행이 선택되었습니다.

SQL>
```

● **PAGESIZE 변수**

SQL*Plus 화면에서 출력할 페이지의 라인 수를 설정하며, 기본값은 14이다. 칼럼 제목과 구분선을 출력하지 않을 경우 0으로 설정한다.

| 형식 | SET PAGES[ize] {14 ∣ n} |
|---|---|

◆ n : 출력할 페이지의 라인 수를 설정한다. 기본값은 14.

| 【예제 3.18】 | ▶ 페이지의 라인 수를 10으로 설정하고, Course 테이블의 모든 행을 출력해 보시오. |
|---|---|

```
SQL> SET PAGESIZE 10
SQL> SELECT * FROM Course;

COURSE_ID   TITLE              C_NUMBER PROFES COURSE_FEES
----------  ----------------   ---------- ------ -----------
L0011       TOEIC연구                2
L0012       문학과 여행              2
L0013       문학개론                2
L1011       컴퓨터구조              2 P11
L1012       웹디자인                2              20000
L1021       데이터베이스            2 P12
L1022       정보통신개론            2 P21
                                          ☞ 페이지 구분
COURSE_ID   TITLE              C_NUMBER PROFES COURSE_FEES
----------  ----------------   ---------- ------ -----------
L1031       SQL                     3 P12          30000
```

| L1031 | SQL | 3 P12 | 30000 |
| L1032 | 자바프로그래밍 | 3 P13 | |

......

15 개의 행이 선택되었습니다.

SQL>

● **PAUSE 변수**

SELECT문의 실행 결과를 출력할 때 페이지별로 멈춤 기능을 설정[ON]하거나 해제[OFF]하며, ON으로 설정할 경우 사용자가 엔터(Enter) 키를 입력할 때까지 대기하다가 엔터키를 입력하면 다음 페이지를 출력한다. 기본값은 OFF이다.

| 형식 | SET PAUSE {OFF \| ON} |
| --- | --- |

◆ ON/OFF : 페이지별 멈춤 기능을 설정하거나 해제한다.

| 【예제 3.19】 | ▶ 한 페이지의 라인 수를 10으로 지정하고, 페이지별 멈춤 기능을 설정하여 Course 테이블을 출력해 보시오. |
| --- | --- |

```
SQL> SET PAUSE ON
SQL> SELECT * FROM Course;
                                    ☜ 멈춤기능 작동, 계속시 [Enter] 키를 누른다

COURSE_ID  TITLE            C_NUMBER PROFES COURSE_FEES
---------- ---------------- ---------- ------ -----------
L0011      TOEIC연구              2
L0012      문학과 여행            2
L0013      문학개론              2
L1011      컴퓨터구조             2 P11
L1012      웹디자인              2                20000
L1021      데이터베이스            2 P12
L1022      정보통신개론            2 P21
                                    ☜ 멈춤기능 작동, 계속시 [Enter] 키를 누른다
COURSE_ID  TITLE            C_NUMBER PROFES COURSE_FEES
---------- ---------------- ---------- ------ -----------
L1031      SQL                   3 P12            30000
L1032      자바프로그래밍          3 P13
......
15 개의 행이 선택되었습니다.

SQL> SET PAUSE OFF
```

● **TIME 변수**

SQL*Plus 프롬프트(SQL>) 앞에 현재 시각을 표시하도록 설정[ON] 또는 해제
[OFF]하며, 기본값은 OFF이다.

| 형식 | SET TI[me] {OFF \| ON} |
|------|------------------------|

| 【예제 3.20】 | ▶ SQL*Plus 프롬프트(SQL>) 앞에 현재 시각을 표시하도록 설정하고, Course 테이블의 모든 행을 출력하시오. |
|--------------|---|

```
SQL> SET TIME ON
17:14:31 SQL> SELECT * FROM Course;

COURSE_ID  TITLE             C_NUMBER PROFES COURSE_FEES
---------- ----------------- -------- ------ -----------
L0011      TOEIC연구              2
L0012      문학과 여행            2
L0013      문학개론              2
L1011      컴퓨터구조             2 P11
L1012      웹디자인              2              20000
......
1COURSE_ID TITLE             C_NUMBER PROFES COURSE_FEES
---------- ----------------- -------- ------ -----------

L2061      스프링프레임워크        3              50000

15 개의 행이 선택되었습니다.

16:48:05 SQL> SET TIME OFF
SQL>
```

● **TIMING 변수**

SQL문을 실행하는데 소요된 시간을 출력하도록 설정[ON]하거나 해제[OFF]하며,
기본값은 OFF이다. 시간 표시는 '시:분:초:밀리초' 형식이며, 시간의 단위는
mS(1/1000)이다.

| 형식 | SET TIMING {OFF \| ON} |
|------|------------------------|

| 【예제 3.21】 | ▶ SQL문을 실행하는데 소요된 시간을 출력하도록 설정[ON]하고, Course 테이블의 모든 행을 출력하여 실행 소요시간을 확인하시오. |
|--------------|---|

```
SQL> SET TIMING ON
SQL> SELECT * FROM Course;

COURSE_ID  TITLE                 C_NUMBER PROFES COURSE_FEES
---------- --------------------- ---------- ------ -----------
L0011      TOEIC연구             2
L0012      문학과 여행           2
L0013      문학개론              2
L1011      컴퓨터구조            2 P11
......
15 개의 행이 선택되었습니다.

경    과: 00:00:00.37                          ☞ SQL문 실행시간
SQL> SET TIMING OFF
```

## 3.6.3  COLUMN 명령어

칼럼의 출력 결과에 대하여 FORMAT 명령어로 출력 형식을 지정할 수 있다. FORMAT 형식에 사용하는 요소는 표 3.9와 같다. CLEAR COLUMNS는 모든 칼럼에 대한 설정을 해제하며, SQL*Plus 종료전까지 유효하다.

| 형식 | COL[UMN]   [ **칼럼명 \| 별명** ]   FORAMT **형식요소** |
|------|--------------------------------------------------------|

| 요 소 | 내    용 | 예 | 결    과 |
|--------|----------|-----|----------|
| An | n 자리의 문자열 설정 | A10 | `abcd    ` |
| 9 | 숫자 한자리 | 99999 | 1234 |
| 0 | 0으로 채우는 숫자 한자리 | 09999 | 01234 |
| $ | $ 표시 | $9999 | $1234 |
| L | 국가별 화폐 | L9999 | L1234 |
| . | 소수점 위치 | 9999.99 | 1234.00 |
| , | 천 단위 구분자 | 99,999 | 1,234 |

표 3.9  FORMAT 형식 요소

| 【예제 3.22】 | ▶ Department 테이블의 Dept_ID 칼럼을 문자열 8, Dept_Name 칼럼을 문자열 16, Dept_Tel 칼럼을 문자열 12로 지정하시오. |
|--------------|-----------------------------------------------------------------------------------------------------------------|

```
SQL> COLUMN  DEPT_ID      FORMAT A8
SQL> COLUMN  DEPT_NAME    FORMAT A16
SQL> COLUMN  DEPT_TEL     FORMAT A12
```

## 3.6.4  glogin.sql 설정 파일

SQL*Plus가 실행할 때마다 glogin.sql 파일의 설정된 내용들을 실행한다. SQL문을
실행할 때마다 설정해야 할 라인 길이, 페이지 수, 칼럼의 길이 등을 glogin.sql 파일
에 설정하면 동일한 환경에서 실행할 수 있다. 이 파일은 오라클 클라이언트가 설치된
폴더(예:C:/oracle/product/10.2.0/client_1/sqlplus/admin)에 있다.

| 【예제 3.23】 | ▶ 그림 3.7과 같이 sqlSample 압축 풀기한 폴더에서 "glogin.sql" 파일을 그림 3.8과 같이 오라클 클라이언트가 설치된 폴더 (.../sqlplus/admin)에 저장하시오. |

그림 3.7  sqlSample 압축 풀기 폴더

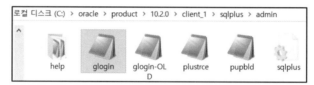

그림 3.8  오라클 클라이언트의 sqlplus/admin 폴더

교재에 사용하는 시스템 변수와 COLUMN 명령어로 설정한 glogin.sql 파일을 오라
클 클라이언트가 설치된 "c:/.../sqlplus/admin" 폴더에 저장한다. SQL*Plus를 종
료하여 재접속한 후 SQL문을 실행하면 교재와 동일한 양식으로 출력할 수 있다. 이 작
업은 단지 한번만 실행하며, 추가적인 내용을 glogin.sql 파일에 설정할 수 있다.

| 【예제 3.24】 | ▶ SQL*Plus를 종료하고, 재접속하여 Department 테이블의 행 을 출력하시오. |

```
SQL> SELECT * FROM Department;

DEPT_ID   DEPT_NAME        DEPT_TEL
--------- ---------------- ---------
대학      대학본부         765-4000
컴공      컴퓨터공학과     765-4100
정통      정보통신공학과   765-4200
경영      경영학과         765-4400
행정      세무행정학과     765-4500
SQL>
```

## 3.7   describe 명령어

Describe 명령어는 테이블, 뷰와 같은 객체의 구조를 출력한다.

| 명령어 | desc[ribe] 객체명 |
|---|---|

【예제 3.25】 ▶ Department 테이블의 구조를 출력하시오.                  .

```
SQL> Describe Department
  이름                                        널?        유형
  ------------------------------------- --------  ------------
  DEPT_ID                               NOT NULL  VARCHAR2(10)
  DEPT_NAME                                       VARCHAR2(25)
  DEPT_TEL                                        VARCHAR2(8)
SQL>
```

# 3.8   기타 오라클 데이터베이스 접속 방법

## 3.8.1   터미널 환경에서 실행

그림 3.9와 같이 클라이언트에서 오라클 데이터베이스가 설치된 데이터베이스 서버에 터미널 모드로 접속하여 실행하는 순서는 다음과 같다.

① 클라이언트에서 "명령프롬프트" 프로그램을 실행한다.

② "telnet ip주소"를 입력하여 오라클 데이터베이스 서버에 접속한다.

③ 계정, 암호를 입력하여 로그온한다.

④ 오라클 사용 환경을 확인 또는 변경한다. 로그인후 오라클 데이터베이스 접속에 필요한 환경 설정을 "env" 명령어로 출력한 경우이다.

```
NLS_LANG=KOREAN_KOREA.KO16KSC5601
ORACLE_SID=ora11
ORACLE_BASE=/oracle
PATH=/oracle/11g/bin:/...
ORACLE_TERM=xterm
ORACLE_HOME=/oracle/11g
   ......
```

⑤ 서브디렉토리(subdirectory)를 생성하거나 생성한 디렉터리로 이동한다.

⑥ sqlplus 명령어로 오라클 사용자 계정과 암호를 입력하여 접속한다.

● **sqlplus 명령어**

오라클 데이터베이스가 설치된 서버의 터미널 환경에서 SQL*Plus를 실행한다.

| 명령어 | sqlplus 오라클계정/암호 |
|---|---|

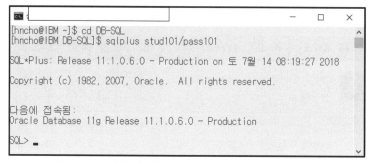

[hncho@IBM ~]$ cd DB-SQL
[hncho@IBM DB-SQL]$ sqlplus stud101/pass101
SQL*Plus: Release 11.1.0.6.0 - Production on 토 7월 14 08:19:27 2018
Copyright (c) 1982, 2007, Oracle.  All rights reserved.
다음에 접속됨:
Oracle Database 11g Release 11.1.0.6.0 - Production
SQL>

그림 3.9 터미널 환경에서 SQL*Plus 실행 화면

● **exit 명령어**

클라이언트 또는 터미널 환경에서 실행중인 SQL*Plus를 종료한다.

| 명령어 | exit |
|---|---|

## 3.8.2 이클립스(Kepler)에서 SQL문 실행 방법

프로젝트를 수행하는 개발자들이 프로그래밍 개발 도구로 이클립스(eclipse)를 사용하고 있다. 이클립스의 설치나 기본 설정 방법은 생략한다. 이클립스에서 SQL문을 실행하는 방법은 다음과 같다. 오라클 데이터베이스의 JDBC 드라이버는 반드시 준비하여야 하며, SQL*Plus 사용자는 이 절은 생략한다.

● **오라클 접속을 위한 환경 설정**

① 이클립스를 실행한다.

② 그림 3.10과 같이 이클립스 실행 화면에서 뷰 영역의 "Data Source Explorer" 탭을 클릭하고, "Database Connection"을 선택한다.

Markers
Properties
Servers
Data Source Explorer
Snippets
Console
Database Connections
ODA Data Sources

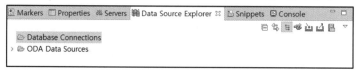

그림 3.10. Database Connection 선택 화면

③ 마우스 오른쪽 버튼을 클릭하여 팝업 메뉴에서【New】를 선택하면 그림 3.11
과 같이 "New Connection Profile" 화면(1)이 나타난다. "Connection
Profile Types"로 "Oracle"을 선택한다. "Description(optional)" 필드에
"Oracle Database 11g"를 입력하고【Next>】버튼을 클릭한다.

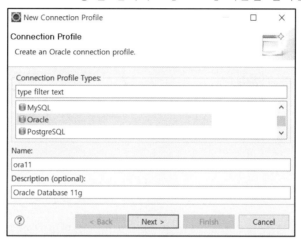

그림 3.11 "New Connection Profile" 화면(1)

④ 그림 3.12 "New Connection Profile" 화면(2)에서 "Driver" 입력 필드의 ⊕
버튼을 클릭하면, 그림 3.13의 "New Driver Definition" 화면이 나타난다.

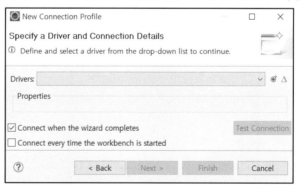

그림 3.12 "New Connection Profile" 화면(2)

⑤ 그림 3.13의 "New Driver Definition" 화면(1)에서 "Oracle Thin Driver",
"Oracle", "11"을 선택하고, "JAR List" 탭을 클릭하면, 그림 3.14의 "New
Driver Definition" 화면(2)가 나타난다.

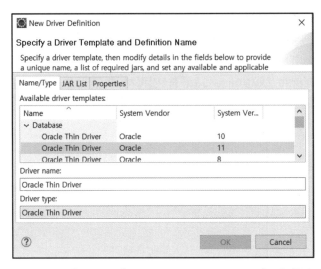

그림 3.13  "New Driver Definition" 화면(1)

⑥ 그림 3.14의 "New Driver Definition" 화면(2)에서 [Add JAR/Zip...] 버튼을
클릭하여 오라클 JDBC 드라이버를 선택한다. 그림 3.14는 "C:/JSP2" 폴더에
서 오라클 JDBC 드라이버 "ojdbc14.jar" 파일을 선택하였다.

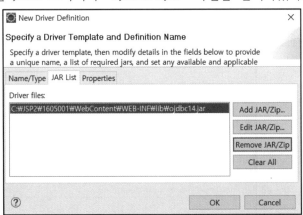

그림 3.14  "New Driver Definition" 화면(2)

⑦ 그림 3.14에서 [Properties] 탭을 클릭하면 그림 3.15의 "New Driver
Definition" 화면(3)이 나타난다. 사용할 오라클 데이터베이스 서버의
"Connection URL"과 "Database Name", "Password", "User ID" 속성 값을
입력하고, 【OK】 버튼을 클릭한다.

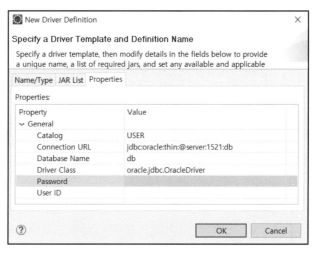

그림 3.15 "New Driver Definition" 화면(3)

⑧ 그림 3.16과 같이 "New Connection Profile" 화면이 나타나면, [Test Connection] 버튼을 클릭하여 오라클 데이터베이스 서버와 접속 유무를 확인한다.

그림 3.16 New Connection Profile의 예

⑨ 접속이 성공하면 그림 3.17과 같이 "Ping succeeded!" 메시지 창이 나타난다. 【OK】 버튼을 클릭한다. 실패하면 입력한 값들을 확인하여 수정한다.

그림 3.17.  오라클 데이터베이스의 접속 성공

⑩ 그림 3.16 화면에서 [Finish] 버튼을 클릭하면, 그림 3.18와 같이 "Database Connections" 뷰에 오라클 데이터베이스 서버가 추가된다.

그림 3.18  "Database Connections" 뷰

● **SQL문 실습을 위한 프로젝트 생성**

SQL문 실습을 위한 프로젝트를 생성한다. 생성된 프로젝트에서 실습할 수도 있다.
① 교재에서는 생성된 프로젝트에서 "ch07" 폴더를 생성하였다.

● **SQL문 입력 및 실행**

① "ch06" 폴더를 선택하고 마우스 오른쪽 버튼을 클릭하여 팝업창에서 【New】를 선택하고, 그림 3.19와 같이 팝업창에서 [SQL File] 메뉴를 선택한다.

그림 3.19  팝업창

② "New SQL File" 화면에서 "File Name"을 "ex06-01.sql"과 같이 입력하고 【Finish】 버튼을 클릭한다.
③ 그림 3.20과 같이 "Connection profile"의 Type, Name, Database를 각각 선택하여, 설정한 데이터베이스 서버 정보를 지정한다.

④ 그림 3.20과 같이 SQL 편집 화면에 "SELECT * FROM Department;"와 같은 SQL문을 입력하고, 마우스로 실행할 SQL문 블록을 선택한다.
(마우스 클릭→드래그→드롭)

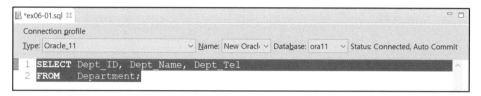

그림 3.20　SQL 편집기 화면과 Connection profile 지정 화면

⑤ 키보드의 "Alt X" 버튼을 클릭하여 선택한 SQL문을 실행한다.

⑥ 그림 3.21과 같이 "SQL Result" 뷰의 "Result" 탭을 클릭하면 실행 결과를 확인할 수 있다.

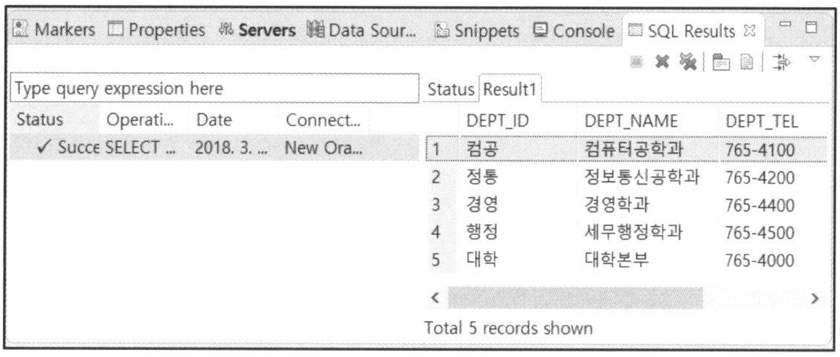

| | DEPT_ID | DEPT_NAME | DEPT_TEL |
|---|---|---|---|
| 1 | 컴공 | 컴퓨터공학과 | 765-4100 |
| 2 | 정통 | 정보통신공학과 | 765-4200 |
| 3 | 경영 | 경영학과 | 765-4400 |
| 4 | 행정 | 세무행정학과 | 765-4500 |
| 5 | 대학 | 대학본부 | 765-4000 |

Total 5 records shown

그림 3.21　SQL문의 실행 결과 화면

SQL과 PL/SQL 실습 도구는 다음 중 하나를 선택한다.
1. SQL*Plus　　2. Telnet　　3. 이클립스 툴
4. SQL*Developer　　5. Toad

# 연 습 문 제 1

1. SQL과 SQL*Plus, PL/SQL 용어에 대하여 간단히 설명하시오.

2. 오라클 데이터베이스에 접속하여 SQL문을 실행할 수 있는 방법에 대하여 설명하시오.

3. 라인 편집기(line editor)와 화면편집기(full screen editor)의 차이점을 설명하고, 윈도우 환경과 터미널 환경에서 적합한 편집기를 기술하시오.

4. SQL*Buffer에 기억된 SQL문을 출력하는 편집명령어를 기술하시오.

5. 다음 SQL명령문에서 "ALL_USERS" 문자열을 "TAB"로 수정하시오.
```
SQL> L
  1   SELECT *
  2* FROM   ALL_USERS
SQL>
```

6. SQL*Buffer에 기억된 SQL을 example.sql 파일로 저장하는 명령문을 기술하시오.

7. SQL*Plus 실행명령어 /, run, start(또는 @)의 차이점을 설명하시오.

8. SQL*Plus 화면에 대한 한 행에 출력하는 최대 문자수를 100으로 지정하시오.

9. Department 테이블의 구조를 출력하시오.

# Chapter O4

# 데이터타입과 데이터 무결성

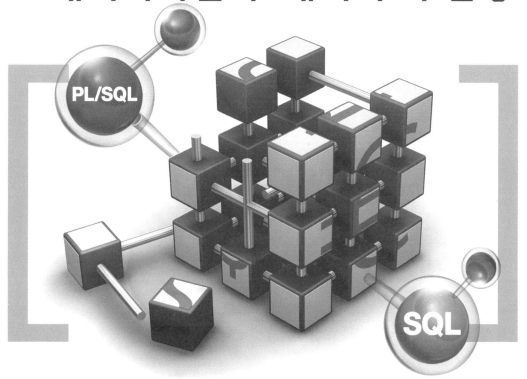

# 4.1 데이터의 종류와 표현

정보시스템에서 취급되는 데이터의 종류는 숫자형, 문자형, 날짜형, 그래픽이나 동영상과 같은 멀티미디어의 이진 데이터의 BLOB(Binary Large OBject)로 구분할 수 있다.

## 4.1.1 숫자형 데이터와 표현

숫자형 데이터란 부호를 포함한 숫자 0에서 9로 표현되는 정보이다. 숫자형 데이터는 소수점이 없는 정수(integer number)와 소수점을 포함하는 실수(real number), 또는 지수 형태로 표현되며, 더하기, 빼기, 곱하기, 나누기 등의 사칙연산에 사용할 수 있다.

예를 들어 학점 수, 수업료, 학생 수, 단가, 수량, 금액 등이 숫자형 데이터로 표현되는 정보들이다. 정수형 데이터는 3, -10, 25000 등으로 표현하고, 실수형의 데이터는 4.5, -12.45, 3.14159 등으로 표현한다.

## 4.1.2 문자형 데이터와 표현

문자형 데이터란 영문자(A~Z)와 한글(가나다···), 영문자와 숫자의 조합으로 표현되는 정보를 말한다. 이름, 주소, 전화번호, 부서명 등의 문자형 데이터는 연산이 불가능하고, 문자형 데이터 간의 연결은 가능하다. 따옴표('')를 사용하여 '홍길동', '컴퓨터', '011-222-3333', 'A+' 등으로 표현한다.

## 4.1.3 날짜형 데이터와 표현

날짜형 데이터란 세기, 날짜(년, 월, 일)와 시간(시, 분, 초, 도)으로 표현되는 정보를 말한다. 입학일자, 입사일자, 판매일자, 출발시간 등과 같은 날짜형 데이터는 연도나 월, 일의 연산도 가능하다.

날짜형 데이터를 숫자형 데이터로 변환하여 취급하는 파일 처리 시스템과 같이 데이터베이스 시스템에서 숫자형 데이터로 저장하면, 재직 기간, 재학 기간 등의 연산은 특별한 프로그램을 준비해야 되기 때문에 처리가 불편하다. 따라서 날짜형 데이터는 반드시 날짜형 데이터로 취급해야 연산이 가능하며, 날짜형 데이터는 따옴표를 사용하여 2018년 2월 16일 오후 6시 30분 35초는 '2018-02-16 18:30:25'로 표현하고, 환경변수나 변환 함수를 이용하여 다양하게 표현할 수 있다.

## 4.1.4  이진 데이터와 표현

이진 데이터란 표 4.1과 같이 이미지(image), 오디오(audio), 동영상(video), 애니메이션, 텍스트 파일 등과 같은 이진 파일로 만들어진 멀티미디어 정보를 말한다.

| 구분 | 파일의 확장자 | 용　　　도 |
|------|------|------|
| 이미지 | .jpg, gif, bmp | 사원의 사진, 쇼핑몰의 상품이미지 등 |
| 오디오 | mp3, mid, wav, wma | 음악재생파일, MP3 등 |
| 동영상 | avi, mpg, mov, swf | 영화, mpeg, flash 등 동영상 파일 |
| 텍스트 파일 | hwp, doc, txt | 잡지, 신문, 서적 등 대용량 문서파일 |

표 4.1  이진 데이터에 따른 파일의 확장자

# 4.2  데이터타입의 종류

데이터를 저장하기 위한 테이블을 생성할 때, 각 칼럼에 대하여 데이터타입(datatype)과 크기(size)를 지정하며, 오라클에서 제공하는 기본적인 데이터타입은 표 4.2와 같다.

| 데이터 | 데이터타입 | 특　　　징 |
|------|------|------|
| 숫자형 | NUMBER(p,s) | 일반적인 숫자형 데이터 타입, 최대 38자리까지 |
| 문자형 | CHAR(s) | 고정길이 문자열, 최대 2000바이트까지 |
| | VARCHAR2(s) | 가변길이 문자열, 최대 4000바이트까지 |
| 날짜형 | DATE | 날짜와 시간 데이터, 고정길이 7바이트 |
| | TIMESTAMP(f) | 날짜와 시간 데이터, DATE 데이터 타입의 확장 |
| | INTERVAL(y) | 날짜형 데이터의 기간 저장 |
| BLOB | RAW(s) | 이진 데이터, 최대 2000바이트까지 |
| | LONG RAW | 이진 데이터, 최대 2GB까지 |
| | LONG | 큰 문자열, 최대 2GB까지, 가변길이, 사용금지 |
| LOB | BLOB | 이진 파일, 최대 [(4GB-1)* 블록크기]까지 |
| | BFILE | 이진 파일을 외부에 저장, 최대 4GB까지 |
| | CLOB, NCLOB | 문자데이터,  최대 [(4GB-1)* 블록크기]까지 |
| ROW | ROWID | 테이블의 행 주소 |
| | UROWID(s) | 인덱스 생성시 행에 대한 논리적 주소, s는 4000 바이트 |

표 4.2  오라클에서 제공하는 기본적인 데이터타입

## 4.2.1  숫자형 데이터타입

대표적인 숫자형 데이터타입으로 NUMBER가 있다.

● **NUMBER 데이터타입**

| 데이터타입 | NUMBER(p, s) |
|---|---|

- p = 전체 자릿수(최대 38자리), s = 소수점이하 자릿수 또는 유효 숫자

NUMBER(p, s) 데이터타입은 정수 또는 실수의 숫자형 데이터를 저장하기 위하여 사용된다. p는 전체 자릿수를 나타내고, 1부터 38까지 지정할 수 있으며, s는 소수점이하 자릿수 또는 유효숫자를 나타내고, s의 범위는 -84부터 127까지 지정할 수 있다. NUMBER(p)의 형태는 정수만 저장되고, p와 s를 생략한 NUMBER는 최대 38자리로 정수나 실수를 저장할 수 있다. 만약에, 소수점을 포함하는 숫자형 데이터를 저장하기 위한 데이터타입을 NUMBER(6,2)로 지정하였을 경우 전체 자릿수는 6자리, 소수점이하 자릿수는 2자리가 된다. 숫자형 데이터는 오른쪽부터 왼쪽으로 정렬되어 기억된다.

| 정수부분 | | | 소수부분 | |
|---|---|---|---|---|
| | | 1 | 2 | 3 | 4 |

- 실수를 저장할 때, NUMBER(6,2) 지정에 의한 저장 데이터

| 데이터타입 | 입력 데이터 | 저장 데이터 | 설 명 |
|---|---|---|---|
| NUMBER(6,2) | 1234.56 | 1234.56 | 정상처리 |
| | 1234.567 | 1234.57 | 반올림 |
| | 12345.6 | 오류 | 자릿수 부족 |

- 정수를 저장할 때, NUMBER(3) 지정에 의한 저장 데이터

| 데이터타입 | 입력 데이터 | 저장 데이터 | 설 명 |
|---|---|---|---|
| NUMBER(3) | 123 | 123 | 정상처리 |
| | 123.4 | 123 | 반올림 |
| | 1234 | 오류 | 자릿수 부족 |

- 실수를 저장할 때, NUMBER 지정에 의한 저장 데이터

| 데이터타입 | 입력 데이터 | 저장 데이터 | 설 명 |
|---|---|---|---|
| NUMBER | 1234.56 | 1234.56 | • 정상처리 |
| | 1234.567 | 1234.567 | • 자릿수는 38 |

오라클은 NUMBER 데이터타입의 서브타입으로 NUMERIC(p,s), DECIMAL(p,s), FLOAT(p), BINARY_FLOAT, BINARY_DOUBLE 데이터타입이 지원되며, 표 4.3과 같이 SyBase, MS SQL Server 등과 같은 다른 제품의 데이터베이스로부터 데이터 변환을 위한 추가적인 숫자형 데이터타입이 제공된다.

| 데이터타입 | 특　징 |
|---|---|
| NUMERIC(p,s), DECIMAL(p,s) | NUMBER(p, s)로 해석 |
| INTEGER, INT, SMALLINT | NUMBER(38)로 해석 |
| FLOAT(p), DOUBLE PRECISION | FLOAT(126)로 해석 |
| REAL | FLOAT(63)로 해석 |

표 4.3  추가적인 숫자형 데이터타입

## 4.2.2  문자형 데이터타입

문자형 데이터타입으로 CHAR(s), NCHAR(s), VARCHAR2(s), NVARCHAR2(s)가 있다.

● **CHAR 데이터타입**

| 데이터타입 | CHAR(s) |
|---|---|

- s = 자릿수, 최대길이 2000bytes

CHAR 데이터타입은 고정길이 문자열을 저장할 때 사용되며, 최대 2000바이트까지 가능하다. 만약, 고정길이 문자열을 저장하기 위해, CHAR(10)으로 지정된 칼럼에 'Computer'란 문자열을 저장하면, 10바이트로 왼쪽부터 오른쪽으로 정렬하여 기억되고, 나머지는 공백으로 기억된다.

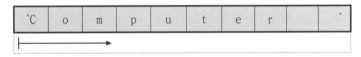

● 문자열을 저장할 때, CHAR(10) 지정에 의한 저장 데이터

| 데이터타입 | 입력 데이터 | 저장 데이터 | 설　명 |
|---|---|---|---|
| CHAR(10) | 'Computer' | 'Computer　' | 10바이트 |
| | '홍길동' | '홍길동　' | 10바이트 |
| | '1234' | '1234　' | 10바이트 |
| | 'Laser Printer' | 오류 | 자릿수 부족 |

● **VARCHAR2 데이터타입**

| 데이터타입 | VARCHAR2(s) |
|---|---|

- s = 자릿수, 최대길이 4000bytes

VARCHAR2 데이터타입은 가변길이 문자열을 저장할 때 사용되며, 최대 4000바이트까지 가능하다. 가변길이 문자열은 입력데이터에 따라 저장되는 크기가 변한다. VARCHAR2 데이터타입과 동일하게 사용하는 VARCHAR(s)가 있다. 만약, 가변형 문자열을 저장하기 위해 VARCHAR2(10)으로 지정된 칼럼에 'Computer'란 문자열을 저장하면, 8바이트로 왼쪽부터 오른쪽으로 정렬하여 기억된다.

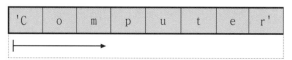

● 문자열을 저장할 때, NUMBER(3) 지정에 의한 저장 데이터

| 데이터타입 | 입력 데이터 | 저장 데이터 | 설  명 |
|---|---|---|---|
| VARCHAR2(10) | 'Computer' | 'Computer' | 8바이트 |
| | '홍길동' | '홍길동' | 6바이트 |
| | '1234' | '1234' | 4바이트 |
| | 'Laser Printer' | 오류 | 자릿수 부족 |

오라클 8i부터 문자형 데이터타입이 표 4.4와 같이 추가적으로 제공된다. 다양한 국가 언어 지원이란 크기가 정해진 국가의 문자집합에 맞게 적용된다는 것으로, 2바이트 문자를 쓰는 한글의 경우 NCHAR(s) 데이터타입의 최대 크기는 1000자까지 지정할 수 있다. 예를 들어, '홍길동'이란 이름을 저장하기 위해서 CHAR(6), VARCHAR2(6) 또는 NCHAR(3), NVARCHAR2(3)으로 지정할 수 있다.

| 데이터타입 | 설  명 |
|---|---|
| NCHAR(s) | • 고정형 길이 문자열로 최대 2000바이트까지 지정 |
| | • 다양한 국가 언어를 지원. 한글 데이터는 1000자까지 |
| NVARCHAR2(s) | • 가변형 길이 문자열을 최대 4000바이트까지 지정 |
| | • 다양한 국가 언어를 지원, 한글 데이터는 2000자까지 |

표 4.4 추가적인 문자형 데이터타입

## 4.2.3  날짜형 데이터타입

날짜형 데이터타입으로 DATE, TIMESTAMP, INTERVAL이 있다.

● **DATE 데이터타입**

| 데이터타입 | DATE |
|---|---|

* 고정된 7바이트를 할당하며, 크기는 지정하지 않는다.

DATE 데이터타입은 날짜와 시간의 정보를 저장하기 위해 사용하며, 날짜의 표현 범위는 BC 4712년 1월 1일부터 AD 9999년 12월 31일까지이다. 날짜를 표현하는 기본 형식은 'DD-MON-YY'로 '일-월-년도' 순이며, 일(DD)과 연도(YY)는 숫자2자리, 월(MON)은 3자리 단축형 영문자로 표현된다.
그러나, 국가별 문자집합의 오라클 사용 환경에 따라 날짜를 표현하는 형식이 다를 수 있다. 국가별 문자집합은 'NLS_LANG' 환경변수에 지정하며, 한글 지원의 문자집합은 'NLS_LANG=KOREAN_KOREA.KO16KSC5601'로 지정한다. 이 경우 날짜의 기본 형식은 'YY/MM/DD HH24:MI'가 되고, 연도(YY), 월(MM), 일(DD), 시간(HH24), 분(MI)이 숫자로 표현된다. 날짜형에 대한 표현 형식은 8장에서 다룬다.

● **TIMESTAMP 데이터타입**

TIMESTAMP 데이터타입은 DATE 데이터타입의 확장으로 날짜형 데이터가 "년/월/일 시:분:초:도"로 표현할 때 "도" 단위를 기본값은 6자리, 최대 9자리까지 저장할 수 있는 데이터타입이다.

| 데이터타입 | TIMESTAMP( f ) |
|---|---|

* f는 자리수로 생략하면 6, 최대 9까지 지정 가능하다.

TIMESTAMP 데이터타입은 표 4.5와 같이 TIMESTAMP WITH TIME ZONE과 TIMESTAMP WITH LOCAL TIME ZONE이 있다. TIMESTAMP WITH TIME ZONE은 TIMESTAMP 데이터타입에 현재 시간이 시간대 영역명이나 표준시간과의 차이를 추가한다. TIMESTAMP WITH LOCAL TIME ZONE은 지역시간대를 나타낸다.

| 데이터타입 | 데이터 표시 |
|---|---|
| TIMESTAMP WITH TIME ZONE | TIMESTAMP 데이터타입에 지역시간대 추가 |
| TIMESTAMP WITH LOCAL TIME ZONE | TIMESTAMP 데이터타입과 동일 |

표 4.5  TIMESTAMP의 데이터타입

날짜와 시간을 각 데이터타입에 저장하여 출력하면 표 4.6과 같이 나타난다.

| 데이터타입 | 데이터 표시 |
|---|---|
| DATE | 18/03/20 |
| TIMESTAMP | 18/03/20 18:24:01.000000000 |
| TIMESTAMP WITH TIME ZONE | 18/03/20 18:24:01.000000000 +09:00 |
| TIMESTAMP WITH LOCAL TIME ZONE | 18/03/20 18:24:01.000000000 |

표 4.6  데이터타입에 의한 날짜형 데이터 표시

● **INTERVAL 데이터타입**

INTERVAL 데이터타입은 표 4.7과 같이 년과 월에 대한 날짜의 기간을 저장하는 INTERVAL YEAR TO MONTH 데이터타입과 일과 시분초 사이의 기간을 저장하는 INTERVAL DAY TO SECOND 데이터타입이 있다.

| 데이터타입 | 데이터 표시 |
|---|---|
| INTERVAL YEAR(y) TO MONTH (m) | • y, m : 년 또는 개월 수의 자릿수<br>• 기본값은 2 |
| INTERVAL DAY(d) TO SECOND (s) | • d : 일의 자릿수, 기본값은 2<br>• s : 초의 자릿수, 기본값은 6 |

표 4.7  INTERVAL 데이터타입

● INTERVAL YEAR TO MONTH 데이터타입의 데이터 표기법

| 데이터타입 | 데이터 표기 | 설     명 |
|---|---|---|
| INTERVAL YEAR(3) TO MONTH | 100-2 | 100년 2개월 |
| INTERVAL YEAR(3) | 100 | 100년 |
| INTERVAL MONTH(3) | 123 | 123개월 |

표 4.8  INTERVAL YEAR TO MONTH 데이터타입

● INTERVAL DAY TO SECOND 데이터타입의 데이터 표기법

| 데이터타입 | 데이터 표기 | 설     명 |
|---|---|---|
| INTERVAL DAY TO SECOND(3) | 1 2:03:04.555 | 1일 2시간 3분 4초 555도 |
| INTERVAL DAY TO MINUTE | 1 2:03 | 1일 2시간 3분 |
| INTERVAL DAY(3) HOUR | 123 4 | 123일 4시간 |
| INTERVAL HOUR TO SECOND(3) | 12:34:56.789 | 12시간 34분 56초 789도 |

표 4.9  INTERVAL DAY TO SECOND 데이터 타입

## 4.2.4　BLOB 데이터타입

BLOB(Binary Large Object)란 이진 파일(binary file)로 표현되는 정보를 말한다. BLOB는 그래픽(graphic), 오디오(audio), 동영상(video)과 같은 멀티미디어 정보를 말한다. BLOB는 하나의 테이블에 한 칼럼만 사용할 수 있으며, 이진파일을 위한 RAW, LONG RAW 데이터타입과 문자열을 위한 LONG 데이터타입이 있다.

### ● RAW 데이터타입

| 데이터타입 | RAW(s) |
| --- | --- |

- s = 자릿수, 최대길이 2000bytes

RAW 데이터타입은 이진 파일의 정보를 저장하기 위해 사용되며, 최대 크기는 2000B(Byte)이다.

### ● LONG RAW 데이터타입

| 데이터타입 | LONG RAW |
| --- | --- |

LONG RAW 데이터타입은 이진 파일의 정보를 저장하기 위해 사용되며, 최대 크기는 가변 길이로 2GB(Giga byte)이며, 크기는 지정하지 않으나, 이전 버전의 호환성을 위해 지원되기 때문에 사용하지 않고, LOB 타입을 사용하도록 권장하고 있다.

### ● LONG 데이터타입

| 데이터타입 | LONG |
| --- | --- |

LONG 데이터타입은 4000자를 초과하는 긴 문자열을 저장할 수 있는 가변형 길이의 데이터타입으로 크기는 지정하지 않으며, 최대 2GB(Giga Byte)이다.

### ● BLOB 데이터타입 제한사항
① 하나의 테이블에 하나의 칼럼만 사용할 수 있다.
② 인덱스(index) 키로 사용할 수 없다.
③ SQL함수나, SELECT문의 SELECT절, WHERE절, ORDER BY절, GROUP BY절에는 사용할 수 없다.
④ Not Null 이외의 제약조건을 사용할 수 없다.

## 4.2.5  LOB 데이터타입

LOB(Large OBject)란 2GB를 초과하는 큰 대용량의 데이터를 저장하기 위해서 표 4.10과 같이 BLOB, CLOB, NCLOB, BFILE 데이터타입을 지원한다. 크기는 지정하지 않으며, 가변 길이로 저장된다.

| 데이터타입 | 설  명 |
|---|---|
| BLOB | • 구조화되지 않은 이진 파일을 저장하며, 최대 4GB까지 |
| CLOB | • 구조화되지 않은 문자 데이터를 저장하며, 최대 4GB까지 |
| NCLOB | • 다양한 국가 언어 지원, 문자열을 저장하고, 최대 4GB까지 |
| BFILE | • 구조화되지 않은 이진 파일을 외부에 저장, 최대 4GB까지 |

표 4.10  LOB 데이터타입

## 4.2.6  ROW 데이터타입

ROW 데이터타입으로 ROWID와 UROWID 데이터타입이 있다.

| 데이터타입 | 설  명 |
|---|---|
| ROWID | • 테이블의 행 주소, ROWID 의사칼럼으로 값 반환 |
| UROWID(s) | • 인덱스 생성 테이블에서 행의 논리적 주소. s는 4000바이트 |

표 4.11  ROW 데이터타입

# 4.3  오라클 데이터베이스의 제한

오라클 데이터베이스의 테이블, 칼럼, 행에 대한 제한사항들은 표 4.12와 같다.

| 구분 | 제 한 종 류 | 제 한 내 용 |
|---|---|---|
| 테이블 | 사용 테이블 수 | 제한 없다 |
| | 한 테이블 내의 최대 행의 수 | 제한 없다 |
| | 한 테이블 내의 최대 칼럼 수 | 1000개 |
| | 한 테이블의 최대 INDEX 수 | 제한 없다 |
| | 테이블과 테이블의 결합 수 | 제한 없다 |
| 칼럼 | 문자열의 최대 길이 | 4000바이트 |
| | 숫자의 최대 길이 | 38 |
| 행 | 한 행의 최대 길이 | 4,000,000,000바이트 |

표 4.12  오라클 데이터베이스의 제한사항

# 4.4　오라클 데이터베이스의 데이터 무결성

데이터 무결성(data integrity)이란 데이터 입력시 무효한 데이터의 입력을 방지하기 위해서 사용되는 제약조건(constraint)으로, 관계형 데이터 모델에 의하면 "모든 개체는 그 개체에 있는 각 행을 유일하게 식별하는 속성을 가져야 하고, 테이블에서 중복된 행은 존재할 수 없다"는 개념이 데이터 무결성이다. 데이터 무결성은 테이블에 지정하여 사용되는데, 오라클에서는 테이블에 대하여 기본 키, 외부 키, 고유 키(unique key), Null/Not Null, 체크(check)의 5가지의 제약조건이 있다.

## 4.4.1　기본 키 제약조건

모든 객체는 개체의 인스턴스를 유일하게 정의하는 속성 집합을 갖는다. 이 속성의 집합을 기본 키(primary key)라고 한다. 기본 키는 행을 유일하게 식별하기 위한 칼럼의 집합으로 중복된 데이터를 허용하지 않고, 널 값을 허용하지 않는다. 기본 키 칼럼은 자동으로 not null 제약조건이 선언된다.

표 4.13의 Course 테이블에 과목코드를 기본 키로 지정하여 데이터를 입력할 경우, ①②③ 행은 정상 처리되나, ④⑤행은 오류가 발생한다.

| 과목코드 | 과목명 | 학점수 | 담당교수번호 | 수강료 | |
|---|---|---|---|---|---|
| L1011 | 컴퓨터구조 | 2 | P11 | ▨▨▨ | ① 정상 처리 |
| L1012 | 웹디자인 | 2 | ▨▨▨ | 20000 | ② 정상 처리 |
| L1021 | 데이터베이스 | 2 | P12 | ▨▨▨ | ③ 정상 처리 |
| L1021 | SQL | 3 | P12 | 30000 | ④ 기본 키 중복 오류 |
| ▨▨▨ | JSP | 3 | P13 | 30000 | ⑤ 기본 키 널값 오류 |

[기본 키]

표 4.13　기본 키가 지정된 Course 테이블

## 4.4.2　외부 키 제약조건

그림 4.1과 같이 테이블과 테이블과의 관계는 외부 키(또는 외래 키)에 의해 상호 연결된다. 외부 키(foreign key)는 하나 이상의 칼럼이 다른 테이블과의 기본 키와 관계를 정의하는 칼럼의 집합이고, 외부 키에 의해 참조 무결성을 보장한다.

참조 무결성(referential integrity)이란 외부 키 칼럼의 값이 관계를 정의히는 테이블의 기본 키 값의 제약을 받는 것을 말한다. 외부 키의 칼럼에 값이 입력될 때, 관

계가 정의된 참조하는 테이블의 기본 키가 존재하지 않으면 이 값은 거부된다. 그림
4.1에서 Course 테이블의 담당교수번호 칼럼을 Professor 테이블의 기본 키와 외
부 키로 관계를 정의하면 Course 테이블의 담당교수번호가 입력될 때 Professor
테이블의 기본 키의 값인가를 검증한다.

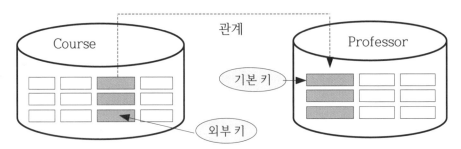

그림 4.1  Course 테이블의 외부 키와 Professor 테이블과의 관계

표 4.14의 Professor 테이블의 기본 키가 교수번호이고, 표 4.15의 Course 테이블의 담
당교수번호를 Professor 테이블의 기본 키와 외부 키를 지정하였을 때, Course 테이블의
①②③행은 정상 처리되나, ④행은 담당교수번호 'P22'가 Professor 테이블의 기본 키를
참조하지 못하여 오류가 발생되고 저장되지 않는다.

| 교수번호 | 교수명 | 직위 | 학과명 | ･･･ |
|---|---|---|---|---|
| P11 | 신기술 | 교수 | 컴공 | ･･･ |
| P12 | 김명석 | 부교수 | 컴공 | ･･･ |
| P13 | 유소연 | 조교수 | 컴공 | ･･･ |
| P21 | 박지성 | 부교수 | 정통 | ･･･ |

[기본 키]

표 4.14  외부 키 참조할 Professor 테이블

| 과목코드 | 과목명 | 학점수 | 담당교수번호 | 수강료 | |
|---|---|---|---|---|---|
| L1011 | 컴퓨터구조 | 2 | P11 | | ① 정상처리 |
| L1012 | 웹디자인 | 2 | P21 | 20000 | ② 정상처리 |
| L1021 | 데이터베이스 | 2 | P12 | | ③ 정상처리 |
| L1031 | SQL | 3 | P22 | 30000 | ④ 외부 키 참조 오류 |

[기본 키]                              [외부 키]

표 4.15  외부 키 지정한 Course 테이블

### 4.4.3 Null/Not Null 제약조건

Null 제약조건이란 칼럼에 널 값을 허용한다는 선택 칼럼이며, Not Null 제약조건이
란 칼럼에 널 값을 허용하지 않는 필수 칼럼으로 데이터의 입력을 반드시 요구한다.
표 4.16에서 ▨ 표시가 null 칼럼으로 지정된 Null 값을 의미하며, null 값은 아직
입력되지 않은 값이다. 만약 NOT NULL로 지정된 칼럼에 널 값이 입력되면 오류가
발생하고, 데이터는 입력되지 않는다.

| 과목코드 | 과목명 | 학점수 | 담당교수번호 | 수강료 |
|---|---|---|---|---|
| L1011 | 컴퓨터구조 | 2 | P11 | ▨ |
| L1012 | 웹디자인 | 2 | P21 | 20000 |
| L1021 | 데이터베이스 | 2 | P12 | ▨ |

[기본 키]　　NOT NULL　　　　　　[외부 키]　　NULL

표 4.16  Null과 Not Null을 지정한 Course 테이블

### 4.4.4  고유 키 제약조건

고유 키(unique key) 제약조건이란 칼럼에 입력되는 값이 고유한 값을 요구하는 것
으로, 고유 키가 지정된 칼럼에 중복된 데이터를 허용하지 않는다. 고유 키 제약조건
은 행을 유일하게 식별하기 위해 사용되는 기본 키와는 다르며, 각 칼럼에 여러 번
지정할 수도 있다. 고유 키 제약조건은 주민등록번호, 휴대폰전화번호, 이메일주소
등과 같은 칼럼에 지정할 수 있다.
표 4.17에서 Professor 테이블에 전화번호, email 주소에 지정되어 있을 때, ①②③
행은 정상 처리되나, ④행의 데이터는 ①행의 전화번호가 중복되어 오류가 발생하
고, ⑤행의 데이터는 ③행의 이메일 주소가 중복되어 오류가 발생한다.

| 번호 | 교수명 | 직위 | 학과명 | 전화번호 | 이메일 주소 | ··· | |
|---|---|---|---|---|---|---|---|
| P11 | 신기술 | 교수 | 컴공 | 765-4111 | ksshin@cyber.ac.kr | ··· | ① 정상처리 |
| P12 | 김명석 | 부교수 | 컴공 | 765-4112 | mskim@cyber.ac.kr | ··· | ② 정상처리 |
| P13 | 유소연 | 조교수 | 컴공 | 765-4113 | skhong@cyber.ac.kr | ··· | ③ 정상처리 |
| P21 | 박지성 | 부교수 | 정통 | 765-4111 | sspark@cyber.ac.kr | ··· | ④ 오류 |
| P22 | 김하늘 | 조교수 | 정통 | 765-4214 | skhong@cyber.ac.kr | ··· | ⑤ 오류 |

[고유 키]　　　　　[고유 키]

표 4.17  고유 키 제약조건이 지정된 Professor 테이블

## 4.4.5 체크 제약조건

체크(check) 제약조건은 각 칼럼에 대한 입력 값의 범위나 조건을 지정할 때 사용된다. 또한 입력하는 칼럼의 값이 입력하고 있는 다른 칼럼의 값을 참조할 때 체크 제약조건을 지정할 수도 있다.

표 4.18에서 Professor 테이블의 직위 칼럼에 '교수', '부교수', '조교수', '초빙교수'의 입력 값이 제한된 칼럼에 '시간강사'를 입력하면 오류가 발생한다.

| 번호 | 교수명 | 직위 | 학과명 | 전화번호 | 이메일 | ... | |
|------|--------|------|--------|----------|--------|-----|------|
| P11 | 신기술 | 교수 | 컴공 | 765-4111 | ksshin@cyber.ac.kr | ... | ① 정상처리 |
| P12 | 김명석 | 부교수 | 컴공 | 765-4112 | mskim@cyber.ac.kr | ... | ② 정상처리 |
| P13 | 유소연 | 조교수 | 컴공 | 765-4113 | skhong@cyber.ac.kr | ... | ③ 정상처리 |
| P21 | 박지성 | 시간강사 | 정통 | 765-4111 | sspark@cyber.ac.kr | ... | ④ 오류 |

체크

표 4.18  체크 제약조건이 지정된 Professor 테이블

# 연 습 문 제 1

1. 다음 괄호()속의 데이터를 저장하는데 적합한 데이터타입과 크기를 기술하시오.
   (100, 12.456, 1200, 4.50, 345)


2. 다음 괄호()속의 데이터를 저장하는데 적합한 데이터타입과 크기를 기술하시오.
   ('Oracle', 'SyBase', 'MS SQL Server', 'Access', 'Excel')


3. 마라톤 동호회 회원들의 기록(시/분/초)을 관리하기 위한 적합한 데이터타입을
   기술하시오.


4. BLOB로 취급되는 그래픽, 오디오, 동영상 파일과 같은 이진파일을 취급하기 위한
   데이터타입을 기술해 보시오.


5. 상품관리(EC_Product) 테이블에 각 행을 유일하게 식별하기 위해 지정한 제약
   조건의 칼럼명을 기술하시오.


6. 장바구니(EC_Basket) 테이블의 외부 키로 정의된 주문자 ID와 상품코드의 참
   조테이블을 기술하시오.


7. 회원관리(EC_Member) 테이블에 고유 키 제약조건을 지정할 수 있는 칼럼명을
   모두 기술하시오.

==

**제5장에 들어가기 전에 견본 데이터베이스를 삭제합니다.**

sqlSample 폴더의 droptable.sql을 실행합니다.

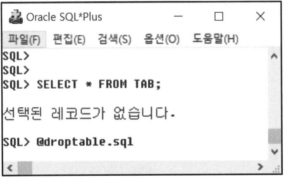

# Chapter 05

## 테이블 설계

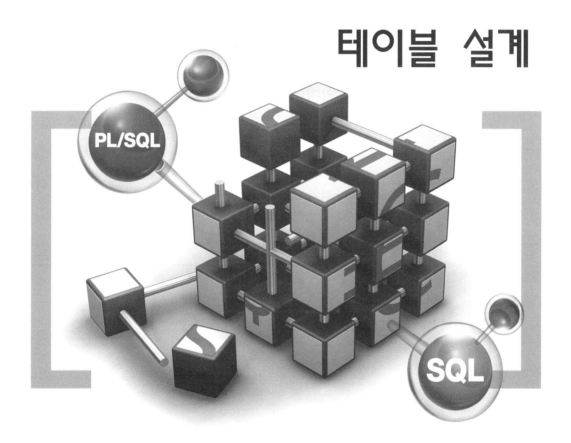

● **DDL(Data Definition Language)**

DDL이란 데이터 정의어로 테이블(table), 뷰(view), 인덱스(index) 등과 같은 객체를 생성 또는 수정하거나 삭제하는 SQL문으로 CREATE문, ALTER문, DROP문이 있다.

# 5.1  테이블 생성

CREATE TABLE문은 오라클 데이터베이스에 새로운 테이블을 생성한다.

## 5.1.1  CREATE TABLE문 일반 형식

| 문법 | CREATE TABLE 테이블명 ( <br> 　　칼럼명1　　　데이터타입　[ NULL \| NOT NULL ], <br> 　　… <br> 　　칼럼명N　　　데이터타입　[ NULL \| NOT NULL ], <br> 　[ CONSTRAINT 제약조건명1 PRIMARY KEY (칼럼명1, 칼럼명2, …)], <br> 　[ CONSTRAINT 제약조건명2 FOREIGN KEY (칼럼명1, 칼럼명2, …) <br> 　　　　　　　REFERENCES  참조테이블명 (칼럼명1, 칼럼명2, …)] ); |
|------|-----------------------------------------------------------------------------------------|

※ 기술 방법
- 테이블명 : 생성할 테이블명을 기술한다.
- 칼럼명1, 칼럼명2, … : 테이블의 칼럼명을 기술한다.
- 데이터타입 : 칼럼의 데이터타입과 크기를 지정한다.
- NULL : 선택 칼럼을 지정하는 제약조건으로 생략할 수 있다.
- NOT NULL : 필수 칼럼을 지정하는 제약조건이다.

● **테이블명 정의**

테이블 이름을 정의할 때, 몇 가지 제한사항이 있다.
- 사용자 이름(U)에 속한 각 테이블명은 유일해야 한다.
- 테이블명은 영문자로 시작해야 한다.
- 테이블명은 영문자, 1부터 9까지 숫자, 특수문자 $, #, _(under bar)를 사용할 수 있다.
- 테이블명은 30자를 초과할 수 없다.
- SQL 예약어는 사용할 수 없다.
- 테이블명은 서술적이어야 한다.
- 테이블명에 대소문자로 구분할 수 있다. 단 소문자인 경우 큰따옴표(")를 사용한다.

● 테이블명으로 한글을 사용할 수도 있다.

● **칼럼명 정의**

테이블에 생성되는 칼럼들은 괄호 안에 기술하며, 몇 가지 제한사항이 있다.

● 하나의 테이블에서 칼럼명은 유일해야 한다.
● 칼럼명은 영문자로 시작해야 한다.
● 칼럼명은 영문자, 1부터 9까지 숫자, 특수문자 $, #, _를 사용할 수 있다.
● 칼럼명은 30자를 초과할 수 없다.
● SQL 예약어는 사용할 수 없다.
● 칼럼명도 서술적이어야 한다.
● 칼럼명으로 한글을 사용할 수도 있다.

● **데이터 무결성을 위한 제약조건 지정**

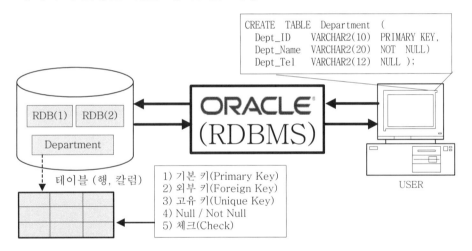

```
CREATE  TABLE  Department  (
    Dept_ID      VARCHAR2(10)    PRIMARY KEY,
    Dept_Name    VARCHAR2(20)    NOT  NULL)
    Dept_Tel     VARCHAR2(12)    NULL );
```

그림 5.1   테이블에 데이터 무결성을 위한 제약조건 지정

데이터 무결성을 위하여 테이블의 각 칼럼에 기본 키, 외부 키, 고유 키, Null/ Not Null, 체크 제약 조건을 지정하면 무효한 데이터의 입력을 방지할 수 있다.

## 5.1.2  칼럼에 Null 혹은 Not Null 제약조건 지정

테이블의 각각의 칼럼에 대하여 Null이나 Not Null을 지정한다.

● Null 제약조건이란 데이터 입력시 널(null) 값을 허용하는 선택 칼럼이며, 생략할 수 있다.

● Not Null 제약조건은 널(null) 값을 허용하지 않는 필수 칼럼이다.
널(null) 값이란 아직 입력되지 않은 값 또는 아직 알려지지 않은 값을 나타내며, 테이블의 칼럼에 값이 비어 있는 것을 말한다.

● **CREATE TABLE문에서 Null 또는 Not Null 정의**

| 문법 | 칼럼명 | 데이터타입 | [ NULL | NOT NULL ] |
|------|--------|-----------|---------|-----------|

《 테이블명 : Department 》

| 칼럼명 | 영문명 | 데이터형 | 크기 | NN |
|--------|--------|---------|------|-----|
| 학과코드 | Dept_ID | 문자형 | 10 | NN |
| 학과명 | Dept_Name | 문자형 | 25 | |
| 전화번호 | Dept_Tel | 문자형 | 12 | |

※ NN은 Not Null임

표 5.1  Department 테이블의 논리적 스키마

【예제 5.01】 ▶ 표 5.1을 참고하여 Department 테이블을 생성하시오.

```
SQL> CREATE TABLE Department (
  2  Dept_ID       VARCHAR2(10)   NOT NULL,
  3  Dept_Name     VARCHAR2(25)   NULL,
  4  Dept_Tel      VARCHAR2(12)   NULL );

테이블이 생성되었습니다.

SQL>
```

※ 예제 5.01을 입력하여 실행하는 방법, 오류 발생시 SQL문을 수정하는 방법, 수정한 SQL문을 실행하는 방법, SQL문을 SQL파일로 저장하는 방법은 3장의 SQL*Plus 사용법을 참고한다.

● **테이블 구조 출력**

사용자가 생성한 테이블의 구조를 출력할 수 있다. Describe는 SQL*Plus 명령어로 테이블의 구조에 대하여 칼럼명(이름), Null/Not Null(Null?), 데이터타입과 크기(유형)를 출력한다.

---

**【예제 5.02】** ▶ Department 테이블의 구조를 출력하시오.

```
SQL> Describe Department
 이름                          Null?      유형
 ----------------------------- --------   ----
 DEPT_ID                       NOT NULL   VARCHAR2(10)
 DEPT_NAME                                VARCHAR2(25)
 DEPT_TEL                                 VARCHAR2(12)

SQL>
```

---

## 5.1.3  사용자 소유의 객체명 조회

사용자 소유에 대한 테이블명, 뷰명, 인덱스명 등의 객체명은 중복하여 사용할 수 없다. 객체를 생성할 때 객체명으로 사용이 가능한지 확인한다.

● **테이블명 조회**

사용자가 생성한 테이블명들을 조회할 수 있다. SELECT * FROM TAB; 또는 SELECT * FROM USER_CATALOG; 명령문은 로그온한 오라클이름[U], 소유의 생성된 모든 객체에 대하여 객체명(TNAME), 객체타입(TABTYPE), 클러스터번호 (CLUSTERID)를 출력한다.

| 명령문 | SELECT * FROM TAB; |
|--------|---------------------|

---

**【예제 5.03】** ▶ 사용자 소유의 모든 객체명을 출력하시오.

```
SQL> SELECT * FROM TAB;

TNAME                      TABTYPE          CLUSTERID
------------------------   --------------   -----------
DEPARTMENT                 TABLE

SQL>
```

---

● **중복된 객체명 사용시 오류메시지**

테이블 등의 객체 생성 시 중복된 객체명을 사용하면 "ORA-00955: 기존의 객체가 이름을 사용하고 있습니다."라는 메시지가 출력되고 객체는 생성되지 않는다. 동일한 이름으로 재생성할 경우에는 객체를 삭제한 후에 생성해야 한다. 테이블은 "DROP TABLE 테이블명;"으로 삭제할 수 있다.

---

【예제 5.04】 ▶ 다음의 SQL문을 실행하여 Department 테이블을 생성하시오.

```
SQL> CREATE TABLE Department (
  2  Dept_ID      VARCHAR2(10)    NOT NULL,
  3  Dept_Name    VARCHAR2(25)    NULL,
  4  Dept_Tel     VARCHAR2(12)    NULL );
CREATE TABLE Department (
                *
1행에 오류:
ORA-00955: 기존의 객체가 이름을 사용하고 있습니다.

SQL>
```

## 5.1.4 테이블에 기본 키 제약조건 지정

기본 키(Primary Key)란 테이블에 각 행을 유일하게 식별하기 위하여 사용되는 칼럼 또는 칼럼의 조합을 말한다.

● 기본 키의 제약조건은 다음을 검증한다.
  ① 기본 키 칼럼에 중복된 데이터를 허용하지 않는다.
  ② 기본 키 칼럼에 널(Null) 값을 허용하지 않는다.

● 기본 키를 지정할 때 고려할 사항은 다음과 같다.
  ① 기본 키 칼럼은 널이 될 수 없다.
  ② 기본 키 칼럼은 자동으로 Not Null이 된다.
  ③ LONG RAW, LONG, LOB 데이터타입은 기본 키가 될 수 없다.
  ④ 기본 키를 구성하는 복합 칼럼의 최대 수는 16개이다.

● **CREATE TABLE문에서 기본 키 정의**

| 문법 | CONSTRAINT 제약조건명 PRIMARY KEY (칼럼명1, 칼럼명2, …) |
|------|------------------------------------------------------|

※ 기술 방법
  • CONSTRAINT : 무결성 규칙의 제약조건을 정의하는 예약어
  • 제약조건명 : 기본 키에 대한 제약조건명을 기술한다.
  • PRIMARY KEY : 기본 키를 정의하는 예약어
  • (칼럼명1, 칼럼명2, ...) : 기본 키의 칼럼명을 기술한다.

《 테이블명 : Department 》

| 칼럼명 | 영문명 | 데이터형 | 크기 | NN | 키 |
|---|---|---|---|---|---|
| 학과코드 | Dept_ID | 문자형 | 10 | NN | PK |
| 학과명 | Dept_Name | 문자형 | 25 | | |
| 전화번호 | Dept_Tel | 문자형 | 10 | | |

※ PK는 기본 키

표 5.2 Department 테이블의 논리적 스키마

**【예제 5.05】 ▶** 표 5.2를 참고하여 Department 테이블을 생성하시오.

```
SQL> DROP TABLE Department;

 테이블이 삭제되었습니다.

SQL> CREATE TABLE Department (
  2  Dept_ID      VARCHAR2(10),
  3  Dept_Name    VARCHAR2(25),
  4  Dept_Tel     VARCHAR2(12),
  5  CONSTRAINT   Department_pk  PRIMARY KEY (Dept_ID));

 테이블이 생성되었습니다.

SQL>
```

※ DROP TABLE Department; Department 테이블을 삭제하는 명령문이다.

기본 키가 단일 칼럼일 때, 기본 키 칼럼에 'PRIMARY KEY' 혹은 'CONSTRAINT 제약조건명 PRIMARY KEY'를 명시적으로 선언할 수도 있다.

| 문법1 | 칼럼명   데이터타입 CONSTRAINT 제약조건명 PRIMARY KEY, |
|---|---|

| 문법2 | 칼럼명   데이터타입 PRIMARY KEY, |
|---|---|

5번째 라인은 문법1에 의하여 Dept_ID 칼럼을
2 Dept_ID  VARCHAR2(10)  CONSTRAINT Department_pk PRIMARY KEY,

또는 문법2에 의하여 Dept_ID 칼럼을 기본 키를 선언할 수도 있다.
2 Dept_ID VARCHAR2(10) PRIMARY KEY,

```
SQL> DROP TABLE Department;

테이블이 삭제되었습니다.

SQL> CREATE TABLE Department (
  2  Dept_ID        VARCHAR2(10)  PRIMARY KEY,
  3  Dept_Name      VARCHAR2(25),
  4  Dept_Tel       VARCHAR2(12));

테이블이 생성되었습니다.

SQL>
```

《 테이블명 : SG_Scores 》

| 칼럼명 | 영문명 | 데이터형 | 크기 | NN | 키 | 참조테이블 |
|--------|--------|----------|------|----|----|-----------|
| 학번 | Student_ID | 문자형 | 7 | NN | PK | |
| 과목코드 | Course_ID | 문자형 | 5 | NN | PK | |
| 성적 | Score | 숫자형 | 3 | | | |
| 등급 | Grade | 문자형 | 2 | | | |
| 성적취득일자 | Score_Assigned | 날짜형 | | | | |

표 5.3  SG_Scores 테이블의 논리적 스키마

**【예제 5.06】** ▶ 표 5.3를 참고하여 SG_Scores 테이블을 생성하시오.

```
SQL> CREATE TABLE      SG_Scores (
  2  Student_ID       VARCHAR2(7),
  3  Course_ID        VARCHAR2(5),
  4  Score            NUMBER(3),
  5  Grade            VARCHAR2(2),
  6  Score_Assigned   DATE,
  7  CONSTRAINT SG_Scores_pk PRIMARY KEY (Student_ID, Course_ID));

테이블이 생성되었습니다

SQL>
```

※ SG_Scores 테이블에 (학번, 과목코드)를 복합 키로 기본 키를 생성한다.

## 5.1.5  테이블에 외부 키 제약조건 지정

외부 키(Foreign Key)란 테이블과 테이블 간의 관계(relationship)를 정의하는 칼럼으로, 관계를 정의하는 생성할 테이블의 하나 이상의 칼럼이 외부 키가 되고, 이 외부키는 참조할 테이블의 기본 키와 관계가 정의된다. 이것은 외부 키 칼럼의 입력 값이 참조할 테이블의 기본 키 중의 하나임을 검증하는 제약조건이다.

### ● 외부 키와 기본 키와의 관계

① 생성할 테이블의 관계를 정의하는 칼럼이 외부 키가 된다.
② 참조하는 테이블의 기본 키와 관계가 정의된다.
③ 외부 키 칼럼의 수와 참조하는 테이블의 기본 키 칼럼의 수가 동일해야 한다.
④ 외부 키 칼럼의 데이터타입과 참조하는 테이블의 기본 키 칼럼의 데이터타입이 동일해야 한다.
⑤ 외부 키 칼럼의 데이터타입을 생략하면, 참조하는 테이블의 기본 키 칼럼의 데이터타입을 참고한다.
⑥ 참조할 테이블의 기본 키 칼럼은 생략할 수 있다.

### ● CREATE TABLE문에서 외부 키 정의

| 문법 | CONSTRAINT 제약조건명 FOREIGN KEY (칼럼명1, 칼럼명2, …) REFERENCES 참조테이블명 (칼럼명P11, 칼럼P12, …) |
|------|------|

※ 기술 방법
- CONSTRAINT : 무결성 규칙의 제약조건을 정의하는 예약어
- 제약조건명 : 외부 키에 대한 제약조건명을 기술한다.
- FOREIGN KEY : 외부 키를 정의하는 예약어
- (칼럼명1, …) : 외부 키의 칼럼명을 기술한다.
- REFERENCES : 참조할 테이블명을 지정하기 위한 예약어
- 참조테이블명 : 참조할 자식 테이블명을 기술한다.
- (칼럼명P11, …) : 참조되는 테이블의 기본 키 칼럼명을 기술한다. (생략가능)

| 【예제 5.07】 | ▶ 표 5.4를 참고하여 Student 테이블을 생성하시오. 참조할 테이블은 예제 5.05에서 생성한 Department(학과) 테이블이다. |
|------|------|

```
SQL> CREATE TABLE Student (
  2  Dept_ID        VARCHAR2(10),
  3  Year           VARCHAR2(1),
  4  Student_ID     VARCHAR2(7),
```

```
    5   Name            VARCHAR2(20)        NOT NULL,
    6   ID_Number       VARCHAR2(14)        NOT NULL,
    7   Address         VARCHAR2(40),
    8   CONSTRAINT      Student_pk          PRIMARY KEY (Student_ID),
    9   CONSTRAINT      Student_DeptID_fk   FOREIGN KEY (Dept_ID)
   10                   REFERENCES          Department(Dept_ID));

테이블이 생성되었습니다.

SQL>
```

《 테이블명 : Student 》

| 칼럼명 | 영문명 | 데이터형 | 크기 | NN | 키 | 참조테이블 |
|--------|--------|----------|------|-----|-----|------------|
| 학과코드 | Dept_ID | 문자형 | 10 | | FK | 학과 |
| 학년 | Year | 문자형 | 1 | | | |
| 학번 | Student_ID | 문자형 | 7 | NN | PK | |
| 성명 | Name | 문자형 | 20 | NN | | |
| 주민등록번호 | ID_Number | 문자형 | 14 | NN | | |
| 주소 | Address | 문자형 | 40 | | | |

표 5.4  Student 테이블의 논리적 스키마

※ PK는 기본 키(Primary Key), FK는 외부 키(Foreign Key)

단일 칼럼의 외부 키 제약조건은 외부 키 칼럼에 "CONSTRAINT 제약조건명 FOREIGN KEY REFERENCES 참조테이블명"을 명시적으로 기술하여 선언할 수도 있다.

| 문법 | 칼럼명  데이터타입   [ NULL | NOT NULL ] |
|------|----------------------------------------------|
|      | CONSTRAINT  제약조건명 REFERENCES  참조테이블명, |

```
SQL> DROP TABLE Student;

테이블이 삭제되었습니다.

SQL> CREATE TABLE Student (
    2   Dept_ID     VARCHAR2(10)    CONSTRAINT Student_DeptID_fk
    3                               REFERENCES Department,
    4   Year        VARCHAR2(1),
    5   Student_ID  VARCHAR2(7)     PRIMARY KEY,
```

```
6  Name           VARCHAR2(20)   NOT NULL,
7  ID_Number      VARCHAR2(14)   NOT NULL,
8  Address        VARCHAR2(40) );

테이블이 생성되었습니다.

SQL>
```

<< 테이블명 : Professor >>

| 칼럼명 | 영문명 | 데이터형 | 크기 | NN | 키 | 참조테이블 |
|--------|--------|----------|------|----|----|-----------|
| 교수번호 | Professor_ID | 문자형 | 3 | NN | PK | |
| 교수명 | Name | 문자형 | 20 | NN | | |
| 직위 | Position | 문자형 | 10 | NN | | |
| 소속학과코드 | Dept_ID | 문자형 | 10 | | FK | 학과 |
| 전화번호 | Telephone | 문자형 | 12 | | | |

표 5.5  Professor 테이블의 논리적 스키마

【예제 5.08】 ▶ 표 5.5를 이용하여 Professor 테이블을 생성하시오.

```
SQL> CREATE TABLE  Professor (
  2  Professor_ID   VARCHAR2(3)     PRIMARY KEY,
  3  Name           VARCHAR2(20)    NOT NULL,
  4  Position       VARCHAR2(10)    NOT NULL,
  5  Dept_ID                        CONSTRAINT  Professor_fk
  6                                 REFERENCES  Department,
  7  Telephone      VARCHAR2(12) );

테이블이 생성되었습니다.

SQL> Describe Professor
 이름                              Null?    유형
 -------------------------------- -------- ----
 PROFESSOR_ID                     NOT NULL VARCHAR2(3)
 NAME                             NOT NULL VARCHAR2(20)
 POSITION                         NOT NULL VARCHAR2(10)
 DEPT_ID                                   VARCHAR2(10)
 TELEPHONE                                 VARCHAR2(12)

SQL>
```

- 생성하는 Professor 테이블의 외부 키 칼럼에 대하여 데이터타입과 크기를 생략하면 참조할 테이블의 기본 키에 정의된 데이터타입과 크기를 참고한다.
- 참조할 테이블의 기본 키 칼럼은 생략할 수 있다.

### ● 테이블 관리에 필요한 제약조건명

테이블에 지정하는 외부 키, 고유 키, 체크 제약조건은 제약조건명으로 삭제하기 때문에 제약조건명은 명시적으로 기술하는 것이 좋은 습관이다. 만약 제약조건명을 생략하면 오라클 데이터베이스가 자동으로 "STUD.SYS_C0026241"과 같이 제약조건명을 부여한다. 하나의 테이블에 여러 개의 제약조건이 지정되는 외부 키, 고유 키, 체크 제약조건명은 제약조건명이 중복하여 사용할 수 없기 때문에 "테이블명_칼럼명_구분자"의 규칙을 적용하거나 숫자를 사용하여 구분하면 중복되지 않고, 테이블의 구조를 이해하는데 도움이 될 수 있다. 구분자로 기본 키는 'pk', 외부 키는 'fk', 고유 키는 'uk', 체크 제약조건는 'ck'로 구분한다.

<< 테이블명 : Course >>

| 칼럼명 | 영문명 | 데이터형 | 크기 | NN | 키 | 참조테이블 |
|---|---|---|---|---|---|---|
| 과목코드 | Course_ID | 문자형 | 5 | NN | PK | |
| 과목명 | Title | 문자형 | 20 | NN | | |
| 학점수 | C_Number | 숫자형 | 1 | NN | | |
| 담당교수번호 | Professor_ID | 문자형 | 3 | | FK | 교수 |

표 5.6  Course 테이블의 논리적 스키마

【예제 5.09】 ▶ 표 5.6의 논리적 스키마를 참고하여 Course 테이블을 생성하시오. 참조테이블에 기본 키가 없는 경우

```
SQL> ALTER TABLE    Professor
  2  DROP  PRIMARY KEY CASCADE;

테이블이 변경되었습니다.

SQL> CREATE TABLE Course (
  2  Course_ID    VARCHAR2(5)    PRIMARY KEY,
  3  Title        VARCHAR2(20),
  4  C_Number     NUMBER(1)      NOT NULL,
  5  Professor_ID VARCHAR2(3)    CONSTRAINT Student_fk
  6                              REFERENCES Professor );
                      REFERENCES Professor )
```
                                    *

6행에 오류:
ORA-02268: 참조 테이블에 기본 키가 없습니다

SQL>

- ALTER TABLE Professor DROP PRIMARY KEY CASCADE;문은 Professor 테이블의 기본 키를 강제로 삭제하는 명령문이다.
- 기본 키가 정의되지 않은 테이블과 외부 키가 선언될 때, 'ORA-02268: 참조 테이블에 기본 키가 없습니다.' 오류 메시지가 나타나고, 테이블은 생성되지 않는다.

## ● 외부 키에 "ON DELETE 옵션" 절 설정

외부 키 "ON DELETE 옵션"절을 이용하여 설정하면 부모 테이블의 특정 행이 삭제될 때 자식 테이블의 행들도 자동 삭제되거나, 외부 키 칼럼의 값을 널(Null)로 저장한다.

| 문법 | CONSTRAINT 제약조건명 FOREIGN KEY (칼럼명1, 칼럼명2, …)<br>REFERENCES 참조테이블명<br>ON DELETE 옵션; |
|---|---|

※ 옵션
- CASCADE : 부모 행이 삭제되면 자식 행들도 자동 삭제된다.
- SET NULL : 부모 행이 삭제되면 외부 키 칼럼 값을 널로 변경한다.

| 【예제 5.10】 | ▶ 표 5.5를 이용하여 Department 테이블의 부모 행이 삭제될 때 자식 행이 자동 삭제되도록 Professor 테이블을 생성하시오. |
|---|---|

SQL> DROP TABLE Professor;

    테이블이 삭제되었습니다.

```
SQL> CREATE TABLE Professor (
  2  Professor_ID VARCHAR2(3)     PRIMARY KEY,
  3  Name          VARCHAR2(20)    NOT NULL,
  4  Position      VARCHAR2(10)    NOT NULL,
  5  Dept_ID                       CONSTRAINT  Professor_fk
  6                                REFERENCES  Department
  7                                ON DELETE   CASCADE,
  8  Telephone    VARCHAR2(12)  );
```

    테이블이 생성되었습니다.

SQL>

● 외부 키 칼럼에 "ON DELETE CASCADE"을 추가하면 Department 테이블의
   부모 행이 삭제될 때 Professor 테이블의 자식 행들이 자동으로 삭제된다.

## 5.1.6 테이블의 칼럼에 고유 키 제약조건 지정

고유 키(Unique Key) 제약조건이란 고유 키 칼럼에 저장되는 데이터가 유일한 값인가
를 자동 검증하여 중복되는 데이터가 입력되는 것을 방지한다. 고유 키 제약조건은 칼
럼명에 'UNIQUE'를 명시적으로 기술한다.

● **CREATE TABLE문에서 고유 키 정의**

| 문법 | 칼럼명   데이터타입 [ NULL \| NOT NULL ] |
|------|---------------------------------------------|
|      |             CONSTRAINT 제약조건명 UNIQUE, |

《 테이블명 : Professor 》

| 칼럼명 | 영문명 | 데이터형 | 크기 | NN | 키 | 참조테이블 |
|--------|--------|----------|------|----|----|------------|
| 교수번호 | Professor_ID | 문자형 | 3 | NN | PK | |
| 교수명 | Name | 문자형 | 20 | NN | | |
| 직위 | Position | 문자형 | 10 | NN | | |
| 소속학과코드 | Dept_ID | 문자형 | 10 | | FK | 학과 |
| 전화번호 | Telephone | 문자형 | 12 | | UK | |

표 5.7  고유 키 제약조건이 있는 Professor 테이블

※ UK는 고유 키 제약조건

【예제 5.11】 ▶ 표 5.7를 참고하여 Professor 테이블을 생성하시오.

```
SQL> DROP TABLE Professor;

테이블이 삭제되었습니다.

SQL> CREATE TABLE Professor (
  2  Professor_ID VARCHAR2(3)     PRIMARY KEY,
  3  Name         VARCHAR2(20)    NOT NULL,
  4  Position     VARCHAR2(10)    NOT NULL,
  5  Dept_ID                      CONSTRAINT  Professor_fk
  6                               REFERENCES  Department,
```

```
 7  Telephone    VARCHAR2(12)  CONSTRAINT  Professor_uk UNIQUE );
```

테이블이 생성되었습니다.

SQL>

---

● **고유 키 제약조건과 기본 키 제약조건의 차이점**

① 기본 키는 테이블에 대하여 단지 한번만 지정할 수 있다.

② 고유 키 제약조건은 각 칼럼에 대하여 여러 번 지정할 수 있다.

③ 기본 키는 자동으로 Not Null 칼럼으로 지정되나, 고유 키 제약조건은 Not Null로 지정해야 Not Null이 된다.


## 5.1.7   체크 제약조건으로 테이블의 칼럼에 값을 제한

각 칼럼에 대하여 체크(check) 제약조건으로 값을 제한할 수 있다. 체크 제약조건으로 값을 제한할 수 있는 칼럼은 일정한 범위의 값이 입력되는 칼럼이나 특정 값들 중의 하나가 입력되는 칼럼 등에 사용한다.


● **CREATE TABLE문에서 CHECK 제약조건 정의**

| 문법 | 칼럼명   데이터타입   [ NULL \| NOT NULL ] <br>      [ CONSTRAINT 제약조건명 ] [ CHECK (조건) ], |
|---|---|

괄호()속의 조건은

- 특정 값 중에 하나를 제한하는 경우 "(칼럼명 IN (값1, 값2, ...))"과 같이 IN 연산자를 사용한다.
- 연속된 값을 제한하는 경우 "(칼럼명 BETWEEN 최솟값 AND 최댓값)"과 같이 BETWEEN 연산자를 사용한다.
- 0보다 큰 값을 만족하는 경우 "(칼럼명 > 0)"과 같이 관계연산자를 사용한다.


| 【예제 5.12】 | ▶ 표 5.7의 Professor 테이블의 Position 칼럼 값을 '교수', '부교수', '조교수', '초빙교수'로 제한하는 테이블을 생성하시오. |
|---|---|

SQL> DROP TABLE Professor;

테이블이 삭제되었습니다.

SQL>

```
SQL> CREATE TABLE Professor (
  2  Professor_ID VARCHAR2(3)    PRIMARY KEY,
  3  Name           VARCHAR2(20)  NOT NULL,
  4  Position       VARCHAR2(10)  NOT NULL   CONSTRAINT Professor_ck
  6     CHECK (Position IN ('교수','부교수','조교수','초빙교수')),
  7  Dept_ID                      CONSTRAINT Professor_fk
  8                               REFERENCES Department,
  9  Telephone      VARCHAR2(12)  CONSTRAINT Professor_uk UNIQUE );

테이블이 생성되었습니다.

SQL>
```

## 5.1.8   테이블의 칼럼에 DEFAULT절로 기본값 지정

테이블의 각 칼럼에 대한 DEFAULT절을 이용하여 기본(default) 값을 지정할 수 있다. 기본값을 지정한 칼럼에 데이터가 입력되지 않으면 자동으로 기본값이 대체되어 입력된다. 기본값을 지정하는 칼럼은 Not Null 제약조건을 지정하지 않으며, 칼럼명의 데이터타입과 기본값의 데이터타입이 반드시 동일하게 지정해야 한다. DEFAULT절에는 인수가 없는 함수는 사용할 수 있으나, CURRVAL, NEXTVAL, LEVEL, PRIOR 및 ROWNUM의 의사칼럼 또는 날짜 리터럴은 포함 할 수 없다

| 문법 | 칼럼명        데이터타입      [ DEFAULT  값 ] |
|------|---------------------------------------------|

| 【예제 5.13】 | ▶ 표 5.6 Course 테이블의 C_Number(학점수)를 기본값 3학점으로 지정하여 테이블을 생성하고, 과목코드가 'L1031', 과목명이 'SQL', 담당교수가 'P12', 추가 수강료가 30000원인 정보를 입력하시오. |
|--------------|------------------------------------------------------------------|

```
SQL>  CREATE TABLE  Course (
  2   Course_ID      VARCHAR2(5)     PRIMARY KEY,
  3   Title          VARCHAR2(20)    NOT NULL,
  4   C_Number       NUMBER(1)       DEFAULT 3,
  5   Professor_ID   VARCHAR2(3) );

테이블이 생성되었습니다.

SQL> INSERT INTO Course
  2   (Course_ID, Title, Professor_ID)
```

```
3  VALUES
4  ('L1031','SQL','P12');

1 개의 행이 만들어졌습니다.

SQL> SELECT * FROM Course;

COURSE_ID  TITLE                C_NUMBER PROFES
---------- ---------------- ---------- ------
L1031      SQL                      3 P12

SQL>
```

※ INSERT문은 Course 테이블에 한 행을 저장한다. (7장 INSERT문 참고)
※ SELECT문은 Course 테이블의 행을 검색하여 출력한다. (6장 SELECT문 참고)

● **칼럼에 DEFAULT절로 기본값을 지정하면?**
  테이블에 행의 데이터가 입력될 때, 기본값이 지정된 칼럼에 값이 입력되면 입력
  된 값이 저장되고, 입력하지 않으면 기본값이 자동으로 저장된다.

# 5.2  테이블 수정

생성된 테이블을 수정할 수 있다. ALTER TABLE문은 테이블의 구조만 변경하고,
데이터의 내용은 변경되지 않는다.

● **테이블의 수정 사항**
  ① 기존 테이블에 새로운 칼럼 추가
  ② 기존 테이블에 칼럼의 크기를 늘리거나 줄이기
  ③ 기존 칼럼에 Null을 Not Null로, Not Null을 Null로 제약조건 변경
  ④ 기존 테이블에 기본 키 추가 또는 삭제
  ⑤ 기존 테이블에 외부 키 추가 또는 삭제
  ⑥ 기존 칼럼에 고유 키 제약조건 추가 또는 삭제
  ⑦ 기존 칼럼에 체크 제약조건 추가 또는 삭제
  ⑧ 기존 칼럼에 기본값 지정
  ⑨ 기존 칼럼명 변경하기
  ⑩ 기존 칼럼 삭제하기
  ⑪ 테이블명 변경
  등이 있다.

## 5.2.1  ALTER TABLE문의 문법

문법 1은 테이블에 칼럼을 추가하거나, 기본 키와 외부 키 제약조건을 추가한다.

| 문법 1 | ALTER TABLE 테이블명 |
|---|---|
| | ADD  (column-specification \| constraint-specification); |

문법 2는 기존 칼럼의 크기 변경, 제약조건의 NULL, NOT NULL, 기본(DEFAULT) 값을 변경할 수 있다.

| 문법 2 | ALTER  TABLE  테이블명 |
|---|---|
| | MODIFY (column-specification \| constraint-specification); |

문법 3은 테이블의 기본 키를 삭제한다. 기본 키가 삭제되면 기본 키를 참조하고 있는 외부 키도 자동 삭제된다.

| 문법 3 | ALTER TABLE  테이블명 |
|---|---|
| | DROP  PRIMARY KEY {CASCADE}; |

문법 4는 테이블에 선언된 고유 키를 삭제한다.

| 문법 4 | ALTER TABLE  테이블명 |
|---|---|
| | DROP  UNIQUE (고유키칼럼명); |

문법 5는 테이블이나 칼럼에 선언된 외부 키, 고유 키, 체크 제약조건을 제약조건명으로 삭제한다. CASCADE절은 제약조건을 강제로 삭제한다.

| 문법 5 | ALTER TABLE  테이블명 |
|---|---|
| | DROP  CONSTRAINT 제약조건명 {CASCADE}; |

문법 6는 테이블의 칼럼을 삭제한다. COLUMN 예약어는 생략할 수 있다.

| 문법 6 | ALTER TABLE  테이블명 |
|---|---|
| | DROP  {COLUMN} (칼럼명1, 칼럼명2, ...); |

문법 7은 테이블명의 칼럼명을 변경한다.

| 문법 7 | ALTER  TABLE  테이블명 |
|---|---|
| | RENAME COLUMN 칼럼명 TO  변경칼럼명; |

문법 8은 테이블명의 제약조건명을 변경한다.

| 문법 8 | ALTER  TABLE 테이블명<br>RENAME  CONSTRAINT  제약조건명 TO  변경제약조건명; |
|---|---|

문법 9는 테이블명을 변경한다.

| 문법9 | ALTER  TABLE 테이블명 RENAME TO 변경테이블명; |
|---|---|

※ 기술 방법
- column-specification 구문
  - 칼럼명 데이터타입(크기) [ NULL | NOT NULL]
- constraint-specification 구문
  ① CONSTRAINT 제약조건명 PRIMARY KEY (칼럼명1. 칼럼명2, ···)
  ② CONSTRAINT 제약조건명 FOREIGN KEY (칼럼명1, 칼럼명2, ···)
  　　　　　　　　 REFERENCES 참조테이블명 (칼럼명1, 칼럼명2, ···)
  ③ CONSTRAINT 제약조건명 UNIQUE
  ④ CONSTRAINT 제약조건명 CHECK (칼럼명 연산자 (값1, 값2,...)

## 5.2.2  새로운 칼럼 추가

ALTER TABLE문의 문법 1을 이용하여 테이블에 칼럼을 추가할 수 있다.

| 칼럼명 | 영문명 | 데이터형 | 크기 | NN | 키 | 참조테이블 |
|---|---|---|---|---|---|---|
| eMmail 주소 | Email | 문자형 | 20 | | | |
| 직책명 | Duty | 문자형 | 10 | | | |
| 관리자번호 | Mgr | 문자형 | 3 | | | |

표 5.8  Professor 테이블에 추가할 칼럼

| 【예제 5.14】 | ▶ Professor 테이블에 표 5.8을 참고하여 Email 주소, 직책명, 관리자번호 칼럼을 추가하시오. |
|---|---|

```
SQL> ALTER TABLE  Professor
  2  ADD  (Email  VARCHAR2(60),
  3        Duty   VARCHAR2(10),
  4        Mgr    VARCHAR2(3) );
```

테이블이 변경되었습니다.

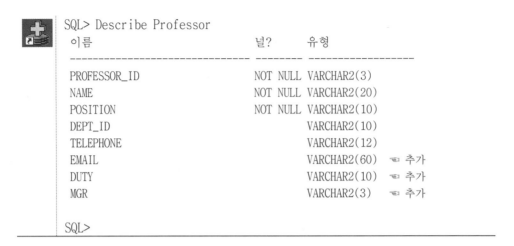

```
SQL> Describe Professor
 이름                           널?      유형
 --------------------------   --------  ------------------
 PROFESSOR_ID                 NOT NULL VARCHAR2(3)
 NAME                         NOT NULL VARCHAR2(20)
 POSITION                     NOT NULL VARCHAR2(10)
 DEPT_ID                               VARCHAR2(10)
 TELEPHONE                             VARCHAR2(12)
 EMAIL                                 VARCHAR2(60)     ☜ 추가
 DUTY                                  VARCHAR2(10)     ☜ 추가
 MGR                                   VARCHAR2(3)      ☜ 추가

SQL>
```

## 5.2.3 칼럼 크기의 줄이기와 늘이기

● **칼럼 크기 줄이기**

칼럼의 크기를 줄일 경우에는 빈 테이블이거나 널 값이 저장된 칼럼만 가능하며, 데이터가 저장된 칼럼은 줄일 수가 없다.

| 조건 | • 테이블의 값이 비어 있을 때 |
|------|------------------------------------------------|
|      | • 테이블의 값이 저장된 경우에는 모두 널 값이 저장된 칼럼 |

**【예제 5.15】** ▶ Department 테이블의 Dept_Name 칼럼을 15로 변경하시오.

```
SQL> ALTER  TABLE Department
  2  MODIFY (Dept_Name VARCHAR2(15));

테이블이 변경되었습니다.

SQL> Describe Department
 이름                           Null?    유형
 --------------------------   --------  ------------------
 DEPT_ID                      NOT NULL VARCHAR2(10)
 DEPT_NAME                             VARCHAR2(15)     ☜ 크기 15로 변경
 DEPT_TEL                              VARCHAR2(12)

SQL>
```

### ● 칼럼 크기 늘이기

칼럼의 크기를 늘릴 때는 조건 없이 늘일 수 있다.

| 【예제 5.16】 | ▶ Department 테이블의 Dept_Name 칼럼을 30으로 변경하시오. |
|---|---|

```
SQL> ALTER  TABLE Department
  2  MODIFY (Dept_Name   VARCHAR2(30));

테이블이 변경되었습니다.

SQL> Describe Department
 이름                        Null?    유형
 -------------------------- -------- ------------------
 DEPT_ID                    NOT NULL VARCHAR2(10)
 DEPT_NAME                           VARCHAR2(30)    ☞ 크기 30으로 변경
 DEPT_TEL                            VARCHAR2(12)

SQL>
```

## 5.2.4  Null을 Not Null로, Not Null을 Null로 변경

Null 칼럼을 Not Null 칼럼으로, Not Null 칼럼을 Null 칼럼으로 변경할 수 있다.

### ● NULL을 NOT NULL로 변경하기

Null 제약조건이 지정된 칼럼을 NOT NULL 제약조건으로 변경할 경우 테이블이
비어 있거나, 칼럼의 모든 행이 저장된 칼럼에 대해서만 가능하다.

| 조건 | • 테이블의 값이 비어 있을 때<br>• 테이블의 값이 저장된 경우에는 널 값이 없는 칼럼 |
|---|---|

| 【예제 5.17】 | ▶ Department 테이블의 Dept_Name 칼럼을 필수(Not Null) 칼럼<br>으로 변경하시오. |
|---|---|

```
SQL> ALTER  TABLE Department
  2  MODIFY (Dept_Name   VARCHAR2(30)   NOT NULL);

테이블이 변경되었습니다.

SQL> Describe Department
```

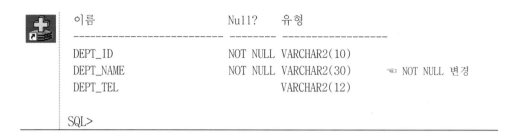

```
     이름                              Null?     유형
     ───────────────────────       ────────  ──────────────────
     DEPT_ID                       NOT NULL VARCHAR2(10)
     DEPT_NAME                     NOT NULL VARCHAR2(30)          ☜ NOT NULL 변경
     DEPT_TEL                               VARCHAR2(12)

     SQL>
```

● **NOT NULL을 NULL로 변경하기**

Not Null 칼럼에서 Null 칼럼으로 변경하는 것은 조건 없이 변경할 수 있다. 그
러나 반드시 NULL을 명시적으로 기술해야 한다.

| 【예제 5.18】 | ▶ Department 테이블의 Dept_Name 칼럼을 선택(Null) 칼럼으로 변경하시오. |
| --- | --- |

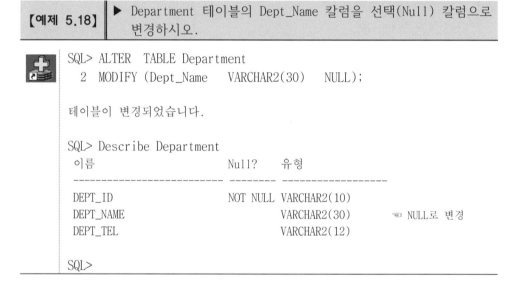

```
SQL> ALTER  TABLE Department
  2  MODIFY (Dept_Name   VARCHAR2(30)   NULL);

테이블이 변경되었습니다.

SQL> Describe Department
     이름                              Null?     유형
     ───────────────────────       ────────  ──────────────────
     DEPT_ID                       NOT NULL VARCHAR2(10)
     DEPT_NAME                              VARCHAR2(30)          ☜ NULL로 변경
     DEPT_TEL                               VARCHAR2(12)

SQL>
```

## 5.2.5 기본 키의 추가와 삭제

테이블의 기본 키를 삭제하거나 추가할 수 있다.

● **기본 키 삭제하기**

ALTER TABLE문의 문법3은 테이블의 기본 키를 삭제한다.

| 조건 | • 외부 키로 관계가 정의되어 있지 않은 테이블의 기본 키 |
| --- | --- |

**【예제 5.19】** ▶ SG_Scores 테이블에 지정된 기본 키를 삭제하시오.

```
SQL> ALTER TABLE SG_Scores
  2  DROP  PRIMARY KEY;

테이블이 변경되었습니다.

SQL>
```

**【예제 5.20】** ▶ Professor 테이블의 Dept_ID 칼럼이 Department 테이블의 기본 키와 외부 키로 참조되고 있는 Department 테이블의 기본 키를 삭제하시오.

```
SQL> ALTER TABLE Department
  2  DROP  PRIMARY KEY;
ALTER TABLE Department
*
1행에 오류:
ORA-02273: 고유/기본 키가 외부 키에 의해 참조되었습니다

SQL>
```

● **CASCADE절**

기본 키를 삭제하는 ALTER TABLE문 문법3에 CASCADE절을 사용하면, 외부 키로 관계가 정의된 테이블의 기본 키를 강제로 삭제할 수 있다. 강제로 기본 키를 삭제할 경우 이 테이블을 참조하는 외부 키는 자동으로 삭제된다.

**【예제 5.21】** ▶ 외부 키로 참조되고 있는 Department 테이블의 기본 키를 강제로 삭제하시오.

```
SQL> ALTER TABLE Department
  2  DROP  PRIMARY KEY  CASCADE;

테이블이 변경되었습니다.

SQL>
```

● **기본 키 추가하기**

기본 키를 추가할 경우에는 테이블이 비어 있거나, 기본 키로 추가할 칼럼에 널 값이

나 중복된 데이터가 없어야 한다.

| 조건 | • 테이블의 값이 비어 있을 때 |
|------|----------------------------|
|      | • 테이블의 칼럼에 널 값 또는 중복된 데이터가 없을 때 |

【예제 5.22】 ▶ Department 테이블에 Dept_ID 칼럼을 기본 키로 추가하시오.

```
SQL> ALTER TABLE   Department
  2  ADD   PRIMARY KEY (Dept_ID);

테이블이 변경되었습니다.

SQL>
```

## 5.2.6  외부 키의 추가와 삭제

테이블 간의 관계를 정의하는 외부 키를 추가하거나 삭제할 수 있다.

### ● 외부 키 추가하기

외부 키의 추가는 빈 테이블이거나, 참조하는 테이블의 칼럼 값이 만족해야 한다.

| 조건 | • 테이블의 값이 비어 있을 때 |
|------|----------------------------|
|      | • 테이블의 값이 저장되어 있을 때는 외부 키 칼럼이 널 값이거나 참조하는 테이블의 기본 키 값을 만족할 때 |

【예제 5.23】 ▶ Course 테이블의 Professor_ID 칼럼을 Professor 테이블을 참조하여 외부 키로 지정하시오.

```
SQL> SELECT Course_ID, Title, C_Number, Professor_ID
  2  FROM   Course;

COURSE_ID  TITLE              C_NUMBER PROFES
---------- ---------------- ---------- ------
L1031      SQL                       3 P12        ☞ P12 [자식 행]

SQL> SELECT Professor_ID, Name, Position
  2  FROM    Professor;

선택된 레코드가 없습니다.                         ☞ 부모 키 없음
```

```
SQL> ALTER TABLE Course
  2   ADD    CONSTRAINT Course_fk
  3          FOREIGN KEY (Professor_ID) REFERENCES  Professor;
ADD    CONSTRAINT Course_fk
                  *
2행에 오류:
ORA-02298: 제약 (STUD.COURSE_FK)을 사용 가능하게 할 수 없음 - 부모 키가
없습니다

SQL>
```

| 【예제 5.24】 | ▶ Professor 테이블의 Dept_ID 칼럼을 Department 테이블을 참조하여 외부 키로 지정하시오. |
| --- | --- |

```
SQL> SELECT Professor_ID, Name, Position, Dept_ID
  2   FROM   Professor;

선택된 레코드가 없습니다.                    ☞ 자식 행 없음

SQL> SELECT * FROM Department;

선택된 레코드가 없습니다.

SQL> ALTER TABLE Professor
  2   ADD CONSTRAINT Professor_fk FOREIGN KEY (Dept_ID)
  3                               REFERENCES Department;

테이블이 변경되었습니다.
SQL>
```

● **외부 키 삭제하기**

ALTER TABLE문의 문법5는 외부 키의 제약조건명으로 삭제한다.

| 【예제 5.25】 | ▶ Professor 테이블에 지정된 외부 키를 삭제하시오. 단 외부 키 제약조건명은 Professor_fk임. |
| --- | --- |

```
SQL> ALTER TABLE Professor
  2   DROP  CONSTRAINT Professor_fk;

테이블이 변경되었습니다.
SQL>
```

## 5.2.7  체크 제약조건 삭제

ALTER TABLE문의 문법5는 고유 키, 체크 제약조건을 제약조건명으로 삭제한다.

| 【예제 5.26】 | ▶ Professor 테이블의 Position 칼럼에 CHECK 제약조건을 삭제 하시오. 단, 체크 제약조건명은 PROFESSOR_CK 임. |

```
SQL> ALTER TABLE Professor
  2  DROP  CONSTRAINT PROFESSOR_CK;

테이블이 변경되었습니다.

SQL>
```

## 5.2.8  기존 칼럼 삭제하기

ALTER TABLE문의 문법6은 테이블의 칼럼을 삭제한다.

| 【예제 5.27】 | ▶ Professor 테이블에서 Email 칼럼을 삭제하시오. |

```
SQL> ALTER TABLE Professor
  2  DROP  COLUMN Email;

테이블이 변경되었습니다.

SQL> Describe Professor
이름                                   널?        유형
-------------------------------- -------- --------------------
PROFESSOR_ID                     NOT NULL VARCHAR2(3)
NAME                             NOT NULL VARCHAR2(20)
 . . . . .
TELEPHONE                                 VARCHAR2(12)
DUTY                                      VARCHAR2(10)
MGR                                       VARCHAR2(3)

SQL>
```

## 5.2.9  칼럼명 변경

ALTER TABLE문의 문법7은 테이블의 칼럼명을 변경한다.

| 【예제 5.28】 | ▶ Professor 테이블에서 Telephone 칼럼을 Tel_No로 칼럼명을 변경하시오. |
| --- | --- |

```
SQL> ALTER  TABLE Professor
  2  RENAME COLUMN Telephone TO Tel_No;

테이블이 변경되었습니다.

SQL> Describe Professor
이름                              널?       유형
------------------------------- -------- --------------------
. . . . .
DEPT_ID                                   VARCHAR2(10)
TEL_NO                                    VARCHAR2(12)    ☞ 칼럼명 변경
DUTY                                      VARCHAR2(10)
MGR                                       VARCHAR2(3)

SQL>
```

# 5.3   테이블 삭제

테이블을 삭제하고자 할 때는 DROP TABLE문을 사용한다. 데이터가 저장된 테이블이 삭제될 수도 있기 때문에 삭제 전에 반드시 확인하는 습관이 필요하다. 삭제된 테이블은 복구할 수 없다.

## 5.3.1   DROP TABLE문

DROP TABLE문으로 생성된 테이블을 삭제한다. 테이블의 기본 키가 외부 키로 참조 되고 있을 때 CASCADE CONSTRAINTS를 추가하면 삭제할 수 있다. 테이블이 삭제되면 복구 가능한 임시테이블을 휴지통에 생성하며, DROP TABLE문에 PURGE를 추가하면 복구 가능한 임시테이블은 생성되지 않는다.

| 문법 | DROP  TABLE  테이블명 {PURGE | CASCADE CONSTRAINTS}; |
| --- | --- |

※ 기술 방법
- PURGE는 복구 가능한 임시 테이블을 생성하지 않고 영구히 삭제한다.
- CASCADE CONSTRAINTS는 삭제할 테이블의 기본 키가 다른 테이블의 외부 키로 참조되고 있을 때 테이블을 강제로 삭제한다.

【예제 5.29】 ▶ Student 테이블을 삭제하시오.

```
SQL> DROP TABLE Student;

테이블이 삭제되었습니다.

SQL>
```

## 5.3.2 테이블 삭제가 불가능한 경우

그림 5.2와 같이 삭제할 테이블(테이블-B)이 다른 테이블(테이블-A)의 외부 키에 의해서 참조되고 있을 때 테이블-B는 삭제되지 않는다.

조건 ◆ 다른 테이블의 외부 키에 의해서 참조되고 있을 때 삭제 불가

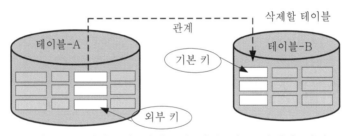

그림 5.2  테이블과 테이블이 외부 키로 관계가 정의

그림 5.2와 같이 테이블-A의 외부 키로 정의된 테이블-B를 삭제할 경우
① DROP TABLE 테이블-B CASCADE CONSTRAINTS;로 삭제할 수 있다.
② 테이블-A의 외부 키를 삭제하고, 테이블-B를 삭제할 수 있다..
③ 테이블-A를 삭제한 후, 테이블-B를 삭제할 수 있다.

【예제 5.30】 ▶ Professor 테이블의 Dept_ID 칼럼이 Department 테이블과 외부 키로 지정한 Department 테이블을 삭제하시오.

```
SQL> ALTER TABLE Professor
  2   ADD CONSTRAINT Professor_fk FOREIGN KEY (Dept_ID)
  3                               REFERENCES Department;

테이블이 변경되었습니다.

SQL>
```

```
SQL> DROP TABLE Department;
DROP TABLE DEPARTMENT
            *
1행에 오류:
ORA-02449: 외래 키에 의해 참조되는 고유/기본 키가 테이블에 있습니다

SQL> DROP TABLE Department CASCADE CONSTRAINTS;

테이블이 삭제되었습니다.

SQL>
```

### 5.3.3  RECYCLEBIN 임시테이블

오라클 10g부터 "DROP TABLE 테이블명;"문으로 테이블을 삭제하면 복구 가능한 임시 테이블이 휴지통에 생성된다. 임시 테이블을 조회, 삭제하거나 복구할 수 있다. RECYCLEBIN은 "ALTER SYSTEM SET RECYCLEBIN=ON 또는 OFF"로 설정하며, "ON"으로 설정하면 테이블 삭제시 임시 테이블이 생성되고, "OFF"로 설정하면 임시 테이블은 생성되지 않는다.

문법1의 SHOW 명령어 또는 SELECT문으로 삭제된 테이블의 임시 테이블을 출력한다.

| 문법 1 | SHOW RECYCLEBIN; 또는 SELECT * FROM RECYCLEBIN; |
|--------|--------------------------------------------------|

문법2의 PURGE문은 휴지통의 임시 테이블을 삭제한다.

| 문법 2 | PURGE RECYCLEBIN; |
|--------|-------------------|

문법3의 FLASHBACK문은 임시 테이블에 있는 테이블을 복구한다.

| 문법 3 | FLASHBACK TABLE 테이블명 TO BEFORE DROP; |
|--------|------------------------------------------|

【예제 5.31】 ▶ 삭제된 테이블에 대한 휴지통의 임시테이블을 조회하시오.

```
SQL> SHOW RECYCLEBIN;
ORIGINAL NAME    RECYCLEBIN NAME                   OBJECT TYPE  DROP TIME
---------------  -------------------------------   -----------  -------------------
DEPARTMENT       BIN$cNYnNw4y1S3gUEPcAwIusQ==$0    TABLE        2018-07-13:08:32:45
```

```
· · · · · ·
PROFESSOR        BIN$cSdcXrHi87HgUEPcAwJncw==$0 TABLE        2018-07-17:08:51:05
STUDENT          BIN$cSdcXrHf87HgUEPcAwJncw==$0 TABLE        2018-07-17:08:45:49

SQL>
```

---

**【예제 5.32】 ▶ 예제 5.29에서 삭제한 Student 테이블을 복구하시오.**

```
SQL> FLASHBACK TABLE Student TO BEFORE DROP;

플래시백이 완료되었습니다.

SQL>
```

---

**【예제 5.33】 ▶ 휴지통의 임시테이블을 모두 삭제하시오.**

```
SQL> PURGE RECYCLEBIN;

휴지통이 지워졌습니다.

SQL> SELECT * FROM TAB;

TNAME                            TABTYPE          CLUSTERID
-------------------------------  ---------------  ----------
COURSE                           TABLE
PROFESSOR                        TABLE
SG_SCORES                        TABLE
STUDENT                          TABLE

SQL>
```

# 5.4 테이블명 변경

RENAME문은 '기존테이블'을 '변경테이블명'으로 테이블명을 변경한다.

| 문법 | RENAME 기존테이블명 TO 변경테이블명; |
|------|--------------------------------------|

【예제 5.34 】 ▶ Course 테이블을 T_Course 테이블명으로 변경하시오.

SQL> RENAME Course TO T_Course;

테이블 이름이 변경되었습니다.

SQL>

# 5.5  임시 테이블 생성

임시 테이블은 성능을 향상시킬 목적으로 생성한다. 임시 테이블의 행들은 트랜잭션 또는 세션(오라클 접속 상태)에서 사용이 가능하고 트랜잭션이나 세션이 종료되면 임시 테이블의 행들은 자동 삭제된다. 임시 테이블은 CREATE GLOBAL TEMPORARY TABLE 문으로 생성하며, ON COMMIT의 옵션을 설정할 수 있다.

| 문법 | CREATE GLOBAL TEMPORARY TABLE 임시테이블명 (<br>칼럼명1 데이터타입(크기) NULL \| NOT NULL,<br>······<br>칼럼명1 데이터타입(크기) NULL \| NOT NULL )<br>ON COMMIT [PRESERVE ROWS \| DELETE ROWS] ; |
|---|---|

※ 기술 방법
- ON COMMIT DELETE ROWS : 트랜잭션 종료시 임시 테이블의 행을 삭제한다.
- ON COMMIT PRESERVE ROWS : 트랜잭션이 종료되면 임시 테이블의 행이 남아 있고, 세션이 종료되면 임시 테이블의 행을 삭제한다.

# 5.6  테이블 관리

## 5.6.1  사용자의 객체명 출력

오라클 사용자가 생성한 객체들을 조회할 수 있다. 테이블이나 뷰, 인덱스, 동의어(synonym) 등의 모든 객체들이 출력된다. 자주 사용하는 명령문으로 테이블명만 조회할 경우 "SELECT * FROM TAB;"문을 실행할 수도 있다.

| 명령문 | SELECT * FROM USER_CATALOG; |
|---|---|

**【예제 5.35】** ▶ 사용자가 생성한 객체명을 모두 출력하시오.

```
SQL> SELECT * FROM USER_CATALOG;

TABLE_NAME                          TABLE_TYPE
----------------------------------  ----------------------
PROFESSOR                           TABLE
SG_SCORES                           TABLE
STUDENT                             TABLE
T_COURSE                            TABLE

SQL>
```

## 5.6.2  테이블의 구조 출력

SQL*Plus 명령어의 describe 명령어는 생성된 객체의 구조를 출력한다.

| 명령어 | describe [ 혹은 desc ] 테이블명 |
| --- | --- |

## 5.6.3  테이블의 제약조건 조회

USER_CONSTRAINTS 객체로부터 생성된 테이블에 대한 제약조건 정보를 반환할 수 있다. 제약조건의 Null과 Not Null은 describe 명령어로 출력할 수 있으나, 기본 키, 외부 키, 고유 키, 체크 제약조건은 USER_CONSTRAINTS 객체로부터 조회해야 한다. USER_CONSTRAINTS 객체의 칼럼은 "Describe USER_CONSTRAINTS"로 객체의 구조를 확인할 수 있다.

| 문법 | SELECT * FROM     USER_CONSTRAINTS WHERE   TABLE_NAME = '테이블명'; |
| --- | --- |

● **USER_CONSTRAINTS 객체의 주요 칼럼**
  - CONSTRAINT_NAME : 제약조건명을 반환한다.
  - CONSTRAINT_TYPE : 제약조건에 대한 타입을 반환한다. 제약조건에 대한 타입은 기본 키(P), 외부 키(R), 고유 키(U), NOT NULL(C), 체크(C)로 구분한다.
  - SEARCH_CONDITION : 제약조건이 지정된 내용을 반환한다.
  - TABLE_NAME : WHERE절에 조회할 테이블명을 기술한다.

【예제 5.36】 ▶ Professor 테이블을 생성하고, Professor 테이블의 제약조건들을 모두 출력하시오.

```
SQL> DROP TABLE Professor PURGE;

테이블이 삭제되었습니다.

SQL> CREATE TABLE Professor (
  2  Professor_ID VARCHAR2(3)   PRIMARY KEY,
  3  Name          VARCHAR2(20)  NOT NULL,
  4  Position      VARCHAR2(10)  NOT NULL  CONSTRAINT Professor_ck
  5     CHECK (Position in ('교수','부교수','조교수','초빙교수')),
  6  Telephone     VARCHAR2(12)  CONSTRAINT Professor_uk UNIQUE );

테이블이 생성되었습니다.

SQL> SELECT CONSTRAINT_NAME, CONSTRAINT_TYPE, SEARCH_CONDITION
  2  FROM    USER_CONSTRAINTS
  3  WHERE   TABLE_NAME = 'PROFESSOR';

CONSTRAINT_NAME      CO SEARCH_CONDITION
-------------------  -- -------------------------------------------------
SYS_C00146994        C  "NAME" IS NOT NULL
SYS_C00146995        C  "POSITION" IS NOT NULL
PROFESSOR_CK         C  Position in ('교수','부교수','조교수','초빙교수')
SYS_C00146997        P
PROFESSOR_UK         U

SQL>
```

※ Professor 테이블에 기본 키(P), 고유 키(U), 체크(C), NOT NULL 제약조건이 지정되어 있는 것을 확인할 수 있다.

USER_CONS_COLUMNS 객체는 테이블의 제약조건이 지정된 칼럼명을 반환한다.

| 문법 | SELECT  *<br>FROM    USER_CONS_COLUMNS<br>WHERE   TABLE_NAME = '테이블명'; |
| --- | --- |

● **USER_CONS_COLUMNS 객체의 주요 칼럼**
- OWNER : 객체를 생성한 오라클 사용자를 반환한다.
- CONSTRAINT_NAME : 제약조건명을 반환한다.

- COLUMN_NAME : 칼럼명을 반환한다.
- POSITION : NOT NULL과 CHECK 제약조건은 널 값, 기본 키, 외부 키, 고유 키가 복합 칼럼이 아닐 경우 1을 반환한다.
- TABLE_NAME : WHERE절에 조회할 테이블명을 기술한다.

| 【예제 5.37】 | ▶ Professor 테이블의 제약조건명, 칼럼명, 복합칼럼(POSITION) 유무를 출력하시오. |
|---|---|

```
SQL> COLUMN POSITION FORMAT 999
SQL> SELECT CONSTRAINT_NAME, COLUMN_NAME, POSITION
  2  FROM    USER_CONS_COLUMNS
  3  WHERE   TABLE_NAME = 'PROFESSOR';

CONSTRAINT_NAME COLUMN_NAME          POSITION
--------------- -------------------- --------
SYS_C00146994   NAME
SYS_C00146995   POSITION
PROFESSOR_CK    POSITION
SYS_C00146997   PROFESSOR_ID                1
PROFESSOR_UK    TELEPHONE                   1

SQL>
```

## 5.6.4  제약조건의 활성화와 비활성화

테이블에 지정된 제약조건에 대하여 일시적으로 비활성화하거나, 활성화할 수 있다. 단, 기본 키의 제약조건은 비활성화가 불가능하다.

| 문법 | ALTER   TABLE  테이블명<br>{ DISABLE \| ENABLE} CONSTRAINT 제약조건명; |
|---|---|

※ 기술 방법
- DISABLE : 테이블의 제약조건명을 비 활성화한다.
- ENABLE : 테이블의 제약조건명을 활성화한다.

테이블에 대한 제약조건을 "DISABLE"시키면 데이터 무결성을 검증하지 않는다. 제약조건이 "DISABLE"되어 입력된 데이터가 제약조건이 위배되면 제약조건을 활성화(ENABLE)할 수 없다.

# 연 습 문 제 1

1. 표의 논리적 스키마를 참고하여 ① 상품관리 테이블, ② 회원관리 테이블, ③ 장
바구니 테이블, ④ 주문처리 테이블을 각각 생성하시오.

| 칼럼명 | 영문명 | 데이터형 | 크기 | NN | 키 | 참조테이블 |
|--------|--------|----------|------|-----|-----|-----------|
| 상품코드 | Product_Code | 문자형 | 10 | NN | PK | |
| 상품명 | Product_Name | 문자형 | 20 | NN | | |
| 규격 | Standard | 문자형 | 20 | | | |
| 단위 | Unit | 문자형 | 10 | | | |
| 단가 | Unit_Price | 숫자형 | 7 | NN | | |
| 재고수량 | Left_Qty | 숫자형 | 5 | NN | | |
| 생산처 | Company | 문자형 | 20 | | | |
| 상품이미지명 | ImageName | 문자형 | 20 | | | |
| 상품정보 | Info | 문자형 | 50 | | | |
| 상세소개 | Detail_Info | 문자형 | 255 | | | |

① 상품관리(EC_Product) 테이블의 논리적 스키마

| 【결과》 | SQL> ···<br>테이블이 생성되었습니다.<br>SQL> |
|---------|-----------------------------------------------|

| 칼럼명 | 영문명 | 데이터형 | 크기 | NN | 키 | 참조테이블 |
|--------|--------|----------|------|-----|-----|-----------|
| 회원 ID | UserID | 문자형 | 10 | NN | PK | |
| 회원비밀번호 | Passwd | 문자형 | 10 | NN | | |
| 회원명 | Name | 문자형 | 10 | NN | | |
| 주민등록번호 | Regist_No | 문자형 | 14 | NN | UK | |
| eMail 주소 | Email | 문자형 | 20 | | | |
| 전화번호 | Telephone | 문자형 | 13 | NN | | |
| 주소 | Address | 문자형 | 40 | | | |
| 구매실적 | Buycash | 숫자형 | 9 | 기본값 0 | | |
| 가입일자 | Timestamp | 날짜형 | | 기본값 SYSDATE | | |

② 회원관리(EC_Member) 테이블의 논리적 스키마

| 【결과》 | SQL> ···<br>테이블이 생성되었습니다.<br>SQL> |
|---------|-----------------------------------------------|

| 칼럼명 | 영문명 | 데이터형 | 크기 | NN | 키 | 참조테이블 |
|---|---|---|---|---|---|---|
| 주문번호 | Order_No | 문자형 | 10 | NN | PK | |
| 주문자 ID | Order_ID | 문자형 | 10 | NN | FK1 | 회원관리 |
| 상품코드 | Product_Code | 문자형 | 10 | NN | FK2 | 상품관리 |
| 주문수량 | Order_Qty | 숫자형 | 3 | NN | | |
| 주문일자 | Order_Date | 날짜형 | | 기본값 SYSDATE | | |

③ 장바구니(EC_Basket) 테이블의 논리적 스키마

| 【결과》 | SQL> ···<br>테이블이 생성되었습니다.<br>SQL> |
|---|---|

| 칼럼명 | 영문명 | 데이터형 | 크기 | NN | 키 | 참조테이블 |
|---|---|---|---|---|---|---|
| 주문번호 | Order_No | 문자형 | 10 | NN | PK | |
| 주문자ID | Order_ID | 문자형 | 10 | NN | | |
| 상품코드 | Product_Code | 문자형 | 10 | NN | | |
| 주문수량 | Order_Qty | 숫자형 | 3 | NN | | |
| 결제방법 | Csel | 문자형 | 10 | | | |
| 결제금액 | CMoney | 숫자형 | 9 | | | |
| 결제일자 | Cdate | 날짜형 | | | | |
| 배달일자 | Mdate | 날짜형 | | | | |
| 구분 | Gubun | 문자형 | 10 | | | |

④ 주문처리(EC_Order) 테이블의 논리적 스키마

| 【결과》 | SQL> ···<br>테이블이 생성되었습니다.<br>SQL> |
|---|---|

2. 사용자가 생성한 테이블명을 모두 출력하시오.

| 【결과》 | SQL> ···<br>TABLE_NAME　　　　　　　　　　TABLE_TYPE<br>------------------------　------------------------<br>EC_BASKET　　　　　　　　TABLE<br>EC_MEMBER　　　　　　　TABLE<br>EC_ORDER　　　　　　　　TABLE<br>EC_PRODUCT　　　　　　TABLE<br>······<br>8 개의 행이 선택되었습니다.<br>SQL> |
|---|---|

3. 장바구니(EC_Basket) 테이블의 구조를 출력하시오.

| 【결과》 | SQL> … |
| | 이름                          널?       유형 |
| | ---------------------- -------- ------------- |
| | ORDER_NO              NOT NULL VARCHAR2(10) |
| | ORDER_ID              NOT NULL VARCHAR2(10) |
| | PRODUCT_CODE          NOT NULL VARCHAR2(10) |
| | ORDER_QTY             NOT NULL NUMBER(3) |
| | ORDER_DATE                     DATE |
| | |
| | SQL> |

4. 상품관리(EC_Product) 테이블의 상세소개(Detail_info) 칼럼을 삭제하시오.

| 【결과》 | SQL> … |
| | 테이블이 변경되었습니다. |
| | |
| | SQL> |

5. 상품관리(EC_Product) 테이블의 상품정보(Info) 칼럼을 40자로 줄이시오.

| 【결과》 | SQL> … |
| | 테이블이 변경되었습니다. |
| | |
| | SQL> |

6. 주문처리(EC_Order) 테이블의 구분(Gubun) 칼럼을 20자로 늘리시오.

| 【결과》 | SQL> … |
| | 테이블이 변경되었습니다. |
| | |
| | SQL> |

7. 주문처리(EC_Order) 테이블의 상품코드(Product_Code) 칼럼을 상품관리
(EC_Product) 테이블을 참조하여 외부 키를 추가하시오.

| 【결과》 | SQL> … |
| | 테이블이 변경되었습니다. |
| | |
| | SQL> |

8. 주문처리(EC_Order) 테이블에 지정된 제약조건을 출력하시오.

| 【결과》 | ``` SQL> ···
CONSTRAINT_NAME                CO SEARCH_CONDITION
------------------------       -- ----------------------------------
SYS_C00147185                  C  "ORDER_ID" IS NOT NULL
SYS_C00147186                  C  "PRODUCT_CODE" IS NOT NULL
SYS_C00147187                  C  "ORDER_QTY" IS NOT NULL
SYS_C00147188                  P
EC_ORDER_FK                    R


SQL> ``` |
|---|---|

9. 주문처리(EC_Order) 테이블에 지정한 제약조건명, 칼럼명, 복합칼럼(POSITION)유
무를 출력하시오.

| 【결과》 | ``` SQL> COLUMN POSITION FORMAT 9999
SQL> ···

CONSTRAINT_NAME                COLUMN_NAME           POSITION
------------------------       --------------------  --------
SYS_C00147185                  ORDER_ID
SYS_C00147186                  PRODUCT_CODE
SYS_C00147187                  ORDER_QTY
SYS_C00147188                  ORDER_NO                     1   ☞ 기본 키
EC_ORDER_FK                    PRODUCT_CODE                 1   ☞ 외부 키


SQL> ``` |
|---|---|

※ SQL 파일명은 "dr05-문제번호-순서번호.sql"입니다.

1. 표의 논리적 스키마를 참고하여 자유게시판(Board) 테이블을 생성하시오.

| 칼럼명 | 영문명 | 데이터형 | 크기 | NN | 키 |
|---|---|---|---|---|---|
| 게시물 번호 | B_Id | 숫자형 | 5 | NN | PK |
| 등록자 | B_Name | 문자형 | 20 | NN | |
| 비밀번호 | B_Pwd | 문자형 | 20 | NN | |
| 이메일주소 | B_Email | 문자형 | 20 | NN | |
| 제목 | B_Title | 문자형 | 80 | NN | |
| 내용 | B_Content | 문자형 | 2000 | NN | |
| 등록일자 | B_Date | 날짜형 | | 기본값 SYSDATE | |
| 조회 수 | B_Hit | 숫자형 | 5 | 기본값 0 | |
| IP 주소 | B_Ip | 문자형 | 15 | | |

자유게시판(Board) 테이블의 논리적 스키마

| 【결과》 | SQL> ···<br>테이블이 생성되었습니다.<br><br>SQL> |
|---|---|

2. 표를 참고하여 답변형 게시판에 필요한 칼럼을 Board 테이블에 추가하시오.

| 칼럼명 | 영문명 | 데이터형 | 크기 | NN | 키 |
|---|---|---|---|---|---|
| 동일 게시물 참조번호 | B_Ref | 숫자형 | 5 | 기본값 0 | |
| 동일 게시물 단계번호 | B_Step | 숫자형 | 5 | 기본값 0 | |
| 동일 게시물 위치번호 | B_Order | 숫자형 | 5 | 기본값 0 | |

| 【결과》 | SQL> ···<br>테이블이 변경되었습니다.<br><br>SQL> |
|---|---|

3. Board 테이블의 제목(B_Title) 칼럼 길이를 100자로 늘리시오

| 【결과》 | SQL> ···<br>테이블이 변경되었습니다.<br><br>SQL> |
|---|---|

4. Board 테이블의 비밀번호(B_Pwd) 칼럼을 NULL로 수정하시오.

| 【결과》 | SQL> ··· <br> 테이블이 변경되었습니다. <br><br> SQL> |
| --- | --- |

5. Board 테이블의 IP주소(b_ip) 칼럼을 삭제하시오.

| 【결과》 | SQL> ··· <br> 테이블이 변경되었습니다. <br><br> SQL> |
| --- | --- |

6. Board 테이블의 구조를 확인하시오.

| 【결과》 | SQL> ··· <br> 이름                          널?      유형 <br> ----------------------  --------  ------------- <br> B_ID                         NOT NULL NUMBER(5) <br> B_NAME                    NOT NULL VARCHAR2(20) <br> ······ <br><br> SQL> |
| --- | --- |

7. 회원관리(EC_Member) 테이블의 회원 ID(UserID) 칼럼에 영소문자(a부터 z까지)
   로 제한하시오. 체크 제한조건이 동작하는지 다음 INSERT문을 실행해 보시오.
   ① INSERT INTO EC_Member (UserID, Passwd, Name, Regist_No, Telephone)
      VALUES ('srlee','1234','이소라','821001-2******','010-1234-1234');
   ② INSERT INTO EC_Member (UserID, Passwd, Name, Regist_No, Telephone)
      VALUES ('20park','1234','박연수','810604-1******','010-2345-2345');

| 【결과》 | SQL> ··· <br> 테이블이 변경되었습니다. <br><br> SQL> ··· <br> 1개의 행이 만들어졌습니다. <br><br> SQL> ··· <br> 1행에 오류: <br> ORA-02290: 체크 제약조건(STUD.MEMBER_CK)이 위배되었습니다 <br> SQL> |
| --- | --- |

8. Board 테이블의 동일게시물번호(B_Step) 칼럼명을 "B_Level"로 변경하시오.

| 【결과》 | SQL> ···<br>테이블이 변경되었습니다.<br><br>SQL> |
|---|---|

9. 주문처리(EC_Order) 테이블의 기본 키를 삭제하시오.

| 【결과》 | SQL> ···<br>테이블이 변경되었습니다.<br><br>SQL> |
|---|---|

10. Board 테이블의 B_Email 칼럼에 유일성(unique) 제약조건을 추가하시오.

| 【결과》 | SQL> ···<br>테이블이 변경되었습니다.<br><br>SQL> |
|---|---|

11. Board 테이블을 Free_Board 테이블명으로 변경하시오.

| 【결과》 | SQL> ···<br>테이블 이름이 변경되었습니다.<br><br>SQL> |
|---|---|

12. 장바구니(EC_Basket) 테이블을 삭제하시오..

| 【결과》 | SQL> ···<br>테이블이 삭제되었습니다.<br><br>SQL> |
|---|---|

13. 휴지통의 임시 테이블들을 삭제하시오.

| 【결과》 | SQL> ···<br>휴지통이 지워졌습니다.<br><br>SQL> |
|---|---|

===

※ 제6장부터 18장까지 사용할 견본 데이터베이스를 생성합니다.
예제에 필요한 테이블은 8개입니다.

```
Oracle SQL*Plus                              —    □    ×
파일(F)  편집(E)  검색(S)  옵션(O)  도움말(H)
SQL> SELECT * FROM USER_CATALOG;

TABLE_NAME                      TABLE_TYPE
------------------------------  ------------------------
COURSE                          TABLE
DEPARTMENT                      TABLE
PROFESSOR                       TABLE
SCORE_GRADE                     TABLE
SG_SCORES                       TABLE
STUDENT                         TABLE
T_COURSE                        TABLE
T_SG_SCORES                     TABLE

8 개의 행이 선택되었습니다.

SQL> |
```

견본 데이터베이스를 생성 방법은 부록(497쪽)의 내용을 참고합니다.

# Chapter 06

## 데이터베이스 검색

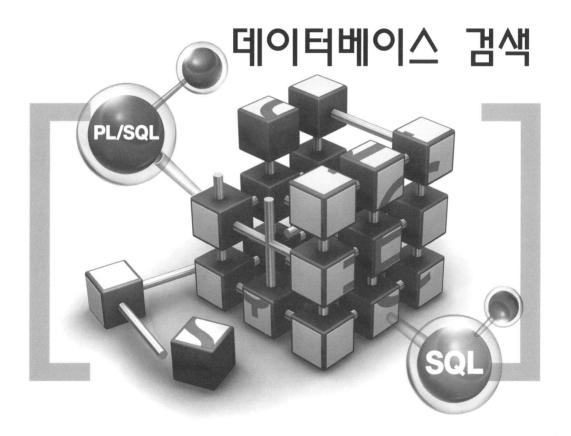

● **DML**

DML(Data Manipulation Language)이란 데이터 조작어로 5가지 명령문이 있으며, 프로그램 개발에서 매우 중요하게 사용되는 명령문이다.

- SELECT문 : 테이블로부터 행을 검색한다.
- INSERT문 : 테이블에 행을 추가한다.
- UPDATE문 : 테이블의 칼럼 값을 수정한다.
- DELETE문 : 테이블의 행을 삭제한다.
- MERGE문 : 복수 개의 테이블 행들을 하나의 테이블로 병합한다.

● **데이터 검색**

데이터 검색이란 데이터가 저장된 테이블로부터 전체 데이터나 일부 데이터 혹은 특정 데이터를 찾아 출력하는 것을 말한다. 데이터 검색은 SQL의 SELECT문을 사용한다. 그림 6.1은 Department 테이블로부터 모든 행을 검색하는 과정이다. 사용자가 SELECT문을 실행하면 오라클 RDBMS에 전송되고, 오라클 RDBMS가 SELECT문을 해석하여 Department 테이블에서 행을 검색하여 화면에 출력한다.

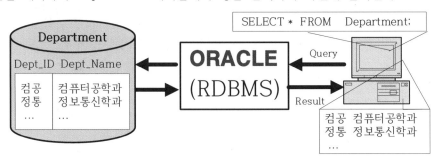

그림 6.1  Department 테이블로부터 모든 행 검색

# 6.1  SELECT문

## 6.1.1  SELECT문의 기본 형식

SELECT문은 테이블로부터 데이터를 검색하는 명령문으로 질의어(query language)라고 부르며, 두 개의 필수절로 구성되는 기본 형식은 다음과 같다.

| 문법 | SELECT  [ALL \| (DISTINCT \| UNIQUE)] { 칼럼명 [ 별명], …}, *<br>FROM    테이블명; |
|------|---------------------------------------------------------------------------|

SELECT문의 SELECT절과 FROM절은 필수절이다. SELECT문은 FROM절에 기술된 테이블로부터 SELECT절에 기술된 칼럼 등의 내용을 검색하여 화면에 출력한다.

1) SELECT절에는

- FROM절의 테이블로부터 검색하여 출력할 칼럼명이나, '*'(모든 칼럼)를 기술한다. 여러 칼럼을 기술할 때는 콤마(,)로 구분한다.
- 칼럼명 앞에 기술하는 ALL은 기본값으로 전체 행을 출력하고, DISTINCT 또는 UNIQUE는 동의어로 중복되지 않은 하나의 행을 출력한다.
- 칼럼명 뒤에는 한 칸 이상의 공백을 주고 별명을 줄 수 있다.
- 산술식, 리터럴, 함수 등을 기술할 수 있다.

2) FROM절에는 검색에 사용할 객체명으로 테이블명이나 뷰명 등을 기술한다.

3) 결과 행이 출력될 때 SELECT절의 칼럼명이나 수식 등이 부제목으로 출력된다.

## ● 기본 맞춤(justification) 형식

칼럼 값이 출력되는 기본 맞춤 형식은 문자형과 날짜형 데이터는 왼쪽 정렬, 숫자형 데이터는 오른쪽 정렬되어 출력된다.

- 문자형 데이터 : 왼쪽 정렬

| '컴 | 퓨 | 터 | 공 | 학 | 과' | | | |
|---|---|---|---|---|---|---|---|---|

- 날짜형 데이터 : 왼쪽 정렬

| '2 | 2 | - | J | A | N | - | 1 | 8' |
|---|---|---|---|---|---|---|---|---|

- 숫자형 데이터 : 오른쪽 정렬

| | | | | | 1 | 2 | 3 | 4 |
|---|---|---|---|---|---|---|---|---|

---

**【예제 6.01】** ▶ Department 테이블의 모든 데이터를 출력하시오.

```
SQL> SELECT Dept_ID, Dept_Name, Dept_Tel
  2  FROM   Department;

DEPT_ID  DEPT_NAME        DEPT_TEL
-------- ---------------- ------------
대학     대학본부         765-4000
컴공     컴퓨터공학과     765-4100
정통     정보통신공학과   765-4200
경영     경영학과         765-4400
행정     세무행정학과     765-4500

SQL>
```

● **중복되지 않도록 칼럼 값 검색**

DISTINCT 또는 UNIQUE는 중복되지 않도록 칼럼 값을 출력하는 예약어로, 칼럼명 앞에 DISTINCT 또는 UNIQUE를 기술하면 중복된 행은 한 번만 출력된다.

| 【예제 6.02】 | ▶ Professor 테이블의 중복되지 않은 Dept_ID 칼럼의 값들을 출력하시오. [1명 이상의 교수가 존재하는 학과명 출력] |
|---|---|

```
SQL> SELECT DISTINCT Dept_ID
  2  FROM   Professor;

DEPT_ID
--------
행정
대학
컴공
정통
경영

SQL>
```

## 6.1.2 SELECT문의 확장

SELECT문은 2개의 필수절과 4개의 선택절이 있다.

| 문법 | SELECT    칼럼명1, ···, *, 리터럴, 함수, 수식, 서브 쿼리, ···<br>FROM       테이블명1, ···, 뷰명1, ···<br>WHERE     검색조건1<br>GROUP BY 칼럼명1, 칼럼명2, ···<br>HAVING    검색조건2<br>ORDER BY 칼럼명1  [ ASC \| DESC ], ···<br>          순서번호1 [ ASC \| DESC ], ··· |
|---|---|

● **SELECT문의 주요 사항**

- SELECT절과 FROM절은 필수절이고, 나머지 절은 선택절이다.
- 절의 기술 순서는 고정이다.
- HAVING절은 GROUP BY절이 기술될 때만 사용할 수 있다.
- SELECT문의 결과 행의 수는 0행, 한 행, 복수 행 모두 정상적으로 실행된다.
- SELECT문의 실행 결과는 화면에 출력된다.

| 순서 | 절 | 기술 내용 | 설 명 |
|---|---|---|---|
| ① | SELECT | 칼럼명1, …, *, 리터럴, 함수, 수식, 서브 쿼리 | 출력할 칼럼명 등을 기술, 최종 결과 테이블 생성 |
| ② | FROM | 테이블명1, 테이블명2,… 뷰명1,뷰명2,…,서브 쿼리 | 검색할 객체명들을 기술, 중간결과 테이블[1] 생성 |
| ③ | WHERE | 검색조건1 … | FROM절의 검색조건 기술 |
| ④ | GROUP BY | 칼럼명1, 칼럼명2, … | 그룹화할 칼럼명들을 기술 중간결과 테이블[2] 생성 |
| ⑤ | HAVING | 검색조건2 | GROUP BY절의 검색조건 기술 |
| ⑥ | ORDER BY | 칼럼명1, 칼럼명2, … 순서번호1, … | 출력할 정렬방법 기술 [ ASC / DESC ] |

표 6.1  SELECT문의 각 절에 대한 기술

※ 별표(*)는 모든 칼럼을 의미하며, 중간 결과 테이블은 사용자가 확인할 수 없다.

## ● 별명(alias) 사용

SELECT절과 FROM절에 별명(Alias)을 사용할 수 있다. SELECT절에 기술되는 복잡한 칼럼명이나 산술식, 함수 등에 대하여 간단하고, 이해하기 쉽도록 하기 위해서 별명을 사용한다.

### ● SELECT절의 별명

SELECT절의 별명은 한 칸 이상의 공백을 띄운 후 따옴표(" ") 내에 별명을 기술하거나 AS 다음에 기술한다.
- 칼럼의 별명은 출력시 부제목으로 사용된다.
- 칼럼의 별명은 ORDER BY절의 출력순서를 지정할 때 사용할 수 있다.
Student_ID 칼럼에 "학번", Name 칼럼에 "이름"이라는 별명은 다음과 같이 기술한다.

| 예 | SELECT Student_ID "학번", Name AS 이름,  … |
|---|---|

### ● FROM절의 별명

FROM절의 별명은 테이블명 등을 단순화할 때 사용한다. FROM절에 테이블명 한 칸 이상의 공백을 띄운 후 별명을 기술한다.
- 테이블명의 별명은 SELECT문의 각 절에서 칼럼명을 구분할 때 사용한다.
Department 테이블을 D라는 별명으로 다음과 같이 기술한다.

| 예 | FROM  Department D,  … |
|---|---|

---

| 【예제 6.03】 | ▶ Professor 테이블의 중복되지 않은 Dept_ID 칼럼의 값들을 출력하시오. 단 부제목은 "소속학과"로 출력한다. |
|---|---|

```
SQL> SELECT UNIQUE  Dept_ID "소속학과"
  2  FROM   Professor;
```

소속학과                        ☞ 칼럼의 별명이 부제목으로 출력된다.
-------------------
행정
대학
컴공
정통
경영

```
SQL>
```

---

| 【예제 6.04】 | ▶ Course 테이블에서 과목코드(Course_ID), 과목명(Title), 학점수(C_Number)를 출력하시오. |
|---|---|

```
SQL> SELECT Course_ID "과목코드", Title "과목명", C_Number "학점수"
  2  FROM   Course;
```

| 과목코드 | 과목명 | 학점수 |
|---|---|---|
| L0011 | TOEIC연구 | 2 |
| L0012 | 문학과 여행 | 2 |
| L0013 | 문학개론 | 2 |
| L1011 | 컴퓨터구조 | 2 |
| L1012 | 웹디자인 | 2 |
| L1021 | 데이터베이스 | 2 |
| L1022 | 정보통신개론 | 2 |
| ...... | | |

15 개의 행이 선택되었습니다.

```
SQL>
```

# 6.2  ORDER BY절에 출력순서 지정

ORDER BY절은 선택절이며, 검색된 결과 행의 출력순서를 지정한다. 출력순서를 지정하는 정렬 방법은 오름차순 정렬과 내림차순 정렬의 두 가지가 있다.

● **오름차순 정렬(ascending Sort)**

오름차순 정렬이란 출력순서를 지정하는 분류 키(sort key)를 작은 값부터 큰 값으로 정렬하는 것으로, 숫자형은 0부터 9, 영문자는 A부터 Z, 한글은 '가나다···' 순으로 정렬된다.

● **내림차순 정렬(descending Sort)**

내림차순 정렬이란 출력순서를 지정하는 분류 키를 큰 값부터 작은 값으로 정렬하는 것으로, 숫자형은 9부터 0, 영문자는 Z부터 A, 한글은 '하파타···'순으로 정렬된다.

그림 6.2 오름차순 정렬과 내림차순 정렬

## 6.2.1 ORDER BY절

FROM절에 기술한 테이블의 칼럼명이나 SELECT절에 기술된 칼럼명, 산술식 등의 순서번호로 출력되는 데이터를 정렬할 수 있다. ORDER BY절에는 테이블의 칼럼명, 순서번호, SELECT절의 별명은 기술할 수 있으나, 수식이나 함수, 리터럴 등은 기술할 수 없다. 정렬 방법 지정은 칼럼명이나 순서번호를 우선순위로 기술하고, 한 칸 이상의 공백을 띄운 후, 오름차순 정렬은 ASC, 내림차순 정렬은 DESC를 기술한다. 단, 오름차순 정렬 방법은 생략할 수 있다. 기본 키나 고유 키 칼럼을 오름차순으로 출력할 경우에는 기술할 필요가 없다.

| 문법 | ORDER BY 칼럼명1   [ASC \| DESC], 칼럼명2   [ASC \| DESC], ··· <br> 순서번호1 [ASC \| DESC], 순서번호2 [ASC \| DESC], ··· |
|------|---|

**【예제 6.05】** ▶ Course 테이블에서 과목코드(Course_ID), 과목명(Title), 학점수 (C_Number)를 과목명(Title) 오름차순으로 출력하시오.

```
SQL> SELECT Course_ID "과목코드", Title "과목명", C_Number "학점수"
  2  FROM    Course
  3  ORDER  BY Title;

과목코드    과목명                    학점수
----------  ----------------  ----------
L1042       Delphi                    3
L1031       SQL                       3
L0011       TOEIC연구                 2
L2031       게임이론                  3
......
15 개의  행이  선택되었습니다.

SQL>
```

● **산술연산자**

숫자형 연산에 사용되는 산술연산자로 + (더하기), - (빼기), * (곱하기), / (나누기)
가 있다. 특히, SELECT절에 기술된 칼럼명 이외에 수식이나, 함수명 등의 값으로
정렬하고자 할 때, ORDER BY절에 수식을 기술할 수 없다. 수식을 기술하지 못할
경우에는 표 6.2와 같이 SELECT절에 순서번호로 정렬 방법을 기술한다.

| 순서번호 | 1 | 2 | 3 |
|---|---|---|---|
| SELECT | A * 100, | B + 500, | C - 30 |
| FROM | Temp | | |
| ORDER BY | 1  ASC, | 3  DESC; | |

표 6.2  SELECT절의 순서번호

| 【예제 6.06】 | ▶ Course 테이블에서 과목코드(Course_ID), 과목명(Title), 학점 수(C_Number), 과목별 수강료(학점수 * 30000 + 추가수강료)를 출력하되, 과목별 수강료를 내림차순, 과목코드는 오름차순으로 출력하시오. |
|---|---|

```
SQL> SELECT Course_ID, Title "과목명", C_Number "학점",
  2         C_Number * 30000 + NVL(Course_Fees,0) "과목별 수강료"
  3  FROM    Course
  4  ORDER  BY 4 DESC, Course_ID ASC;

COURSE_ID   과목명                    학점 과목별 수강료
----------  ----------------  ----------  -------------
L1042       Delphi                    3         140000
```

| | L2031 | 게임이론 | 3 | 140000 |
| --- | --- | --- | --- | --- |
| | L2061 | 스프링프레임워크 | 3 | 140000 |
| | L1031 | SQL | 3 | 120000 |
| | L1052 | 전자상거래 | 3 | 120000 |
| | L1032 | 자바프로그래밍 | 3 | 90000 |

......

15 개의 행이 선택되었습니다.

SQL>

※ NVL(Course_Fees,0) 함수는 Course_fees 칼럼이 널 값일 때 0을 반환하고, 널 값이 아닐 경우에는 Course_fees 칼럼 값을 반환한다.

# 6.3   WHERE절에 검색조건 지정

SELECT문의 WHERE절은 FROM절에 기술된 테이블에서 일부 데이터나 특정 데이터를 검색하기 위한 조건을 지정할 때 사용한다. 테이블의 행들은 WHERE절의 검색조건이 참(True)이 되는 행에 대해서만 반환된다.

### ● WHERE절의 검색조건 기술

| 문법 | WHERE   expr1   연산자   expr2 |
| --- | --- |

- expr1과 expr2는 테이블이나 뷰의 칼럼명, 리터럴, 수식, 함수, 서브 쿼리, ROWNUM, NULL, 시퀀스.CURRVAL, 시퀀스.NEXTVAL이 기술될 수 있으나, 데이터타입이 반드시 같아야 하며, 두 개의 표현식에 대하여 연산자의 결과가 참이 되는가를 확인한다.
- 연산자는 산술연산자, 관계 연산자, 논리 연산자, SQL 연산자 등이 있다.
- 만약 다중 칼럼으로 검색조건을 기술할 경우 칼럼명과 검색할 값은 "(칼럼명1, 칼럼명2) 연산자 (('값1', '값2'), ... ))" 형식으로 기술한다.

## 6.3.1   연산자의 종류

### ● 산술연산자

산술연산자는 표 6.3과 같이 숫자형 연산에 사용되며, +, -, *, / 가 있다. expr1과 expr2는 숫자형 칼럼명이나 숫자 리터럴, 또는 수식이 기술될 수 있다. 괄호()안의 표현식이 있으면 우선 연산한다.

| 산술 연산자 | 의 미 | 연산 우선 순위 | 표현식 |
|:---:|:---:|:---:|:---:|
| + | 더하기 | 2 | expr1 + expr2 |
| - | 빼기 | 2 | expr1 - expr2 |
| * | 곱하기 | 1 | expr1 * expr2 |
| / | 나누기 | 1 | expr1 / expr2 |

표 6.3  산술연산자의 종류

● **관계연산자**

관계연산자는 표 6.4와 같이 값의 크기를 비교한다. expr1, expr2에는 칼럼명이나 리터럴, 함수, 수식 등이 기술될 수 있다.

| 관계연산자 | 의　　미 | 표현식 |
|:---:|:---:|:---:|
| > | 크다 | expr1 > expr2 |
| >= | 크거나 같다 | expr1 >= expr2 |
| < | 작다 | expr1 < expr2 |
| <= | 작거나 같다 | expr1 <= expr2 |
| = | 같다 | expr1 = expr2 |
| <>, != | 같지 않다 | expr1 != expr2 |

표 6.4  관계연산자의 종류

WHERE절에 표 6.5와 같이 '='관계연산자를 이용한 표현식(expr1 = expr2)을 기술하면 검색조건의 결과는 expr1과 expr2의 값에 따라 '참'이거나 '거짓' 또는 '알 수 없음' 중 하나의 논리 값이 되고, 논리 값이 참일 경우에만 출력된다.

| expr1 | 관계연산자 | expr2 | 검색조건 결과 | 출력유무 |
|:---:|:---:|:---:|:---|:---|
| 11 | = | 11 | 참 (True) | 출력 한다. |
| | | 22 | 거짓 (False) | 출력 안한다. |
| | | Null | 알 수 없음(Unknown) | 출력 안한다. |

표 6.5  WHERE절의 검색조건에 따른 검색결과

**【예제 6.07】** ▶ Professor 테이블로부터 '컴공' 학과의 교수명을 출력하시오.

```
SQL> SELECT Professor_ID, Name, Position, Dept_ID
  2  FROM    Professor
  3  WHERE   Dept_ID = '컴공';
```

```
PROFES NAME     POSITION   DEPT_ID
------ -------- ---------- --------
P11    신기술    교수        컴공
P12    이대호    부교수      컴공
P13    유소연    조교수      컴공

SQL>
```

**【예제 6.08】** ▶ Course 테이블로부터 추가 수강료가 30000원 이상인 과목명을 출력하되, 추가 수강료를 내림차순으로 출력하시오.

```
SQL> SELECT Course_ID, Title, C_Number, Course_Fees
  2  FROM    Course
  3  WHERE   Course_Fees >= 30000
  4  ORDER   BY 4 DESC;

COURSE_ID  TITLE              C_NUMBER COURSE_FEES
---------- ------------------ -------- -----------
L2031      게임이론                  3       50000
L1042      Delphi                   3       50000
L2061      스프링프레임워크          3       50000
L1031      SQL                      3       30000
L1052      전자상거래                3       30000

SQL>
```

※ WHERE절 검색조건의 Course_fees 칼럼 값이 30000원 이상 일 때 참이 된다.

● **논리연산자**

논리연산자는 표 6.6과 같이 논리 값을 갖는 복수 개의 조건식에 대하여 AND, OR 연산자와 하나의 조건식에 대하여 NOT 연산자가 있다.

| 논리연산자 | 의 미 | 표현식 | 결과 |
|:---:|:---:|:---:|:---:|
| AND | 논리곱 | 조건1 AND 조건2 | 표 6.7 참고 |
| OR | 논리합 | 조건1 OR 조건2 | 〃 |
| NOT | 부정 | NOT 조건1 | 〃 |

표 6.6  논리연산자의 종류

표 6.7과 같이 논리연산자를 사용한 표현식의 결과는 참(True), 거짓(False), 알 수 없음(Unknown)의 하나가 된다.

① '조건1 AND 조건2'의 논리곱은 조건1과 조건2가 모두 '참'일 때 '참'이 된다.
② '조건1 OR 조건2'의 논리합은 조건1과 조건2가 하나 이상 '참'이 되면 '참'이 된다.
③ 'NOT 조건1'은 조건1의 부정의 논리 값이 된다.

| 조건1 | 조건2 | 논리곱 | 논리합 | 부정(조건1) |
|---|---|---|---|---|
| 참 | 참 | 참 | 참 | 거짓 |
| 참 | 거짓 | 거짓 | 참 | |
| 참 | 알수없음 | 알수없음 | 참 | |
| 거짓 | 참 | 거짓 | 참 | 참 |
| 거짓 | 거짓 | 거짓 | 거짓 | |
| 거짓 | 알수없음 | 알수없음 | 알수없음 | |
| 알수없음 | 참 | 알수없음 | 참 | 알수없음 |
| 알수없음 | 거짓 | 알수없음 | 거짓 | |
| 알수없음 | 알수없음 | 알수없음 | 알수없음 | |

표 6.7  논리연산자의 진리표

| 【예제 6.09】 | ▶ Student 테이블에서 '컴공'학과 2학년 학생의 학과, 학년, 성명을 출력하시오. |
|---|---|

```
SQL> SELECT Dept_ID, Year, Name
  2  FROM   Student
  3  WHERE  Dept_ID = '컴공' AND Year = '2';

DEPT_ID  YE NAME
-------- -- --------
컴공      2  이정민
컴공      2  박주영

SQL>
```

※ WHERE절 검색조건에 학과코드(Dept_ID)가 '컴공'이고, 학년(Year)이 2학년인 두 개의 조건식이 동시에 만족할 때 '참'이 된다.

| 【예제 6.10】 | ▶ Student 테이블에서 '컴공'학과 2학년 학생을 다중 칼럼으로 검색하여 출력하시오. |
|---|---|

```
SQL> SELECT Dept_ID, Year, Name
  2  FROM   Student
  3  WHERE  (Dept_ID, YEAR) = (('컴공','2'));
```

```
DEPT_ID  YE NAME
-------- -- --------
컴공      2  이정민
컴공      2  박주영

SQL>
```

※ 다중 칼럼으로 검색할 때 검색할 값은 괄호()내에 기술되어야 한다.

● **연결연산자**

연결연산자 '||'(concatenation)는 문자형 데이터들을 결합한다.

| 표현식 | expr1 || expr2 |
|---|---|

- expr1과 expr2에는 문자형 칼럼명이나 문자형 리터럴이 기술될 수 있고, 각 문자형 데이터를 결합한다.

| 【예제 6.11】 | ▶ Professor 테이블로부터 소속학과, 교수명, 전화번호를 자연어로 출력하되, 학과코드(Dept_ID)순으로 출력하시오. |
|---|---|

```
SQL> SELECT Dept_ID || '학과 ' || Name || ' ' || Position ||
  2          '의 전화번호는 ' || Telephone || '이다.'
  3  FROM   Professor
  4  ORDER  BY Dept_ID;

DEPT_ID||'학과'||NAME||''||POSITION||'의전화번호는'||TELEPHONE||'이다.'
-------------------------------------------------------------------
경영학과 안연홍 부교수의 전화번호는 765-4411이다.
대학학과 서한식 총장의 전화번호는 765-4000이다.
정통학과 박지성 부교수의 전화번호는 765-4211이다.
정통학과 최경주 조교수의 전화번호는 765-4214이다.
......
10 개의 행이 선택되었습니다.

SQL>
```

● **LIKE 연산자**

LIKE 연산자는 문자열의 문자패턴에 의해서 검색할 수 있는 SQL 연산자이다. expr은 칼럼명을 기술하고, '문자패턴'에는 검색할 키워드를 대체문자와 함께 기술한다. expr이 '문자패턴'과 일치하면 참이 되고, 부정은 NOT LIKE 연산자이다.

| 표현식 | expr LIKE '문자패턴' | 부정 | NOT LIKE |
|---|---|---|---|

검색할 '문자패턴'에 사용되는 대체 문자(wild card)는 2 종류가 있다.
① % 기호는 모든 문자를 대체한다.
② _ (underbar) 기호는 한 문자를 대체한다.

예를 들어, Name 칼럼에서 '홍'씨 성을 검색할 경우에는 '홍%', '길동'의 이름을 검색할 경우에는 Name LIKE '_길동'으로 대체문자를 사용하여 문자패턴을 기술한다. 영문자는 upper()나 lower()함수를 사용하면 대소문자를 모두 검색할 수 있다. LIKE2, LIKE4, LIKEC 연산자는 UCS-2, UCS4 유니 코드의 문자열 패턴 검색에 사용될 수 있다. 검색조건에서 ESCAPE절에 백슬래시(\)와 같은 ESCAPE 문자를 지정할 수 있다. ESCAPE 문자가 지정되면 이 문자 이후에 나오는 문자는 검색패턴에서 문자로 인식한다. WHERE절의 검색조건이 Title LIKE '%A\_B%' ESCAPE '\' 로 기술하면 대체문자 언더바(_)는 문자로 해석하여 검색패턴은 '%A_B%'가 된다.

【예제 6.12】 ▶ Student 테이블로부터 '이'씨 성의 학생 명단을 출력하시오.

```
SQL> SELECT Dept_ID, Year, Student_ID, Name
  2  FROM    Student
  3  WHERE   Name LIKE '이%';

DEPT_ID  YE STUDENT_ID NAME
-------- -- ---------- --------
컴공      2  C1701      이정민
정통      2  T1802      이정필
행정      1  A1701      이미나

SQL>
```

> LIKE 연산자의 '문자패턴'에 대체 문자를 사용하지 않으면 어떻게 될까요?
> ☞ Like 연산자가 "="관계연산자로 대체된다.

【예제 6.13】 ▶ Student 테이블로부터 성명(Name) 칼럼의 중간 글자가 '정' 자인 학생을 검색하여 출력하시오.

```
SQL> SELECT Dept_ID, Year, Student_ID, Name
  2  FROM    Student
  3  WHERE   Name LIKE '_정_';
```

```
DEPT_ID  YE STUDENT_ID NAME
-------- -- ---------- --------
컴공      2  C1701      이정민
정통      2  T1802      이정필

SQL>
```

---

**【예제 6.14】** ▶ Student 테이블로부터 '이'씨와 '김'씨 성을 제외한 학생 명단을
출력하시오.

```
SQL> SELECT Dept_ID, Year, Student_ID, Name
  2  FROM    Student
  3  WHERE   Name NOT LIKE '이%' AND Name NOT LIKE '김%';

DEPT_ID  YE STUDENT_ID NAME
-------- -- ---------- --------
컴공      3  C1601      한영삼
컴공      3  C1602      서희경
컴공      2  C1702      박주영
경영      2  B1701      배상문
컴공      1  C1802      신지애

SQL>
```

## ● IN 연산자

IN 연산자는 가능한 값들의 목록과 비교하여, 가능한 값의 목록 중 하나일 때 '참'이
되고, 그렇지 않으면 '거짓'이 되는 SQL 연산자이다. 부정은 NOT IN 연산자이다.

| 표현식 | expr  IN  (값1, 값2, …) | 부정 | NOT IN |
|--------|------------------------|------|--------|

- expr은 칼럼명이나, 수식, 함수 등을 기술하고, 가능한 값들의 목록을 (값1,
값2, 값3…)에 기술한다.

---

**【예제 6.15】** ▶ Professor 테이블에서 학과 코드(Dept_ID)가 '컴공', '정통' 학
과에 재직 중인 교수의 명단을 학과코드순으로 출력하시오.

```
SQL> SELECT Dept_ID, Professor_ID, Name, Position
  2  FROM    Professor
  3  WHERE   Dept_ID IN ('컴공','정통')
  4  ORDER  BY Dept_ID;
```

```
DEPT_ID  PROFES  NAME      POSITION
-------- ------- --------- -----------
정통     P21     박지성    부교수
정통     P23     이상혁    조교수
정통     P22     김하늘    부교수
정통     P24     최경주    조교수
컴공     P13     유소연    조교수
컴공     P12     이대호    부교수
컴공     P11     신기술    교수

7 개의 행이 선택되었습니다.

SQL>
```

※ IN 연산자는 "Dept_ID = '컴공' OR Dept_ID = '정통'"과 같이 '=' 관계연산자와
'OR' 논리연산자를 대체하는 SQL 연산자이다.

| 【예제 6.16】 | ▶ Professor 테이블에서 학과 코드(Dept_ID)가 '컴공', '정통' 학과가 아닌 교수의 명단을 학과코드순으로 출력하시오. |
|---|---|

```
SQL> SELECT Dept_ID, Professor_ID, Name, Position
  2  FROM    Professor
  3  WHERE   Dept_ID NOT IN ('컴공','정통')
  4  ORDER   BY Dept_ID;

DEPT_ID  PROFES  NAME      POSITION
-------- ------- --------- -----------
경영     P41     안연홍    부교수
대학     P00     서한식    총장
행정     P51     함영애    부교수

SQL>
```

● **BETWEEN~AND~ 연산자**

BETWEEN~AND~ 연산자는 최솟값부터 최댓값의 범위에 포함되는가를 검색하는
SQL 연산자이다. 범위의 값이면 참이 되고, 그렇지 않으면 거짓이 된다. 부정은
NOT BETWEEN~AND~ 연산자이다.

| 표현식 | expr BETWEEN 최솟값 AND 최댓값 | 부정 | NOT BETWEEN~AND~ |
|---|---|---|---|

• expr은 칼럼명이나 수식, 함수 등을 기술하고, 최솟값과 최댓값은 숫자형 데이
터, 문자형 데이터, 날짜형 데이터를 기술할 수 있다.

| 【예제 6.17】 | ▶ SG_Scores 테이블에서 성적(Score)이 90점부터 94점까지 성적을 성적 내림차순으로 출력하시오. |
|---|---|

```
SQL> SELECT Student_ID, Course_ID, Score
  2  FROM    SG_Scores
  3  WHERE   Score BETWEEN 90 AND 94
  4  ORDER   BY 3 DESC;

STUDENT_ID COURSE_ID      SCORE
---------- ---------- ----------
C1602      L1031             94
C1701      L1032             93
C1601      L1011             93

SQL>
```

※ BETWEEN~AND~ 연산자는 "Score >= 90 AND Score <= 94"와 같이 '>=' 관계연산자와 'AND' 논리연산자를 대체하는 SQL 연산자이다.

| 【예제 6.18】 | ▶ SG_Scores 테이블에서 성적(Score)이 60점부터 100점까지 제외한 성적을 성적순으로 출력하시오. |
|---|---|

```
SQL> SELECT Student_ID, Course_ID, Score
  2  FROM    SG_Scores
  3  WHERE   Score NOT BETWEEN 60 AND 100
  4  ORDER   BY 3 DESC;

STUDENT_ID COURSE_ID      SCORE
---------- ---------- ----------
C1601      L1021            105

SQL>
```

● **IS NULL 연산자**

IS NULL 연산자는 expr 값이 Null이면 참이 되고, 그렇지 않으면 거짓이 된다. 부정은 IS NOT NULL 연산자이다.

| 표현식 | expr IS NULL | 부정 | IS NOT NULL |
|---|---|---|---|

| 【예제 6.19】 | ▶ Course 테이블로부터 추가수강료가 널(Null)인 행을 검색하여 과목명순으로 출력하시오. |
|---|---|

```
SQL> SELECT *
  2  FROM    Course
  3  WHERE   Course_Fees IS NULL
  4  ORDER   BY Title;

COURSE_ID  TITLE             C_NUMBER PROFES COURSE_FEES
---------- ----------------- ---------- ------ -----------
L0011      TOEIC연구          2
L1021      데이터베이스        2 P12
L0013      문학개론            2
......
9 개의 행이 선택되었습니다.

SQL>
```

| 【예제 6.20】 | ▶ Course 테이블로부터 추가수강료가 널(Null)이 아닌 행을 검색하여 과목명순으로 출력하시오. |
|---|---|

```
SQL> SELECT *
  2  FROM    Course
  3  WHERE   Course_Fees IS NOT NULL
  4  ORDER   BY Title;

COURSE_ID  TITLE             C_NUMBER PROFES COURSE_FEES
---------- ----------------- ---------- ------ -----------
L1042      Delphi             3 P13        50000
L1031      SQL                3 P12        30000
L2031      게임이론            3 P23        50000
......
6 개의 행이 선택되었습니다.

SQL>
```

## 6.3.2 ROWNUM 의사칼럼

ROWNUM 의사칼럼은 FROM절에 기술한 테이블이나 뷰, 서브 쿼리의 행 번호를 반환하는 의사칼럼이다. WHERE절에 ROWNUM 의사칼럼을 이용하여 TOP-N 쿼리가 가능하며, TOP-N 쿼리는 11장에서 다룬다.

---

**【예제 6.21】** ▶ Department 테이블 출력시 행 번호를 추가하시오.

```
SQL> SELECT ROWNUM, Dept_ID, Dept_Name, Dept_Tel
  2  FROM   Department;

    ROWNUM DEPT_ID DEPT_NAME        DEPT_TEL
---------- ------- ---------------- ------------
         1 대학    대학본부         765-4000
         2 컴공    컴퓨터공학과     765-4100
         3 정통    정보통신공학과   765-4200
         4 경영    경영학과         765-4400
         5 행정    세무행정학과     765-4500

SQL>
```

---

**【예제 6.22】** ▶ Department 테이블에서 상위 3행을 출력하시오.

```
SQL> SELECT ROWNUM, Dept_ID, Dept_Name, Dept_Tel
  2  FROM   Department
  3  WHERE  ROWNUM <= 3;

    ROWNUM DEPT_ID DEPT_NAME        DEPT_TEL
---------- ------- ---------------- ------------
         1 대학    대학본부         765-4000
         2 컴공    컴퓨터공학과     765-4100
         3 정통    정보통신공학과   765-4200

SQL>
```

※ WHERE절에 ROWNUM 의사 칼럼을 이용하여 출력할 행을 3으로 기술하여 상위
  3행만 출력한다.

1. 상품관리(EC_Product) 테이블에서 단가가 100만원을 초과하는 상품 목록의 [상품코드, 상품명, 단가]를 출력하시오.

| 【결과》 | SQL> ··· |
| | PRODUCT_CODE PRODUCT_NAME   UNIT_PRICE |
| | ------------ ------------ ---------- |
| | TV01         TV               1060000 |
| | TV03         TV               1785000 |
| | TV04         TV               1920000 |
| | SQL> |

2. 회원관리(EC_Member) 테이블로부터 서울에서 거주하는 회원의 [사용자아이디, 회원명, 주민등록번호, 주소]를 출력하시오.

| 【결과》 | SQL> ··· |
| | USERID      NAME    REGIST_NO      ADDRESS |
| | ---------- ------- -------------- --------------------- |
| | jupark     박지운   951214-1****** 서울특별시 영등포구 |
| | imjung     정일미   860807-2****** 서울특별시 송파구 |
| | cscho      조철상   650707-1****** 서울특별시 은평구 |
| | usko       고우선   010102-4****** 서울특별시 강남구 |
| | ujjung     정유진   901225-2****** 서울특별시 종로구 |
| | SQL> |

3. 장바구니(EC_Basket) 테이블에서 2018년 07월 11일에 주문한 고객과 주문 내용을 출력하시오.

| 【결과》 | SQL> ··· |
| | ORDER_NO    ORDER_ID   PRODUCT_CODE ORDER_QTY ORDER_DA |
| | ------------ ---------- ------------ ---------- -------- |
| | 180711001   usko       TV01                 1 18/07/11 |
| | 180711002   hskim      CM01                 1 18/07/11 |
| | 180711003   mskim      TV01                 1 18/07/11 |
| | 180711004   mhlee      NB02                 1 18/07/11 |
| | 180711005   mhlee      CM03                 1 18/07/11 |
| | SQL> |

4. 주문처리(EC_Order) 테이블에서 결제한 회원 중에서 상품을 배달하지 않은 회원의 [주문번호, 상품코드, 주문수량, 결제방법, 결제금액, 결제일자, 구분]을 주문번호순으로 출력하시오.

```
SQL> ...
【결과》 ORDER_NO PRODUCT_CODE ORDER_QTY CSEL      CMONEY CDATE    GUBUN
       --------- ------------ --------- ---------- ------ -------- ------
       180505002 DK01                 1 신용카드    53000 18/05/07 결제
       180505003 CH01                 1 계좌이체    70000 18/05/07 결제

SQL>
```

5. 회원관리(EC_Member) 테이블에서 회원명에 '우'자가 들어간 회원의 [회원ID, 회원명, 주민등록번호]를 출력하시오.

```
SQL> ...
【결과》 USERID     NAME     REGIST_NO
       ---------- -------- --------------
       usko       고우선    010102-4******
       supark     박세우    030914-3******

SQL>
```

6. 주문처리(EC_Order) 테이블에서 배달한 주문자 중에서 '신용카드'로 결제하지 않은 주문자의 [주문번호, 주문자ID, 상품코드, 결제방법, 구분]을 주문자ID순으로 출력하시오.

```
SQL> ...
【결과》 ORDER_NO     ORDER_ID   PRODUCT_CODE CSEL       GUBUN
       ------------ ---------- ------------ ---------- --------
       180412001    cscho      CMO3         계좌이체    배달
       180204001    supark     NB02         현금입금    배달
       180311001    supark     PRT01        현금입금    배달
       180403001    uskang     PRT03        현금입금    배달

SQL>
```

7. 상품관리(EC_Product) 테이블에서 상품의 단가가 30만원에서 50만원 이내의 상품 목록의 [상품코드, 상품명, 단가, 재고수량, 생산처]를 단가(Unit_Price) 내림차순으로 출력하시오.

| 【결과》 | SQL> ··· | | | | |
|---|---|---|---|---|---|
| | PRODUCT_CODE | PRODUCT_NAME | UNIT_PRICE | LEFT_QTY | COMPANY |
| | ------------ | ------------ | ---------- | ---------- | -------- |
| | PRT04 | 프린터 | 482000 | 5 | HP |
| | CM02 | 개인용컴퓨터 | 434000 | 20 | Samsung |
| | SQL> | | | | |

8. 주문처리(EC_Order) 테이블에서 '신용카드'로 결제한 행의 [주문번호, 주문자 ID, 결제금액, 결제일자, 결제방법]을 출력하시오.

| 【결과》 | SQL> ··· | | | | |
|---|---|---|---|---|---|
| | ORDER_NO | ORDER_ID | CMONEY | CDATE | CSEL |
| | ------------ | ---------- | ---------- | -------- | ---------- |
| | 180205001 | usko | 930000 | 18/02/15 | 신용카드 |
| | 180315001 | imjung | 1785000 | 18/03/15 | 신용카드 |
| | 180505002 | kcchoi | 53000 | 18/05/07 | 신용카드 |
| | SQL> | | | | |

9. 주문처리(EC_Order) 테이블에서 결제하지 않은 행의 [주문번호, 주문자ID, 상품코드, 주문수량, 결제할 금액, 구분]을 출력하시오.

| 【결과》 | SQL> ··· | | | | |
|---|---|---|---|---|---|
| | ORDER_NO | ORDER_ID | PRODUCT_CODE | ORDER_QTY | CMONEY | GUBUN |
| | ------------ | ---------- | ------------ | ---------- | ---------- | ------ |
| | 180707001 | jupark | CM01 | 5 | 3735000 | |
| | 180707002 | jupark | PRT02 | 5 | 4300000 | |
| | 180707003 | cscho | CM01 | 1 | 747000 | |
| | SQL> | | | | | |

10. 주문처리(EC_Order) 테이블에서 'usko' 회원이 거래한 상품의 [주문자ID, 상품코드, 주문수량, 결제방법, 결제금액, 구분]을 출력하시오.

| 【결과》 | SQL> ··· | | | | |
|---|---|---|---|---|---|
| | ORDER_ID | PRODUCT_CODE | ORDER_QTY | CSEL | CMONEY | GUBUN |
| | ---------- | ------------ | ---------- | ---------- | ---------- | ------ |
| | usko | NB01 | 1 | 신용카드 | 930000 | 배달 |
| | SQL> | | | | | |

※ SQL 파일명은 "dr06-문제번호-순서번호.sql"입니다.

1. 상품관리(EC_Product) 테이블에서 삼성(samsung) 회사의 제품의 [상품코드, 상품명, 단위, 단가, 재고수량, 생산처]를 상품명순으로 출력하시오.

【결과》

```
SQL> ···
PRODUCT_CODE PRODUCT_NAME STANDARD       UNIT_PRICE   LEFT_QTY COMPANY
------------ ------------ ------------   ----------   -------- -------
TV01         TV           LN46C632M1F       1060000         10 SAMSUNG
TV03         TV           UN46C8000XF       1785000          5 samsung
CM02         개인용컴퓨터 DM-C200            434000         20 Samsung
NB02         노트북컴퓨터 U35JC              750000         10 SAMSUNG
······
7 개의 행이 선택되었습니다.

SQL>
```

2. 상품관리(EC_Product) 테이블에서 '프린터' 제품의 단가(Unit_Price)가 50만원을 초과하는 상품의 [상품코드, 상품명, 단위, 단가, 재고수량, 생산처]를 단가 내림차순으로 출력하시오.

【결과》

```
SQL> ···
PRODUCT_CODE PRODUCT_NAME STANDARD       UNIT_PRICE LEFT_QTY COMPANY
------------ ------------ ------------   ---------- -------- --------
PRT02        프린터       CLP-325WK          860000        3 SAMSUNG

SQL>
```

3. 회원관리(EC_Member) 테이블에서 '정'씨 회원의 [회원명, 주민등록번호, 전화번호, 가입일자]를 출력하시오.

【결과》

```
SQL> ···
NAME     REGIST_NO       TELEPHONE      TIMESTAM
-------- --------------- -------------- --------
정일미   860807-2******  011-2242-6666  17/06/01
정유진   901225-2******  011-2833-9383  18/07/11

SQL>
```

4. 주문처리(EC_Order) 테이블에서 '현금입금'과 '계좌이체'한 회원의 [주문번호, 상품코드, 결제방법, 결제일자]를 결제방법, 결제일자순으로 출력하시오.

```
          SQL> ···
【결과》  ORDER_NO      PRODUCT_CODE CSEL          CMONEY CDATE
          ------------- ------------ ----------   ---------- --------
          180412001     CM03         계좌이체       740000 18/04/12
          180505003     CH01         계좌이체        70000 18/05/07
          180505001     TV01         계좌이체      1060000 18/05/07
          ······
          6 개의 행이 선택되었습니다.

          SQL>
```

5. 상품관리(EC_Product) 테이블에서 'HP' 회사의 '프린터' 제품에 대한 [상품코드, 상품명, 단위, 단가, 재고수량]을 단가순으로 출력하시오.

```
          SQL> ···
【결과》  PRODUCT_CODE PRODUCT_NAME  UNIT_PRICE   LEFT_QTY
          ------------- ------------- ----------   ----------
          PRT03         프린터            272000         10
          PRT04         프린터            482000          5

          SQL>
```

6. 상품관리(EC_Product) 테이블에서 생산처가 '삼성(SAMSUNG)'과 'LG전자'가 아닌 상품의 [상품코드, 상품명, 단위, 단가, 재고수량, 생산처]를 생산처, 단가순으로 출력하시오.

```
          SQL> ···
【결과》  PRODUCT_CODE PRODUCT_NAME  STANDARD      UNIT_PRICE LEFT_QTY COMPANY
          ------------- ------------- ----------   ---------- -------- -------
          PRT03         프린터           K8600         272000    10 HP
          PRT04         프린터           CP3525DN      482000     5 HP
          NB03          노트북컴퓨터      DV6           665000    10 HP
          CM01          개인용컴퓨터      HPE-340KL     747000    30 HP

          SQL>
```

7. 회원관리(EC_Member) 테이블에서 주소가 '서울'과 '대구'가 아닌 회원의 [회원명, 주민등록번호, 전화번호, 주소]를 주소(Address)순으로 출력하시오.

```
          SQL> ···
【결과》     NAME        REGIST_NO       TELEPHONE       ADDRESS
          --------    --------------  --------------  --------------------
          강준상       920303-1******  010-1115-3333   강원도 원주시
          이민형       820222-1******  010-1020-1010   강원도 춘천시
          ······
          9 개의 행이 선택되었습니다.

          SQL>
```

8. 상품관리(EC_Product) 테이블에서 재고수량이 10 미만인 상품의 [상품코드, 상품명, 규격, 단가, 재고수량, 생산처]를 상품명순으로 출력하시오.

```
          SQL> ···
【결과》     PRODUCT_CODE  PRODUCT_NAME  STANDARD      UNIT_PRICE  LEFT_QTY  COMPANY
          ------------  ------------  ------------  ----------  --------  --------
          TV03          TV            UN46C8000XF     1785000         5  samsung
          TV04          TV            47LX9500        1920000         5  LG전자
          PRT02         프린터         CLP-325WK        860000         3  SAMSUNG
          PRT04         프린터         CP3525DN         482000         5  HP

          SQL>
```

9. 회원관리(EC_Member) 테이블에서 전화번호가 '666'이 포함된 회원의 [회원명, 주민등록번호, 전화번호, 주소]를 회원명순으로 출력하시오.

```
          SQL> ···
【결과》     NAME        REGIST_NO       TELEPHONE       ADDRESS
          --------    --------------  --------------  --------------------
          박세우       030914-3******  010-6666-8745   부산광역시 동래구
          정일미       860807-2******  011-2242-6666   서울특별시 송파구
          최윤영       911010-2******  010-6669-7777   대구광역시 수성구

          SQL>
```

10. 회원관리(EC_Member) 테이블에서 2018년 5월 1일 이후에 가입한 회원의 [회원명, 주민등록번호, 전화번호, 주소, 가입일자]를 회원 가입일자(Timestamp)순으로 출력하시오.

【결과》

```
SQL> · · ·
NAME      REGIST_NO       TELEPHONE       ADDRESS                TIMESTAM
--------  --------------  --------------  ---------------------  --------
김미선     020506-4******  010-8887-3254   대구광역시  달서구      18/07/11
정유진     901225-2******  011-2833-9383   서울특별시  종로구      18/07/11
이상혁     870709-1******  011-8766-9876   대전광역시  유성구      18/07/15
최윤영     911010-2******  010-6669-7777   대구광역시  수성구      18/07/15

SQL>
```

11. 상품관리(EC_Product) 테이블에서 상품명이 '노트'로 시작하는 상품의 [상품코드, 상품명, 단위, 단가, 재고수량, 생산처]를 생산처순으로 출력하시오.

**【결과》**

```
SQL> · · ·
PRODUCT_CODE PRODUCT_NAME  STANDARD    UNIT_PRICE  LEFT_QTY COMPANY
------------ ------------  ----------  ----------  -------- -------
NB03         노트북컴퓨터   DV6            665000       10 HP
NB01         노트북컴퓨터   GT633          930000       15 SAMSUNG
NB02         노트북컴퓨터   U35JC          750000       10 SAMSUNG

SQL>
```

12. 상품관리(EC_Product) 테이블에서 'LG'로 시작하는 생산처의 상품이 80만원을 초과하는 [상품코드, 상품명, 단위, 단가, 재고수량, 생산처]를 상품코드순으로 출력하시오.

**【결과》**

```
SQL> · · ·
PRODUCT_CODE PRODUCT_NAME  STANDARD    UNIT_PRICE  LEFT_QTY COMPANY
------------ ------------  ----------  ----------  -------- -------
TV02         TV            47LD452        980000       10 LG전자
TV04         TV            47LX9500      1920000        5 LG전자

SQL>
```

13. 상품관리(EC_Product) 테이블에서 생산처가 입력되지 않은 행의 [상품코드, 상품명, 단위, 단가, 재고수량, 생산처]를 상품코드순으로 출력하시오.

**【결과》**

```
SQL> · · ·
PRODUCT_CODE PRODUCT_NAME  STANDARD       UNIT_PRICE LEFT_QTY COMPANY
------------ ------------  -------------  ---------- -------- -------
CH01         의자          회전용             70000      100
DK01         책상          1200x745x750       53000      100

SQL>
```

14. 주문처리(EC_Order) 테이블에서 상품코드가 'CM01'을 1개 초과 주문한 행의 [주문번호, 주문자ID, 상품코드, 주문수량, 결제금액]을 주문자ID순으로 출력하시오.

**【결과》**
```
SQL> ...
ORDER_NO        ORDER_ID     PRODUCT_CODE   ORDER_QTY      CMONEY
------------    ----------   ------------   ----------   ----------
180507001       jupark       CM01                   5      3735000

SQL>
```

15. 회원관리(EC_Member) 테이블에서 회원명이 '고'씨부터 '최'씨를 제외한 회원을 [회원명, 주민등록번호, 전화번호, 주소]를 회원명순으로 출력하시오.

**【결과》**
```
SQL> ...
NAME      REGIST_NO        TELEPHONE      ADDRESS
--------  --------------   --------------  ------------------
강욱선    810911-2******   010-7899-6547  경북 경주시
강준상    920303-1******   010-1115-3333  강원도 원주시
홍서빈    800110-2******   010-3922-9921  제주도 서귀포시

SQL>
```

16. 수강(SG_Scores) 테이블에서 수강과목코드가 'L1011'과 'L1021' 과목의 학점을 취득한 학생의 [과목코드, 학번, 성적, 성적취득일자]를 과목코드, 학번순으로 출력하시오.

**【결과》**
```
SQL> ...
COURSE_ID  STUDENT_ID     SCORE SCORE_AS
---------- ----------  ---------- --------
L1011      C1601              93 16/12/27
L1011      C1602              87 16/12/27
L1011      C1701              97 17/06/29
L1011      C1702              89 17/06/29
L1021      C1601             105 16/12/27
L1021      C1602              98 16/12/27
L1021      C1701              96 17/06/29
L1021      C1702              96 17/06/29

8 개의 행이 선택되었습니다.

SQL>
```

17. 수강(SG_Scores) 테이블에서 성적이 80점 이상이 아닌 행의 [과목코드, 학번, 성적, 성적취득일자]를 출력하시오.

【결과》

```
SQL> …
STUDENT_ID COURSE_ID      SCORE SCORE_AS
---------- ----------  ---------- --------

C1601      L0011             68  16/12/27
C1601      L1032             78  17/06/29
C1602      L1041             77  18/06/28
C1602      L1051             77  18/06/28
C1802      L1031             77  18/06/27

SQL>
```

18. 학생(Student) 테이블에서 학과코드가 '컴공'과 '경영' 학과가 아닌 학생의 [학과코드, 학년, 학번, 성명, 전화번호]를 학과코드, 학번순으로 출력하시오.

【결과》

```
SQL> …
DEPT_ID  YE STUDENT_ID NAME      TELEPHONE
-------- -- ---------- --------  --------------

정통       2  T1702      이정필
정통       1  T1801      김병호     011-1222-0303
행정       1  A1701      이미나     010-3888-5050

SQL>
```

# Chapter 07

# 데이터베이스 수정

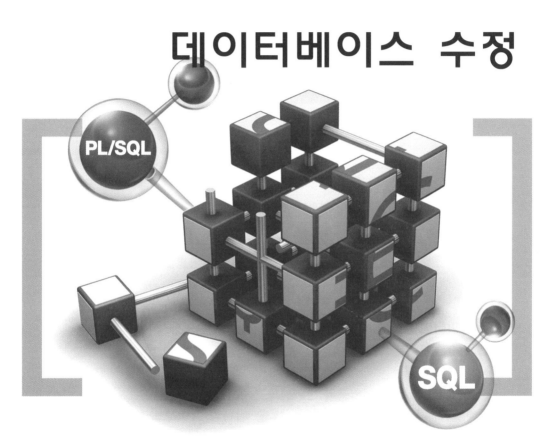

데이터베이스 수정이란 테이블에 행을 추가, 수정 또는 삭제하는 것을 말한다. 데이터베이스 수정은 SQL*Plus를 이용하여 DML문을 실행하거나 Oracle Developer, 델파이, 파워빌더 등의 데이터베이스 개발 도구를 이용할 수도 있다.

그림 7.1은 Oracle Developer/2000의 Forms Builder를 이용하여 Department 테이블에 행을 추가, 수정, 삭제, 검색할 수 있도록 개발한 화면으로 데이터베이스 개발 도구를 이용하는 것이 편리하나, 7장에서는 프로그램 개발에 활용할 수 있는 SQL문의 데이터베이스 수정 방법을 배운다.

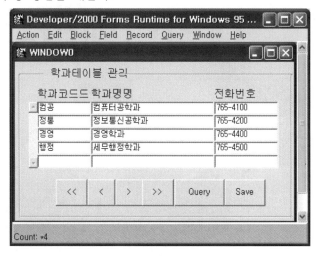

그림 7.1  Oracle Developer를 이용한 테이블 관리 화면

● **데이터베이스를 수정하는 SQL의 DML문**
  - INSERT문은 테이블에 한 행을 추가한다.
  - UPDATE문은 테이블의 한 행 또는 복수 행의 칼럼 값을 변경한다.
  - DELETE문은 테이블의 한 행 또는 복수 행을 삭제한다.
  - MERGE문은 복수 테이블의 행들을 하나의 테이블로 병합한다.

테이블에 데이터가 추가, 수정, 삭제될 때 테이블에 선언된 제약조건들이 유지되고, 인덱스, 기본 키의 값이 변경된다. 또한 데이터의 추가, 수정, 삭제된 데이터들은 테이블에 바로 저장 또는 변경되는 것이 아니라 트랜잭션(transaction) 영역에 임시로 저장되어 있다가 트랜잭션 제어문에 의해서 영구히 저장되거나 취소될 수 있다.

# 7.1  INSERT문

INSERT문은 그림 7.2와 같이 한번 실행할 때마다 테이블에 한 행의 데이터가 저장된다.

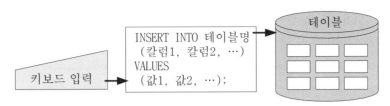

그림 7.2　키보드로부터 한 행을 입력하는 INSERT문

INSERT문은 테이블에 VALUES 이하의 (값1)를 (칼럼명1), (값2)를 (칼럼명2)에 한 행을 저장한다. 칼럼명은 생략할 수 있으며, 생략할 경우 모든 칼럼 값을 입력해야 한다.

| 문법 | INSERT INTO 테이블명<br>[ ( 칼럼명1, 칼럼명2, ⋯ ) ]<br>VALUES ( 값1, 값2, ⋯ ); |
|---|---|

※ 기술 방법
- ◆ 테이블명 : 행을 추가할 테이블명을 기술한다.
- ◆ 칼럼명1, 칼럼명2, ⋯ : 추가할 테이블의 칼럼명을 기술한다.
- ◆ 값1, 값2, ⋯ : 입력할 칼럼의 값을 기술한다.

## ● INSERT문 실행시 주의사항
① 칼럼명과 입력하는 값의 수가 반드시 동일해야 한다.
② 칼럼명과 입력하는 값의 데이터타입이 반드시 동일해야 한다.
③ 기본 키와 필수(Not Null) 칼럼은 반드시 입력해야 한다.
④ 칼럼명이 생략되면 모든 칼럼의 값이 입력되어야 한다.
⑤ 입력되지 않는 칼럼의 값은 널(null) 값이 저장된다.
⑥ 입력되지 않는 칼럼에 기본값이 선언된 칼럼은 기본값이 저장된다.

## ● 데이터타입이 허용되는 예외사항
칼럼의 데이터타입과 입력하는 값의 데이터타입이 동일하지 않을 경우 허용되는 경우가 있다.
① 문자형 칼럼에 숫자형 리터럴로 입력할 때
　　예: 12, 88, 100, ⋯
② 숫자형 칼럼에 문자형 리터럴로 입력할 때
　　예: '12', '100', '555', ⋯
③ 날짜형 칼럼에 문자형 리터럴로 입력할 때, 단, 오라클의 날짜 기본 형식 ('YY/MM/DD' 또는 'DD-MON-YY')이 일치되어야 한다.
　　예: '98/01/01', '08/12/11', '14/03/16', '07-JAN-14', ⋯

● **INSERT문 실행시 오류가 발생되는 경우는 다음과 같다.**

① 칼럼명과 입력하는 값의 수가 동일하지 않을 때
② 칼럼명과 입력하는 데이터타입이 동일하지 않을 때, 단 예외 사항은 허용된다.
③ 기본 키와 필수(Not Null) 칼럼의 값이 입력되지 않을 때
④ 기본 키가 중복된 데이터나 널(null) 값을 입력될 때
⑤ 외부 키 칼럼의 값이 참조하는 테이블의 기본 키 값이 아닐 때
⑥ 고유 키 제약조건이 지정된 칼럼에 중복된 데이터가 입력될 때
⑦ 체크(check) 제약조건이 지정된 칼럼에 유효하지 않은 데이터가 입력될 때
⑧ 입력 값이 칼럼의 크기를 초과할 때이다.

---

| 【예제 7.01】 | ▶ 새로운 개설 과목을 T_Course 테이블에 저장하시오. 과목코드는 'L1061', 과목명이 'ERP실무', 3학점이며, 담당교수가 'P12',이고, 추가 수강료는 50000원이다. |

```
SQL> INSERT INTO T_Course
  2  (Course_ID, Title, C_Number, Professor_ID, Course_Fees)
  3  VALUES
  4  ('L1061', 'ERP실무', 3, 'P12', 50000);

1 개의 행이 만들어졌습니다.

SQL> SELECT *
  2  FROM T_Course
  3  WHERE  Course_ID = 'L1061';

COURSE_ID  TITLE             C_NUMBER PROFES COURSE_FEES
---------- ---------------- ---------- ------ -----------
L1061      ERP실무              3 P12          50000
SQL>
```

---

| 【예제 7.02】 | ▶ 새로운 개설 과목을 T_Course 테이블에 저장하시오. 과목코드는 'L1062', 과목명이 '그룹웨어구축', 3학점이며, 담당교수가 'P13'이고, 추가 수강료는 40000원이다. |

```
SQL> INSERT INTO T_Course
  2  VALUES
  3  ('L1062', '그룹웨어구축', 3, 'P13', 40000);

1 개의 행이 만들어졌습니다.
SQL>
```

※ 칼럼명을 생략하면 테이블 생성시 칼럼의 순서대로 모든 칼럼 값을 기술한다.

| 【예제 7.03】 | ▶ 학번이 'B1701', 과목코드가 'L1051', 성적이 85점, 성적취득 날짜는 2018년 06월 28일이다. SG_Scores 테이블에 저장하시오. |
|---|---|

```
SQL> INSERT INTO SG_Scores
  2  (Student_ID, Course_ID, Score, Score_Assigned)
  3  VALUES
  4  ('B1701', 'L1051', 85, '18/06/28');

1 개의 행이 만들어졌습니다.

SQL> SELECT *
  2  FROM   SG_Scores
  3  WHERE  Student_ID = 'B1701' AND Course_ID = 'L1051';

STUDENT_ID COURSE_ID       SCORE GRAD SCORE_AS
---------- ----------  ---------- ---- --------
B1701      L1051              85       18/06/28

SQL>
```

※ 날짜형 데이터를 날짜형 칼럼에 입력할 때, 날짜 기본 형식에 맞추어 문자 리터럴로 표현한다. SQL*Plus을 실행하여 오라클 서버에 접속하면 년(YY), 월(MM), 일(DD)에 대한 날짜 기본 형식은 'YY/MM/DD'이다.

| 【예제 7.04】 | ▶ 과목코드가 'L3041', 과목명이 'JQUERY', 3학점, 교수번호가 'P31', 추가수강료는 30000원이다. Course 테이블에 저장하시오. |
|---|---|

```
SQL> INSERT INTO Course
  2  (Course_ID, Title, C_Number, Professor_ID, Course_Fees)
  3  VALUES
  4  ('L3041', 'JQUERY', 3, 'P31', '30,000');
('L3041', 'JQUERY', 3, 'P31', '30,000')
                                     *
4행에 오류:
ORA-01722: 수치가 부적합합니다.

SQL> Describe Course
 이름                              Null?    유형
 -------------------------------- -------- ----
 COURSE_ID                        NOT NULL VARCHAR2(5)
```

```
TITLE                              NOT NULL VARCHAR2(20)
C_NUMBER                           NOT NULL NUMBER(1)
PROFESSOR_ID                                VARCHAR2(3)
COURSE_FEES                                 NUMBER(7)        ☞ 숫자형 칼럼

SQL>
```

※ Course_Fees 숫자형 칼럼에 문자형 데이터를 입력하는 경우 오류가 발생한다.

| 【예제 7.05】 | ▶ 과목코드가 'L3041', 과목명이 'JQUERY', 3학점, 담당교수번호가 'P31', 추가 수강료는 30000원이다. 이 정보를 Course 테이블에 저장하시오. |

```
SQL> INSERT INTO Course
  2  (Course_ID, Title, C_number, Professor_ID, Course_fees)
  3  VALUES
  4  ('L3041', 'JQUERY', 3, 'P31');
VALUES
*
3행에 오류:
ORA-00947: 값의 수가 충분하지 않습니다.

SQL>
```

※ Course 테이블의 칼럼 수와 입력 데이터의 수가 다르면 오류가 발생한다.

| 【예제 7.06】 | ▶ 과목코드는 'L1031', 과목명이 'SQL', 3학점, 담당교수가 'P12', 추가 수강료는 30000원이다. 이 정보를 Course 테이블에 저장하시오. |

```
SQL> INSERT INTO Course
  2  (Course_ID, Title, C_number, Professor_ID, Course_fees)
  3  VALUES
  4  ('L1031', 'SQL', 3, 'P12', 30000);
INSERT INTO Course
*
1행에 오류:
ORA-00001: 무결성 제약 조건(STUD.COURSE_PK)에 위배됩니다

SQL> SELECT *
  2  FROM   Course
  3  WHERE  Course_ID = 'L1031';
```

```
COURSE_ID  TITLE              C_NUMBER PROFES COURSE_FEES
---------- ---------------- ---------- ------ -----------
L1031      SQL                       3 P12          30000

SQL>
```

※ 기본 키 칼럼에 중복된 데이터를 입력하면 오류가 발생한다.

**【예제 7.07】** ▶ 과목명이 '정보보안', 3학점, 담당교수가 'P22', 추가 수강료는 30000원이다. 이 정보를 Course 테이블에 저장하시오.

```
SQL> INSERT INTO Course
  2  (Course_ID, Title, C_number, Professor_ID, Course_fees)
  3  VALUES
  4  (NULL, '정보보안', 3, 'P22', 30000);
(NULL, '정보보안', 3, 'P22', 30000)
 *
4행에 오류:
ORA-01400: NULL을 ("STUD"."COURSE"."COURSE_ID") 안에 삽입할 수 없습니다

SQL>
```

※ 기본 키 칼럼에 널(null) 값을 입력하면 오류가 발생한다.

외부 키는 테이블 간의 관계를 정의하는 제약조건으로, 데이터 입력시 참조되는 테이블의 기본 키 값을 비교하여 데이터의 무결성을 검사한다.

**【예제 7.08】** ▶ 컴퓨터공학과의 신임 교수번호는 'P14', 교수명은 '조성우', 직위는 '조교수', 전화번호는 '765-4114'이다. 이 정보를 Professor 테이블에 저장하시오.

```
SQL> INSERT INTO Professor
  2  (Professor_ID, Name, Position, Dept_ID, Telephone, Email,Mgr)
  3  VALUES
  4  ('P14','조성우','조교수','컴퓨터','765-4114',NULL,'P11');

INSERT INTO Professor
*
1행에 오류:
ORA-02291: 무결성 제약조건(STUD.PROFESSOR_FK)이 위배되었습니다- 부모 키
가 없습니다

SQL> SELECT * FROM Department;
```

```
DEPT_ID   DEPT_NAME          DEPT_TEL
--------  ----------------   ------------
대학       대학본부            765-4000
컴공       컴퓨터공학과         765-4100              ☞ 부모 키
정통       정보통신공학과       765-4200
경영       경영학과            765-4400
행정       세무행정학과         765-4500

SQL> INSERT INTO Professor
  2  (Professor_ID, Name, Position, Dept_ID, Telephone, Email,Mgr)
  3  VALUES
  4  ('P14','조성우','조교수','컴공','765-4114',NULL,'P11');

1 개의 행이 만들어졌습니다.

SQL>
```

※ Professor 테이블의 학과코드 외부 키 칼럼 값이 참조하는 Department 테이블
의 기본 키 값을 만족하지 않기 때문에 오류가 발생되었다. 학과코드의 입력 데
이터를 '컴공'으로 입력해야 한다.

| 【예제 7.09】 | ▶ '컴공' 학과 2학년에 '박은혜' 학생이 편입학하였다. 학번은 'C1731', 주민등록번호는 '011119-4******', 이메일주소는 'c1731@cyber.ac. kr' 이다. 이 정보를 Student 테이블에 저장하시오. |
|---|---|

```
SQL> INSERT INTO Student
  2  (Dept_ID, Year, Student_ID, Name, ID_Number, Email)
  3  VALUES
  4  ('컴공','2','C1731','박은혜','011109-4******','c1731@cyber.ac.kr');
INSERT INTO Student
*
1행에 오류:
ORA-00001: 무결성 제약 조건(STUD.STUDENT_UK)에 위배됩니다

SQL> SELECT Student_ID, Name, ID_Number, Email
  2  FROM   Student
  3  WHERE  ID_Number = '011109-4******';

STUDENT_ID NAME     ID_NUMBER       EMAIL
---------- -------- --------------- --------------------
C1701      이정민    011109-4******  c1701@cyber.ac.kr
```

```
SQL> SELECT CONSTRAINT_NAME, CONSTRAINT_TYPE, SEARCH_CONDITION
  2  FROM    USER_CONSTRAINTS
  3  WHERE   TABLE_NAME = 'STUDENT';


CONSTRAINT_NAM CO SEARCH_CONDITION
-------------- -- --------------------------------------------------
SYS_C00146284  C  "NAME" IS NOT NULL
SYS_C00146285  C  "ID_NUMBER" IS NOT NULL
STUDENT_PK     P
STUDENT_UK     U                              ☞ 고유 키 제약조건
STUDENT_FK     R

SQL>
```

※ '박은혜' 학생의 주민등록번호가 '이정민' 학생과 동일하여 중복되었다.
※ 고유 키 제약조건(STUDENT_UK)이 지정된 칼럼에 중복된 데이터가 입력되면 오류
  가 발생한다.

| 【예제 7.10】 | ▶ 'C1731'의 '박은혜' 학생의 주민등록번호가 잘못 입력되었다. 주민등록번호를 '011119-4******'로 수정하여 저장하시오. |
| --- | --- |

```
SQL> INSERT INTO Student
  2  (Dept_ID, Year, Student_ID, Name, ID_Number, Email)
  3  VALUES
  4  ('컴공','2','C1731','박은혜','011119-4******','c1731@cyber.ac.kr');

1 개의 행이 만들어졌습니다.

SQL>
```

Professor 테이블의 Position(직위) 칼럼에 체크 제약조건으로 '총장', '교수', '부교
수', '조교수', '초빙교수'로 정의된 것을 확인할 수 있다.

```
CONSTRAINT_NAME CO SEARCH_CONDITION
--------------- -- --------------------------------------------------
SYS_C00146647   C  "NAME" IS NOT NULL
SYS_C00146648   C  "POSITION" IS NOT NULL
PROFESSOR_CK    C  Position in ('총장','교수','부교수','조교수','초빙교수')
PROFESSOR_PK    P
PROFESSOR_UK    U
PROFESSOR_FK    R
```

| 【예제 7.11】 | ▶ 컴퓨터공학과에 시간강사를 위촉하였다. 교수번호가 'P91', 교수명은 'Bob Miner', 직위는 '시간강사', 전화번호는 '765-4119'이다. 이 정보를 Professor 테이블에 저장하시오. |
|---|---|

```
SQL> INSERT INTO Professor
  2  (Professor_ID, Name, Position, Dept_ID, Telephone)
  3  VALUES
  4  ('P91', 'Bob Miner', '시간강사', '컴공', '765-4119');
INSERT INTO Professor
*
1행에 오류:
ORA-02290: 체크 제약조건(STUD.PROFESSOR_CK)이 위배되었습니다

SQL>
```

※ Professor 테이블의 Position 칼럼의 체크 제약조건이 위배되면 오류가 발생한다.


● **의사 칼럼**

SYSDATE, USER 등의 의사 칼럼(Pseudo Column)을 이용하면 테이블에 행이 추가될 때 누가, 언제 입력하였는지 확인할 수 있다.
 ● SYSDATE  : 현재 날짜와 시간이 기억되어 있다.
 ● USER      : 로그온한 오라클 사용자명이 기억되어 있다.


| 【예제 7.12】 | ▶ SG_Scores 테이블에 User_Name 칼럼과 C_Date 칼럼을 추가하시오. 단, User_Name과 C_Date 칼럼에 USER와 SYSDATE 의사칼럼을 기본값으로 지정하시오. |
|---|---|

```
SQL> ALTER TABLE SG_Scores
  2  ADD    (User_Name VARCHAR2(25) DEFAULT '오라클계정: '|| USER,
  3          C_Date     DATE          DEFAULT SYSDATE );

테이블이 변경되었습니다.

SQL> Describe SG_Scores
이름                               Null?    유형
-------------------------------- -------- ----
......
SCORE_ASSIGNED                            DATE
USER_NAME                                 VARCHAR2(25)    ☜ 추가
C_DATE                                    DATE            ☜ 추가

SQL>
```

| 【예제 7.13】 | ▶ 학번이 'C1731',과목코드가 'L1021', 성적이 97점, 성적취득일 자가 2018년 6월 28일이다. 이 정보를 SG_Scores 테이블에 저장하고, 출력하시오. |

```
SQL> INSERT INTO SG_Scores
  2  (Student_ID, Course_ID, Score, Score_Assigned)
  3  VALUES
  4  ('C1731', 'L1021', 97, '18/06/28');

1 개의 행이 만들어졌습니다.

SQL> SELECT *
  2  FROM    SG_Scores
  3  WHERE   Student_ID = 'C1731' AND Course_ID = 'L1021';

STUDENT_ID COURSE_ID  SCORE GRAD SCORE_ASSI USER_NAME            C_DATE
---------- ---------- ----- ---- ---------- -------------------- ----------
C1731      L1021         97      18/06/28   오라클계정: STUD     2018/07/18

SQL> COMMIT;

커밋이 완료되었습니다.

SQL>
```

※ "STUD" 오라클 사용자가 2018년 7월 18일에 입력한 것을 알 수 있다.

● **INSERT문에서 칼럼명을 기술해야 하는 이유**

INSERT문에서 칼럼명을 기술해야 하는 이유는 다음과 같다.
① 테이블의 구조는 항상 변할 수 있다.
② INSERT문의 이해가 쉬워진다.
③ 인접된 칼럼에 잘못 저장되는 경우를 방지할 수 있다.

# 7.2  UPDATE문

UPDATE문은 테이블에 저장된 각 행들의 칼럼 값을 변경한다.

| 문법 | UPDATE 테이블명<br>SET    칼럼명1 = expr1, 칼럼명2 = expr2, …<br>[ WHERE  수정조건 ]; |

※ 기술 방법
- 테이블명 : 수정할 테이블명을 기술한다.
- 칼럼명1, 칼럼명2, … : 수정할 테이블의 칼럼명을 기술한다.
- exp1, expr2, … : 수정할 값으로 리터럴, 칼럼명, 수식, 함수 등을 기술한다.
- 수정조건 : 수정조건은 SELECT문의 검색조건과 동일하게 기술한다.

UPDATE문은 expr1, expr2, …의 값을 왼쪽의 칼럼명에 저장한다. WHERE절의 수정조건이 기술되면 참이 되는 행에 대해서만 변경한다. 기본 키는 원칙적으로 변경할 수 없으나 외부 키에 의하여 참조되지 않는 기본 키 값은 변경할 수 있다.

| 【예제 7.14】 | ▶ Department 테이블의 학과명(Dept_Name)을 '컴퓨터정보계열'로 수정하시오. |

```
SQL> SELECT * FROM Department;

DEPT_ID   DEPT_NAME          DEPT_TEL
--------- ------------------ ------------
대학      대학본부            765-4000
컴공      컴퓨터공학과         765-4100
......
SQL> UPDATE Department
  2  SET    Dept_Name = '컴퓨터정보계열';

5 행이 갱신되었습니다.

SQL> SELECT * FROM Department;

DEPT_ID   DEPT_NAME          DEPT_TEL
--------- ------------------ ------------
대학      컴퓨터정보계열       765-4000
컴공      컴퓨터정보계열       765-4100
정통      컴퓨터정보계열       765-4200
경영      컴퓨터정보계열       765-4400
......
SQL> ROLLBACK;

롤백이 완료되었습니다.

SQL>
```

※ UPDATE문의 WHERE절에 수정조건이 없으면 모든 행의 칼럼 값을 변경한다.
※ ROLLBACK문은 수정전의 값으로 원상 복귀시킨다.

【예제 7.15】　▶ Course 테이블의 과목명 'Delphi'를 '델파이'로 변경하시오.

```
SQL> SELECT *
  2  FROM    Course
  3  WHERE   Title = 'Delphi';

COURSE_ID  TITLE             C_NUMBER PROFES COURSE_FEES
---------- ---------------- ---------- ------ -----------
L1042      Delphi                   3 P13          50000

SQL> UPDATE Course
  2  SET    Title    = '델파이'
  3  WHERE  Course_ID = 'L1042';

1 행이 갱신되었습니다.

SQL> SELECT *
  2  FROM    Course
  3  WHERE   Course_ID = 'L1042';

COURSE_ID  TITLE             C_NUMBER PROFES COURSE_FEES
---------- ---------------- ---------- ------ -----------
L1042      델파이                   3 P13          50000

SQL>
```

【예제 7.16】　▶ 학번이 'C1601', 과목코드가 'L1021'의 성적이 85점을 105점으로
　　　　　　　　잘못 입력하였다. SG_Scores 테이블의 성적을 변경하시오.

```
SQL> SELECT Student_ID, Course_ID, Score
  2  FROM    SG_Scores
  3  WHERE   Student_ID = 'C1601' AND Course_ID = 'L1021';

STUDENT_ID COURSE_ID      SCORE
---------- ---------- ----------
C1601      L1021            105

SQL> UPDATE SG_Scores
  2  SET    Score = 85
  3  WHERE  Student_ID = 'C1601' AND Course_ID = 'L1021';

1 행이 갱신되었습니다.
```

```
SQL> SELECT Student_ID, Course_ID, Score
  2  FROM   SG_Scores
  3  WHERE  Student_ID = 'C1601' AND Course_ID = 'L1021';

STUDENT_ID COURSE_ID        SCORE
---------- ---------- ----------
C1601      L1021               85

SQL>
```

| 과목코드 | 과목명 | 학번 | 성적합계 | 성적취득일자 |
|---|---|---|---|---|
| L2061 | 스프링프레임워크 | C1701 | 87 | 2018/12/26 |
| L2061 | " | C1702 | 95 | " |
| L2061 | " | C1601 | 99 | " |
| L2061 | " | C1602 | 93 | " |

표 7.1 'L2061' 과목의 학번별 성적 입력 자료

【예제 7.17】 ▶ SG_Scores 테이블에서 'L2061' 과목의 수강신청자를 검색하여 확인하고, 표 7.1을 참고하여 성적을 입력하시오.

```
SQL> SELECT Course_ID, Student_ID, Score, Score_Assigned "수강신청"
  2  FROM   SG_Scores
  3  WHERE  Course_ID = 'L2061';

COURSE_ID  STUDENT_ID      SCORE 수강신청
---------- ---------- ---------- --------
L2061      C1701                 18/08/26
L2061      C1702                 18/08/26
L2061      C1601                 18/08/26
L2061      C1602                 18/08/26

SQL> UPDATE SG_Scores
  2  SET    Score = 87, Score_Assigned = '2018/12/26'
  3  WHERE  Course_ID = 'L2061' AND Student_ID = 'C1701';

1 행이 갱신되었습니다.

SQL> UPDATE SG_Scores
  2  SET    Score = 95, Score_Assigned = '2018/12/26'
  3  WHERE  Course_ID = 'L2061' AND Student_ID = 'C1702';
```

1 행이 갱신되었습니다.

```
SQL> UPDATE SG_Scores
  2  SET     Score = 99, Score_Assigned = '2018/12/26'
  3  WHERE   Course_ID = 'L2061' AND Student_ID = 'C1601';
```

1 행이 갱신되었습니다.

```
SQL> UPDATE SG_Scores
  2  SET     Score = 93, Score_Assigned = '2018/12/26'
  3  WHERE   Course_ID = 'L2061' AND Student_ID = 'C1602';
```

1 행이 갱신되었습니다.

```
SQL> COMMIT;
```

커밋이 완료되었습니다.

```
SQL> SELECT Course_ID, Student_ID, Score, Score_Assigned "성적취득"
  2  FROM    SG_Scores
  3  WHERE   Score_Assigned = '2018/12/26';
```

```
COURSE_ID STUDENT_ID      SCORE 성적취득
--------- ---------- ---------- ----------
L2061     C1701              87 2018/12/26
L2061     C1702              95 2018/12/26
L2061     C1601              99 2018/12/26
L2061     C1602              93 2018/12/26

SQL>
```

# 7.3 DELETE문

DELETE문은 테이블의 행을 삭제한다. DELETE문의 WHERE절을 생략하면 모든 행이 삭제되고, WHERE절에 삭제조건을 기술하면 참이 되는 행을 삭제한다.

| 문법 | DELETE FROM  테이블명 [ WHERE  삭제조건 ]; |
|------|------------------------------------------|

**【예제 7.18】** ▶ T_Course 테이블의 모든 행을 삭제하시오.

```
SQL> SET AUTOCOMMIT OFF
SQL> DELETE FROM T_Course;

8 행이 삭제되었습니다.

SQL> SELECT * FROM T_Course;

선택된 레코드가 없습니다.

SQL> ROLLBACK;

롤백이 완료되었습니다.

SQL>
```

| 【예제 7.19】 | ▶ Course 테이블의 과목코드(Course_ID)가 'L0012'이고, 과목명(Title)이 '문학과 여행'인 과목을 삭제하시오. |
| --- | --- |

```
SQL> DELETE FROM Course WHERE Course_ID = 'L0012';

1 행이 삭제되었습니다.

SQL> SELECT *
  2  FROM    Course
  3  WHERE   Course_ID = 'L0012';

선택된 레코드가 없습니다.

SQL>
```

## 7.3.1 TRUNCATE TABLE문을 이용한 전체 행 삭제

TRUNCATE TABLE문은 테이블의 전체 행을 삭제한다. 전체 행을 삭제할 때는 DELETE문보다 TRUNCATE TABLE문이 더 효율적이다. 그러나 TRUNCATE TABLE 문으로 삭제된 행들은 복구할 수가 없다.

| 문법 | TRUNCATE TABLE 테이블명; |
| --- | --- |

| 【예제 7.20】 | ▶ Computer_Student 테이블의 모든 행을 삭제하시오. |
| --- | --- |

```
SQL> CREATE TABLE Computer_student
  2   AS
  3      SELECT Dept_ID, Year, Student_ID, Name, ID_Number
  4      FROM   Student
  5      WHERE  Dept_ID = '컴공';

테이블이 생성되었습니다.

SQL> SELECT * FROM Computer_Student;

DEPT_ID  YE STUDENT_ID NAME     ID_NUMBER
-------- -- ---------- -------- --------------
컴공      1  C1001      김대현    920181-1******
컴공      1  C1002      신지애    920521-2******
......
7 개의 행이 선택되었습니다.

SQL> TRUNCATE TABLE Computer_Student;

테이블이 잘렸습니다.

SQL>
```

※ CREATE TABLE문에 SELECT문의 서브 쿼리를 기술하면 테이블을 생성하고, 서브 쿼리에 기술된 테이블의 데이터를 저장할 수 있다. 자세한 내용은 11장에서 다룬다.

## 7.3.2 부모 테이블의 행 삭제시 자식 행의 관리

외부 키로 참조하는 부모 테이블의 행은 삭제되지 않는다.

【예제 7.21】  ▶ Department 테이블에서 '컴공' 학과의 행을 삭제하시오.

```
SQL> SELECT Professor_ID, Name, Position, Dept_ID
  2   FROM   Professor
  3   WHERE  Dept_ID = '컴공';

PROFES NAME     POSITION             DEPT_ID
------ -------- -------------------- --------
P11    신기술   교수                 컴공      ☞ 자식 행
P12    이대호   부교수               컴공      ☞ 자식 행
......
```

```
SQL> DELETE FROM Department
  2  WHERE  Dept_ID = '컴공';
DELETE FROM Department
*
1행에 오류:
ORA-02292: 무결성 제약조건(STUD.STUDENT_FK)이 위배되었습니다- 자식 레코
드가 발견되었습니다

SQL>
```

※ Department 테이블의 '컴공' 학과코드가 Professor 자식 테이블에서 '컴공' 학과의
  자식 행이 존재할 경우 오류 메시지가 출력되고 행은 삭제되지 않는다.

● **ON DELETE 옵션이 설정된 외부 키**

  테이블간의 관계를 정의하는 외부 키에 옵션을 설정한 경우 테이블의 부모 행이 삭
  제될 때 자식 테이블의 자식 행이나 외부 키 칼럼 값에 영향을 준다.

  ● ON DELETE SET NULL절은 부모 행 삭제시 자식 행의 외부 키 칼럼 값을
    널로 저장한다.

  ● ON DELETE CASCADE절은 부모 행 삭제시 자식 행들도 자동으로 삭제된다.

| 【예제 7.22】 | ▶ Course 테이블의 외부 키를 삭제하고, 부모 행 삭제시 외부 키 칼럼 값을 널로 수정하도록 Professor_ID 칼럼을 Professor 테이블을 참조하여 외부 키를 추가하시오. |
|---|---|

```
SQL> ALTER TABLE Course
  2  DROP  CONSTRAINT Course_fk;

테이블이 변경되었습니다.

SQL> ALTER TABLE Course
  2  MODIFY (CONSTRAINT Course_fk FOREIGN KEY (Professor_ID)
  3                    REFERENCES Professor
  4                    ON DELETE  SET NULL );

테이블이 변경되었습니다.

SQL>
```

| 【예제 7.23】 | ▶ Professor 부모 테이블의 교수번호 'P23'의 행을 삭제하고, Course 자식 테이블의 외부 키 칼럼 값을 확인하시오. |
|---|---|

```
SQL> SELECT *
  2   FROM    COURSE
  3   WHERE   Professor_ID = 'P23';


COURSE_ID  TITLE              C_NUMBER PROFES COURSE_FEES
---------- ---------------- ---------- ------ -----------
L2031      게임이론                3 P23          50000      ☞ 자식행

SQL> DELETE FROM Professor
  2   WHERE   Professor_ID = 'P23';                        ☞ 부모행 삭제


1 행이 삭제되었습니다.

SQL> SELECT *
  2   FROM    Course
  3   WHERE   Course_ID = 'L2031';


COURSE_ID  TITLE              C_NUMBER PROFES COURSE_FEES
---------- ---------------- ---------- ------ -----------
L2031      게임이론                3 ___          50000

SQL>
```

※ 외부 키에 ON DELETE SET NULL절을 추가하면, 부모 테이블의 행이 삭제될
때 자식 테이블의 외부 키 칼럼 값이 널 값으로 자동 변경된다.

| 【예제 7.24】 | ▶ Course 테이블의 Professor_ID 칼럼을 부모 행 삭제시 자식 행들이 자동 삭제되도록 Professor 테이블을 참조하여 외부 키를 추가하시오. |
|---|---|

```
SQL> ALTER TABLE Course
  2   DROP  CONSTRAINT Course_fk;

테이블이 변경되었습니다.

SQL> ALTER TABLE Course
  2   MODIFY (CONSTRAINT Course_fk FOREIGN KEY (Professor_ID)
  3                     REFERENCES Professor
  4                     ON DELETE  CASCADE );

테이블이 변경되었습니다.

SQL>
```

| 【예제 7.25】 | ▶ 교수번호가 'P22'인 김하늘 부교수가 퇴직하였다. Professor 테이블에서 삭제하시오. |
|---|---|

```
SQL> SELECT *
  2  FROM   Course
  3  WHERE  Professor_ID = 'P22';

COURSE_ID  TITLE              C_NUMBER PROFES COURSE_FEES
---------- ---------------- ---------- ------ -----------
L1052      전자상거래              3 P22          30000

SQL> DELETE FROM Professor
  2  WHERE  Professor_ID = 'P22';

1 행이 삭제되었습니다.

SQL> SELECT *
  2  FROM   Course
  3  WHERE  Professor_ID = 'P22';

선택된 레코드가 없습니다.
SQL>
```

※ 외부 키에 ON DELETE CASCADE절을 추가하면, 부모 테이블의 행이 삭제될 때 자식 테이블의 자식 행들이 자동 삭제된다.

# 7.4  MERGE문

MERGE문은 그림 7.3과 같이 테이블 구조가 동일한 두 개 이상의 테이블이나 뷰, 서브 쿼리로부터 데이터를 비교하여 하나의 테이블에 데이터를 병합하는 것으로, 오라클 데이터베이스에서만 사용 가능한 명령문이다.

| 문법 | MERGE INTO    테이블명A<br>        USING [테이블B ㅣ 뷰 ㅣ 서브 쿼리]<br>        ON     [조건]<br>WHEN  MATCHED THEN<br>        UPDATE  SET ···<br>        DELETE  WHERE 삭제조건<br>WHEN  NOT MATCHED THEN<br>        INSERT  (칼럼명1, 칼럼명2, ··· ) VALUES (값1,···); |
|---|---|

※ 기술 방법
- 테이블명A : 데이터가 병합되는 테이블명을 기술한다.
- USING : 원본 테이블이나 뷰 또는 서브 쿼리를 기술한다.
- 조건 : 원본 테이블과 대상 테이블에 대한 조건이 참이면 UPDATE문이나 DELETE 문을 실행하고, 거짓이면 INSERT문을 실행한다.
- WHEN MATCHED : 조건이 참일 때 UPDATE문이나 DELETE문을 기술한다.
- WHEN NOT MATCHED : 조건이 거짓일 때 실행할 INSERT문을 기술한다.

MERGE문을 사용하면 입력과 수정 또는 삭제를 동시에 할 수 있다.

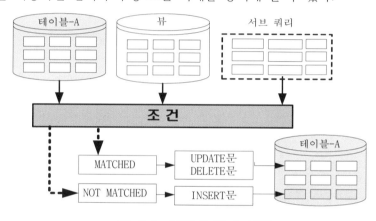

그림 7.3  MERGE문의 실행

| 【예제 7.26】 | ▶ Course_Temp 테이블에 새로 개설된 과목과 변경된 과목을 이용하여 Course 테이블에 병합하시오 |
| --- | --- |

```
SQL> SELECT * FROM T_Course;

COURSE_ID  TITLE             C_NUMBER PROFES COURSE_FEES
---------- ----------------  -------- ------ -----------
L1031      SQL응용                  3 P12          50000
L1032      JAVA                    3 P13          30000
......
8 개의 행이 선택되었습니다.

SQL> SELECT * FROM Course;

COURSE_ID  TITLE             C_NUMBER PROFES COURSE_FEES
---------- ----------------  -------- ------ -----------
......
L2031      게임이론                 3              50000
```

L2061　　　스프링프레임워크　　　　3　　　　　　　50000

13 개의 행이 선택되었습니다.

```
SQL> MERGE INTO    Course C
  2        USING   T_Course T
  3        ON      ( C.Course_ID = T.Course_ID )
  4    WHEN MATCHED THEN
  5        UPDATE
  6        SET    C.Title = T.Title, C.Course_Fees = T.Course_Fees
  7    WHEN NOT MATCHED THEN
  8        INSERT
  9        (Course_ID, Title, C_Number, Professor_ID, Course_Fees)
 10        VALUES
 11        (T.Course_ID, T.Title, T.C_Number, T.Professor_ID,
 12         T.Course_Fees);
```

8 행이 병합되었습니다.

```
SQL> SELECT * FROM Course;
```

| COURSE_ID | TITLE | C_NUMBER | PROFES | COURSE_FEES | |
|---|---|---|---|---|---|
| L0011 | TOEIC연구 | 2 | | | |
| L1061 | ERP실무 | 3 | P12 | 50000 | 🖘 추가 |
| ...... | | | | | |
| L1021 | 데이터베이스 | 2 | P12 | | |
| L1022 | 정보통신개론 | 2 | P21 | | |
| L1031 | SQL응용 | 3 | P12 | 50000 | 🖘 수정 |
| L1032 | JAVA | 3 | P13 | 30000 | 🖘 수정 |
| ...... | | | | | |
| L4012 | 세무행정학 | 3 | P51 | 50000 | 🖘 추가 |
| L2033 | 게임프로그래밍 | 3 | P24 | 40000 | 🖘 추가 |
| L1043 | JSP프로그래밍 | 3 | | 50000 | 🖘 추가 |
| L4011 | 경영정보시스템 | 3 | P41 | 30000 | 🖘 추가 |
| L1062 | 그룹웨어구축 | 3 | P13 | 40000 | 🖘 추가 |

19 개의 행이 선택되었습니다.

```
SQL>
```

※ T_Course 테이블과 Course 테이블의 조건이 참이면 과목명(Title)과 과목수강료 (Course_Fees)가 수정되었고, 거짓이면 행이 추가되었다.

# 7.5　트랜잭션 제어문

오라클 데이터베이스에서는 테이블에 대한 데이터 변경은 어떤 기간을 두고, 사용자가 일정기간 테이블에 대한 변경 작업을 수행한 후에 그 변경 작업을 테이블에 반영하도록 하고 있다. 트랜잭션(Transaction)이란 테이블에 대하여 '행을 추가하거나 칼럼 값 수정 또는 행의 삭제에 의해 변경되는 작업의 논리적 단위' 또는 '변경 작업을 할 수 있도록 사용자에게 할당된 기간'을 말한다.

그림 7.4와 같이 테이블의 INSERT문, UPDATE문, DELETE문에 대한 데이터 변경은 직접적으로 테이블에 적용되는 것이 아니고, 변경하는 테이블의 연관된 트랜잭션 영역에 일정기간동안 임시로 저장되었다가 트랜잭션 제어문에 의해서 영구히 저장되기도 하고, 취소되기도 한다.

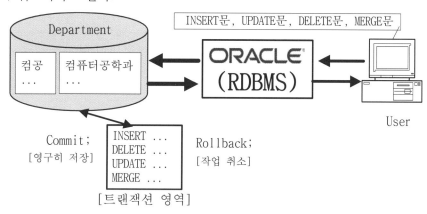

그림 7.4　트랜잭션 제어

트랜잭션 제어문이 실행되면 트랜잭션 영역은 초기화되고, 트랜잭션은 종료된다. 이후부터 실행되는 명령문에 대하여 트랜잭션이 다시 시작되고, 트랜잭션 영역이 다시 설정된다.

● COMMIT문은 테이블에 대한 트랜잭션 영역의 변경 작업을 영구히 저장한다.
● ROLLBACK문은 테이블에 대한 트랜잭션 영역의 변경 작업을 취소한다.

## 7.5.1　COMMIT문

COMMIT문은 트랜잭션 영역에 있는 행의 추가, 수정, 삭제된 내용을 테이블에 영구히 저장 또는 삭제한다. COMMIT문이 실행되면 트랜잭션은 종료되고, 트랜잭션 영역은 초기화된다.

| 문법 | COMMIT; |
| --- | --- |

| 【예제 7.27】 | ▶ Student 테이블로부터 '컴공' 학과의 학생 정보를 Computer _Student 테이블에 복사하고, 영구히 저장하시오. |
|---|---|

```
SQL> INSERT INTO Computer_Student
  2      SELECT Dept_ID, Year, student_ID, Name, ID_Number
  3      FROM    Student
  4      WHERE   Dept_ID = '컴공';

7 개의 행이 만들어졌습니다.

SQL> COMMIT;

커밋이 완료되었습니다.

SQL>
```

※ INSERT문에 서브 쿼리를 이용하면 테이블로부터 데이터를 복사할 수 있다.

## 7.5.2  ROLLBACK문

ROLLBACK문은 트랜잭션 영역에 있는 행의 추가, 수정, 삭제에 대한 명령의 실행을 취소하여, 데이터를 원상 복구시킨다. 그러나 COMMIT된 테이블의 데이터에 대해서는 원상 복구를 시킬 수 없다. ROLLBACK문이 실행되면 트랜잭션은 종료되고, 트랜잭션 영역은 초기화된다.

| 문법 | ROLLBACK; |
|---|---|
| | ROLLBACK TO 저장점명; |

● ROLLBACK문은 트랜잭션 영역의 모든 명령을 취소한다.
● ROLLBACK TO문은 트랜잭션 영역의 부분적으로 실행된 명령문을 취소할 수 있다.
● 저장점은 SAVEPOINT문으로 지정한다.

| 【예제 7.28】 | ▶ Computer_Student 테이블을 잘못하여 모든 행을 삭제하였다. 트랜잭션의 명령을 취소하시오. |
|---|---|

```
SQL> DELETE FROM Computer_Student;

7 행이 삭제되었습니다.

SQL> ROLLBACK;
```

```
롤백이 완료되었습니다.

SQL> SELECT * FROM Computer_Student;

DEPT_ID  YE STUDENT_ID NAME      ID_NUMBER
-------- -- ---------- -------- --------------
컴공      2  C1731      박은혜     011119-4******
컴공      3  C1601      한영삼     000708-3******
......
7 개의 행이 선택되었습니다.

SQL>
```

## 7.5.3  저장점 지정

SAVEPOINT문은 간혹 실수할지도 모르는 테이블 데이터 변화에 대한 부분적인 작업 취소를 위해 트랜잭션의 기간을 부분적으로 저장점을 할당할 때 사용하고, ROLLBACK TO문으로 부분적으로 할당받은 트랜잭션에 대하여 취소한다.

| 문법 | SAVEPOINT 저장점명; |
|------|---------------------|

## 7.5.4  AUTOCOMMIT 시스템 변수

SQL 명령문의 DML(INSERT, UPDATE, DELETE, MERGE) 명령문이 실행될 때 트랜잭션에 대하여 실행 완료를 제어하며, SQL*Plus의 기본값은 윈도우즈 운영체제에 따라 기본값이 다르다. ON으로 설정하면 트랜잭션이 발생할 때마다 자동 커밋된다.

1. 상품관리(EC_Product) 테이블에 표를 참고하여 새로운 상품을 추가하시오.

| 상품코드 | 상품명 | 규격 | 단가 | 재고수량 | 생산처 | 이미지명 |
|---|---|---|---|---|---|---|
| SP01 | 아이폰 | IPHONE8+64G | 816,000 | 10 | APPLE | sp01.jpg |
| SP02 | 갤럭시노트 | NOTE8+256G | 829,000 | 15 | SAMSUNG | sp02.jpg |
| SP03 | G7 ThinQ | G7+128G | 822,000 | 10 | LG전자 | sp03.jpg |

【결과》
```
SQL> ...
1 개의 행이 만들어졌습니다.
SQL> ...
1 개의 행이 만들어졌습니다.
SQL> ...
1 개의 행이 만들어졌습니다.
SQL> ...
PRODUCT  PRODUCT_NAME  STANDARD    UNIT_PRICE  EFT_QTY COMPANY   IMAGENAME
-------  ------------  ----------  ----------  ------- --------  ---------
SP01     아이폰        IPHONE+64G      816000       10 APPLE     sp01.jpg
SP02     갤럭시노트     NOTE8+128G      829000       15 SAMSUNG   sp02.jpg
SP03     G7 ThinQ      G7+128G         822000       10 LG전자    sp03.jpg

SQL>
```

2. 주문처리(EC_Order) 테이블에 배달일자(Mdate)와 구분(Gubun) 칼럼 값을 표를 참고하여 수정하고, 2018년 5월 10일의 배달 내역을 출력하시오.

| 주문번호 | 주문자ID | 배달상품코드 | 배달수량 | 배달일자 | 구분 |
|---|---|---|---|---|---|
| 180505002 | kcchoi | DK01 | 1 개 | 2018/05/10 | 배달 |
| 180505003 | kcchoi | CH01 | 1 개 | 2018/05/10 | 배달 |

【결과》
```
SQL> ...
1 행이 갱신되었습니다.
SQL> ...
1 행이 갱신되었습니다.
SQL> ...
ORDER_NO      PRODUCT_CODE  ORDER_QTY     CMONEY MDATE    GUBUN
------------  ------------  ----------  -------- -------- -------
180505002     DK01                   1     53000 18/05/10 배달
180505003     CH01                   1     70000 18/05/10 배달

SQL>
```

3. 주문처리(EC_Order) 테이블에 금일(2018/07/12) 입금된 내역이다. 주문금액과 결제 금액이 동일한 경우 표를 참고하여 [결제방법, 결제일자, 구분]의 결제항목을 입력하시오.

| 주문번호 | 주문자ID | 주문금액 | 결제금액 | 결제방법 | 결제일자 | 구분 |
|---|---|---|---|---|---|---|
| 180707001 | jupark | 3,735,000 | 3,735,000 | 신용카드 | 2018/07/12 | 결제 |
| 180707002 | jupark | 4,300,000 | 4,300,000 | 신용카드 | 2018/07/12 | 결제 |
| 180707003 | cscho | 747,000 | 747,000 | 신용카드 | 2018/07/12 | 결제 |

| 【결과》 | SQL> ···<br>1 행이 갱신되었습니다.<br>SQL> ···<br>1 행이 갱신되었습니다.<br>SQL> ···<br>1 행이 갱신되었습니다.<br>SQL> |
|---|---|

4. 주문처리(EC_Order) 테이블로부터 금일 (2018년 7월 12일) 결제한 [주문번호, 상품코드, 주문수량, 결제금액, 결제방법, 결제일자]를 주문번호순으로 출력하시오.

| 【결과》 | SQL> ···<br>ORDER_NO    PRODUCT_CODE    ORDER_QTY CSEL         CMONEY CDATE<br>---------- ------------ ---------- ---------- -------- --------<br>180707001  CM01               5 신용카드    3735000 18/07/12<br>180707002  PRT02             5 신용카드    4300000 18/07/12<br>180707003  CM01               1 신용카드     747000 18/07/12<br>SQL> |
|---|---|

5. 회원관리(EC_Member) 테이블의 구매실적(BuyCash) 칼럼이 널(null)인 행을 0으로 수정하시오.

| 【결과》 | SQL> ···<br>16 행이 갱신되었습니다.<br>SQL> |
|---|---|

6. 테이블의 트랜잭션 영역의 모든 행들을 영구히 저장하시오.

| 【결과》 | SQL> ···<br>커밋이 완료되었습니다.<br>SQL> |
|---|---|

# 연 습 문 제 2

1. 다음 표의 개설과목을 과목임시(T_Course) 테이블에 저장하고, 출력하시오.

| 과목코드 | 과목명 | 학점수 | 담당교수번호 | 추가수강료 |
|---|---|---|---|---|
| L3001 | 스프링 프로젝트 | 3 | P11 | 50,000 |
| L3002 | 모바일프로그래밍 | 3 | P12 | |
| L3003 | 데이터베이스튜닝 | 2 | P13 | 50,000 |
| L3004 | 빅데이터 개론 | 2 | P14 | 30,000 |

【결과》

```
SQL> @dr07-01-1.sql
1 개의 행이 만들어졌습니다.
1 개의 행이 만들어졌습니다.
……
SQL> …
……
L3003        데이터베이스튜닝          2 P13          50000
L3004        빅데이터 개론            2 P14          30000
12 개의 행이 선택되었습니다.
SQL>
```

2. 다음 표를 참고하여 학번별 수강신청 과목을 수강임시(T_SG_Scores) 테이블에
저장하고, 출력하시오.

| 학번 | 성명 | 과목코드 | 과목명 | 학점수 | 수강일자 |
|---|---|---|---|---|---|
| C1801 | 김대현 | L3001 | 스프링 프로젝트 | 3 | 2018/02/23 |
| | | L3002 | 모바일프로그래밍 | 3 | |
| | | L3003 | 데이터베이스튜닝 | 2 | |
| | | L4001 | 빅데이터 개론 | 2 | |
| C1802 | 신지애 | L3001 | 스프링 프로젝트 | 3 | 2018/02/24 |
| | | L3002 | 모바일프로그래밍 | 3 | |
| | | L3003 | 데이터베이스튜닝 | 2 | |
| | | L1051 | 웹서버 관리 | 2 | |

【결과》

```
SQL> @dr07-02-1.sql
1 개의 행이 만들어졌습니다.
1 개의 행이 만들어졌습니다.
1 개의 행이 만들어졌습니다.
1 개의 행이 만들어졌습니다.
……
SQL>
```

【결과》

```
SQL> ···
STUDENT_ID COURSE_ID      SCORE GRAD SCORE_AS
---------- ---------- ---------- ---- --------
C1801      L3001                      18/02/23
C1801      L3002                      18/02/23
C1801      L3003                      18/02/23
C1801      L3004                      18/02/23
 ······
8 개의 행이 선택되었습니다.
SQL>
```

3. 'C1802' 학번의 '신지애' 학생이 수강 신청한 'L1051' 과목을 'L3004' '빅데이터 개론'으로 수강 과목을 변경하고자 한다. T_SG_Scores 테이블에 변경하시오.

【결과》

```
SQL> ···
1 행이 갱신되었습니다.
SQL>
```

4. 표를 참고하여 성적을 수강임시(T_SG_Scores) 테이블에 저장하고, 출력하시오.

| 교수번호 | 과목코드 | 과목명 | 학번 | 성적 | 성적취득일자 |
|---|---|---|---|---|---|
| P11 | L3001 | 스프링프로젝트 | C1001 | 98 | 2018/06/28 |
| | | | C1002 | 88 | |
| P12 | L3002 | 모바일프로그래밍 | C1001 | 87 | |
| | | | C1002 | 92 | |
| P13 | L3003 | 데이터베이스튜닝 | C1001 | 92 | 2018/06/28 |
| | | | C1002 | 93 | |
| P14 | L3004 | 빅데이터 개론 | C1001 | 89 | |
| | | | C1002 | 97 | |

【결과》

```
SQL> @dr07-04-1.sql
1 행이 갱신되었습니다.
1 행이 갱신되었습니다.
 ······
SQL> ···
STUDENT_ID COURSE_ID      SCORE GRAD SCORE_AS
---------- ---------- ---------- ---- --------
C1801      L3001             98      18/06/28
C1801      L3002             87      18/06/28
C1801      L3003             92      18/06/28
C1801      L3004             89      18/06/28
 ······
8 개의 행이 선택되었습니다.
```

5.  과목코드  'L2033'의  '게임프로그래밍'  개설과목이  폐강되었다.  수강임시
    (T_Course) 테이블에서 'L2033' 과목코드를 삭제하시오.

| 【결과》 | SQL> ··· |
|--------|----------|
|        | 1 행이 삭제되었습니다. |
|        | SQL> |

6.  과목임시(T_Course) 테이블의 과목코드가 'L1031', 과목명이 'SQL'의 추가수강
    료를 30000원으로 수정하시오.

| 【결과》 | SQL> ··· |
|--------|----------|
|        | 1 행이 갱신되었습니다. |
|        | SQL> |

7.  트랜잭션 영역의 모든 행들을 테이블에 영구히 저장하고, SQL*Plus의 AUTOCOMMIT
    시스템 변수를 OFF으로 설정하시오.

| 【결과》 | SQL> ··· |
|--------|----------|
|        | 커밋이 완료되었습니다.. |
|        | SQL> SET  ··· |

8.  수강임시(T_Course) 테이블에서 과목코드가 'L4'로 시작하는 과목코드들을 삭제
    하시오.

| 【결과》 | SQL> ··· |
|--------|----------|
|        | 2 행이 삭제되었습니다. |
|        | SQL> |

9.  수강임시(T_Course) 테이블에서 과목코드가 'L4'로 시작하는 과목코드들을 실수
    로 삭제하였다. 삭제된 행들을 복구하시오.

| 【결과》 | SQL> ··· |
|--------|----------|
|        | 롤백이 완료되었습니다. |
|        | SQL> |

# Chapter 08

## 단일 행 SQL 함수

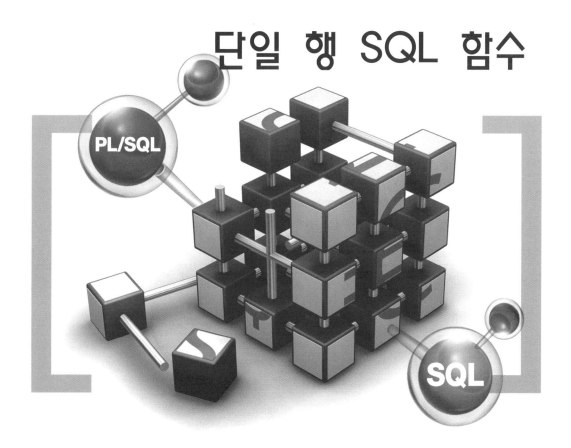

함수(function)란 일반적으로 처리의 절차를 순서적으로 기술하여 프로그램을 작성하나 공통적으로 사용하는 동일한 처리 수순을 사전에 준비해 놓고 프로그램 작성시 변수에 해당하는 데이터를 정의하여 원하는 결과를 얻을 수 있도록 한 루틴(routine)을 말한다. SQL에서는 데이터 조작을 위한 다양한 SQL 함수를 제공하고 있다. SQL 함수는 기본적으로 처리의 절차를 미리 작성하여 사용자가 인수(parameter)에 데이터만 정의하면 원하는 결과를 얻을 수 있도록 제공되는 기능으로, SQL문을 실행할 때 사용한다. 데이터 처리를 위한 SQL 함수는 오라클에서 제공하는 내장함수와 사용자가 작성하는 사용자 정의 함수가 있다.

# 8.1  SQL 함수

SQL 함수는 표 8.1과 같이 문자형 함수, 숫자형 함수, 날짜형 함수, 데이터형 변환 함수 등의 단일 행 함수와 복수 행을 이용하여 전체 또는 그룹별 인원수, 합계, 평균 등을 계산하는 다중 행 함수가 제공된다.
● 단일 행 함수는 행의 수만큼 결과를 반환한다.
● 다중 행 함수는 집계함수와 분석함수가 있으며, 전체 또는 그룹별로 결과로 반환한다.

| 구분 | 함수 종류 | 차 이 점 |
|------|-----------|----------|
| 단일 행 함 수 | 문자형 함수,<br>숫자형 함수,<br>날짜형 함수,<br>데이터형 변환 함수,<br>NULL, 기타 함수 | • 행의 수만큼 반환<br>• SELECT절, WHERE절, GROUP BY절에 사용<br>• 인수가 사용<br>• SQL 함수가 많다. |
| 다중 행 함 수 | 집계 함수,<br>분석 함수 | • 전체 또는 그룹별로 값을 반환<br>• GROUP BY절에 그룹화 칼럼명 기술<br>• 집계함수는 SELECT절, HAVING절에 사용<br>• 분석함수는 SELECT절에 사용 |

표 8.1  SQL함수의 구분

# 8.2  문자형 함수

표 8.2의 문자형 함수는 문자열 데이터나 문자형 칼럼 값을 조작하기 위한 기본적인 단일 행 SQL 함수이다. 괄호()는 인수를 기술하며, SQL 함수에 따라 한 개 또는 복수 개가 기술된다.

| 함 수 명 | 의 미 |
|---|---|
| LOWER(str) | 소문자로 변환 |
| UPPER(str) | 대문자로 변환 |
| LENGTH(str) | 문자열의 길이 계산 |
| LENGTHB(str) | 문자열의 길이를 바이트로 계산 |
| INSTR(str, c, p, n) | 특정 문자의 위치 계산 |
| SUBSTR(str, p, n) | 해당 위치에서 특정 문자열을 추출 |
| CONCAT(str1, str2) | str1과 str2를 결합 |
| TRIM(str, 'set') | 문자열에서 특정 문자 제거 |
| PAD(str, n, 'set') | 문자열에 특정 문자 추가 |
| REPLACE(str, 'c1', 'c2') | 문자열의 일부분을 다른 문자열로 대치 |

표 8.2 문자형 SQL 함수

기타 문자형 함수로 INITCAP, TRANSLATE, ASCII, CHR, NLS-INITCAP, NLS_LOWER, NLSSORT, NLS_UPPER, REGEXP_INSTR, REGEXP_SUBSTR, REGEXP_REPLACE, SOUNDEX, TREAT가 있다.

## 8.2.1 문자 변환

문자형 칼럼이나 문자 리터럴에 대하여 대소문자로 변환하는 함수이다. str은 문자형 칼럼이나 문자 리터럴을 의미한다.

| 함수 | • LOWER(str) 함수 : 소문자로 변환<br>• UPPER(str) 함수 : 대문자로 변환 |
|---|---|

| 【예제 8.01】 | ▶ 'HELLO' 문자열을 소문자로 변환하고, 'welcome' 문자열을 대문자로 변환하시오. |
|---|---|

```
SQL> SELECT Lower('HELLO'), UPPER('welcome') FROM Dual;

LOWER('HEL UPPER('WELCOME
---------- --------------
hello      WELCOME

SQL>
```

● **Dual 테이블이란?**
단일 행의 단일 칼럼을 가지는 오라클 데이터베이스의 더미(dummy) 테이블로, 일시적인 산술 연산을 위한 FROM절의 테이블명으로 사용한다.

## 8.2.2  길이 계산

문자형 칼럼 데이터나 문자 리터럴에 대하여 LENGTH(), LENGTHB() 함수는 문자열의 길이를 계산한다.

| 함수 | • LENGTH(str) 함수 : 문자열 길이를 계산<br>• LENGTHB(str) 함수 : 문자열 길이를 바이트 단위로 계산 |
|------|------|

| 【예제 8.02】 | ▶ Course 테이블의 Title과 Title 칼럼의 문자열 길이와 바이트<br>단위로 계산하여 문자열길이 내림차순으로 출력하시오. |
|------|------|

```
SQL> SELECT Title, LENGTH(Title), LENGTHB(Title)
  2  FROM   Course
  3  ORDER  BY 2 DESC;

TITLE            LENGTH(TITLE) LENGTHB(TITLE)
---------------- ------------- --------------
스프링프레임워크              8             16
JSP프로그래밍               8             13
TOEIC연구                 7              9
......
19 개의 행이 선택되었습니다.

SQL>
```

## 8.2.3  문자 추출

SUBSTR() 함수는 문자형 칼럼이나 문자 리터럴에 대하여 시작 위치에서 추출 문자수만큼 추출하여 반환하고, INSTR() 함수는 특정문자의 위치를 반환한다.

| 함수 | • SUBSTR(str, 위치, 문자수) : str의 위치에서 문자수만큼 문자열 추출<br>• INSTR(str, 특정문자) : 특정 문자의 위치를 반환 |
|------|------|

| 【예제 8.03】 | ▶ Professor 테이블의 교수명에서 교수의 성을 추출하고, Email<br>주소에서 '@'문자가 나타나는 위치를 교수명순으로 출력하시오. |
|------|------|

```
SQL> SELECT Name, SUBSTR(Name, 1, 1), Email, INSTR(Email,'@')
  2  FROM   Professor
  2  ORDER  BY 1;
```

```
NAME      SUBS EMAIL               INSTR(EMAIL,'@')
--------- ---- ------------------- ----------------
박지성    박   jspark@cyber.ac.kr                 7
서한식    서   hsseo@cyber.ac.kr                  6
신기술    신   ksshin@cyber.ac.kr                 7
안연홍    안   yhahn@cyber.ac.kr                  6
......
9 개의 행이 선택되었습니다.

SQL>
```

## 8.2.4 문자 제거

LTRIM() 함수는 문자형 칼럼이나 문자 리터럴의 왼쪽에서 특정 문자를 제거하고,
RTRIM() 함수는 문자형 칼럼이나 문자 리터럴의 오른쪽에서 특정 문자를 제거한다.

| 함수 | • LTRIM(str, [제거할 문자집합]) : 왼쪽부터 문자집합을 제거<br>• RTRIM(str, [제거할 문자집합]) : 오른쪽부터 문자잡합을 제거 |
|------|---|

※ str에서 문자집합을 제거한다. [제거할 문자집합]을 생략하면 공백이 제거된다.

**【예제 8.04】** ▶ 'xyxyxHello' 문자열에서 'x'나 'y' 문자를 제거하시오.

```
SQL> SELECT LTRIM('xyxyxHello', 'xy') FROM Dual;

LTRIM('XYX
----------
Hello

SQL>
```

**【예제 8.05】** ▶ 'Oracle Serverkkkkk' 문자열의 'k' 문자를 제거하시오.

```
SQL> SELECT RTRIM('Oracle Serverkkkkk', 'k') FROM Dual;

RTRIM('ORACLESERVERKKKKK',
-------------------------
Oracle Server

SQL>
```

## 8.2.5 문자 추가 및 결합

LPAD() 함수는 문자열의 왼쪽에 특정 문자를 추가하고, RPAD() 함수는 문자열의 오른쪽에 특정 문자를 추가한다. CONCAT() 함수는 두 문자열을 결합한다.

| 함수 | • LPAD(str, 전체자릿수, [추가문자집합]) : 왼쪽에 문자집합 추가<br>• RPAD(str, 전체자릿수, [추가문자집합]) : 오른쪽에 문자집합 추가<br>• CONCAT(str1, str2) : 두 문자열을 결합 |
|---|---|

※ [추가할 문자집합]을 생략하면 공백이 추가된다.

| 【예제 8.06】 | ▶ Professor 테이블의 전화번호(Telephone)에 지역번호 '053-' 를 추가하여 교수번호순으로 출력하시오. |
|---|---|

```
SQL> SELECT Professor_ID, Name, Position, Telephone,
  2          LPAD(Telephone, 12, '053-')
  3  FROM    Professor
  4  ORDER   BY 1;

PROFES NAME      POSITION    TELEPHONE     LPAD(TELEPHONE,12, '053-')
------ --------- ----------- ------------- --------------------------
P00    서한식     총장         765-4000      053-765-4000
P11    신기술     교수         765-4111      053-765-4111
P12    이대호     부교수       765-4112      053-765-4112
......
9 개의 행이 선택되었습니다.
SQL>
```

| 【예제 8.07】 | ▶ Professor 테이블의 교수명, 직위, 교수명과 직위를 결합하여 교수번호순으로 출력하시오. |
|---|---|

```
SQL> SELECT ProFessor_ID, Name, Position, CONCAT(Name, Position)
  2  FROM    Professor
  3  ORDER   BY 1;

PROFES NAME      POSITION    CONCAT(NAME,POSITION)
------ --------- ----------- ----------------------------
P00    서한식     총장         서한식총장
P11    신기술     교수         신기술교수
P12    이대호     부교수       이대호부교수
......
9 개의 행이 선택되었습니다.
SQL>
```

## 8.2.6  기존문자 변환

REPLACE() 함수와 TRANSLATE() 함수는 문자형 칼럼 데이터나 문자 리터럴에 대하여 대체할 문자 또는 문자열로 변환한다. 대체 문자열을 생략하면 공백으로 변환한다.

| 함수 | • REPLACE(str, 기존문자, [대체문자열]) : 기존문자를 대체문자열로 변환<br>• TRANSLATE(str, 기존문자, [대체문자]) : 기존문자를 대체문자로 변환 |
|------|------|

| 【예제 8.08】 | ▶ 교수용 Email 서버의 도메인명이 'cyber'에서 'dream'으로 변경되었다. 이를 변경하여 교수명순으로 출력하시오. |
|------|------|

```
SQL> UPDATE Professor
  2   SET    Email = REPLACE(Email, 'cyber', 'dream');

9 행이 갱신되었습니다.

SQL> SELECT Professor_ID, Name, Email
  2   FROM   Professor
  3   ORDER  BY 2;

PROFES NAME      EMAIL
------ --------- --------------------
P21    박지성    jspark@dream.ac.kr
P00    서한식    hsseo@dream.ac.kr
P11    신기술    ksshin@dream.ac.kr
......
9 개의 행이 선택되었습니다.

SQL>
```

# 8.3  숫자형 함수

숫자형 함수는 수의 표현에 관한 함수, 수 조작에 관한 함수, 삼각함수나 제곱근에 계산 등 많은 함수들이 있으나, 표 8.3은 수의 표현과 나머지에 관한 함수로 ROUND() 함수와 TRUNC() 함수는 숫자형 데이터를 실수로 반환하고, FLOOR() 함수와 CEIL() 함수는 숫자형 데이터를 정수로 반환하며, MOD() 함수는 두 수의 나머지를 반환한다.

기타 함수로 ABS, ACOS, ASIN, ATAN, ATAN2, BITAND, COS, COSH, EXP, LN, LOG, NANVL, POWER, REMAINDER, SIGN, SINH, SQRT, TAN, TANH가 있다.

| 함 수 명 | 설      명 |
|---|---|
| ROUND(M, N) | M 값을 소수점 N 자릿수로 반올림하여 실수로 반환 |
| TRUNC(M, N) | M 값을 소수점 N 자릿수로 내림하여 실수로 반환 |
| CEIL(M) | M 값의 소수점 이하를 올림하여 정수로 반환 |
| FLOOR(M) | M 값의 소수점 이하를 내림하여 정수로 반환 |
| MOD(M1, M2) | M1을 M2로 나눈 나머지 값을 반환 |

표 8.3 숫자형 SQL 함수

## 8.3.1 실수형 처리

숫자형 칼럼이나 숫자 리터럴을 실수로 반환하는 ROUND() 함수는 소수점 자릿수
이하에서 반올림되고, TRUNC() 함수는 소수점 자릿수 이하를 내림한다.

| 함수 | • ROUND(m, n) : 실수 m을 소수점 n 자릿수로 반올림하여 실수로 반환<br>• TRUNC(m, n) : 실수 m을 소수점 n 자릿수로 내림하여 실수로 반환 |
|---|---|

※ m는 칼럼명이나 숫자 리터럴이고, n은 소수점 이하 자릿수를 나타낸다.

**【예제 8.09】** ▶ 12.345의 값을 ROUND( )와 TRUNC( ) 함수 사용하여 출력하시오.

```
SQL> SELECT ROUND(12.345, 2), TRUNC(12.345, 2) FROM DUAL;

ROUND(12.345,2) TRUNC(12.345,2)
--------------- ---------------
          12.35           12.34

SQL>
```

## 8.3.2 정수형 처리

숫자형 칼럼이나 숫자 리터럴을 정수로 반환하는 CEIL() 함수는 소수점 값을 올림
하여 정수로 반환하고, FLOOR() 함수는 소수점 값을 내림하여 정수로 반환한다.

| 함수 | • CEIL(m) : m을 올림하여 정수로 반환<br>• FLOOR(m) : m을 내림하여 정수로 반환 |
|---|---|

※ m은 숫자형 칼럼명이나 숫자 리터럴을 기술한다.

【예제 8.10】 ▶ 12.345의 값을 CEIL() 함수와 FLOOR() 함수로 변환하시오.

```
SQL> SELECT CEIL(12.345), FLOOR(12.345) FROM DUAL;

CEIL(12.345) FLOOR(12.345)
------------ -------------
          13            12

SQL>
```

### 8.3.3  나머지 계산

MOD() 함수는 두 수에 대한 나머지를 반환한다.

| 함수 | • MOD(m1, m2) : m1 / m2에 대한 나머지 반환 |
| --- | --- |

※ m1, m2는 숫자형 칼럼이나 숫자 리터럴이고, m1은 피제수, m2는 제수이다.

【예제 8.11】 ▶ 100을 3으로 나누어 몫과 나머지를 계산하여 출력하시오.

```
SQL> SELECT FLOOR(100/3) "몫", MOD(100,3) "나머지" FROM DUAL;

       몫    나머지
---------- ----------
       33         1

SQL>
```

# 8.4  날짜형 함수

ADD_MONTH(), MONTHS_BETWEEN(), ROUND(), TRUNC(), EXTRACT() 등의
표 8.4는 날짜형 데이터에 대해서 연산하는 단일 행 함수들이다. 단, d, d1, d2는
날짜형 칼럼이나 날짜형 리터럴이고, n은 개월 수이다.
기타 함수로 DBTIMEZONE, FROM_TZ, LOCALTIMESTAMP, NEW_TIME,
NUMTODSINTERVAL, NUMTOYMINTERVAL, SESSIONTIMEZONE,
SYS_EXTRACT_UTC, SYSTIMESTAMP, TO_CHAR, TO_TIMESTAMP,
TO_TIMESTAMP_TZ, TO_DSINTERVAL, TO_YMINTERVAL, TZ_OFFSET가 있다.

| 함 수 명 | 의 미 |
|---|---|
| ADD_MONTHS(d, n) | 날짜(d)에 n개월 수를 더하여 반환 |
| MONTHS_BETWEEN(d1, d2) | 두 날짜 d1, d2의 월차를 계산하여 반환 |
| LAST_DAY(d) | 그 달(d)의 마지막 날짜를 반환 |
| NEXT_DAY(d, '요일') | 날짜(d)로부터 다음 주의 요일에 대한 날짜 반환 |
| ROUND(d) | 날짜(d)를 반올림 |
| TRUNC(d) | 날짜(d)를 내림 |
| EXTRACT(D, '형식') | 날짜형 데이터에서 연월일 추출 |

표 8.4  날짜형 SQL 함수

## 8.4.1 날짜형 출력

표 8.5는 현재 날짜와 시간을 반환하는 함수들이다.

| 함 수 명 | 의 미 |
|---|---|
| SYSDATE | 시스템의 현재 날짜와 시간을 반환 |
| CURRENT_DATE | 지역시간대의 현재 날짜를 반환 |
| CURRENT_TIMESTAMP | 지역시간대의 현재 날자와 시간을 반환 |

표 8.5  현재 날짜와 시간 반환 함수

【예제 8.12】 ▶ 표 8.5의 함수를 이용하여 현재 날짜와 시간을 출력하시오.

```
SQL> SELECT SYSDATE, CURRENT_DATE, CURRENT_TIMESTAMP FROM DUAL;

SYSDATE   CURRENT_ CURRENT_TIMESTAMP
-------- -------- ---------------------------------
18/07/27 18/07/27 18/07/27 14:35:10.062553 +09:00

SQL>
```

그리니치 표준시간(GMT)과 서울의 시차는 9시간 00분이고, 9시간이 빠르다.

| 【예제 8.13】 | ▶ 데이터베이스 서버에 설정된 시간대와 클라이언트의 시간대, 지역 시간대의 날짜와 시간을 출력하시오. |

```
SQL> SELECT DBTIMEZONE, SESSIONTIMEZONE, CURRENT_TIMESTAMP
  2  FROM   DUAL;

DBTIMEZONE   SESSIONTIMEZONE  CURRENT_TIMESTAMP
------------ ---------------- -----------------------------------
+00:00       +09:00           18/07/27 14:36:20.822819 +09:00

SQL>
```

※ DBTIMEZONE은 데이터베이스의 시간대 값을 반환하며, 데이터베이스 표준 시간 대가 UTC 표준 시간대로 설정되어 있으면 +00:00이 반환된다.

※ SESSIONTIMEZONE은 현재 세션의 표준 시간대를 반환한다.

| 【예제 8.14】 | ▶ 날짜형 형식을 'YYYY/MM/DD HH24:MI:SS'로 지정하여 시스템 날짜와 지역시간대의 날짜와 시간을 출력하시오. |

```
SQL> ALTER SESSION SET NLS_DATE_FORMAT = 'YYYY/MM/DD HH24:MI:SS';

세션이 변경되었습니다.

SQL> SELECT SYSDATE, CURRENT_TIMESTAMP FROM DUAL;

SYSDATE              CURRENT_TIMESTAMP
-------------------- -----------------------------------
2018/07/27 05:37:55 18/07/27 14:37:55.711449 +09:00

SQL>
```

※ ALTER SESSION SET NLS_DATE_FORMAT문은 날짜 형식(년/월/일 시:분: 초)을 'YYYY/MM/DD HH24:MI:SS'로 지정한다.

※ 시스템 날짜(SYSDATE)가 표준시간으로 설정되어 지역시간대와 9시간 차이가 난다.

| 【예제 8.15】 | ▶ 학생(Student) 테이블의 년도별 입학일자를 이용하여 입학년 도, 입학월, 입학일을 추출하여 출력하시오. |

```
SQL> ALTER SESSION SET NLS_DATE_FORMAT = 'YYYY/MM/DD';

세션이 변경되었습니다.

SQL>
```

```
SQL> SELECT UNIQUE CURRENT_DATE "현재일자", I_DATE "입학일자",
  2          EXTRACT(YEAR   FROM I_DATE) "입학년도",
  3          EXTRACT(MONTH FROM I_DATE) "입학월",
  4          EXTRACT(DAY    FROM I_DATE) "입학일"
  5  FROM    Student
  6  WHERE   I_DATE IS NOT NULL
  7  ORDER   BY 2;

현재일자      입학일자      입학년도      입학월      입학일
----------   ----------   ----------   ----------   ----------
2018/07/17   2016/02/26       2016           2           26
2018/07/17   2017/03/02       2017           3            2
2018/07/17   2018/02/28       2018           2           28

SQL>
```

- ◆ EXTRACT(YEAR   FROM d)는 날짜형 데이터 d로부터 년도를 추출한다.
- ◆ EXTRACT(MONTH FROM d)는 날짜형 데이터 d로부터 월을 추출한다.
- ◆ EXTRACT(DAY    FROM d)는 날짜형 데이터 d로부터 일을 추출한다.

**【예제 8.16】** ▶ 현재 날짜를 반올림과 내림하여 출력하시오.

```
SQL> SELECT CURRENT_TIMESTAMP, ROUND(CURRENT_DATE),
  2          TRUNC(CURRENT_DATE)
  3  FROM    DUAL;

CURRENT_TIMESTAMP                         ROUND(CURR TRUNC(CURR
-------------------------------------     ---------- ----------
18/07/27 14:42:57.646113 +09:00           2018/07/28 2018/07/27

SQL>
```

## 8.4.2 날짜형 연산

표 8.4의 함수와 +, - 산술연산자로 날짜형 칼럼이나 날짜형 값을 계산할 수 있다.

**【예제 8.17】** ▶ 현재 날짜에 10개월을 더하여 출력하시오.

```
SQL> SELECT CURRENT_DATE, ADD_MONTHS(CURRENT_DATE, 10)
  2  FROM    DUAL;
```

```
CURRENT_DA ADD_MONTHS
---------- ----------
2018/07/27 2019/05/27

SQL>
```

【예제 8.18】 ▶ Student 테이블의 '컴공' 학과 학생들에 대한 재적월수를 계산하여 출력하시오. 기준일은 CURRENT_DATE임.

```
SQL> SELECT Dept_ID, Year, Name, I_Date, CURRENT_DATE "기준일",
  2          TRUNC(MONTHS_BETWEEN(CURRENT_DATE, I_Date)) "재적월수"
  3  FROM    Student
  4  WHERE   Dept_ID = '컴공'
  5  ORDER   BY 4;

DEPT_ID  YE NAME     I_DATE     기준일       재적월수
-------- -- -------- ---------- ---------- ----------
컴공      3  한영삼    2016/02/26 2018/07/27        29
컴공      3  서희경    2016/02/26 2018/07/27        29
컴공      2  이정민    2017/03/02 2018/07/27        16
컴공      2  박주영    2017/03/02 2018/07/27        16
......
7 개의 행이 선택되었습니다

SQL>
```

| 함 수 명 | 의 미 |
|---|---|
| TO_YMINTERVAL('년-월') | 날짜형 데이터에 '년-월'을 더한다. |
| NUMTODSINTERVAL(n,'단위1') | n 숫자만큼 'F1' 형식(일, 시, 분, 초)으로 더한다. |
| NUMTOYMINTERVAL(n, '단위2') | n 숫자만큼 'F2' 형식(년, 월)으로 더한다. |

표 8.6 날짜형 데이터와 날자형 연산 함수

● NUMTODSINTERVAL(n, '단위') 함수는 '단위'에 'DAY', 'HOUR', 'MINUTE', 'SECOND'를 기술하며, 날짜형 데이터 n에 더한 값을 반환한다.
● NUMTOYMINTERVAL(n, '단위') 함수는 '단위'에 'YEAR', 'MONTH'를 기술하여 날짜형 데이터 n에 더한 값을 반환한다.

【예제 8.19】 ▶ 현재시간에 4시간을 더하여 출력하시오.

```
SQL> COLUMN 현재시간 FORMAT A32
SQL> SELECT CURRENT_TIMESTAMP "현재시간",
  2        CURRENT_TIMESTAMP + NUMTODSINTERVAL(4,'HOUR') "4시간 후"
  3  FROM DUAL;


현재시간                              4시간 후
------------------------------   -----------------------------------
18/07/27 14:46:38.476897 +09:00  18/07/27 18:46:38.476897000 +09:00

SQL>
```

| 【예제 8.20】 | ▶ 'C1802' 학번의 '신지애' 학생이 2018년 7월 15일부로 1년간 휴학하였다. 복학 예정일을 계산하여 출력하시오. |

```
SQL> SELECT Dept_ID, Student_ID, Name, '2018/07/15' "휴학일자",
  2    TO_DATE('180715','YYMMDD')+NUMTOYMINTERVAL(1,'YEAR') "복학예정일"
  3  FROM    Student
  4  WHERE   Student_ID = 'C1802';

DEPT_ID  STUDENT_ID NAME    휴학일자               복학예정일
-------- ---------- ------- -------------------- ----------
컴공      C1802      신지애   2018/07/15           2019/07/15

SQL>
```

※ TO_DATE('180715','YYMMDD') 함수는 '180715' 문자 리터럴을 'YYMMDD' 날짜형 식(년월일)의 날짜형 데이터로 변환하는 함수이다.

# 8.5 데이터형 변환 함수

데이터형 변환 함수는 데이터타입의 일치나 보고서 형식, 데이터 파일의 변환을 위해서 사용된다.

| 변환 함수명 | 의    미 |
|---|---|
| TO_DATE() | 문자형 데이터를 날짜형으로 변환 |
| TO_CHAR(), TO_NCHAR() | 문자형, 숫자형 또는 날짜형 데이터를 문자형으로 변환 |
| TO_NUMBER() | 문자형 데이터를 숫자형 데이터로 변환 |
| CAST(), CONVERT() | 데이터타입을 변환 |

표 8.7 대표적인 데이터형 변환 함수

기타 변환 함수로 ASCIISTR, BIN_TO_NUM, CHARTOROWID, COMPOSE, DECOMPOSE, HEXTORAW, NUMTODSINTERVAL, NUMTOYMINTERVAL, RAWTOHEX, RAWTONHEX, ROWIDTOCHAR, ROWIDTONCHAR, SCN_TO_TIMESTA, TO_CLOB, TO_DSINTERVAL, TO_LOB, TO_MULTI_BYTE, TO_NCLOB, TO_SINGLE_BYTE, TO_TIMESTAMP, TO_TIMESTAMP_TZ, TO_YMINTERVAL, TRANSLATE ... USING, UNISTR 등이 있다.

## 8.5.1 날짜형 변환 함수

날짜형으로 변환하는 함수는 TO_DATE(), TO_TIMESTAMP, TO_DSINTERVAL(), TO_YMINTERVAL(), TO_TIMESTAMP_TZ() 함수가 있다.

● **날짜형 데이터 변환 함수에 필요한 형식 요소**

날짜형 '연/월/일' 표기의 기본 형식은 'YY/MM/DD'이다. 기본 형식은 NLS_DATABASE_PARAMETERS의 설정 값에 따라 결정되며, 다음과 같이 조회할 수 있다.

| 설정값 조회 | SELECT * FROM NLS_DATABASE_PARAMETERS; |
|---|---|

"NLS_LANG"에 지정된 값은 SQL문 실행시 메시지, 화폐 단위, 날짜 형식의 기본값을 지정하고 한글 사용을 가능하게 한다.

표 8.8-1은 날짜 형식요소이고, 표 8.8-2는 시간과 기타 표현의 형식요소이다.

| 구 분 | 형식요소 | 내 용 | 범 위 |
|---|---|---|---|
| 날 짜 | YY, RR | 연도 (숫자 2자리 표기) | 예: 18 |
| | YYYY, RRRR | 연도 (숫자 4자리 표기) | 예: 2018 |
| | SYYYY | 연도 4자리 표기, BC는 - | 예: 2018 |
| | YYY,YY, Y | 년도 3,2,1자리 표기 | 예: 018,18,8 |
| | YEAR,SYEAR | 연도 (문자 표기) | 예: TWENTY ELEVEN |
| | MM | 월 (숫자) | 1~12 |
| | MON | 3문자 단축형 월 | JAN ~ DEC 혹은 '월' |
| | MONTH | 월 (문자) | 예: JANUARY |
| | DD | 일 (숫자) | 1 ~ 31 (달에 따라) |
| | DAY | 요일 | 일요일 ~ 토요일 |
| | D | 그 주의 몇 번째 날 | 1~7 |
| | DDD | 그 해의 몇 번째 날 | 1~366 (해에 따라) |

표 8.8-1 날짜 표현에 사용하는 형식요소

| 구 분 | 형식요소 | 내 용 | 범 위 |
|-------|----------|-------|-------|
| 시 간 | HH, HH12 | 시각 | 0 ~ 12 |
| | HH24 | 군대식 시각 | 0 ~ 23 |
| | MI | 분 | 0 ~ 59 |
| | SS | 초 | 0 ~ 59 |
| | SSSSS | 자정이후 초 단위 시간 | 0 ~ 86399 |
| | FF[1..9] | 두 번째 초단위 표시 | 최대 9자리까지, SS.FF3 |
| | AM, PM | 오전, 오후 표기 | |
| 기 타 | CC, SCC | 세기 2자리 표기 | 예: 21 |
| | Q | 4분기 | 1~4 |
| | W | 그 달의 주 | 1~5 |
| | WW, IW | 그 해의 주 | 1~52 |
| | DL | 년월일 표기 | 예: 2018년 3월 18일 |
| | DS | 년월일 표기 | 예: 2018/03/18 |
| | DY | 요일을 표기 | 예: 월 또는 수 |
| | TZH | 표준시간대 시간 | 예: 'HH:MI:SS:TZH' |
| | TZM | 표준시간대 분 | 예: 'HH:MI:SS:TZM' |
| | TZR | 표준시간대 지역 | 예: 'US/Pacific' |

표 8.8-2  시간 및 기타 표현의 형식요소

## ● TO_DATE() 변환 함수로 문자형 데이터를 날짜형 데이터로 변환

| 함수 | TO_DATE( 문자형 데이터, '날짜형 변환형식') |
|------|------|

'YY/RR'은 Y2K와 관련있는 연도의 형식요소로, 표 8.9와 같이 날짜형으로 변환할 문자형 데이터 범위에 따라 현재 세기 또는 이전 세기를 변환한다.

| 문자형 데이터 범위 | YY | RR |
|-------------------|-----|-----|
| 0 ~ 49 | 현재 세기 | 현재 세기 |
| 50 ~ 99 | 현재 세기 | 이전 세기 |

표 8.9  YY/YYYY와 RR/RRRR 형식의 문자형 데이터 범위

| 문자데이터 | 변환 형식 | 날짜형 데이터 | 출력 형식 | 출력결과 |
|-----------|----------|--------------|----------|----------|
| '970505' | 'YYMMDD' | 97/05/05 | 'YYYY-MM-DD' 'RRRR-MM-DD' | 2097-05-05 |
| | 'RRMMDD' | 97/05/05 | | 1997-05-05 |
| '180215' | 'YYMMDD' | 18/02/15 | | 2018-02-15 |
| | 'RRMMDD' | 18/02/15 | | 2018-02-15 |

표 8.10  TO_DATE()의 'YYMMDD'과 'RRMMDD' 형식으로 변환

표 8.10과 같이 문자형 데이터를 TO_DATE() 함수에 변환형식을 각각 적용('YYMMDD', 'RRMMDD')하여 날짜형 데이터로 변환한다. 문자형 데이터를 날짜형 데이터로 변환하는 형식요소('YYYY-MM-DD', 'RRRR-MM-DD')를 각각 적용하여 출력하면 100년의 차이가 나는 것을 알 수 있다.

| 【예제 8.21】 | ▶ Student 테이블의 주민등록번호를 이용하여 생년월일을 추출하고, 날짜형 데이터로 'RRMMDD', 'YYMMDD'로 각각 변환하여 'YYYY/MM/DD' 형식으로 출력하시오. |

```
SQL> ALTER SESSION SET NLS_DATE_FORMAT = 'YYYY/MM/DD';

세션이 변경되었습니다.

SQL> SELECT Student_ID, Name, ID_Number,
  2        TO_DATE(SUBSTR(ID_Number, 1, 6), 'RRMMDD') "RRMMDD변환",
  3        TO_DATE(SUBSTR(ID_Number, 1, 6), 'YYMMDD') "YYMMDD변환"
  4  FROM   Student;

STUDENT_ID NAME     ID_NUMBER      RRMMDD변환  YYMMDD변환
---------- -------- -------------- ---------- ----------
C1601      한영삼    000708-3****** 2000/07/08 2000/07/08
C1602      서희경    990205-2****** 1999/02/05 2099/02/05
C1701      이정민    011109-4****** 2001/11/09 2001/11/09
......
12 개의 행이 선택되었습니다.

SQL>
```

● **TO_DSINTERVAL('sql형식' 또는 'ds_iso형식') 변환 함수**

TO_DSINTERVAL() 변환 함수는 문자형을 '형식'을 참고하여 INTERVAL DAY TO SECOND형으로 변환한다. sql형식은 'dd hh:mm:ss'이며, ds_iso 형식은 'PddDThhHmmMssS'이다. dd(일), hh(시), mm(분), ss(초)로 숫자로 표기한다. 예를 들면, 100일은 '100 00:00:00' 또는 'P100DT00H00M00S'로 표기한다.

● **TO_YMINTERVAL('yy_mm 형식' 또는 "ym_iso형식') 변환 함수**

TO_YMINTERVAL() 함수는 문자형을 '형식'을 참고하여 INTERVAL YEAR TO MONTH 형으로 변환한다. 'ym_iso 형식'은 'PyyYmmMddDThhHmmM ssS', 'yy-mm' 형식이다. yy(년), mm(월), dd(일), hh(시), mm(분), ss(초)를 숫자로 표기한다. 예를 들면 1년 8개월은 '01-08' 또는 'P01Y08M00DT00H00M 00S'로 표기한다.

【예제 8.22】 ▶ 현재 시간에서 100일 5시간 이후의 날짜와 시간을 출력하시오.

```
SQL> SELECT CURRENT_TIMESTAMP "현재시간",
  2          TO_CHAR(CURRENT_TIMESTAMP + TO_DSINTERVAL('P100DT05H'),
  3          'YYYY-MM-DD HH24:MI:SS') "100일 5시간후"
  4  FROM DUAL;

현재시간                              100일 5시간후
-------------------------------  ------------------------
18/07/27 15:38:23.510497 +09:00  2018-11-04 20:38:23

SQL>
```

※ 100일 5시간의 표기는 ('P100DT05H') 또는 ('100 05:00:00')으로 할 수 있다.

【예제 8.23】 ▶ '컴공'학과 1학년에 재학중인 학생들의 졸업예정년도를 입학 년도를 기준으로 출력하시오. 단, 재학년도는 4년으로 한다.

```
SQL> SELECT Dept_ID, YEAR, Student_ID, Name, I_Date "입학년도",
  2          I_Date + TO_YMINTERVAL('4-0') "졸업예정년도"
  3  FROM    Student
  4  WHERE   Dept_ID = '컴공' AND YEAR = 1;

DEPT_ID  YE STUDENT_ID NAME     입학년도     졸업예정년
--------- -- ---------- -------- ---------- ----------
컴공      1  C1801      김대현   2018/02/28 2022/02/28
컴공      1  C1802      신지애   2018/02/28 2022/02/28

SQL>
```

※ 4년의 ('4-0') 표기를 ('P04Y00M')으로 할 수도 있다.

## 8.5.2  문자형 변환 함수

문자형 변환 함수는 TO_CHAR(), TO_NCHAR() 등으로 숫자형 데이터나 날짜형 데이터 를 문자형으로 변환한다. 문자형 변환 함수는 보고서나 문서 작성할 때 출력 형식을 맞 추기, 숫자형 데이터와 날짜형 데이터를 문자형 데이터와 결합할 때 사용한다.

● **TO_CHAR() 변환 함수로 날짜형 데이터를 문자형으로 변환**

| 함수 | • TO_CHAR( 날짜형 데이터, '날짜형 변환형식') |
|------|------------------------------------------|

- 날짜형 변환 형식은 표 8.8-1과 표 8.8-2를 참고한다. 날짜형 변환 형식 요소를 생략하면 날짜 기본 형식('YY/MM/DD')으로 변환한다.

---

| 【예제 8.24】 | ▶ 현재 날짜와 시간을 'YYYY-MM-DD HH24:MI:SS FF3' 형식으로 변환하여 출력하시오. |

```
SQL> SELECT TO_CHAR(CURRENT_TIMESTAMP, 'YYYY-MM-DD HH24:MI:SS FF3')
  2  FROM    Dual;

TO_CHAR(CURRENT_TIMESTAMP,'YYYY-MM-DDHH24:MI:SSFF3')
--------------------------------------------------------
2018-07-27 15:43:28 013

SQL>
```

---

| 【예제 8.25】 | ▶ Student 테이블의 입학날짜(I_Date) 칼럼을 참고하여 'RRRR/MM/DD (DAY)' 형식으로 변환하여 입학일자순으로 출력하시오. |

```
SQL> SELECT Student_ID, Name, I_Date,
  2         TO_CHAR(I_Date, 'RRRR/MM/DD (DAY)') "입학일자"
  3  FROM    Student
  4  ORDER  BY 3;

STUDENT_ID NAME     I_DATE     입학일자
---------- -------- ---------- --------------------------------
C1601      한영삼   2016/02/26 2016/02/26 (금요일)
C1602      서희경   2016/02/26 2016/02/26 (금요일)
T1702      이정필   2017/03/02 2017/03/02 (목요일)
......
12 개의 행이 선택되었습니다.

SQL>
```

---

| 【예제 8.26】 | ▶ SG_Scores 테이블의 성적(Score)이 98점 이상자에 대하여 성적 취득일자를 'YYYY/MM/DD' 형식의 문자형으로 변환하여 출력하시오. |

```
SQL> SELECT Student_ID, Course_ID, Score, Score_Assigned,
  2         TO_CHAR(Score_Assigned, 'YYYY/MM/DD')
  3  FROM    SG_Scores
  4  WHERE  Score >= 98
  5  ORDER  BY 3 DESC;
```

```
STUDENT_ID COURSE_ID        SCORE SCORE_AS TO_CHAR(SCORE_ASSIGN
---------- ----------     ---------- -------- --------------------
C1601      L2061              99 18/08/26 2018/08/26
C1702      L1042              98 17/12/23 2017/12/23
......

SQL>
```

● **TO_CHAR( ) 변환 함수로 숫자형 데이터를 문자형으로 변환**

숫자형 데이터나 숫자형 칼럼 값을 문자형 데이터로 변환하는 형식은 표 8.11을 참고한다. 변환 형식을 생략하면 기본값 38로 변환한다.

| 함수 | TO_CHAR( 숫자형 데이터, '숫자형 변환형식' ) |
|------|------------------------------------------|

| 구분 | 형식요소 | 내　　용 | 사 용 예 |
|------|----------|----------|----------|
| 자리 지정 | 9 | 자릿수 지정 | '9999' |
| | 0 | 0으로 채움 | '0999' |
| | B | 공백으로 채움 | 'B9999' |
| 구분 기호 | . | 소수점 추가 | '9999.99' |
| | , | 천 단위마다 콤마(,) 추가 | '99,999,999.99' |
| | D | 특정자릿수 구분자. 기본값은 . | '999D99' |
| | G | 구룹구분자 | '99G999' |
| 화폐 기호 | $ | 화폐단위 표시 | '$99,999.99' |
| | L | 국가별 화폐단위 표시 | 'L99,999.99' |
| | C | ISO 화폐기호 반환, 한화는 KRW | 'C9999' |
| | U | 화폐단위 표시 | 'U999.99' |
| 지수 | EEEE | 지수형태로 표시 | '9.99EEEE' |
| 부호 | S | 부호표시 | 'S999.99' |
| | MI | -값일 때 - 부호 표시 | '9999MI' |
| | PR | 음수일 때 < > 표시 | '9999PR' |
| 기타 | RN, rn | 로마자의 대소문자로 반환 | 'RN' 혹은 'rn' |

표 8.11　숫자 변환에 사용하는 형식 요소

**【예제 8.27】**　▶ SG_Scores 테이블로부터 점수가 98점 이상의 점수를 문자형으로 변환하여 출력하시오.

```
SQL> SELECT Student_ID, Course_ID, Score, TO_CHAR(Score)
  2  FROM    SG_Scores
  3  WHERE   Score >= 98
  4  ORDER   BY 3 DESC;

STUDENT_ID COURSE_ID       SCORE TO_CHAR(SCORE)
---------- ---------- ---------- ------------------------------------
C1601      L2061              99 99
C1702      L1042              98 98
......

SQL>
```

【예제 8.28】 ▶ SG_Scores 테이블의 성적이 98점 이상인 행에 대하여 성적을 'S999', 'B999', '099.99'형식으로 변환하여 출력하시오.

```
SQL> SELECT SCORE,TO_CHAR(Score, 'S999'), TO_CHAR(-Score, 'S999'),
  2              TO_CHAR(Score, 'B999.9'), TO_CHAR(Score, '099.99')
  3  FROM    SG_Scores
  4  WHERE   Score >= 98
  5  ORDER   BY 1 DESC;

     SCORE TO_CHAR( TO_CHAR( TO_CHAR(SCOR TO_CHAR(SCORE,
---------- -------- -------- ------------ --------------
        99 +99      -99              99.0        099.00
        98 +98      -98              98.0        098.00
      ......

SQL>
```

【예제 8.29】 ▶ Course 테이블의 추가 수강료가 4만원 과목에 대하여 문자열로 변환하여 '999,999', 'L999,999', 'C999G999' 형식으로 출력하시오.

```
SQL> SELECT Course_Fees, TO_CHAR(Course_Fees, 'L999,999') "국가별화폐",
  2              TO_CHAR(Course_Fees, 'C999G999') "ISO 화폐"
  3  FROM    Course
  4  WHERE   Course_Fees = 40000;

COURSE_FEES 국가별화폐              ISO 화폐
----------- -------------------- ----------------------------
      40000            ₩40,000          KRW40,000
      40000            ₩40,000          KRW40,000
SQL>
```

| 【예제 8.30】 | ▶ Course 테이블의 추가 수강료가 4만원($4*10^4$)인 과목에 대하여 문 자열로 변환하여 '9.99EEEE' 지수형식으로 변환하여 출력하시오. |

```
SQL> SELECT Course_Fees,TO_CHAR(Course_Fees, '9.99EEEE')
  2  FROM    Course
  3  WHERE   Course_Fees = 40000;

COURSE_FEES TO_CHAR(COURSE_FEES,
----------- --------------------
      40000    4.00E+04
      40000    4.00E+04
SQL>
```

### 8.5.3  숫자형 변환 함수

숫자형으로 변환하는 함수는 TO_NUMBER() 등이 있다.

● **TO_NUMBER( ) 변환 함수로 문자형을 숫자형으로 변환**

TO_NUMBER() 함수는 문자형 데이터를 숫자형 데이터로 변환한다. 문자형 데이터는 표 8.11의 형식요소와 숫자로 표현된 문자형 데이터에 대하여 변환이 가능하다. 숫자형 변환 형식은 표 8.11의 형식요소를 참고한다.

| 함수 | • TO_NUMBER('문자형 데이터, '숫자형 변환형식') |

| 【예제 8.31】 | ▶ '$123.45' 문자열을 숫자형으로 변환하시오. |

```
SQL> SELECT '$123.45', TO_NUMBER('$123.45','$999.99') FROM Dual;

'$123.45'         TO_NUMBER('$123.45','$999.99')
--------------    ----------------------------
$123.45                                 123.45
SQL>
```

## 8.6  NULL 관련 함수

NULL관련 함수로 NVL(), NVL2(), NULLIF(), LNNVL(), COALESCE()가 있다. LNNVL()함수는 BINARY_FLOAT나 BINARY_DOUBLE 타입에만 사용된다.

| 함 수 명 | 설 명 |
|---|---|
| NVL(expr, '값') | expr이 널(null)이면 '값'을 반환 |
| NVL2(expr, '값1', '값2') | expr이 널이 아니면 '값1'을, 널이면 '값2'를 반환 |
| NULLIF(expr1, expr2) | expr1과 expr2가 동일한 값이면 널을 반환하고, 그렇지 않으면 expr1 값을 반환 |
| LNNVL(expr) | expr의 조건식에 대한 부정의 '참' 또는 '거짓'을 반환 |
| COALESCE(expr1, expr2, expr3, …) | expr1이 널이 아니면 expr1 반환, 널이면 expr2이 널이 아니면 expr2 반환, 널이면 expr3을 비교 |

표 8.12 NULL관련 함수

【예제 8.32】 ▶ Course 테이블을 출력하시오. Course_fees가 널(mull)일 때 0으로 변환하여 출력하시오.

```
SQL> SELECT    Course_ID, Title, NVL(Course_Fees, 0)
  2  FROM      Course;

COURSE_ID  TITLE              NVL(COURSE_FEES,0)
---------- ------------------ --------------------
L0011      TOEIC연구                           0
L1061      ERP실무                         50000
......
19 개의 행이 선택되었습니다.

SQL>
```

【예제 8.33】 ▶ Course 테이블에서 추가수강료(Course_fees)가 널이 아닌 과목중에서 4만원 미만인 행을 출력하시오.

```
SQL> SELECT Course_ID, Title, Course_Fees
  2  FROM      Course
  3  WHERE    LNNVL(Course_Fees >= 40000)
  4     AND   Course_fees IS NOT NULL;

COURSE_ID  TITLE            COURSE_FEES
---------- ---------------- -----------
L1012      웹디자인              20000
L1032      JAVA                 30000
L4011      경영정보시스템        30000
SQL>
```

**【예제 8.34】** ▶ Course 테이블의 추가수강료를 5% 인상 금액을 출력하시오.

```
SQL> SELECT Course_ID, Title, NVL(Course_Fees, 0) "추가수강료",
  2          NVL2(course_fees, Course_fees*0.05, 0) "수강료 5%"
  3  FROM    Course;

COURSE_ID   TITLE              추가수강료   수강료 5%
----------  ----------------   ----------  ----------
L0011       TOEIC연구                   0           0
L1061       ERP실무                 50000        2500
L0013       문학개론                     0           0
L1011       컴퓨터구조                    0           0
L1012       웹디자인                 20000        1000
......

19 개의 행이 선택되었습니다.

SQL>
```

**【예제 8.35】** ▶ Student 테이블에서 학생의 전화번호, 이메일주소, 주소 순으로 대표 연락처를 출력하시오.

```
SQL> SELECT Name, Telephone, Email,
  2          COALESCE(Telephone, Email, Address) "대표 연락처"
  3  FROM    Student
  4  ORDER   BY 2, 3;

NAME      TELEPHONE      EMAIL                 대표 연락처
--------  -------------  --------------------  -------------------
이미나     010-3888-5050                        010-3888-5050
김대현     010-3932-9999  c1001@cyber.ac.kr     010-3932-9999
......
김병호     011-1222-0303                        011-1222-0303
배상문                    b0901@cyber.ac.kr     b0901@cyber.ac.kr
......
이정필                    t0901@cyber.ac.kr     t0901@cyber.ac.kr
김빛나                                          서울시 은평구

12 개의 행이 선택되었습니다.

SQL>
```

# 8.7   기타 함수

## 8.7.1   DECODE( ) 함수

DECODE() 함수는 expr이 비교 값이면 반환 값을 반환하고, 비교 값이 없을 경우에는 기본값을 반환하는 단일 행 함수이다.

| 문법 | DECODE(expr,   비교값1, 반환값1,   비교값2, 반환값2,<br>              ···          ,   비교값N, 반환값N,<br>     [기본값] ) |
|---|---|

| 【예제 8.36】 | ▶ '컴퓨터공학과' 학생의 주민등록번호(ID_Number)를 이용하여, 성별코드가 '1'과 '3'일 때 '남', '2'와 '4'일 때 '여'로 변환하여 출력하시오. |
|---|---|

```
SQL> SELECT Dept_ID, Name, ID_Number,
  2          DECODE(SUBSTR(ID_Number,8,1), '1', '남', '2', '여',
  3                                        '3', '남', '4', '여')
  4   FROM    Student
  5   WHERE   Dept_ID = '컴공'
  6   ORDER   BY 3;

DEPT_ID  NAME     ID_NUMBER        DECO
-------- -------- ---------------- ----
컴공      한영삼    000708-3******   남
컴공      이정민    011109-4******   여
컴공      박은혜    011119-4******   여
컴공      김대현    020121-3******   남
컴공      신지애    020521-4******   여
......
7 개의 행이 선택되었습니다.

SQL>
```

## 8.7.2   CASE 함수

CASE 함수는 expr이 WHEN절에 기술한 비교 값과 동일하면 반환 값을 반환하고, 비교 값이 없을 경우에는 기본값을 반환하는 단일 행 함수이다. expr은 칼럼명, 수식 등을 기술한다.

| 문법 | CASE expr   WHEN   비교값1   THEN   반환값1<br>WHEN   비교값2   THEN   반환값2<br>···                   ELSE   기본값<br>END |
|------|------|

---

**【예제 8.37】** ▶ 'C1601'학번에 대하여 SG_Scores 테이블의 성적을 'A'(90~100), 'B'(80~89), 'C'(70~79), 'D'(60~69), 'F'(0~59) 등급으로 변환하여 과목코드순으로 출력하시오.

```
SQL> SELECT Student_ID, Course_ID, Score,
  2          CASE WHEN Score BETWEEN 90 AND 100 THEN 'A'
  3               WHEN Score BETWEEN 80 AND  89 THEN 'B'
  4               WHEN Score BETWEEN 70 AND  79 THEN 'C'
  5               WHEN Score BETWEEN 60 AND  69 THEN 'D'
  6                                           ELSE 'F'
  7          END "등급"
  8  FROM    SG_Scores
  9  WHERE   Student_ID = 'C1601'
 10  ORDER  BY 2;

STUDENT_ID COURSE_ID      SCORE 등
---------- ---------- ---------- --
C1601      L0011             68 D
C1601      L1011             93 A
C1601      L1021             85 B
······
8 개의 행이 선택되었습니다.

SQL>
```

---

**【예제 8.38】** ▶ Professor 테이블에서 직위를 '총장', '교수', '부교수', '조교수', '초빙교수'의 직위별, 학과코드순으로 출력하시오.

```
SQL> SELECT Dept_ID, Position, Name, Duty
  2  FROM    Professor
  3  ORDER  BY CASE Position WHEN '총장'   THEN 1
  4                          WHEN '교수'   THEN 2
  5                          WHEN '부교수' THEN 3
  6                          WHEN '조교수' THEN 4
  7          END, Dept_ID;
```

```
DEPT_ID   POSITION    NAME      DUTY
--------  ----------  --------  ----------
대학       총장        서한식      총장
컴공       교수        신기술      학과장
경영       부교수       안연홍      학과장
정통       부교수       박지성      학과장
컴공       부교수       이대호
행정       부교수       함영애      학과장
정통       조교수       최경주
......
9 개의 행이 선택되었습니다.

SQL>
```

### 8.7.3  REGEXP_LIKE( ) 함수

REGEXP_LIKE() 함수는 패턴 검색에 사용하는 LIKE 연산자를 대체할 수 있는 함수로, 검색할 키워드를 파이프라인기호(|)로 복수 개를 기술할 수도 있다.

| 문법 | WHERE REGEXP_LIKE (expr, '값1 │ 값2 │ ⋯') |
|------|------------------------------------------|

※ 기술 방법
- expr은 테이블의 칼럼명을 기술한다.
- 값1, 값2는 검색키워드를 기술한다.

| 【예제 8.39】 | ▶ 학생(Student) 테이블에서 주소가 '송파구'와 '수성구'인 학생의 소속학과, 학년, 학번, 이름, 주소를 출력하시오. |
|---------------|-----------------------------------------------------------------------------------------------------|

```
SQL> SELECT Dept_ID, Year, student_ID, Name, Address
  2  FROM    Student
  3  WHERE   REGEXP_LIKE (Address, '송파구|수성구');

DEPT_ID  YE STUDENT_ID NAME      ADDRESS
-------- -- ---------- --------  --------------------
컴공       2  C1701      이정민     대구시 수성구
컴공       1  C1801      김대현     서울시 송파구

SQL>
```

## 8.8  사용자 정의 함수

사용자가 정의하는 함수를 작성하여 사용할 수 있다. 사용자 정의 함수에 필요한
문법과 PL/SQL 서브 프로그래밍 작성법은 17장에서 자세히 다룬다.

| 【예제 8.40】 | ▶ SG_Scores 테이블의 성적을 이용하여 'A+', 'A', 'B+', 'B', 'C+', 'C', 'D+', 'D', 'F'의 등급을 산출하는 사용자 정의 함수를 생성하시오. 단, 형식인자는 Score 숫자형임. |
|---|---|

```
SQL> CREATE OR REPLACE FUNCTION Grade_Cal(Score Number)
  2   RETURN    CHAR IS
  3   v_Grade   CHAR(2);
  4  BEGIN
  5    IF Score >= 95      THEN v_Grade := 'A+';
  6       ELSIF Score >= 90 THEN v_Grade := 'A ';
  7       ELSIF Score >= 85 THEN v_Grade := 'B+';
  8       ELSIF Score >= 80 THEN v_Grade := 'B ';
  9       ELSIF Score >= 75 THEN v_Grade := 'C+';
 10       ELSIF Score >= 70 THEN v_Grade := 'C ';
 11       ELSIF Score >= 65 THEN v_Grade := 'D+';
 12       ELSIF Score >= 60 THEN v_Grade := 'D ';
 13                         ELSE v_Grade := 'F ';
 14    END IF;
 15    RETURN    v_Grade;
 16  END;
 17   /

함수가 생성되었습니다.

SQL>
```

※ 생성된 함수는 오라클 데이터베이스에 저장되며 SQL함수와 동일하게 사용할 수 있다.
※ 사용자가 생성한 함수는 "DROP FUNCTION 함수명;"으로 삭제할 수 있다.

| 【예제 8.41】 | ▶ 예제 8.39에서 생성한 Grade_Cal() 사용자 정의 함수를 이용하여 SG_Scores 테이블의 성적에 대한 등급을 계산하고, 'C1601' 학번의 성적을 출력하시오. |
|---|---|

```
SQL> UPDATE SG_Scores
  2    SET  Grade = Grade_Cal (Score);
```

35 행이 갱신되었습니다.

```
SQL> SELECT Student_ID, Course_ID, Score, Grade
  2   FROM   SG_Scores
  3   WHERE  Student_ID = 'C1601';

STUDENT_ID COURSE_ID          SCORE GRAD
---------- ---------- ---------- ----
C1601      L1011                93 A
C1601      L1021                85 B+
C1601      L0011                68 D+
C1601      L1031                82 B
C1601      L1032                78 C+
C1601      L1041                87 B+
C1601      L1051                87 B+
C1601      L2061                99 A+
```

8 개의 행이 선택되었습니다.

```
SQL> COMMIT;
```

커밋이 완료되었습니다.

```
SQL>
```

1. 회원관리(EC_Member) 테이블의 주민등록번호를 이용하여 성별을 추출하고, 성별이
   '1' 또는 '3'일 때 '남자', '2' 또는 '4'일 때 '여자'로 변환하여 성별순으로 출력하시오.

【결과》

```
SQL> …
NAME      REGIST_NO        성별
--------  ---------------  ----
이상혁     870709-1******   남자
최광수     690514-1******   남자
박지운     951214-1******   남자
박세우     030914-3******   남자
……
정유진     901225-2******   여자
김미선     020506-4******   여자
16 개의 행이 선택되었습니다.

SQL>
```

2. 회원관리(EC_Member) 테이블을 이용하여 각 회원의 [회원명, 주민등록번호, 나
   이, 기준년월일]을 출력하시오. 단, 기준년월일은 SYSDATE로 한다.

【결과》

```
SQL> …
NAME      REGIST_NO              나이 기준년월일
--------  ---------------  ----------  --------------------
박세우     030914-3******          16 2018/07/29
김미선     020506-4******          17 2018/07/29
고우선     010102-4******          18 2018/07/29
박지운     951214-1******          24 2018/07/29
강준상     920303-1******          27 2018/07/29
최윤영     911010-2******          28 2018/07/29
……
16 개의 행이 선택되었습니다.

SQL>
```

3. 주문처리(EC_Order) 테이블에서 결제 후 배달하지 않은 상품에 대하여 [주문자
   ID, 상품코드, 수량, 결제금액, 결제 후 지난 일자, 기준일]을 계산하여 출력하시
   오. 단, 기준일은 SYSDATE임.

```
SQL> ...
```

| ORDER_ID | 주문상품 | 수량 | 결제금액 | 결제후 일자 | 기준일 |
|---|---|---|---|---|---|
| jupark | CM01 | 5 | ₩3,735,000 | 6 | 2018/07/18 |
| jupark | PRT02 | 5 | ₩4,300,000 | 6 | 2018/07/18 |
| cscho | CM01 | 1 | ₩747,000 | 6 | 2018/07/18 |

```
SQL>
```

4. 단가가 100만원 이상인 상품에 대하여 10% 할인하려고 한다. 상품관리(EC_Product) 테이블에서 해당 상품의 10% 할인된 금액을 형식에 맞추어 출력하시오.

```
SQL> ...
```

| PRODUCT_CODE | PRODUCT_NAME | 단가 | 10%할인된금액 |
|---|---|---|---|
| TV01 | TV | ₩1,060,000 | ₩954,000 |
| TV03 | TV | ₩1,785,000 | ₩1,606,500 |
| TV04 | TV | ₩1,920,000 | ₩1,728,000 |

```
SQL>
```

5. 주문처리(EC_Order) 테이블의 구분(Gubun) 칼럼 값이 '배달'을 제외하고, '결제'이면 '배달준비', '미결'이면 '결제대기', '취소'이면 '반품', 그렇지 않으면 '대기'로 변경하여 [주문자ID, 상품코드, 결제금액, 결제일자, 구분]의 처리내용을 출력하시오.

```
SQL> ...
```

| ORDER_ID | PRODUCT_CODE | 결재금액 | 결제일자 | 처리내용 |
|---|---|---|---|---|
| jskang | TV01 | 1060000 | 18/05/07 | 반품 |
| jupark | CM01 | 3735000 | 18/07/12 | 배달준비 |
| jupark | PRT02 | 4300000 | 18/07/12 | 배달준비 |
| cscho | CM01 | 747000 | 18/07/12 | 배달준비 |

```
SQL>
```

# 연 습 문 제 2

1. 회원관리(EC_Member) 테이블에서 '서울' 거주자에 대하여 회원명의 성씨를 추출하여 [회원명, 성, 전화번호, 주소]를 출력하시오.

| 【결과》 | SQL> ⋯ |
| --- | --- |

```
SQL> ⋯
NAME      성    TELEPHONE      ADDRESS
--------  ----  ------------   --------------------
고우선    고    010-8874-1452  서울특별시 강남구
박지운    박    011-8011-2923  서울특별시 영등포구
정유진    정    011-2833-9383  서울특별시 종로구
⋯⋯⋯
SQL>
```

2. 상품관리(EC_Product) 테이블에서 모든 컴퓨터 제품의 재고수량을 단위와 결합하여 [상품코드, 상품명, 단위, 재고수량, 생산처]를 출력하시오. CONCAT()함수

```
SQL> ⋯
PRODUCT_CODE  PRODUCT_NAME    STANDARD      재고수량    COMPANY
------------  --------------  ------------  ----------  ----------
CM02          개인용컴퓨터    DM-C200       20대        Samsung
CM01          개인용컴퓨터    HPE-340KL     30대        HP
CM03          개인용컴퓨터    T30MS         20대        LG전자
⋯⋯⋯
6 개의 행이 선택되었습니다.
SQL>
```

3. 주문처리(EC_Order) 테이블에서 결제금액이 100만원 이상 결제한 주문자의 결제일자(CDate)를 년월('YYYY/MM') 형식으로 변환하여 출력하시오.

```
SQL> ⋯
ORDER_ID   PRODUCT_CODE    CMONEY  결제일자  결제년월
---------  --------------  ----------  --------  --------------
imjung     TV03            1785000  18/03/15  2018/03
jskang     TV01            1060000  18/05/07  2018/05
jupark     CM01            3735000  18/07/12  2018/07
jupark     PRT02           4300000  18/07/12  2018/07
SQL>
```

4. 회원관리(EC_Member) 테이블에서 현재일자(SYSDATE) 기준으로 회원가입기간을 'xx년 xx월'로 계산하여 1년 이상인 회원을 출력하시오.

**【결과》**

```
SQL> ...
NAME       REGIST_NO         가입일자  가입기간          기준일자
--------   --------------    --------  --------------    --------
강욱선     810911-2******    17/02/01  1년 6월           18/08/09
박지운     951214-1******    17/07/11  1년 0월           18/08/09
......
SQL>
```

5. 주문처리(EC_Order) 테이블에서 결제한 회원중 '신용카드'로 결제한 회원에 대하여 EXTRACT() 함수를 이용하여 결제년도와 결제 월을 추출해 보시오.

**【결과》**

```
SQL> ...
ORDER_ID      CMONEY CSEL        CDATE      결제년도    결제 월
--------      ------ ------      --------   --------    --------
usko          930000 신용카드    18/02/15   2018        2
imjung       1785000 신용카드    18/03/15   2018        3
......
6 개의 행이 선택되었습니다.
SQL>
```

6. 수강임시(T_SG_Scores) 테이블에서 CASE 함수를 이용하여 등급을 산출하고, [학번, 과목코드, 성적, 등급, 성적취득일자]를 출력하시오.

**【결과》**

```
SQL> ...
8 행이 갱신되었습니다.
SQL> ...
STUDENT_ID COURSE_ID       SCORE GRAD SCORE_AS
---------- ----------      ----- ---- --------
C1801      L3001              98 A+   18/06/28
C1801      L3002              87 B+   18/06/28
......
8 개의 행이 선택되었습니다.
SQL> ...
커밋이 완료되었습니다.
SQL>
```

7. 수강임시(T_SG_Scores) 테이블에서 'C1801' 학번의 성적을 5로 나누어 몫과 나머지를 계산하여 [학번, 과목코드, 성적, 몫, 나머지]를 출력하시오.

**【결과》**

```
SQL> ...
STUDENT_ID COURSE_ID       SCORE       몫      나머지
---------- ----------      -----       ---     ------
C1801      L3001              98        19         3
......
SQL>
```

8. 수강임시(T_SG_Scores) 테이블에서 CASE 함수를 이용하여 'C1801' 학번의 등급이 'A+'이면 4.5, 'A '이면 4.0, 'B+'이면 3.5, 'B '이면 3.0, 'C+'이면 2.5, 'C '이면 2.0, 'D+'이면 1.5, 'D '이면 1.0, 'F '이면 0.0을 출력하시오.

| 【결과》 | SQL> … |
|---|---|
| | STUDENT_ID COURSE_ID  GRAD 평점 |
| | ---------- ---------- ---- ------ |
| | C1801       L3001       A+    4.5 |
| | C1801       L3002       B+    3.5 |
| | …… |
| | SQL> |

9. 과목임시(T_Course) 테이블에서 추가수강료(Course_fees)가 널인 행에 대하여 널 값을 0으로 변환하여 출력하시오.

| 【결과》 | SQL> … |
|---|---|
| | COURSE_ID  TITLE                         C_NUMBER PROFES NVL(COURSE_FEES,0) |
| | ---------- ------------------- ---------- ------ ------------------- |
| | L3002       모바일프로그래밍           3 P12                          0 |
| | SQL> |

10. 기준일자(CURRENT_DATE)에 5일을 더하고, 기준시간에 4시간을 더하여 출력하시오.

| 【결과》 | SQL> ALTER SESSION SET NLS_DATE_FORMAT = 'YYYY/MM/DD HH24:MI:SS'; |
|---|---|
| | SQL> … |
| | 기준일자와 기준시간 5일 후              4시간 후 |
| | ------------------- ------------------- ------------------- |
| | 2018/07/29 13:53:52 2018/08/03 13:53:52 2018/07/29 17:53:52 |
| | SQL> |

11. 상품관리(EC_Product) 테이블에서 상품명을 '개인용컴퓨터', '노트북컴퓨터', '프린터', 'TV', 기타 출력순서로 1순위, 단가 내림차순을 2순위로 출력하시오.

| 【결과》 | SQL> … |
|---|---|
| | PRODUCT_CODE PRODUCT_NAME   UNIT_PRICE COMPANY |
| | ------------ --------------- ---------- ---------- |
| | CM01         개인용컴퓨터      747000 HP |
| | CM03         개인용컴퓨터      740000 LG전자 |
| | …… |
| | 19 개의 행이 선택되었습니다. |
| | SQL> |

# Chapter 09

## 다중 행 SQL 함수

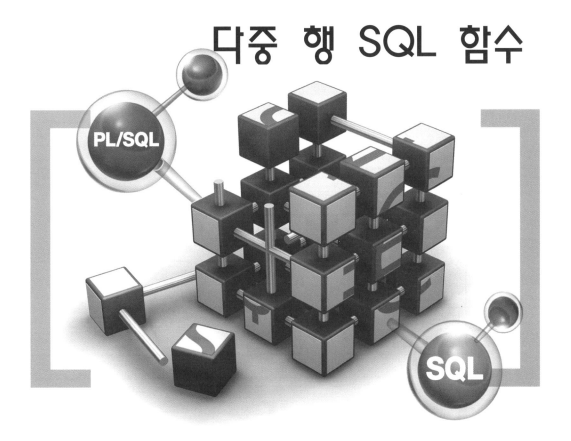

# 9.1  집계함수

표 9.1의 집계함수(aggregate functions)중에 특히 구분에 체크(√) 표시한 함수를 그룹
함수(group function)라고 한다, 이 함수는 복수 행을 처리하여 오직 한 행의 결과 값
을 반환하며, 널(null) 값은 계산에서 제외된다. 집계함수들은 SELECT문의 SELECT절
과 HAVING절에서 사용된다.

| 구분 | 함 수 명 | 의    미 |
|------|----------|---------|
| √ | COUNT(∗), COUNT(칼럼명),∗ | 전체 행 또는 칼럼의 행의 수 반환 |
| √ | MAX(칼럼명) ∗ | 칼럼에서 최댓값 반환 |
| √ | MIN(칼럼명) ∗ | 칼럼에서 최솟값 반환 |
| √ | SUM(칼럼명) ∗ | 칼럼에서 합계를 반환 |
| √ | AVG(칼럼명) ∗ | 칼럼에서 평균을 반환 |
| √ | STDDEV(칼럼명) ∗ | 칼럼에서 표본표준편차를 반환 |
| √ | VARIANCE(칼럼명) ∗ | 칼럼에서 분산을 반환 |
|   | RANK(값) | 그룹에서 값의 석차를 계산 |
|   | DENSE_RANK(값) | 그룹에서 값의 순위 계산, 1씩 증가 |
|   | GROUP_ID() | GROUP BY절 결과로부터 중복된 그룹을 구별 |
|   | GROUPING() | 해당 칼럼이 그룹에서의 사용유무를 0,1로 반환 |
|   | GROUPING_ID() | 행과 관련되는 GROUPING에 대응되는 수치를 반환 |
|   | COME_DIST() | 값의 그룹에 있는 값의 누적 분포를 계산 |
|   | PERCENT_RANK() | 그룹 수에 대한 값의 순위 퍼센트 반환 |
|   | FIRST_VALUE() | ORDER BY절의 정렬된 그룹에서 첫번째 값을 반환 |
|   | LAST_VALUE() | ORDER BY절의 정렬된 그룹에서 마지막 값을 반환 |
|   | LAG(칼럼명, n) | 칼럼에서 현재 행 기준으로 n 이전 행 값을 반환 |
|   | LEAD(칼럼명, n) | 칼럼에서 현재 행 기준으로 n 이후 행 값을 반환 |

표 9.1  SQL의 집계함수

● **집계함수 사용시 고려사항**

① 칼럼의 널(Null) 값은 계산에서 제외된다.
② 행의 수와 관계없이 그룹별 한 행 또는 한 행만 반환한다.
③ 집계함수는 단일 칼럼과 함께 사용할 수 없으나 UNIQUE와 OVER (PARTITION
BY절)을 같이 사용할 수는 있다.
④ WHERE절을 사용하면 검색조건의 참이 되는 행에 대하여 계산한다.

## 9.1.1 테이블의 행의 수 계산

COUNT() 함수는 테이블의 행의 수를 반환한다. 행의 수는 테이블의 데이터에 따라 인원수, 개설과목 수, 거래 건수, 도서목록 수, 상품 수 등으로 해석될 수 있다.

| 함수 | • COUNT(*) : 테이블의 모든 행의 수를 반환한다. COUNT(숫자)와 동일. <br> • COUNT(칼럼명) : 칼럼의 널 값을 제외한 행의 수를 반환한다. |
|---|---|

| 【예제 9.01】 | ▶ Student 테이블의 행의 수와 Email이 저장된 행의 수를 출력 하시오. |
|---|---|

```
SQL> SELECT COUNT(*), COUNT(Email)
  2  FROM    Student;

 COUNT(*) COUNT(EMAIL)
---------- ------------
       12            9

SQL>
```

| 【예제 9.02】 | ▶ SG_Scores 테이블에서 'C1701'학번의 취득과목수를 출력하시오. |
|---|---|

```
SQL> SELECT COUNT(*) "취득과목수"
  2  FROM    SG_Scores
  3  WHERE   Student_ID = 'C1701';

취득과목수
----------
        8

SQL>
```

## 9.1.2 최댓값과 최솟값 계산

MAX(), MIN() 함수는 칼럼의 값들에 대하여 최댓값이나, 최솟값을 반환한다.

| 함수 | • MAX(칼럼명) : 최댓값을 반환한다. <br> • MIN(칼럼명) : 최솟값을 반환한다. |
|---|---|

※ 칼럼명은 숫자형 칼럼, 문자형 칼럼, 날짜형 칼럼, 또는 수식을 기술할 수 있다.

**【예제 9.03】** ▶ SG_Scores 테이블에서 과목코드 'L1031', 'SQL응용'의 최고 점수와 최저 점수를 출력하시오.

```
SQL> SELECT MAX(Score), MIN(Score)
  2  FROM    SG_Scores
  3  WHERE   Course_ID = 'L1031';

MAX(SCORE) MIN(SCORE)
---------- ----------
        96         77

SQL>
```

## 9.1.3 합계와 평균 계산

SUM()과 AVG() 함수는 숫자형 칼럼에 대한 합계와 평균을 반환한다.

| 함수 | • SUM(칼럼명) : 합계를 반환한다.<br>• AVG(칼럼명) : 평균을 반환한다. |
|------|---|

※ 칼럼명은 합계나 평균을 계산하기 위한 숫자형 칼럼명이다.

**【예제 9.04】** ▶ SG_Scores 테이블에서 과목코드가 'L1031', 'SQL응용' 과목명의 성적에 대한 총점과 평균을 출력하시오.

```
SQL> SELECT SUM(Score), AVG(Score)
  2  FROM    SG_Scores
  3  WHERE   Course_ID = 'L1031';

SUM(SCORE) AVG(SCORE)
---------- ----------
       520 86.6666667

SQL>
```

## 9.1.4 표준편차와 분산

STDDEV()와 VARIANCE() 함수는 칼럼 값의 표준편차와 분산을 반환한다.

| 함수 | • STDDEV(칼럼명) : 표준편차를 반환한다.<br>• VARIANCE(칼럼명) : 분산을 반환한다. |
| --- | --- |

| 【예제 9.05】 | ▶ SG_Scores 테이블에서 과목코드가 'L1031', 'SQL응용' 과목명의<br>성적에 대한 표준편차와 분산을 출력하시오. |
| --- | --- |

```
SQL> SELECT STDDEV(Score), VARIANCE(Score)
  2  FROM    SG_Scores
  3  WHERE   Course_ID = 'L1031';

STDDEV(SCORE)  VARIANCE(SCORE)
-------------  ---------------
   7.20185161       51.8666667

SQL>
```

# 9.2  GROUP BY절과 HAVING절

학과별 인원수, 과목별 총점이나 평균, 월별 판매 현황, 분기별 판매 현황 등과 같이 복수 행을 그룹별로 처리하는 경우 SELECT문의 GROUP BY절은 테이블의 전체 데이터를 특정 칼럼 기준으로 그룹화한다.

| 문법 | SELECT | 칼럼명1, 칼럼명2, 리터럴, 함수, 수식, … |
| --- | --- | --- |
| | FROM | 테이블명1, 테이블명2, 뷰명1, … |
| | WHERE | 검색조건1 … |
| | GROUP BY | 칼럼명1, 칼럼명2, … |
| | HAVING | 검색조건2 |
| | ORDER BY | 칼럼명1, 칼럼명2, …, 순서번호1, 순서번호2, … |

※ 기술 방법
- GROUP BY절은 그룹화할 칼럼명을 기술하며, 이 칼럼의 동일 값을 행으로 그룹화하여 중간 결과 테이블을 생성한다.
- HAVING절은 GROUP BY절에 대한 검색조건을 지정한다.

SELECT절에 집계함수와 GROUP BY절에 기술된 칼럼을 함께 기술하면 그룹화한 칼럼 값에 따른 집계함수의 값이 출력된다. 학과별 인원수를 계산하기 위해서 학과 코드로 그룹화하고, 학과코드와 그룹화한 학과코드별 행의 수를 출력한다.

● **GROUP BY절의 소속학과에 대한 중간 결과 테이블**

≪ 입력 테이블명 : Professor ≫

| 행순서 | 교수번호 | 교수명 | 직위 | 소속학과 | ··· |
|---|---|---|---|---|---|
| ① | P00 | 서한식 | 총장 | 대학 | ··· |
| ② | P11 | 신기술 | 교수 | 컴공 | ··· |
| ③ | P12 | 이대호 | 부교수 | 컴공 | ··· |
| ④ | P13 | 유소연 | 조교수 | 컴공 | ··· |
| ⑤ | P14 | 조성우 | 조교수 | 컴공 | ··· |
| ⑥ | P21 | 박지성 | 부교수 | 정통 | ··· |
| ⑦ | P24 | 최경주 | 조교수 | 정통 | ··· |
| ⑧ | P41 | 안연홍 | 부교수 | 경영 | ··· |
| ⑨ | P51 | 함영애 | 부교수 | 행정 | ··· |

⬇⬇⬇

< 소속학과별 중간 결과 테이블 >

| 소속학과 | 그룹화되는 행 | 그룹화된 행의 수 |
|---|---|---|
| 대학 | ① | 1 |
| 컴공 | ②, ③, ④, ⑤ | 4 |
| 정통 | ⑥, ⑦ | 2 |
| 경영 | ⑧ | 1 |
| 행정 | ⑧ | 1 |

**【예제 9.06】** ▶ Professor 테이블을 이용하여 학과별 교수 인원수를 출력하시오.

```
SQL> SELECT    Dept_ID, COUNT(*)
  2  FROM      Professor
  3  GROUP BY Dept_ID;


DEPT_ID    COUNT(*)
--------  ----------
행정              1
대학              1
컴공              4
정통              2
경영              1


SQL>
```

※ GROUP BY절에 학과코드(Dept_ID)로 그룹화한다.

| 【예제 9.07】 | ▶ Professor 테이블을 이용하여 학과별 교수 인원수가 1명인 학과를 출력하시오. |
|---|---|

```
SQL> SELECT   Dept_ID
  2  FROM     Professor
  3  GROUP BY Dept_ID
  4  HAVING   COUNT(*) = 1;


DEPT_ID
--------
행정
대학
경영


SQL>
```

※ HAVING절은 GROUP BY절의 중간 결과 테이블의 검색조건이다.

| 【예제 9.08】 | ▶ SG_SCores 테이블에서 학번별의 8과목 이상을 취득한 학번의 과목수와 평균을 학번순으로 출력하시오. |
|---|---|

```
SQL> SELECT Student_ID, COUNT(1) "취득과목수",
  2            TO_CHAR(AVG(Score),'99.99') "평균"
  3  FROM     SG_Scores
  4  GROUP    BY Student_ID
  5  HAVING COUNT(1) >= 8
  6  ORDER    BY 1;


STUDENT_ID 취득과목수 평균
---------- ---------- ------------
C1601              8  84.88
C1701              8  92.25
C1702              8  91.50


SQL>
```

※ COUNT(1) 집계함수는 COUNT(*) 집계함수와 동일하게 사용할 수 있다.


# 9.3  GROUP BY절과 그룹 처리

GROUP BY절과 그룹별 집계함수를 이용하면 각 그룹에 대한 인원수, 건수, 최댓값, 최솟값, 합계, 평균 등을 계산할 수 있다.

【예제 9.09】  ▶ Student 테이블로부터 학과별/학년별 인원수를 계산하여 학과
                별/학년별로 출력하시오.

```
SQL> SELECT    Dept_ID, Year, COUNT(*)  "인원수"
  2  FROM      Student
  3  GROUP BY Dept_ID, Year
  4  ORDER BY 1, 2;

DEPT_ID  YE      인원수
-------- --  ----------
경영      1        1
경영      2        1
정통      1        1
정통      2        1
컴공      1        2
컴공      2        3
컴공      3        2
행정      1        1

8 개의 행이 선택되었습니다.

SQL>
```

## 9.3.1  ROLLUP과 CUBE 연산

GROUP BY절에 ROLLUP과 CUBE를 사용하면 그룹별 집계와 합계를 자동 계산하
여 출력할 수 있다.

| 문법 | GROUP BY  [ ROLLUP | CUBE ] ( 칼럼명1, 칼럼명2, … ) |

● ROLLUP은 괄호()안에 기술한 그룹핑 칼럼의 그룹별 집계와 합계를 출력한다.
  ROLLUP(a, b, c) 일 경우 출력순서는 [a, b, c 집계] → [a, b 집계] → [a 집계]
  → [전체합계] 순으로 조합하여 결과를 반환한다.

● CUBE는 괄호()안에 기술한 그룹핑 칼럼의 그룹별 집계와 합계를 출력한다.
  CUBE(a, b, c)일 경우 출력순서는 [a, b, c 집계] → [(a, b) 집계] → [(b, c) 집
  계] → [(a, c)집계] → [(a)집계] → [(b)집계] → [(c) 집계] → [전체합계]순으로
  조합 가능한 모든 집계 결과를 반환한다.

Student 테이블의 데이터가 표 9.2와 같을 경우

| 행번호 | 학과 | 학년 | 기타 | 행번호 | 학과 | 학년 | 기타 |
|---|---|---|---|---|---|---|---|
| ① | 컴공 | 1 | ··· | ⑦ | 정통 | 1 | ··· |
| ② | 컴공 | 1 | ··· | ⑧ | 정통 | 2 | ··· |
| ③ | 컴공 | 2 | ··· | ⑨ | 경영 | 1 | ··· |
| ④ | 컴공 | 2 | ··· | ⑩ | 경영 | 2 | ··· |
| ⑤ | 컴공 | 3 | ··· | ⑪ | 행정 | 1 | ··· |
| ⑥ | 컴공 | 3 | ··· | ⑫ | 컴공 | 2 | ··· |

표 9.2  Student 테이블의 데이터 예

표 9.2의 Student 테이블에 대하여 학과/학년별 인원수와 학년별 집계, 전체 합계를 계산하기 위하여 GROUP BY절에 ROLLUP(학과, 학년)을 사용하면 표 9.3과 같이 [학과별, 학년 집계], [학과별 집계], [전체 합계]순으로 조합하여 반환한다.

| 학과＼학년 | 1 | 2 | 3 | [학과별 집계] |
|---|---|---|---|---|
| 경영 | 1 | 1 | | 2 |
| 정통 | 1 | 1 | | 2 |
| 컴공 | 2 | 3 | 2 | 7 |
| 행정 | 1 | | | 1 |
| [전체 합계] | | | | 12 |

표 9.3  Student 테이블의 ROLLUP(학과, 학년) 연산

표 9.2의 Student 테이블에 대하여 학과/학년별 인원수와 학과별 집계, 학년별 집계, 전체 합계를 계산하기 위하여 GROUP BY절에 CUBE(학과, 학년)을 사용하면 표 9.4와 같이 [학과, 학년 집계], [학과별 집계], [학년별 집계], [전체 합계]순으로 조합하여 반환한다.

| 학과＼학년 | 1 | 2 | 3 | [학과별 집계] |
|---|---|---|---|---|
| 경영 | 1 | 1 | | 2 |
| 정통 | 1 | 1 | | 2 |
| 컴공 | 2 | 3 | 2 | 7 |
| 행정 | 1 | | | 1 |
| [학년별 집계] | 5 | 5 | 2 | |
| [전체 합계] | | | | 12 |

표 9.4  Student 테이블의 CUBE(학과, 학년) 연산

【예제 9.10】  ▶ Student 테이블로부터 학과별/학년별, 학과별, 전체 합계의 인원수를 계산하여 출력하시오.

```
SQL> SELECT    Dept_ID, Year, COUNT(*) "인원수"
  2  FROM      Student
  3  GROUP BY ROLLUP(Dept_ID, Year);


DEPT_ID  YE    인원수
-------- -- ----------
경영      1        1
경영      2        1
경영               2  ☜ 학과별 집계
정통      1        1
정통      2        1
정통               2  ☜ 학과별 집계
컴공      1        2
컴공      2        3
컴공      3        2
컴공               7  ☜ 학과별 집계
행정      1        1
행정               1  ☜ 학과별 집계
                 12  ☜ 전체 합계


13 개의 행이 선택되었습니다.

SQL>
```

| 【예제 9.11】 | ▶ Student 테이블로부터 학과별/학년별, 학과별, 학년별, 전체 합계의 인원수를 계산하여 출력하시오. |
|---|---|

```
SQL> SELECT    Dept_ID, Year, COUNT(*)
  2  FROM      Student
  3  GROUP BY CUBE(Dept_ID, Year)
  4  ORDER BY 1, 2;


DEPT_ID  YE    인원수
-------- -- ----------
경영      1        1
경영      2        1
경영               2  ☜ 학과별 집계
정통      1        1
정통      2        1
정통               2  ☜ 학과별 집계
컴공      1        2
컴공      2        3
컴공      3        2
```

| | | |
|---|---|---|
| 컴공 | | 7   ☞ 학과별 집계 |
| 행정 | 1 | 1 |
| 행정 | | 1   ☞ 학과별 집계 |
| | 1 | 5    ☞ 학년별 집계 |
| | 2 | 5    ☞ 학년별 집계 |
| | 3 | 2    ☞ 학년별 집계 |
| | | 12  ☞ 전체 합계 |

16 개의 행이 선택되었습니다.

SQL>

## 9.3.2   GROUPING SETS

GROUPING SETS는 GROUP BY절의 확장된 형태로 하나의 GROUP BY절에 기술한 칼럼의 집계를 출력한다. 괄호()내에 그룹핑 칼럼을 기술하면 불필요한 집계를 제거하여 각 칼럼의 그룹에 대한 집계가 출력한다.

| 문법 | GROUP BY   GROUPING SETS ( 칼럼명1, 칼럼명2, ⋯ ) |
|---|---|

| 【예제 9.12】 | ▶ Student 테이블로부터 학과별인원수와 학년별 인원수를 계산하여 출력하시오. |
|---|---|

```
SQL> SELECT    Dept_ID, Year, COUNT(*)
  2  FROM      Student
  3  GROUP BY GROUPING SETS(Dept_ID, Year)
  4  ORDER BY 1, 2;

DEPT_ID  YE   COUNT(*)
-------- --   ----------
```

| | | |
|---|---|---|
| 경영 | | 2  ☞ 학과별 집계 |
| 정통 | | 2  ☞ 학과별 집계 |
| 컴공 | | 7  ☞ 학과별 집계 |
| 행정 | | 1  ☞ 학과별 집계 |
| | 1 | 5   ☞ 학년별 집계 |
| | 2 | 5   ☞ 학년별 집계 |
| | 3 | 2   ☞ 학년별 집계 |

7 개의 행이 선택되었습니다.

SQL>

| 【예제 9.13】 | ▶ Student 테이블로부터 학과별/학년별, 학과별, 학년별 인원수를 GROUPING SETS을 이용하여 출력하시오. |

```
SQL> SELECT    Dept_ID, Year, COUNT(*)
  2  FROM       Student
  3  GROUP BY GROUPING SETS ((Dept_ID, Year), Dept_ID, Year);

DEPT_ID  YE   COUNT(*)
-------- --  ----------
경영      1          1    ☜ 학과/학년별 집계
경영      2          1
정통      1          1
정통      2          1
컴공      1          2
컴공      2          3
컴공      3          2
행정      1          1
경영                 2    ☜ 학과별 집계
정통                 2
컴공                 7
행정                 1
         1          5    ☜ 학년별 집계
         2          5
         3          2

15 개의 행이 선택되었습니다.

SQL>
```

## 9.3.3  그룹핑 함수

그룹핑(grouping) 함수는 GROUPING()과 GROUPING_ID(), GROUP_ID()가 있다. 그룹핑 함수들은 연산기능은 없고, 연산에 칼럼이 사용되면 0, 사용되지 않으면 1을 반환한다.

● GROUPING(expr) 함수는 expr이 ROLLUP, CUBE, GROUPING SETS 함수에서 연산의 사용 여부에 따라 0또는 1을 반환한다.
 - expr은 GROUP BY절에 기술된 칼럼이어야 한다. expr의 칼럼 값이 모든 조합의 집합에서 널로 나타나면 1을 반환하고, 그렇지 않으면 0을 반환한다.

● GROUPING_ID(expr, …) 함수는 ROLLUP, CUBE, GROUPING SETS 함수에서 expr이 연산의 사용 유무에 따라 그룹핑 비트 벡터(grouping bit vector)로 0 또

는 1을 반환한다. 만약 expr이 두 개의 칼럼[a, b]일 경우 [a 사용, b 사용]이면 [00] → 0, [a 사용, b 사용 안함]이면 [01] → 1, [a 사용 안함, b 사용]이면 [10] →2, [a, b 사용 안함]이면 [11] →3을 반환한다.

● GROUP_ID() 함수는 지정된 GROUP BY절 결과로부터 중복된 그룹을 구별하며, 질의 결과에서 중복된 그룹핑을 필터링 하는데 유용하다. 유일한 중복 그룹을 식별하기 위해서 오라클 숫자를 반환한다. 만약 n이 특정 그룹핑에서 중복이 존재하면 GROUP_ID는 0~n-1 범위의 수를 반환한다.

| 【예제 9.14】 | ▶ 예제 9.11을 처리하시오. 단, GROUPING_ID() 함수로 Dept_ID, Year 칼럼의 사용 유무에 따라 '소계', '학년계', '전체합계'를 추가하여 출력하시오. |
|---|---|

```
SQL> SELECT CASE GROUPING_ID(Dept_ID,Year) WHEN 0 THEN Dept_ID
  2                                         WHEN 1 THEN NULL
  3                                         WHEN 2 THEN ' 학년계'
  4                                         WHEN 3 THEN NULL
  5         END "학과코드",
  6         CASE GROUPING_ID(Dept_ID,Year) WHEN 0 THEN Year
  7                                         WHEN 1 THEN '   소계'
  8                                         WHEN 2 THEN YEAR
  9                                         WHEN 3 THEN '전체합계'
 10         END "학년", COUNT(*) "인원수",
 11         GROUPING_ID(Dept_ID, Year) "비트 벡터"
 12  FROM   Student
 13  GROUP BY CUBE(Dept_ID, Year)
 14  ORDER BY Dept_ID;
```

| 학과코드 | 학년 | 인원수 | 비트 벡터 | |
|---|---|---|---|---|
| 경영 | 1 | 1 | 0 | ☜ 00 (학과/학년 사용) |
| 경영 | 2 | 1 | 0 | |
| | 소계 | 2 | 1 | ☜ 01 (학과 사용) |
| ...... | | | | |
| 컴공 | 1 | 2 | 0 | |
| 컴공 | 2 | 3 | 0 | |
| 컴공 | 3 | 2 | 0 | |
| | 소계 | 7 | 1 | |
| ...... | | | | |
| 학년계 | 1 | 5 | 2 | ☜ 10 (학년 사용) |
| 학년계 | 2 | 5 | 2 | |
| 학년계 | 3 | 2 | 2 | |

전체합계　　　12　　　　3　　⏎ 11 (사용 안함)

16 개의 행이 선택되었습니다.

SQL>

- 학과코드의 GROUPING_ID(Dept_ID,Year) 함수는 그룹핑 비트 벡터가 00(0)이면 Dept_ID, 01(1)이면 NULL, 10(2)이면 '학년계', 11(3)이면 NULL을 반환한다.
- 학년의 GROUPING_ID(Dept_ID,Year) 함수는 그룹핑 비트 벡터가 00(0)이면 Year, 01(1)이면 '소계', 10(2)이면 Year, 11(3)이면 '전체합계'를 반환한다.

## 9.4  분석함수

분석함수(analytic functions)란 데이터를 분석하기 위한 함수이며, 쿼리 결과를 대상으로 전체그룹이 아닌 소그룹별로 각 행에 대한 계산 값을 반환할 수 있다. 분석함수는 집계함수와 달리 분석함수용 그룹을 정의하여 계산을 수행하며, 이러한 그룹을 오라클에서는 윈도우(window)라고 부른다. 표 9.5는 SQL의 대표적인 분석함수이다. 표 9.1과 표 9.5의 함수에 별표(*)는 윈도우절이 사용가능한 함수이다.

| 함 수 명 | 의　　미 |
|---|---|
| COUNT(*),COUNT(칼럼명) * | 전체 또는 칼럼의 행의 수 반환 |
| MAX(칼럼명) * | 칼럼의 최댓값을 반환 |
| MIN(칼럼명) * | 칼럼의 최솟값을 반환 |
| SUM(칼럼명) * | 칼럼의 합계를 반환 |
| AVG(칼럼명) * | 칼럼의 평균을 반환 |
| STDDEV(칼럼명) * | 칼럼의 표본표준편차를 반환 |
| VARIANCE(칼럼명) * | 칼럼의 분산을 반환 |
| RANK() | 값의 그룹에서 값의 순위를 계산 |
| DENSE_RANK() | 칼럼이나 표현식에 대하여 순위 계산, 1씩 증가 |
| COME_DIST() | 값의 그룹에 있는 값의 누적 분포를 계산 |
| PERCENT_RANK() | 그룹 수에 대한 값의 순위 퍼센트 반환 |
| NTILE(n) | 출력결과를 지정한 그룹 수로 n으로 나누어 출력 |
| ROW_NUMBER() | PARTITION BY절의 정렬 결과에 순위를 부여 |
| FIRST_VALUE() * | ORDER BY절의 정렬된 그룹에서 첫번째 값을 반환 |
| LAST_VALUE() * | ORDER BY절의 정렬된 그룹에서 마지막 값을 반환 |
| LAG(칼럼명, n) | 칼럼의 현재 행 기준으로 n 이전 행 값을 반환 |
| LEAD(칼럼명, n) | 칼럼의 현재 행 기준으로 n 이후 행 값을 반환 |

표 9.5  SQL의 분석함수

분석함수의 SELECT절에서만 사용이 가능하며 FROM절, WHERE절, GROUP BY절, HAVING절을 먼저 처리한 후에 처리한다. 용도에 따른 분석함수는 표 9.6과 같다.

| 구분 | 분석함수 |
|------|----------|
| 집계 분석 | COUNT( ), MAX( ), MIN( ), SUM( ), AVG( ) |
| 순위 계산 | RANK( ), DENSE_RANK( ), ROW_NUMBER( ) |
| 순서 분석 | FIRST_VALUE( ), LAST_VALUE( ), LAG( ),LEAD( ) |
| 통계 분석 | STD_DEV( ), VARIANCE( ) |
| 그룹 비율 | CUME_DIST( ), PERCENT_RANK( ), NTITLE( ) |

표 9.6   용도에 따른 분석함수의 종류

## 9.4.1  집계함수와 분석함수의 문법

동일한 함수명이라도 집계함수와 분석함수의 문법이 다르다.

| 집계함수<br>문   법 | 집계함수명 (expr, ⋯) WITHIN GROUP (<br>ORDER BY < <값 표현> [ ASC \| DESC ] >, ⋯<br>[ NULLS FIRST \| NULLS LAST ] [ , ⋯ ]  ) |
|------|------|

※ 기술 방법
- 집계함수명 : 표 9.5의 1에 해당하는 함수명을 기술한다.
- expr, ⋯ : 집계 대상의 상수 또는 인수식을 기술한다.
- WITHIN GROUP : 예약어
- ORDER BY <값 표현> : <값 표현>은 집계 대상 데이터가 어떤 값을 기준으로 정렬될 것인가를 지정하며, ASC는 오름차순, DESC는 내림차순으로 정렬한다.
- NULLS FIRST | NULLS LAST : 널(null)이 포함된 행이 순서상 제일 앞에 위치할 것인가 제일 마지막에 위치할 것인가를 지정한다.

분석함수의 문법으로 OVER()절에 분석할 데이터를 기술하지 않으면 전체 행을 대상으로 하며, 소그룹으로 불리는 <window>절이 포함될 수 있다.

| 분석함수<br>문   법 | 분석함수명( ) OVER ( < PARTITION BY 표현식1 ><br>< ORDER BY 표현식2 [ASC \| DESC ] ><br>< window절 > ) |
|------|------|

※ 기술 방법
- 분석함수명 : 표 9.6에 해당하는 함수명을 기술한다.
- PARTITION BY 표현식1 : 쿼리 결과 집합을 표현식1로 분할한다.

- ORDER BY 표현식2 [ASC | DESC ] : PARTITION BY절에 사용할 데이터 정렬 방법을 오름차순(ASC) 혹은 내림차순(DESC)으로 정렬한다. PARTITION BY절을 생략하면 전체 행을 정렬한다.
- window절 : ORDER BY절이 사용될 때 ROWS (물리적 행 집합) 또는 RANGE (논리적 행 집합) 키워드로 함수에 사용할 각 행을 정의한다.

| 【예제 9.15】 | ▶ Student 테이블을 이용하여 학과별, 학년별 인원수를 계산하여 출력하시오. |
|---|---|

```
SQL> SELECT UNIQUE Dept_ID, Year,
  2          COUNT(*) OVER( PARTITION BY Dept_ID, Year) "인원수"
  3  FROM    STUDENT
  4  ORDER   BY 1, 2;

DEPT_ID YE      인원수
-------- -- ----------
경영      1        1
경영      2        1
정통      1        1
정통      2        1
컴공      1        2
컴공      2        3
컴공      3        2
행정      1        1

8 개의 행이 선택되었습니다.

SQL>
```

※ GROUP BY절을 사용하지 않더라도 COUNT() 집계함수를 이용하여 학과별, 학년별 인원수를 계산할 수 있다.

| 【예제 9.16】 | ▶ SG_Scores 테이블을 이용하여 과목별 성적취득 학생수와 과목별 평균점수를 계산하여 출력하시오. |
|---|---|

```
SQL> SELECT UNIQUE Course_ID,
  2          COUNT(*) OVER(PARTITION BY Course_ID) "학생수",
  3          AVG(Score) OVER(PARTITION BY Course_ID) "과목별 평균"
  4  FROM    SG_Scores
  5  ORDER   BY 1;
```

```
COURSE_ID       학생수 과목별 평균
---------- ---------- -----------
L0011               2          83
L1011               4        91.5
L1021               4       93.75
L1022               2          92
L1031               6  86.6666667
L1032               3  89.3333333
L1041               2          82
......
10 개의 행이 선택되었습니다.

SQL>
```

## 9.4.2  순위를 위한 RANK( ) 함수와 DENSE_RANK( ) 함수

RANK() 함수와 DENSE_RANK() 함수는 값의 그룹에서 값의 순위를 계산하여 정수로 반환하며, 집계함수와 분석함수가 있다.

● RANK() 집계함수는 expr 인수에 의해 식별된 불확실한 행의 순위를 소그룹 또는 전체그룹에서 반환한다.

| 집계<br>함수 | RANK (expr) WITHIN GROUP (<br>                    ORDER BY <값 표현> [ ASC │ DESC ], ···<br>                    [ NULLS FIRST │ NULLS LAST ] [, ··· ]  ) |
|---|---|

● RANK() 분석함수는 ORDER BY절에서 <값 표현> 값에 근거하여, 쿼리에 반환되는 행들에 대해서 쿼리로부터 반환되는 각 행의 순위를 반환한다.

| 분석<br>함수 | RANK() OVER ( [ PARTITION BY <값 표현1>] [, ··· ] ]<br>                    ORDER BY <값 표현2> [ ASC │ DESC ], ···<br>                    [ NULLS FIRST │ NULLS LAST ] [, ···]   ) |
|---|---|

DENSE_RANK() 함수는 RANK() 함수와 문법은 유사하나, 동일 값에 대한 순위 부여가 다르다. DENSE_RANK() 함수는 행의 순서화된 그룹에서 행의 순위를 계산하며, ORDER BY절에 사용된 칼럼이나 표현식에 대하여 순위를 부여한다. 순위는 동일 순위의 수와 상관없이 1 증가된 값을 돌려준다.

● ROW_NUMBER() 분석함수는 정렬된 결과에 대하여 1로 시작해서 각 행에 유일한 순서를 할당한다.

| 순서 | 분류값 | RANK() | DENSE_RANK() | ROW_NUMBER() |
|------|--------|--------|--------------|--------------|
| 1 | 100 | 1 | 1 | 1 |
| 2 | 90 | 2 | 2 | 2 |
| 3 | 90 | 2 | 2 | 3 |
| 4 | 85 | 4 | 3 | 4 |
| 5 | 82 | 5 | 4 | 5 |
| 6 | 82 | 5 | 4 | 6 |
| 7 | 75 | 7 | 5 | 7 |

표 9.7  함수를 이용한 순위부여 예

**【예제 9.17】** ▶ SG_Scores 테이블에서 'C1701' 학번의 과목 성적에 대하여 성적이 86점에 대한 석차와 성적 순위를 계산하시오.

```
SQL> SELECT RANK(86) WITHIN GROUP (ORDER BY Score DESC) "석차",
  2    DENSE_RANK(86) WITHIN GROUP (ORDER BY Score DESC) "성적순위"
  3  FROM    SG_SCORES
  4  WHERE   Student_ID = 'C1701';

     석차    성적순위
---------- ----------
       8          6

SQL>
```

**【예제 9.18】** ▶ SG_Scores 테이블에서 'C1701' 학번의 과목 성적에 대하여 석차와 순위, 순서를 성적순으로 출력하시오.

```
SQL> SELECT Course_ID, Student_ID, Score,
  2         RANK()       OVER (ORDER BY Score DESC) "석차",
  3         DENSE_RANK() OVER (ORDER BY Score DESC) "순위",
  4         ROW_NUMBER() OVER (ORDER BY Score DESC) "순서"
  5  FROM    SG_SCORES
  6  WHERE   Student_ID = 'C1701';

COURSE_ID STUDENT_ID    SCORE       석차        순위        순서
--------- ----------  --------  ----------  ----------  ----------
L1022     C1701          97         1           1           1
L1011     C1701          97         1           1           2
L1021     C1701          96         3           2           3
L1031     C1701          96         3           2           4
```

| L1032 | C1701 | 93 | 5 | 3 | 5 |
| L1051 | C1701 | 89 | 6 | 4 | 6 |
| L2061 | C1701 | 87 | 7 | 5 | 7 |
| L1042 | C1701 | 83 | 8 | 6 | 8 |

8 개의 행이 선택되었습니다.

SQL>

---

**【예제 9.19】** ▶ SG_Scores 테이블에서 학번별 총점을 이용하여 석차를 구하고, [학번, 총점, 평균, 석차]를 석차순으로 출력하시오.

```
SQL> SELECT Student_ID, SUM(Score), FLOOR(AVG(Score)) "평균",
  2          RANK() OVER (ORDER BY SUM(Score) DESC) "석차"
  3  FROM    SG_Scores
  4  WHERE   Score IS NOT NULL
  5  GROUP   BY Student_ID
  6  ORDER   BY 4;
```

| STUDENT_ID | SUM(SCORE) | 평균 | 석차 |
|------------|-----------|------|------|
| C1701 | 738 | 92 | 1 |
| C1702 | 732 | 91 | 2 |
| C1601 | 679 | 84 | 3 |
| C1602 | 624 | 89 | 4 |
| C1731 | 97 | 97 | 5 |
| B1701 | 85 | 85 | 6 |
| C1801 | 85 | 85 | 6 |
| C1802 | 77 | 77 | 8 |

8 개의 행이 선택되었습니다.

SQL>

---

**【예제 9.20】** ▶ SG_Scores 테이블에서 학번별 취득과목수를 출력하시오.

```
SQL> SELECT UNIQUE Student_ID,
  2          COUNT(*) OVER (PARTITION BY Student_ID) "과목수"
  3  FROM    SG_Scores
  4  ORDER   BY 1;
```

```
STUDENT_ID     과목수
----------  ----------
B1701               1
C1601               8
C1602               7
C1701               8
C1702               8
......
8 개의 행이 선택되었습니다.

SQL>
```

**【예제 9.21】** ▶ SG_Scores 테이블의 성적을 이용하여 전체석차와 과목별 석차를 과목코드별 석차순으로 출력하시오.

```
SQL> SELECT Student_ID, Course_ID, Score,
  2          RANK( ) OVER (ORDER BY Score DESC) "전체석차",
  3    RANK( ) OVER (PARTITION BY Course_ID ORDER BY Score DESC) "과
목별 석차"
  4    FROM    SG_Scores
  5    WHERE   Score IS NOT NULL
  6    ORDER   BY 2, 5;

STUDENT_ID COURSE_ID      SCORE   전체석차 과목별 석차
---------- ----------  ----------  ---------- -----------
C1602      L0011              98           2           1
C1601      L0011              68          35           2
......
C1701      L1031              96           9           1
C1602      L1031              94          13           2
C1702      L1031              86          24           3
C1801      L1031              85          25           4
C1601      L1031              82          30           5
C1802      L1031              77          32           6
......
35 개의 행이 선택되었습니다.

SQL>
```

**【예제 9.22】** ▶ SG_Scores 테이블에서 'C1601', 'C1602' 학번의 과목별 성적에 대한 누계점수를 계산하시오.

```
SQL> SELECT Student_ID, Course_ID, Score,
  2    SUM(Score) OVER (PARTITION BY Student_ID ORDER BY Course_ID)
"과목별 누계점수"
  3    FROM   SG_Scores
  4    WHERE  Student_ID IN ('C1601', 'C1602')
  5    ORDER  BY 1;

STUDENT_ID COURSE_ID        SCORE 과목별 누계점수
---------- ---------- ---------- ---------------
C1601      L0011              68              68    ☞ (68)
C1601      L1011              93             161    ☞ (68+93)
C1601      L1021              85             246    ☞ (161+85)
C1601      L1031              82             328    ☞ (246+82)
C1601      L1032              78             406    ☞ (328+78)
C1601      L1041              87             493    ☞ (406+87)
C1601      L1051              87             580    ☞ (493+87)
C1601      L2061              99             679    ☞ (580+99)
......
15 개의 행이 선택되었습니다.

SQL>
```

## 9.4.3  CUME_DIST( )와 PERCENT_RANK( ) 함수

CUME_DIST() 함수는 그룹 값에서 어떤 값의 누적분포를 계산한다. 반환되는 값의 범위는 0보다 크고 1보다 작다. 이 값은 항상 같은 누적 값에 대하여 평가한다. PARTITION BY에 의해 나누어진 그룹별로 각 행을 ORDER BY절에 명시된 순서로 정렬한 후 그룹별 상대적인 위치를 구한다. 상대적인 위치는 구하고자 하는 값보다 작거나 같은 값을 가진 행의 수를 그룹 내의 총 행의 수로 나눈 것을 의미하며 결과 값의 범위는 0보다 크고 1보다 작거나 같다.

PERCENT_RANK() 함수는 그룹 수에 대한 값의 순위 퍼센트를 반환하고, 반환되는 값의 범위는 0~1이다.

● PERCENT_RANK() 집계함수는 함수의 인수와 대응하는 정렬된 지정에 의해서 선택된 불확정정인 행 r을 계산하여, 행 r의 순위로부터 1을 빼고 집계그룹 내의 행의 수로 나눈다.

● PERCENT_RANK() 분석함수는 행 r에 대하여 r의 순위로부터 1을 뺀 수를 평가되어지는 행의 수에서 1을 뺀 수로 나눈다.

CUME_DIST() 함수와 유사하나 PARTITION별 (각 행의 순위 - 1) / (행의 수)를 결과 값으로 하며, 결과 값의 범위는 (0 <= 결과 값 <= 1)이고, 집합의 첫 번째 행의 PERCENT_RANK()는 항상 0이 된다.

| 값 | RANK() | CUME_DIST() | PERCENT_RANK() |
|----|--------|-------------|----------------|
| 10 | 1 | 0.25 | 0     -> (1-1)/(4-1) |
| 20 | 2 | 0.75 | 0.33 -> (2-1)/(4-1) |
| 20 | 2 | 0.75 | 0.33 -> (2-1)/(4-1) |
| 30 | 4 | 1 | 1     -> (4-1)/(4-1) |

표 9.8 CUME_DIST()와 PERCENT_RANK()의 비교

**【예제 9.23】** ▶ SG_Scores 테이블에서 과목코드가 'L1021', '데이터베이스'의 성적에 대하여 순위, 누적분포와 순위퍼센트를 계산하시오.

```
SQL> SELECT Course_ID, Student_ID, Score,
  2      RANK( ) OVER
  3      (PARTITION BY Course_ID ORDER BY Score DESC) "순위",
  4      CUME_DIST( ) OVER
  5      (PARTITION BY Course_ID ORDER BY Score DESC) "누적분포",
  6      PERCENT_RANK( ) OVER
  7      (PARTITION BY Course_ID ORDER BY Score DESC) "순위퍼센트"
  8  FROM    SG_SCORES
  9  WHERE   Course_ID = 'L1021';

COURSE_ID  STUDENT_ID   SCORE      순위     누적분포 순위퍼센트
---------- ----------- ---------- ---------- ---------- ----------
L1021      C1602          98          1         .2          0
L1021      C1731          97          2         .4         .25
L1021      C1701          96          3         .8         .5
L1021      C1702          96          3         .8         .5
L1021      C1601          85          5          1          1

SQL>
```

## 9.4.4 NTILE( ) 함수

NTILE(expr) 분석함수는 순서화된 데이터를 expr의 지정된 수로 분할하여, 각 행을 적절한 그룹번호(1~expr)를 할당한다. 만약, PARTITION 내에 40개의 행 이 있고 NTILE(4)를 사용하면 1개의 그룹당 10개의 행이 배정된다. 만일 정확하게 분배되지 않을 경우 근사치

로 배분하고 남는 행은 최초부터 한 개씩 배분한다. 즉, 42개의 행에 대하여 NTILE(4)를
적용하면 첫 번째부터 두 번째까지는 11개, 나머지는 10개의 행이 배치된다.

| 【예제 9.24】 | ▶ SG_Scores 테이블에서 'C1701' 학번이 취득한 과목의 성적을 4 그룹으로 나누어 출력하시오. |
|---|---|

```
SQL> SELECT Course_ID, Student_ID, Score,
  2         NTILE (4) OVER
  3       (PARTITION BY Student_ID ORDER BY Score DESC) "그룹번호"
  4  FROM    SG_SCORES
  5  WHERE   Student_ID = 'C1701';

COURSE_ID  STUDENT_ID     SCORE  그룹번호
---------- ---------- ---------- ----------
L1022      C1701             97           1
L1011      C1701             97           1
L1021      C1701             96           2
L1031      C1701             96           2
L1032      C1701             93           3
L1051      C1701             89           3
L2061      C1701             87           4
L1042      C1701             83           4

8 개의 행이 선택되었습니다.
SQL>
```

## 9.4.5  FIRST_VALUE( ) 함수와 LAST_VALUE( ) 함수

● FIRST_VALUE() 분석함수는 윈도우에서 정렬된 값 중에서 첫번째 값을 반한한다.
● LAST_VALUE() 분석함수는 윈도우에서 정렬된 값 중에서 마지막 값을 반환한다.

| 【예제 9.25】 | ▶ SG_Scores 테이블에서 과목코드가 'L2061'의 성적에 대하여 FIRST_VALUE와 LAST_VALUE를 출력하시오. |
|---|---|

```
SQL> SELECT Course_ID, Student_ID, Score,
  2   FIRST_VALUE(Score) OVER (ORDER BY Score DESC) "FIRST_VALUE",
  3   LAST_VALUE(Score)  OVER (ORDER BY Score DESC) "LAST_VALUE"
  4  FROM    SG_SCORES
  5  WHERE   Course_ID = 'L2061;
```

```
COURSE_ID   STUDENT_ID   SCORE  FIRST_VALUE  LAST_VALUE
----------  ----------   -----  -----------  ----------
L2061       C1601           99           99          99    ☜ (대상: 99)
L2061       C1702           95           99          95    ☜ (대상: 99,95)
L2061       C1602           93           99          93    ☜ (대상: 99,95,93)
L2061       C1701           87           99          87    ☜ (대상: 99,95,93,87)

SQL>
```

## 9.4.6  LAG( ) 함수와 LEAD( ) 함수

LEAD()와 LAG() 분석함수는 동일한 테이블에 있는 다른 행의 값을 참조하는 함수이다.
● LAG() 분석함수는 현재 행을 기준으로 이전 행 값을 참조하고,
● LEAD() 분석함수는 현재 행을 기준으로 다음 행 값을 참조한다.
LAG()와 LEAD() 분석함수에서 지정하는 인수는 현재 행을 기준으로 몇 번째 행을 참조할 것인지를 지정하며, 음수는 사용할 수 없다. LAG()와 LEAD() 분석함수는 일별 매출 추이 등과 같이 연속적인 데이터 값을 분석할 때 유용하게 사용할 수 있다.

| 【예제 9.26】 | ▶ SG_Scores 테이블에서 과목코드가 'C0022', 'SQL' 과목명의 성적에 대하여 LAG값과 LEAD 값을 출력하시오. |

```
SQL> SELECT Course_ID, Student_ID, Score "현재행",
  2         LAG(Score, 1)  OVER (ORDER BY Score DESC) "이전행",
  3         LEAD(Score, 1) OVER (ORDER BY Score DESC) "다음행"
  4  FROM   SG_SCORES
  5  WHERE  Course_ID = 'L1031';

COURSE_ID   STUDENT_ID   현재행       이전행       다음행
----------  ----------   ----------  ----------  ----------
L1031       C1731           97                       96
L1031       C1701           96           97          94
L1031       C1602           94           96          86
L1031       C1702           86           94          85
L1031       C1801           85           86          82
L1031       C1601           82           85          77
L1031       C1802           77           82

7 개의 행이 선택되었습니다.

SQL>
```

연 습 문 제 1

1. 회원관리(EC_Member) 테이블을 이용하여 총회원수를 출력하시오.

【결과》
```
SQL> …
   총회원수
----------
        16

SQL>
```

2. 주문처리(EC_Order) 테이블에서 결제금액(CMoney)이 제일 적은 금액과 제일 많은 금액을 출력하시오.

【결과》
```
SQL> …
MIN(CMONEY) MAX(CMONEY)
----------- -----------
      53000     4300000

SQL>
```

3. 주문처리(EC_Order) 테이블에서 결제한 회원의 주문자ID별 결제금액(CMoney)의 합계를 계산하여 [주문자ID, 결제합계]를 출력하시오.

【결과》
```
SQL> COLUMN 결제합계 FORMAT L999,999,999
SQL> …
주문자 ID                         결제합계
-------------------- --------------------
supark                           ₩985,000
usko                             ₩930,000
jupark                         ₩8,035,000
imjung                         ₩1,785,000
uskang                           ₩272,000
jskang                         ₩1,060,000
cscho                          ₩1,487,000
kcchoi                           ₩123,000

8 개의 행이 선택되었습니다.

SQL>
```

4. 상품관리(EC_Product) 테이블의 단가(Unit_Price)를 이용하여 역순으로 상품 단가에 순위를 부여하여 [상품코드, 상품명, 단가, 순위]를 출력하시오.

**【결과》**

```
SQL> ···
PRODUCT_CODE PRODUCT_NAME    UNIT_PRICE 상품단가순위
------------ ------------    ---------- ------------
TV04         TV                 1920000            1
TV03         TV                 1785000            2
TV01         TV                 1060000            3
TV02         TV                  980000            4
NB01         노트북컴퓨터         930000            5
······
19 개의 행이 선택되었습니다.

SQL>
```

5. 회원관리(EC_Member) 테이블을 이용하여 회원의 시도별 분포 인원수와 전체 인원수를 계산하여 출력하시오. (ROLLUP 연산)

**【결과》**

```
SQL> ···
시도별       인원수
--------  ----------
강원             2
경북             1
광주             2
대구             2
대전             1
부산             1
서울             5
인천             1
제주             1
                16

10 개의 행이 선택되었습니다.

SQL>
```

6. 주문처리(EC_Order) 테이블에서 결제 년월별 판매금액계을 출력하시오. GROUPING() 함수를 사용하여 '결제년월'이 연산에 사용되지 않을 경우 '합계금액'을 출력한다. (ROLLUP 연산, CASE()함수 사용)

**【결과》**

```
SQL> COLUMN 판매금액계 FORMAT L999,999,999
SQL> …
결제년월                          판매금액계
---------------        --------------------
18/02                        ₩1,680,000
18/03                        ₩2,020,000
18/04                        ₩1,012,000
18/05                        ₩1,183,000
18/07                        ₩8,782,000
합계금액                      ₩14,677,000

6 개의 행이 선택되었습니다.


SQL>
```

7. 주문처리(EC_Order) 테이블에서 2018년 1/4분기(1월~3월)의 주문자ID, 주문
   상품, 결제금액을 (주문자ID, 상품코드별), 회원별 집계, 상품코드별 집계, 전체
   합계를 계산하여 주문자ID순으로 출력하시오. (CUBE 연산, CASE()함수,
   GROUPING_ID() 함수 사용)

**【결과》**

```
SQL> COLUMN 결제금액 FORMAT L999,999,999
SQL> …
주문자_ID              주문상품                      결제금액
---------------        ----------------        --------------------

imjung               TV03                       ₩1,785,000
                     회원 집계                   ₩1,785,000
supark               NB02                         ₩750,000
supark               PRT01                        ₩235,000
                     회원 집계                     ₩985,000
usko                 NB01                         ₩930,000
                     회원 집계                     ₩930,000
상품 집계             NB01                         ₩930,000
상품 집계             NB02                         ₩750,000
상품 집계             PRT01                        ₩235,000
상품 집계             TV03                       ₩1,785,000
전체 합계                                        ₩3,700,000

12 개의 행이 선택되었습니다.


SQL>
```

1. 주문처리(EC_Order) 테이블에서 결제한 결제년월별로 [결제년월, 주문건수, 주문 수량 합계, 결제금액 합계]를 계산하여 결제년월순으로 출력하시오.

**【결과》**
```
SQL> ···
결제년월        주문건수 주문수량 합계           결제합계
-------------- ---------- ------------- ----------------------

2018/02            2            2            ₩1,680,000
2018/03            2            2            ₩2,020,000
2018/04            2            2            ₩1,012,000
2018/05            3            3            ₩1,183,000
2018/07            3           11            ₩8,782,000
SQL>
```

2. 회원관리(EC_Member) 테이블에서 남,여 회원수를 출력하시오. 단, 성별 코드가 1 또는 3이면 남자, 2 또는 4는 여자임.

**【결과》**
```
SQL> ···
성별      회원수
------ ----------

남자        7
여자        9
SQL>
```

3. 주문처리(EC_Order) 테이블에서 년월별 결제금액이 가장 많은 금액을 결제년월 별순으로 출력하시오.

**【결과》**
```
SQL> COLUMN 결제최대금액 FORMAT L999,999,999
SQL> ···
결제년월              결제최대금액
-------------- ----------------------

2018/02               ₩930,000
2018/03             ₩1,785,000
2018/04               ₩740,000
2018/05             ₩1,060,000
2018/07             ₩4,300,000
SQL>
```

4. 주문처리(EC_Order) 테이블에서 주문자ID, 주문상품코드, 구매횟수, 결제금액을 (주문자, 상품코드별), 주문자별 소계, 전체 합계를 계산하여 주문자ID순으로 출력하시오. (ROLLUP 연산, CASE() 함수와 GROUPING_ID() 함수 사용)

```
SQL> COLUMN 결제금액 FORMAT 999,999,999
SQL> …
```

【결과》

```
주문자_ID  주문상품   구매횟수            결제금액
----------  --------   --------   --------------------
cscho      CM01          1                 ₩747,000
cscho      CM03          1                 ₩740,000
           소계           2               ₩1,487,000

……
usko       NB01          1                 ₩930,000
           소계           1                 ₩930,000
           전체합계       12              ₩14,677,000

21 개의 행이 선택되었습니다.
SQL>
```

5. 주문처리(EC_Order) 테이블에서 주문자ID, 상품코드, 결제금액을 주문자별, 상품코드별로 계산하여 주문자, 상품코드순으로 출력하시오. (GROUPING SETS 연산)

【결과》

```
SQL> …
ORDER_ID   PRODUCT_CODE            결제금액
----------  ------------  ----------------------
cscho                             ₩1,487,000
imjung                            ₩1,785,000
jskang                            ₩1,060,000
……
            TV01                  ₩1,060,000
            TV03                  ₩1,785,00
19 개의 행이 선택되었습니다.
SQL>
```

6. 주문처리(EC_Order) 테이블에서 결제자의 결제금액을 이용하여 높은 금액부터 순위를 구하여 [주문자ID, 결제일자, 결제방법, 결제금액, 순위]를 출력하시오.

【결과》

```
SQL> …
ORDER_ID  결제일자  결제방법              결제금액       순위
----------  --------  --------   ----------------------  ----------
jupark    18/07/12  신용카드           ₩4,300,000        1
jupark    18/07/12  신용카드           ₩3,735,000        2
imjung    18/03/15  신용카드           ₩1,785,000        3
jskang    18/05/07  계좌이체           ₩1,060,000        4
usko      18/02/15  신용카드             ₩930,000        5
……
12 개의 행이 선택되었습니다.
SQL>
```

7. 수강임시(T_SG_Scores) 테이블에서 성적 취득한 학번별 과목수, 합계와 평균을 계산하여 [학번, 과목수, 총점, 평균]을 총점 내림차순으로 출력하시오.

**【결과》**

```
SQL> ...
STUDENT_ID    과목수          총점          평균
----------  ----------  ----------  ----------
C1802              4          370          92.5
C1801              4          366          91.5

SQL>
```

8. 수강(SG_Scores) 테이블의 학번별 총점과 평균을 구하고, 평균으로 석차를 구하여 [학번, 총점, 평균, 석차]를 석차순으로 출력하시오.

**【결과》**

```
SQL> ...
STUDENT_ID    총점 평균                  석차
----------  ----------  ----------  ----------
C1731             97  97.0                 1
C1701            738  92.3                 2
C1702            732  91.5                 3
C1602            624  89.1                 4
B1701             85  85.0                 5
......
8 개의 행이 선택되었습니다.

SQL>
```

9. 자유게시판(Free_Board) 테이블의 게시물 행을 수를 출력하고, 게시물을 저장하기 위한 게시물 번호(B_ID)를 구하시오. 단, 게시물 번호는 널이면 1, 그렇치 않으면 게시물번호의 최댓값+1로 한다. (CASE문 사용)

**【결과》**

```
SQL> ...
총게시물수
----------
         0
SQL> ...
 게시물번호
----------
         1
SQL>
```

※ 5장 연습문제2의 11번 생략한 경우 실행이 되지 않는다.

# Chapter 10

# 조인

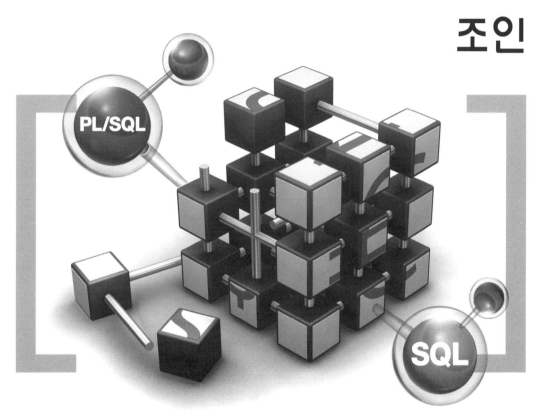

# 10.1  조인

조인(join)이란 어떤 값의 공통된 집합을 공유하는 둘 이상의 테이블로부터 행을 검색하는 것으로, 관계형 데이터베이스에서 매우 중요한 연산이다. 조인은 SELECT문의

- FROM절에 적어도 두 개 이상의 테이블이 있고
- 하나 이상의 조인 조건(AθB)이 있을 때 조인 연산(▷◁)이라고 한다.

SELECT문의 FROM절에 테이블이나 뷰 등이 2개 이상 기술되면 조인 조건이나 출력할 칼럼 등을 기술하는 WHERE절이나 SELECT절 등에서 각 테이블에 사용된 동일한 칼럼명이 구분되어야 한다.

| 문법 | SELECT | 테이블1.칼럼명1, 칼럼명2, 리터럴, 함수, 수식, … |
|---|---|---|
| | FROM | 테이블명1, 테이블명2, 뷰명1, … |
| | WHERE | 테이블명1.칼럼명 연산자 테이블명2.칼럼명 … |
| | GROUP BY | 테이블1.칼럼명1, 칼럼명2, … |
| | HAVING | 검색조건2 |
| | ORDER BY | 테이블명1.칼럼명1, … |

- 칼럼을 구분하기 위하여 "테이블명.칼럼명"으로 기술하며, 테이블명에 별명을 사용하면 단순화할 수 있다. 테이블명에 대한 별명은 FROM절에서 "테이블명 한 칸 이상의 공백을 띄운 후 별명"을 기술한다.

## 10.1.1  조인의 종류

표준문법이 개정되면서 조인의 표기 방법과 종류가 다양해졌다. 조인의 종류는 기존의 카티션 프로덕트(Cartesian Product), 등가조인(equi-join)과 비등가조인(non-equi join), 외부조인(outer join), 자기조인(self join), 안티조인(anti join), 세미조인(semi join)과 표준문법으로 교차조인(cross join), 자연조인(natural join), 내부조인(inner join), 외부조인의 문법이 추가되었다.

## 10.1.2  조인에서 발생할 수 있는 문제

SELECT문의 FROM절에 두 개 이상의 테이블이나 뷰 등의 객체명을 기술하고, 조인 조건이나 출력할 칼럼명 등을 기술할 경우 테이블명에 동일한 칼럼명이 존재할 경우 "객체명.칼럼명"으로 구분할 경우가 있다. 객체명을 생략하여 칼럼명을 기술한 경우 어떤 테이블의 칼럼명인지 구분할 수 없기 때문에 "ORA-00918: 열의 정의가 애매

합니다." 오류 메시지가 출력되고 실행되지 않는다.

| 【예제 10.01】 | ▶ 조인 시 각 테이블의 동일한 칼럼 구분이 명확하지 않을 경우 |

```
SQL> SELECT    Professor_ID, Name, Position, Title, C_Number
  2  FROM      Professor P, Course C
  3  WHERE     P.Professor_ID = C.Professor_ID
  4  ORDER BY 1;
SELECT   Professor_ID, Name, Position, Title, C_Number
         *
1행에 오류:
ORA-00918: 열의 정의가 애매합니다.

SQL>
```

# 10.2  카티션 프로덕트와 교차조인

FROM절에 2개 이상의 테이블이 기술되고, 조인조건을 생략 또는 누락되어 실행하는 조인이며, 출력 행은 각 테이블의 행의 곱으로 나타난다.

## 10.2.1  카티션 프로덕트

카티션 프로덕트(Cartesian Product) 또는 카티션 곱은 SELECT문의 WHERE절에 조인조건이 생략 또는 누락된 것으로, SELECT문의 FROM절에 기술한 테이블들의 행의 수를 곱한 행(테이블1의 행의 수 * 테이블2의 행의 수 * ⋯)이 반환된다.

| 문법 | SELECT   테이블명.칼럼명, 칼럼명, ⋯ |
|---|---|
|  | FROM     테이블명1, 테이블명2 |

| 【예제 10.02】 | ▶ Professor 테이블과 Course 테이블을 이용하여 교수가 담당하고 있는 과목들을 출력하시오. |

```
SQL> SELECT    P.Professor_ID, Name, Position, Title, C_Number
  2  FROM      Professor P, Course C
  3  ORDER BY 1;
```

```
PROFES  NAME      POSITION    TITLE             C_NUMBER
------  --------  ----------  ----------------  ----------
P00     서한식     총장        ERP실무                  3
P00     서한식     총장        세무행정학               3
P00     서한식     총장        게임프로그래밍           3
P00     서한식     총장        JSP프로그래밍            3
......
171 개의 행이 선택되었습니다.

SQL>
```

※ 조인 조건이 생략되거나 누락되면 "Professor 테이블의 행이 수 * Course 테이블의 행의 수"만큼 조인되어 "9 행 * 19 행 = 171 행"이 출력된다.

## 10.2.2  표준문법: 교차조인

카티션 프로덕트를 표준문법에서 교차조인(cross join)이라고도 부르며, 표준문법으로 FROM절에 "테이블명1 CROSS JOIN 테이블명2"로 기술한다.

| 문법 | SELECT  테이블명.칼럼명, 칼럼명, …<br>FROM    테이블명1 CROSS JOIN 테이블명2<br>… |
| --- | --- |

| 【예제 10.03】 | ▶ Professor 테이블과 Course 테이블을 이용하여 교수가 담당하고 있는 과목들을 크로스 조인하여 출력하시오. |
| --- | --- |

```
SQL> SELECT    P.Professor_ID, Name, Position, Title, C_Number
  2  FROM      Professor P CROSS JOIN Course C
  3  ORDER BY 1;

PROFES  NAME      POSITION    TITLE             C_NUMBER
------  --------  ----------  ----------------  ----------
P00     서한식     총장        ERP실무                  3
P00     서한식     총장        세무행정학               3
P00     서한식     총장        게임프로그래밍           3
P00     서한식     총장        JSP프로그래밍            3
......
171 개의 행이 선택되었습니다.

SQL>
```

※ 교차조인은 예제 10.02의 카티션 프로덕트와 동일한 행이 반환된다.

# 10.3   등가조인과 비등가조인

등가조인(equi join)이란 두 개 이상의 테이블로부터 행을 검색할 때, 한 테이블에 있
는 하나 이상의 칼럼 값이 다른 테이블에 있는 하나 이상의 칼럼 값과 같은 때 참이
되고, 참이 될 때 두 테이블의 공통 행의 칼럼 값을 조합하는 조인을 말한다. 등가조인
은 FROM절에 2개 이상의 테이블을 기술하고, WHERE절에 1개 이상의 조인조건을
기술한다.

## 10.3.1   등가조인

### ● WHERE절의 조인 조건

등가조인은 SELECT문의 WHERE절에서 조인조건으로 "="관계연산자를 사용한다.

| 조인조건 | 테이블명1.칼럼명   =   테이블명2.칼럼명 |
|---|---|

WHERE절에 "테이블명1.칼럼명 = 테이블명2.칼럼명"으로 기술하면 그림 10.1과
같이 두 테이블의 공통 행에 대하여 칼럼 값들을 출력한다.

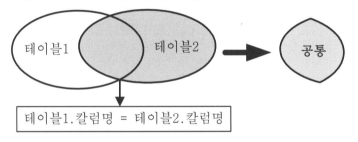

그림 10.1   두 테이블 간의 등가조인

등가조인은 표 10.1의 각 테이블의 견본 데이터로부터 "테이블1.A1=테이블2.B4"
으로 조인조건을 기술하면 표 10.2와 같이 공통된 행들이 반환된다.

테이블1

| 행순서 | A1 | A2 | A3 |
|---|---|---|---|
| ① | P11 | 신기술 | ⋯ |
| ② | P12 | 김명석 | ⋯ |
| ③ | P13 | 유소연 | ⋯ |
| ④ | P21 | 박지성 | ⋯ |
| ⑤ | P41 | 안연홍 | ⋯ |
| ⑥ | P51 | 함영애 | ⋯ |

테이블2

| 행순서 | B1 | B2 | B3 | B4 |
|---|---|---|---|---|
| Ⓐ | L1011 | 컴퓨터구조 | ⋯ | P11 |
| Ⓑ | L1021 | 데이터베이스 | ⋯ | P12 |
| Ⓒ | L1031 | SQL | ⋯ | P12 |
| Ⓓ | L1041 | 컴퓨터네트워크 | ⋯ | P21 |
| Ⓔ | L1042 | 델파이 | ⋯ | P13 |
| Ⓕ | L1051 | 웹서버관리 | ⋯ | P22 |

표 10.1   테이블1과 테이블2의 견본 데이터

| 공통행 | A1 | A2 | A3 | B1 | B2 | B3 |
|--------|------|--------|-----|-------|----------------|-----|
| ①+Ⓐ | P11 | 신기술 | ⋯ | L1011 | 컴퓨터구조 | ⋯ |
| ②+Ⓑ | P12 | 김명석 | ⋯ | L1021 | 데이터베이스 | ⋯ |
| ②+Ⓒ | P12 | 김명석 | ⋯ | L1031 | SQL | ⋯ |
| ③+Ⓔ | P13 | 유소연 | ⋯ | L1042 | 델파이 | ⋯ |
| ④+Ⓓ | P21 | 박지성 | ⋯ | L1041 | 컴퓨터네트워크 | ⋯ |

표 10.2  "테이블1.A1"과 "테이블2.B4"의 등가조인

**【예제 10.04】**  ▶ Professor 테이블과 Course 테이블을 이용하여 교수가 최소한 한 과목 이상을 담당하고 있는 교수의 [교수번호, 교수명, 직위, 과목명, 학점수]를 교수번호순으로 출력하시오.

```
SQL> SELECT   P.Professor_ID, Name, Position, Title, C_Number
  2  FROM      Professor P, Course C
  3  WHERE     P.Professor_ID = C.Professor_ID
  4  ORDER BY 1;

PROFES NAME      POSITION    TITLE              C_NUMBER
------ --------  ----------  ----------------   ----------
P11    신기술    교수        웹서버관리                 2
P11    신기술    교수        컴퓨터구조                 2
P12    이대호    부교수      데이터베이스               2
P12    이대호    부교수      ERP실무                    3
P12    이대호    부교수      SQL응용                    3
......
13 개의 행이 선택되었습니다.

SQL>
```

**【예제 10.05】**  ▶ SG_Scores 테이블과 Student 테이블, Course 테이블을 이용하여 'C1701' 학번의 [학년, 성명], 학점을 취득한 과목의 [과목코드, 과목명과 학점수, 성적, 등급]을 출력하시오.

```
SQL> SELECT SG.Student_ID, Year, Name, C.Course_ID, Title,
  2         C_Number, Score, Grade
  3  FROM   SG_Scores SG, Student S, Course C
  4  WHERE  SG.Student_id = S.Student_ID
  5    AND  SG.Course_ID  = C.Course_ID
  6    AND  SG.Student_ID = 'C1701'
  7  ORDER  BY 1, 4;
```

```
STUDENT_ID YE NAME    COURSE_ID  TITLE             C_NUMBER  SCORE GRAD
---------- -- ------- ---------- ----------------- --------- ------ ----
C1701       2 이정민  L1011      컴퓨터구조               2     97 A+
C1701       2 이정민  L1021      데이터베이스             2     96 A+
C1701       2 이정민  L1022      정보통신개론             2     97 A+
C1701       2 이정민  L1031      SQL응용                  3     96 A+
C1701       2 이정민  L1032      JAVA                     3     93 A
C1701       2 이정민  L1042      델파이                   3     83 B
C1701       2 이정민  L1051      웹서버관리               2     89 B+
C1701       2 이정민  L2061      스프링프레임워크         3     87 B+

8 개의 행이 선택되었습니다.

SQL>
```

## 10.3.2　비등가조인

비등가조인(non-equi join)이란 조인조건에서 '='관계연산자가 아닌 '<'관계연산자나 BETWEEN~AND~연산자와 같은 연산자를 사용하는 조인을 말하며, 대부분의 조인은 외부 키와 외부 키로 연결되어 등가조인으로 처리된다.

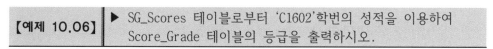

**【예제 10.06】**　▶ SG_Scores 테이블로부터 'C1602'학번의 성적을 이용하여 Score_Grade 테이블의 등급을 출력하시오.

```
SQL> Describe Score_Grade
 이름                       널?        유형
 -------------------- -------- -----------------
  LOW                           NUMBER(3)
  HIGH                          NUMBER(3)
  GRADE                         CHAR(2)

SQL> SELECT * FROM Score_Grade;

    LOW       HIGH GRAD
---------- ---------- ----
        95        100 A+
        90         94 A
        85         89 B+
        80         84 B
        ......
9 개의 행이 선택되었습니다.
```

```
SQL> SELECT SG.Student_ID, SG.Course_ID, SG.Score, G.Grade
  2  FROM    SG_Scores SG, Score_Grade G
  3  WHERE   SG.Score BETWEEN G.Low AND G.High
  4    AND   SG.Student_ID = 'C1602'
  5  ORDER  BY 2;

STUDENT_ID COURSE_ID        SCORE GRAD
---------- ----------- ---------- ----
C1602      L0011               98 A+
C1602      L1011               87 B+
C1602      L1021               98 A+
C1602      L1031               94 A
C1602      L1041               77 C+
C1602      L1051               77 C+
C1602      L2061               93 A

7 개의 행이 선택되었습니다.

SQL>
```

# 10.4  자연조인

등가조인은 FROM절의 테이블의 수가 N개이면 WHERE절의 조인조건이 (N-1)개 필요하다. 자연조인(Natural join)은 조인조건을 기술하지 않고 FROM절에 NATURAL JOIN 키워드로 테이블명만 간결하게 기술하여 공통된 행을 출력하는 표준문법이다.

## 10.4.1  표준문법: NATURAL JOIN 키워드의 자연조인

자연조인(natural join),은 FROM절에 NATURAL [INNER] JOIN 키워드를 테이블명만 기술한다. 자연조인은 테이블 간의 모든 칼럼을 대상으로 공통 칼럼을 조사하여 내부적으로 조인조건을 생성한다. SELECT절에 공통 칼럼은 테이블의 별명을 붙이지 않으며, NATURAL [INNER] JOIN 키워드에 사용된 칼럼은 식별자를 가질 수 없다. 자연조인은 공통칼럼을 자동으로 조사하여 조인조건을 수행하므로 테이블의 수가 늘어날수록 수행시간이 길어지는 문제가 발생할 수 있다.

| 문법 | SELECT  칼럼명1, 칼럼명2, · · · <br> FROM    테이블명1 NATURAL [INNER] JOIN 테이블명2 <br> · · · |
|---|---|

【예제 10.07】 ▶ 예제 10.04에 대하여 자연조인 하시오. INNER는 생략가능.

```
SQL> SELECT Professor_ID, Name, Position, Title, C_Number
  2  FROM    Professor NATURAL INNER JOIN Course
  3  ORDER   BY 1;

PROFES NAME       POSITION     TITLE                    C_NUMBER
------ --------   ----------   ----------------         ----------
P11    신기술      교수          웹서버관리                   2
P11    신기술      교수          컴퓨터구조                   2
P12    이대호      부교수         데이터베이스                 2
P12    이대호      부교수         ERP실무                     3
P12    이대호      부교수         SQL응용                     3
......
13 개의 행이 선택되었습니다.

SQL>
```

※ Course 테이블의 담당교수번호(Professor_ID)와 Professor 테이블의 교수번호 (Professor_ID)를 자동 조사하여 공통 칼럼을 내부적으로 생성한다.

【예제 10.08】 ▶ 예제 10.05에 대하여 자연조인 하시오.

```
SQL> SELECT Student_ID, Year, Name, Course_ID, Title,
  2         C_Number, Score, Grade
  3  FROM    SG_Scores NATURAL INNER JOIN Student
  4                    NATURAL INNER JOIN Course
  5  WHERE   Student_ID = 'C1701';

STUDENT_ID YE NAME    COURSE_ID  TITLE              C_NUMBER  SCORE GRAD
---------- -- ------  ---------- ----------------   ---------- ------ ---
C1701       2  이정민   L1011      컴퓨터구조               2     97 A+
C1701       2  이정민   L1021      데이터베이스             2     96 A+
C1701       2  이정민   L1022      정보통신개론             2     97 A+
C1701       2  이정민   L1031      SQL응용                 3     96 A+
C1701       2  이정민   L1032      JAVA                   3     93 A
......
8 개의 행이 선택되었습니다.

SQL>
```

※ SG_Scores 테이블의 학번(student_ID)와 student 테이블의 학번(Student_ID)를 공통 칼럼으로, Course 테이블의 과목코드(Course_ID)를 공통칼럼으로 생성한다.

# 10.5   내부조인

내부조인(inner join)은 단순조인(simple join)이라고도 부른다. 자연조인에서 공통 칼럼이나 조인조건을 기술하지 않아 발생될 수 있는 문제점을 개선한 표기법이라 할 수 있다. 내부조인은 공통칼럼이나 조인조건을 기술하여 공통된 행을 반환하는 조인 으로 표준문법은 FROM절에

- INNER JOIN~USING (공통칼럼) 키워드
- INNER JOIN~ON (조인조건) 키워드로 표기한다.

## 10.5.1   표준문법: INNER JOIN~USING 키워드의 내부조인

INNER JOIN~USING 키워드는 두 테이블의 조인조건에 해당하는 "공통칼럼명"을 괄호()속에 기술한다. INNER는 생략할 수 있으며, 공통칼럼은 테이블의 구분자를 사용하지 않으며, 복수 개의 공통칼럼명을 기술할 수도 있다.

| 문법 | SELECT 칼럼명1, 칼럼명2, ⋯<br>FROM     테이블명1 [INNER] JOIN 테이블명2 USING (공통칼럼명, ⋯)<br>⋯ |
|---|---|

**【예제 10.09】** ▶ 예제 10.06을 [INNER] JOIN~USING 키워드를 내부조인하시오.

```
SQL> SELECT Professor_ID, Name, Position, Title, C_Number
  2  FROM    Professor INNER JOIN Course USING (Professor_ID)
  3  ORDER  BY 1;

PROFES NAME      POSITION    TITLE             C_NUMBER
------ --------- ----------- ----------------- ----------
P11    신기술    교수        컴퓨터구조              2
P11    신기술    교수        웹서버관리              2
P12    이대호    부교수      데이터베이스            2
P12    이대호    부교수      ERP실무                3
P12    이대호    부교수      SQL응용                3
......
13 개의 행이 선택되었습니다.

SQL>
```

※ Professor 테이블과 Course 테이블의 공통칼럼은 교수번호(Professor_ID)이다.

【예제 10.10】 ▶ 예제 10.07을 JOIN~USING 키워드를 이용하여 내부조인하시오.

```
SQL> SELECT Student_ID, Year, Name, Course_ID, TITLE, C_Number,
  2         Score, Grade
  3  FROM    SG_Scores  INNER JOIN Student USING (Student_ID)
  4                     INNER JOIN Course  USING (Course_ID)
  5  WHERE  Student_ID = 'C1701';

STUDENT_ID YE NAME    COURSE_ID TITLE            C_NUMBER  SCORE GRAD
---------- -- ------- --------- ---------------- --------- ------ ---
C1701       2 이정민  L1011     컴퓨터구조             2    97 A+
C1701       2 이정민  L1021     데이터베이스           2    96 A+
C1701       2 이정민  L1022     정보통신개론           2    97 A+
C1701       2 이정민  L1031     SQL응용                3    96 A+
......
8 개의 행이 선택되었습니다.

SQL>
```

※ SG_Scores 테이블의 Student_ID와 Student 테이블의 Student_ID가 공통칼럼이고,
  SG_Scores 테이블의 Course_ID와 Course 테이블의 Course_ID가 공통칼럼이다.

## 10.5.2  표준문법: INNER JOIN~ON 키워드의 내부조인

INNER JOIN~USING (공통칼럼) 문법에서 테이블간의 공통칼럼을 기술할 수 없는
경우 [INNER] JOIN~ON 키워드로 테이블간의 조인조건을 기술할 수 있다. 조인조
건은 "테이블명1.칼럼명 = 테이블명2.칼럼명"으로 기술하고, 모호한 칼럼은 "테이
블명.칼럼명"으로 구분하며, INNER는 생략할 수 있다.

| 문법 | SELECT  테이블명.칼럼명1, 칼럼명2, … <br> FROM    테이블명1 [INNER] JOIN 테이블명2 ON (조인조건) <br> … |
|---|---|

【예제 10.11】 ▶ 예제 10.08을 INNER JOIN~ON 키워드를 이용하여 조인하시오.

```
SQL> SELECT P.Professor_ID, Name, Position, Title, C_Number
  2  FROM    Professor P INNER JOIN Course C
  3                      ON (P.Professor_ID = C.Professor_ID)
  4  ORDER  BY 1;
```

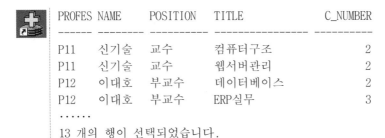

```
PROFES NAME      POSITION     TITLE                       C_NUMBER
------ --------  -----------  ----------------            ----------
P11    신기술    교수         컴퓨터구조                         2
P11    신기술    교수         웹서버관리                         2
P12    이대호    부교수       데이터베이스                       2
P12    이대호    부교수       ERP실무                            3
......
13 개의 행이 선택되었습니다.

SQL>
```

**【예제 10.12】** ▶ 예제 10.09을 INNER JOIN~ON 키워드를 이용하여 조인하시오.

```
SQL> SELECT SG.Student_ID, Year, Name, SG.Course_ID, TITLE,
  2          C_Number, Score, Grade
  3  FROM    SG_Scores SG  INNER JOIN  Student S
  4                            ON (SG.Student_ID = S.Student_Id)
  5                        INNER JOIN  Course  C
  6                            ON (SG.Course_ID  = C.Course_ID)
  7  WHERE  SG.Student_ID = 'C1701';

STUDENT_ID YE NAME    COURSE_ID  TITLE             C_NUMBER  SCORE GRAD
---------- -- ------  ---------- ----------------  --------- ------ ---
C1701       2 이정민  L1011      컴퓨터구조              2      97 A+
C1701       2 이정민  L1021      데이터베이스            2      96 A+
C1701       2 이정민  L1022      정보통신개론            2      97 A+
C1701       2 이정민  L1031      SQL응용                 3      96 A+
......
8 개의 행이 선택되었습니다.

SQL>
```

# 10.6  외부조인

외부조인(outer join)은 테이블 간의 공통된 행과 공통되지 않은 행들을 모두 출력한다. 기존문법에서 외부조인은 WHERE절의 조인조건에 (+) 기호를 표기하여 좌 외부조인과 우 외부조인을 구분하였고, 표준문법에서는 FROM절에 NATURAL OUTER JOIN과 OUTER JOIN~USING/ON 문법으로 표기하여 좌 외부조인, 우 외부조인, 전체 외부조인을 기술한다.

## 10.6.1  기존문법: 외부조인

● **좌 외부조인**

좌 외부조인(left outer join)은 등가조인의 WHERE절 조인조건에서 오른쪽 위치
에 (+)를 기술하며, 그림 10.2와 같이 공통된 행과 테이블1의 공통되지 않은 행들
을 모두 출력한다.

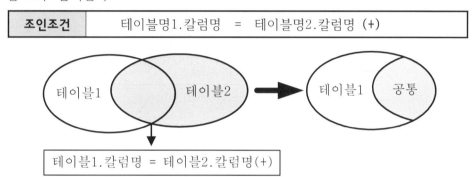

| 조인조건 | 테이블명1.칼럼명  =  테이블명2.칼럼명 (+) |
|---|---|

그림 10.2  두 테이블의 좌 외부조인

좌 외부조인은 표 10.1의 두 테이블에서 표 10.3과 같이 테이블1의 모든 행이 출력되
고, 테이블2의 행들은 공통된 행에 대해서만 출력하는 조인이다.

| A1 | A2 | A3 | B1 | B2 | B3 | 설명 |
|---|---|---|---|---|---|---|
| P11 | 신기술 | ··· | L1011 | 컴퓨터구조 | ··· | 공통 행 |
| P12 | 김명석 | ··· | L1021 | 데이터베이스 | ··· | " |
| P12 | 김명석 | ··· | L1031 | SQL | ··· | " |
| P13 | 유소연 | ··· | L1042 | 델파이 | ··· | " |
| P21 | 박지성 | ··· | L1041 | 컴퓨터네트워크 | ··· | " |
| P41 | 안연홍 | ··· | | | | |
| P51 | 함영애 | ··· | | | | |

표 10.3  "테이블1.A1"과 "테이블2.B4"의 좌 외부조인

| 【예제 10.13】 | ▶ Professor 테이블의 모든 교수에 대한 교수번호, 교수명, 직위를 출력하되, Course 테이블을 참고하여 교수가 개설하고 있는 과목에 대하여 과목명, 학점수를 출력하시오. |
|---|---|

```
SQL> SELECT    P.Professor_ID, Name, Position, Title, C_Number
   2  FROM      Professor P, Course C
   3  WHERE     P.Professor_ID = C.Professor_ID (+)
   4  ORDER BY 4;
```

```
PROFES  NAME      POSITION     TITLE                 C_NUMBER
------  --------  ----------   ------------------    ----------
P12     이대호     부교수        ERP실무                       3
P13     유소연     조교수        JAVA                          3
......
P21     박지성     부교수        컴퓨터네트워크                  2
P00     서한식     총장
P14     조성우     조교수

15 개의 행이 선택되었습니다.

SQL>
```

※ Professor 테이블의 교수번호 "P00", "P14"의 행은 조인되지 않은 행들이다.

● **우 외부조인 기술**

　　우 외부조인(right outer join)은 등가조인의 WHERE절 조인조건에서 왼쪽 위치에 (+)
를 기술하며, 그림 10.3과 같이 공통된 행과 테이블2의 공통되지 않은 행들을 출력한다.

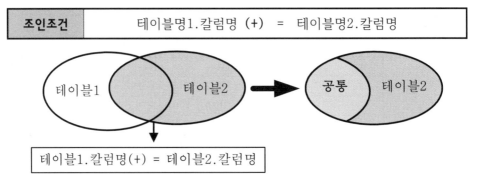

| 조인조건 | 테이블명1.칼럼명 (+) = 테이블명2.칼럼명 |
|---|---|

그림 10.3　두 테이블의 우 외부조인

　　우 외부조인은 표 10.1의 두 테이블에서 표 10.4와 같이 테이블2의 모든 행이 출력
되고, 테이블1의 행들은 공통된 행에 대해서만 출력된다.

| A1 | A2 | A3 | B1 | B2 | B3 | 설명 |
|---|---|---|---|---|---|---|
| P11 | 신기술 | ⋯ | L1011 | 컴퓨터구조 | ⋯ | 공통 행 |
| P12 | 김명석 | ⋯ | L1021 | 데이터베이스 | ⋯ | " |
| P12 | 김명석 | ⋯ | L1031 | SQL | ⋯ | " |
| P13 | 유소연 | ⋯ | L1042 | 델파이 | ⋯ | " |
| P21 | 박지성 | ⋯ | L1041 | 컴퓨터네트워크 | ⋯ | " |
|  |  |  | L1051 | 웹서버관리 | ⋯ |  |

표 10.4　"테이블1.A1"과 "테이블2.B4"의 우 외부조인

| 【예제 10.14】 | ▶ Course 테이블의 모든 개설과목에 대하여 과목명, 학점수를 출력하되, Professor 테이블을 참고하여 담당하고 있는 과목의 교수번호, 교수명, 직위도 출력하시오. |
|---|---|

```
SQL> SELECT    P.Professor_ID, Name, Position, Title, C_Number
  2  FROM      Professor P, Course C
  3  WHERE     P.Professor_ID (+) = C.Professor_ID
  4  ORDER BY 1;

PROFES NAME    POSITION    TITLE              C_NUMBER
------ ------- ----------- ------------------ ----------
P11    신기술   교수        웹서버관리                2
P11    신기술   교수        컴퓨터구조                2
P12    이대호   부교수      SQL응용                  3
P12    이대호   부교수      데이터베이스              2
......
P51    함영애   부교수      세무행정학                3
                           웹디자인                  2
                           문학개론                  2
                           게임이론                  3
                           TOEIC연구                2
                           JSP프로그래밍             3
                           스프링프레임워크           3

19 개의 행이 선택되었습니다.

SQL>
```

※ Course 테이블의 "스프링프레임워크" 등 6과목은 조인되지 않은 행들이다.

● **좌 외부조인 응용**

외부조인에서 조인되지 않은 결과를 출력할 수 있다. 이것은 그림 10.4와 같이 하나의 테이블에서 다른 테이블의 값을 뺀 행들에 대하여 출력하는 것과 같다. 조인조건에서 "테이블명.칼럼명 IS NULL"을 추가한다.

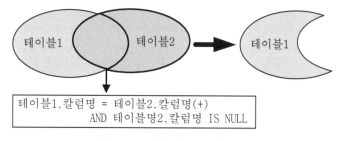

그림 10.4  좌 외부조인의 응용

| 【예제 10.15】 | ▶ Professor 테이블과 Course 테이블을 참고하여 과목을 개설하지 않은 교수를 출력하시오. |
|---|---|

```
SQL> SELECT    P.Professor_ID, Name, Position, Title, C_Number
  2  FROM      Professor P, Course C
  3  WHERE     P.Professor_ID = C.Professor_ID (+)
  4    AND     Course_ID IS NULL
  5  ORDER BY 1;

PROFES NAME      POSITION    TITLE             C_NUMBER
------ --------  ----------  ----------------  ----------
P00    서한식    총장
P14    조성우    조교수

SQL>
```

## 10.6.2  표준문법: NATURAL OUTER JOIN 키워드의 자연 외부조인

WHERE절의 조인조건에 "(+)" 표기하던 외부조인을 표준문법에서는 WHERE절을 생략하고 FROM절에 자연외부조인Natural outer join)) 표기법으로 좌 외부조인, 우 외부조인, 전체 외부조인을 간결하게 기술한다.

| 문법 | SELECT 칼럼명1, 칼럼명2, … <br> FROM    테이블명1 NATURAL {LEFT|RIGHT|FULL} [OUTER] JOIN 테이블명2 <br> … |
|---|---|

● **자연조인을 이용한 좌 외부조인**

FROM절의 NATURAL LEFT [OUTER] JOIN 키워드는 좌 외부조인으로 공통칼럼을 자동 검사하며, [OUTER]는 생략할 수 있다.

| 【예제 10.16】 | ▶ 예제 10.13을 자연조인을 이용한 좌 외부조인 하시오. |
|---|---|

```
SQL> SELECT    Professor_ID, Name, Position, Title, C_Number
  2  FROM      Professor NATURAL LEFT OUTER JOIN Course
  3  ORDER BY 4;

PROFES NAME      POSITION    TITLE             C_NUMBER
------ --------  ----------  ----------------  ----------
P12    이대호    부교수      ERP실무                    3
```

```
P13     유소연   조교수    JAVA                3
……
P21     박지성   부교수    컴퓨터네트워크        2
P00     서한식   총장
P14     조성우   조교수

15 개의 행이 선택되었습니다.

SQL>
```

● **자연조인을 이용한 우 외부조인**

FROM절의 NATURAL RIGHT [OUTER] JOIN 키워드는 테이블간의 우 외부조인으로 공통칼럼을 자동 검사하며, [OUTER]는 생략할 수 있다.

【예제 10.17】 ▶ 예제 10.14을 자연조인을 이용한 우 외부조인 하시오.

```
SQL> SELECT    Professor_ID, Name, Position, Title, C_Number
  2  FROM      Professor NATURAL RIGHT OUTER JOIN Course
  3  ORDER BY 1;

PROFES NAME     POSITION   TITLE            C_NUMBER
------ -------- ---------- ---------------- ----------
P11    신기술   교수       웹서버관리           2
……
P51    함영애   부교수     세무행정학           3
                          웹디자인             2
                          문학개론             2
                          게임이론             3
                          TOEIC연구           2
                          JSP프로그래밍        3
                          스프링프레임워크       3

19 개의 행이 선택되었습니다.

SQL>
```

● **자연조인을 이용한 전체 외부조인**

전체 외부조인(full outer join)은 FROM절의 NATURAL FULL [OUTER] JOIN 키워드는 테이블간의 전체 외부조인으로 표준 문법에서만 지원한다. 공통칼럼을 자동 검사하여 조인조건에 만족하는 공통된 행과 조인조건에 만족하지 않은 테이블1과 테이블2의 행들도 모두 출력한다.

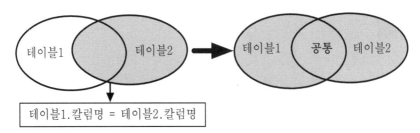

그림 10.5   두 테이블 간의 전체 외부조인

표 10.1의 두 테이블에 대한 전체 외부조인은 표 10.5와 같이 테이블1의 모든 행과 테이블2의 모든 행들에 대하여 공통되거나 공통되지 않은 행들이 출력된다.

| A1 | A2 | A3 | B1 | B2 | B3 | 설명 |
|------|--------|-----|--------|----------------|-----|--------|
| P11 | 신기술 | ⋯ | L1011 | 컴퓨터구조 | ⋯ | 공통 행 |
| P12 | 김명석 | ⋯ | L1021 | 데이터베이스 | ⋯ | " |
| P12 | 김명석 | ⋯ | L1031 | SQL | ⋯ | " |
| P13 | 유소연 | ⋯ | L1042 | 델파이 | ⋯ | " |
| P21 | 박지성 | ⋯ | L1041 | 컴퓨터네트워크 | ⋯ | " |
| P41 | 안연홍 | ⋯ | | | | |
| P51 | 함영애 | ⋯ | | | | |
| | | | L1051 | 웹서버관리 | ⋯ | |

표 10.5   "테이블1.A1"과 "테이블2.B4"의 전체 외부조인

---

【예제 10.18】  ▶ Course 테이블의 모든 개설과목에 대하여 과목명, 학점수를 출력하되, Professor 테이블을 참고하여 담당하고 있는 과목의 교수번호, 교수명, 직위를 출력하도록 전체 외부조인 하시오.

```
SQL> SELECT    Professor_ID, Name, Position, Title, C_Number
  2  FROM      Professor NATURAL FULL JOIN Course
  3  ORDER BY 3,4;

PROFES NAME    POSITION    TITLE              C_NUMBER
------ -------- ---------- ---------------- ----------

P11    신기술   교수        웹서버관리              2
......

P13    유소연   조교수      델파이                  3
P14    조성우   조교수
P00    서한식   총장

                          JSP프로그래밍           3
                          TOEIC연구               2
                          게임이론                 3
                          문학개론                 2
```

|  |  |
|---|---|
| 스프링프레임워크 | 3 |
| 웹디자인 | 2 |

21 개의 행이 선택되었습니다.

SQL>

## 10.6.3　표준문법: OUTER JOIN 키워드의 외부조인

OUTER JOIN 키워드는 외부조인의 표준문법이며, 좌 외부조인(LEFT OUTER JOIN), 우 외부조인(RIGHT OUTER JOIN), 전체 외부조인(FULL OUTER JOIN)이 있다. 테이블간의 공통 칼럼이 존재할 경우 "USING (공통칼럼명)"으로 기술하고, 공통 칼럼이 없을 경우 "ON (조인조건)"으로 기술한다. 자연 외부조인의 공통 칼럼을 자동 조사하는 개선 표준문법이며, OUTER는 생략할 수 있다.

| 문 법 | SELECT 테이블명.칼럼명1, 칼럼명2, ···<br>FROM　　테이블명1 {LEFT\|RIGHT\|FULL} [OUTER] JOIN 테이블명2<br>　　　　　　　　　[ USING (공통칼럼명) 또는 ON (조인조건) ] |
|---|---|

● **LEFT OUTER JOIN~USING/ON 키워드의 좌 외부조인**

좌 외부조인은 FROM절의 LEFT OUTER JOIN으로 USING (공통칼럼명) 또는 ON (조인조건) 키워드로 기술한다.

【예제 10.19】 ▶ 예제 10.16을 USING 키워드의 좌 외부조인 하시오.

```
SQL> SELECT Professor_ID, Name, Position, Title, C_Number
  2  FROM   Professor LEFT OUTER JOIN Course USING (Professor_ID)
  3  ORDER  BY 4;

PROFES NAME     POSITION    TITLE             C_NUMBER
------ -------- ----------- ----------------- ----------
P12    이대호   부교수      ERP실무                  3
......
P21    박지성   부교수      컴퓨터네트워크           2
P00    서한식   총장
P14    조성우   조교수

15 개의 행이 선택되었습니다.

SQL>
```

【예제 10.20】 ▶ 예제 10.19을 ON 키워드의 좌 외부조인 하시오.

```
SQL> SELECT P.Professor_ID, Name, Position, Title, C_Number
  2  FROM    Professor P LEFT OUTER JOIN Course C
  3                     ON (P.Professor_ID = C.Professor_ID)
  4  ORDER  BY 4;

PROFES NAME      POSITION    TITLE              C_NUMBER
------ -------- ----------- ---------------- ----------
P12    이대호    부교수       ERP실무                     3
......
P21    박지성    부교수       컴퓨터네트워크               2
P00    서한식    총장
P14    조성우    조교수

15 개의 행이 선택되었습니다.
SQL>
```

● **RIGHT OUTER JOIN~USING/ON 키워드의 우 외부조인**

우 외부조인은 FROM절의 RIGHT OUTER JOIN으로 USING (공통칼럼명) 또는 ON (조인조건) 키워드로 기술한다.

【예제 10.21】 ▶ 예제 10.17를 USING 키워드의 우 외부조인 하시오.

```
SQL> SELECT Professor_ID, Name, Position, Title, C_Number
  2  FROM    Professor RIGHT OUTER JOIN Course USING (Professor_ID)
  3  ORDER  BY 1;

PROFES NAME      POSITION    TITLE              C_NUMBER
------ -------- ----------- ---------------- ----------
P11    신기술    교수         웹서버관리                  2
......
P51    함영애    부교수       세무행정학                  3
                            웹디자인                    2
                            문학개론                    2
                            게임이론                    3
                            TOEIC연구                  2
                            JSP프로그래밍               3
                            스프링프레임워크              3
19 개의 행이 선택되었습니다.

SQL>
```

● **FULL OUTER JOIN~USING/ON 키워드의 전체 외부조인**

전체 외부조인은 FROM절의 FULL OUTER JOIN으로 USING (공통칼럼명) 또는
ON (조인조건) 키워드로 기술한다.

---

**【예제 10.22】** ▶ 예제 10.18을 USING 키워드의 전체 외부조인 하시오.

```
SQL> SELECT Professor_ID, Name, Position, Title, C_Number
  2  FROM   Professor FULL OUTER JOIN Course USING (Professor_ID)
  3  ORDER  BY 3,4;

PROFES NAME      POSITION    TITLE              C_NUMBER
------ --------- ----------- ------------------ ----------
P11    신기술    교수        웹서버관리                2
......
P13    유소연    조교수      델파이                    3
P14    조성우    조교수
P00    서한식    총장
                             JSP프로그래밍             3
                             TOEIC연구                 2
                             게임이론                  3
                             문학개론                  2
                             스프링프레임워크          3
                             웹디자인                  2

21 개의 행이 선택되었습니다.

SQL>
```

---

# 10.7  계층형 질의와 자기조인

순환적 관계 모델링에 의해 표현되는 조직의 부서 또는 직위, 부품구성도(BOM)와
같은 정보 표현은 계층적 구조를 갖는다. 이 정보는 테이블에서 정보의 상하 관계를
관리하기 위하여 자신의 기본 키를 참조하는 외부 키를 갖는 구조이다.

## 10.7.1  계층형 질의

순환적 관계 모델링에 의해 표현되는 계층적 구조를 갖는 테이블에서 SELECT문의
START WITH절과 CONNECT BY절을 사용하여 계층형 질의(query)를 할 수 있다.

| 문 법 | START WITH 조건1<br>CONNECT BY 조건2 |
| --- | --- |

- START WITH절은 계층적 구조의 루트 행을 기술한다.
- CONNECT BY절은 계층적 구조의 부모 행과 자식 행간의 관계를 기술한다.

## ● 계층형 질의 연산자

PRIOR 연산자는 계층적 질의에 사용하는 SQL 연산자이며, 조건(expr = expr)이 일치하면 참이 되는 연산자이다.

| 표기법 | PRIOR expr = expr 또는 expr = PRIOR expr |
| --- | --- |

CONNECT_BY_ROOT 연산자는 계층적 질의에만 사용하며, SELECT절에 기술하여 루트노트로 사용된 칼럼 값을 반환한다.

| 표기법 | SELECT 칼럼명1, CONNECT_BY_ROOT 칼럼명1, ... |
| --- | --- |

## ● 계층형 질의에 사용하는 의사 칼럼

- LEVEL 의사칼럼은 계층적 구조의 루트 행이 1이 되고, 하위 레벨은 1씩 증가한다.
- CONNECT_BY_ISCYCLE 의사칼럼은 조상이 자식 행을 가지면 1을 반환하고, 그렇지 않으면 0을 반환한다.
- CONNECT_BY_ISLEAF 의사 칼럼은 현재 행이 CONNECT BY절 조건에 정의된 노드의 끝 노드이면 1을 반환하고, 그렇지 않으면 0을 반환한다.

| 구분 | 직위순 | LEVEL | CONNECT_BY_ISCYCLE |
| --- | --- | --- | --- |
| 루트 행 | 총장 | 1 | 1 |
|  | 학과장 | 2 | 1 |
| 노드 끝 | 교수 | 3 | 0 |

표 10.6  Professor 테이블의 직위별 레벨(level) 번호

| 【예제 10.23】 | ▶ 표 10.6을 참고하여 Professor 테이블을 이용하여 소속, 직위별 명단을 들여쓰기로 출력하시오. 단, 루트 노드는 총장임. |
| --- | --- |

```
SQL> COLUMN 직위 FORMAT A15
SQL> SELECT  LEVEL, Dept_ID, LPAD(' ', 4 * (Level - 1)) ||
  2          NVL(Duty, Position) "직위", Name
```

```
 3   FROM     Professor
 4   START    WITH mgr is NULL
 5   CONNECT BY PRIOR Professor_id = Mgr;


     LEVEL DEPT_ID  직위              NAME
---------- -------- --------------- -------
         1 대학      총장              서한식
         2 컴공           학과장        신기술
         3 컴공             부교수      이대호
         3 컴공             조교수      유소연
         3 컴공             조교수      조성우
         2 정통          학과장         박지성
         3 정통             조교수      최경주
         2 경영          학과장         안연홍
         2 행정          학과장         함영애

9 개의 행이 선택되었습니다.

SQL>
```

---

**【예제 10.24】** ▶ Professor 테이블을 이용하여 교수별 노드, 레벨, 경로를 출력하시오.

```
SQL> SELECT  DEPT_ID, Name ||' '|| Position "교수명",
  2            CONNECT_BY_ISLEAF "노드", LEVEL "레벨",
  3            SYS_CONNECT_BY_PATH(NAME || POSITION, '/') "경로"
  4   FROM    Professor
  5   WHERE   LEVEL <= 3 AND MGR IS NOT NULL
  6   START   WITH MGR IS NULL
  7   CONNECT BY PRIOR Professor_ID = MGR;


DEPT_ID  교수명           노드   레벨 경로
-------- -------------- ----- ----- ------------------------------------
컴공      신기술 교수        0     2 /서한식총장/신기술교수
컴공      이대호 부교수       1     3 /서한식총장/신기술교수/이대호부교수
컴공      유소연 조교수       1     3 /서한식총장/신기술교수/유소연조교수
컴공      조성우 조교수       1     3 /서한식총장/신기술교수/조성우조교수
정통      박지성 부교수       0     2 /서한식총장/박지성부교수
정통      최경주 조교수       1     3 /서한식총장/박지성부교수/최경주조교수
경영      안연홍 부교수       1     2 /서한식총장/안연홍부교수
행정      함영애 부교수       1     2 /서한식총장/함영애부교수

8 개의 행이 선택되었습니다.
```

## 10.7.2　자기조인

자기조인(self join)이란 순환적 관계 모델링에 의해 표현되는 테이블, 즉 테이블이 자신의
기본 키를 참조하는 외부 키를 갖고 있을 때 사용한다. 그림 10.6과 같이 Professor 테이
블은 관리자(Mgr) 칼럼이 교수번호(Professo _ID)의 기본 키와 외부 키 제약조건이 정의
되어 있다. 각 교수의 관리자는 관리자(mgr) 칼럼을 참조하여 관리자 정보를 알 수 있다.

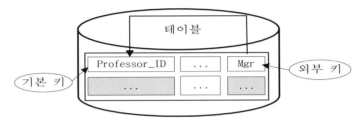

그림 10.6　외부 키가 자신의 기본 키를 참조하는 테이블

## 10.7.3　기존문법: 자기조인

자기조인은 하나의 테이블을 이용한 조인으로, Professor 테이블에 대하여 FROM절
에 교수 정보는 별명 T1으로, 관리자 정보는 별명 T2로 지정하고 WHERE절에 "별
명1.칼럼명 = 별명2.칼럼명"으로 조인조건을 기술하여 조인한다.

**【예제 10.25】** ▶ Professor 테이블을 이용하여 각 교수의 관리자명을 출력하시오.

```
SQL> SELECT T1.Professor_ID, T1.Dept_ID, T1.Duty,
  2         T1.Name || ' ' || T1.Position "교수명",
  3         T2.Name || ' ' || T2.duty "관리자명"
  4  FROM    Professor T1, Professor T2
  5  WHERE   T1.Mgr = T2.Professor_ID
  6  ORDER   BY 2, 3;

PROFES DEPT_ID DUTY       교수명          관리자명
------ ------- ---------- --------------- ------------------
P41    경영    학과장      안연홍 부교수    서한식 총장
P21    정통    학과장      박지성 부교수    서한식 총장
P24    정통               최경주 조교수    박지성 학과장
P11    컴공    학과장      신기술 교수      서한식 총장
P14    컴공               조성우 조교수    신기술 학과장
P13    컴공               유소연 조교수    신기술 학과장
P12    컴공               이대호 부교수    신기술 학과장
```

| | P51 | 행정 | 학과장 | 함영애 부교수 | 서한식 총장 |

8 개의 행이 선택되었습니다.

SQL>

## 10.7.4  표준문법: INNER JOIN 키워드의 자기조인

표준문법으로 FROM절에 "테이블명 별명1 INNER JOIN 테이블명 별명2 ON 조인조건"
을 기술하고, 조인조건은 "별명1.칼럼명1=별명2.칼럼명2"으로 기술한다.

【예제 10.26】 ▶ 예제 10.18을 INNER JOIN 키워드로 자기조인 하시오.

```
SQL> SELECT T1.Professor_ID, T1.Dept_ID, T1.Duty,
  2         T1.Name || ' ' || T1.Position "교수명",
  3         T2.Name || ' ' || T2.duty "관리자명"
  4  FROM   Professor T1 INNER JOIN Professor T2
  5                      ON T1.Mgr = T2.Professor_ID
  6  ORDER  BY 2, 3;

PROFES DEPT_ID  DUTY       교수명          관리자명
------ -------- ---------- -------------- --------------------
P41    경영     학과장     안연홍 부교수  서한식 총장
P21    정통     학과장     박지성 부교수  서한식 총장
P24    정통                최경주 조교수  박지성 학과장
......
8 개의 행이 선택되었습니다.

SQL>
```

# 10.8  세미 조인과 안티 조인

11장에서 다루는 서브 쿼리를 이용한 세미 조인과 안티 조인이 있다.
● 세미 조인(semi join)은 서브 쿼리에서 반환된 행을 메인 쿼리에서 참조하는 조인으
로, 메인 쿼리의 검색조건에 EXISTS와 IN 연산자를 사용한다.
● 안티 조인(anti join)이란 메인 쿼리의 칼럼 값이 서브 쿼리의 반환 값을 만족하
지 않는 행들을 반환하며, NOT IN 연산자를 사용한다.

**【예제 10.27】** ▶ Course 테이블의 추가수강료(course_fees)가 5만원인 과목을 담당하는 교수번호에 대하여 Professor 테이블의 [학과코드, 교수명, 직위]를 출력하시오.

```
SQL> SELECT Dept_ID, Name, Position
  2  FROM    Professor P
  3  WHERE   EXISTS (SELECT *
  4                    FROM    Course C
  5                    WHERE   P.Professor_ID = C.Professor_ID
  6                    AND   Course_fees = 50000);


DEPT_ID  NAME     POSITION
-------- -------- ----------
컴공     이대호   부교수
컴공     유소연   조교수
행정     함영애   부교수

SQL>
```

**【예제 10.28】** ▶ Course 테이블과 Professor 테이블을 이용하여 개설 과목의 담당교수가 입력되지 않은 과목을 출력하시오.

```
SQL> SELECT *
  2  FROM    COURSE
  3  WHERE   Professor_ID NOT IN (SELECT Professor_ID
  4                                FROM    PROFESSOR )
  5  ORDER  BY Course_ID;


COURSE_ID  TITLE            C_NUMBER PROFES COURSE_FEES
---------- ---------------- ---------- ------ -----------
L0011      TOEIC연구            2
L0013      문학개론             2
L1012      웹디자인             2             20000
L1043      JSP프로그래밍        3             50000
L2031      게임이론             3             50000
L2061      스프링프레임워크     3             50000

6 개의 행이 선택되었습니다.

SQL>
```

# 10.9  집합연산자

각 SELECT문의 결과 행을 집합연산자로 집합 연산을 할 수 있다. 집합연산자는
표 10.7과 같이 UNION, UNION ALL, INTERSECT, MINUS가 있다.
● UNION, UNION ALL 연산자는 각 집합의 합을 반환한다.
● INTERSECT 연산자는 각 집합의 공통된 행을 반환한다.
● MINUS 연산자는 한 집합에서 다른 집합을 뺀 행을 반환한다.

| 집합연산자 | 설  명 |
|---|---|
| UNION<br>UNION ALL | ● 각 집합의 합을 반환하는 합집합<br> - UNION ALL은 모든 원소를 포함한 합집합 |
| INTERSECT | ● 각 집합의 공통된 행을 반환하는 교집합 |
| MINUS | ● 한 집합에서 다른 집합을 뺀 행을 반환하는 차집합 |

표 10.7  집합연산자의 종류

● **집합연산자 사용시 주의사항**

① 각 집합의 SELECT문은 ORDER BY절을 포함하지 않는다. 그러나 전체 결
   과 행에 대한 ORDER BY절을 포함할 수 있다.
② 각 집합 SELECT문의 칼럼 수가 반드시 같아야 한다.
③ 각 집합 SELECT문의 칼럼의 데이터타입이 반드시 같아야 한다.
④ 전체 결과 행에 관한 ORDER BY절은 칼럼명보다 순서번호를 사용한다.

## 10.9.1  UNION 집합연산자

UNION 집합연산자는 각 SELECT문의 결과에 대한 두 집합  a = {1, 3, 5, 7,
9},  b = {1, 2, 3, 4} 가 있을 때 각 집합의 합을 반환하는 합집합이다.
● SELECT a UNION SELECT b      = {1, 2, 3, 4, 5, 7, 9}
● SELECT a UNION ALL SELECT b = {1, 1, 2, 3, 3, 4, 5, 7, 9}

| 【예제 10.29】 | ▶ Course 테이블과 T_Course 테이블을 모두 합하여 과목코드<br>순으로 출력하시오. |
|---|---|

```
SQL> SELECT * FROM COURSE
  2  UNION  ALL
  3  SELECT * FROM T_COURSE
  4  ORDER  BY 1;
```

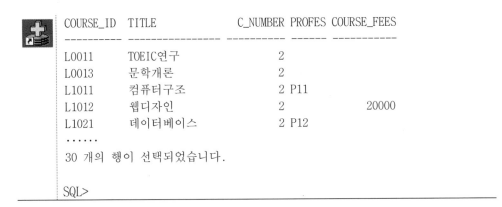

```
COURSE_ID  TITLE                C_NUMBER PROFES COURSE_FEES
---------- ------------------   ---------- ------ -----------
L0011      TOEIC연구             2
L0013      문학개론              2
L1011      컴퓨터구조            2 P11
L1012      웹디자인              2               20000
L1021      데이터베이스          2 P12
......
30 개의 행이 선택되었습니다.

SQL>
```

## 10.9.2 INTERSECT 집합연산자

INTERSECT 집합연산자는 각 SELECT문의 결과에 대한 두 집합  a = {1, 3, 5, 7, 9},  b = {1, 2, 3, 4} 가 있을 때 각 집합의 공통된 행을 반환하는 교집합이다.

● SELECT a INTERSECT SELECT b = {1, 3}

| 【예제 10.30】 | ▶ Professor 테이블과 Course 테이블을 이용하여 과목을 개설한 교수의 교수번호를 교수번호순으로 출력하시오. |
|---|---|

```
SQL> SELECT Professor_ID, Name
  2  FROM   Professor
  3  INTERSECT
  4  SELECT Professor_ID, Name
  5  FROM   Course INNER JOIN Professor USING (Professor_ID)
  6  ORDER BY 1;

PROFES NAME
------ --------
P11    신기술
P12    이대호
P13    유소연
P21    박지성
P24    최경주
P41    안연홍
P51    함영애

7 개의 행이 선택되었습니다.

SQL>
```

## 10.9.3  MINUS 집합연산자

MINUS 집합연산자는 각 SELECT문의 결과에 대한 두 집합  a = {1, 3, 5, 7, 9},
b = {1, 2, 3, 4} 가 있을 때 집합 a에서 집합 b를 뺀 행을 반환하는 차집합이다.
● SELECT a MINUS SELECT b = {5, 7, 9}

| 【예제 10.31】 | ▶ Student 테이블과 SG_Scores 테이블을 참고하여 학점을 취득하지 못한 학생의 학번을 출력하시오. |
|---|---|

```
SQL>  SELECT Student_ID, Name
   2    FROM    Student
   3    MINUS
   4    SELECT Student_ID, Name
   5    FROM    SG_Scores  INNER JOIN Student USING (Student_ID);

STUDENT_ID NAME
---------- ------
A1701      이미나
B1801      김빛나
T1801      김병호
T1802      이정필

SQL>
```

| 【예제 10.32】 | ▶ 예제 10.31의 MINUS 집합연산자 대신에 NOT EXISTS 안티조인을 이용하여 출력하시오. |
|---|---|

```
SQL> SELECT Student_ID, Name
   2   FROM    Student S
   3   WHERE   NOT EXISTS (SELECT *
   4                       FROM   SG_SCORES SG
   5                       WHERE  SG.Student_ID = S.Student_ID);

STUDENT_ID NAME
---------- ------
A1701      이미나
B1801      김빛나
T1801      김병호
T1802      이정필

SQL>
```

# 연 습 문 제 1

1. 주문처리(EC_Order) 테이블과 상품관리(EC_Product) 테이블을 이용하여, 'jupark' 회원이 결제한 [주문자 ID, 상품코드, 상품명, 주문 수량, 주문 금액]을 주문자 ID순으로 출력하시오. (등가조인과 내부조인 방법)
   ① 등가조인

   | 【결과》 | SQL> ··· | | | | |
   |---|---|---|---|---|---|
   | | ORDER_ID | PRODUCT_CODE | PRODUCT_NAME | ORDER_QTY | 주문금액 |
   | | ---------- | ------------ | --------------- | ---------- | ---------- |
   | | jupark | CM01 | 개인용컴퓨터 | 5 | 3735000 |
   | | jupark | PRT02 | 프린터 | 5 | 4300000 |
   | | SQL> | | | | |

   ② 내부조인(INNER JOIN~USING 또는 INNER JOIN~ON 키워드)

   | 【결과》 | SQL> ···<br>  - 결과 동일 |
   |---|---|

2. 주문처리(EC_Order) 테이블과 회원관리(EC_Member) 테이블, 상품관리(EC_Product) 테이블을 이용하여 결제한 [회원명, 전화번호, 주소, 배달상품, 배달수량]을 회원명순으로 출력하시오. (등가조인과 내부조인 방법)
   ① 등가조인

   | 【결과》 | SQL> COLUMN 배달상품 FORMAT A14 | | | | |
   |---|---|---|---|---|---|
   | | SQL> ··· | | | | |
   | | NAME | TELEPHONE | ADDRESS | 배달상품 | 수량 |
   | | -------- | --------------- | ------------- | ---------------- | ------- |
   | | 박지운 | 011-8011-2923 | 서울특별시 영등포구 | 개인용컴퓨터 | 5 |
   | | 박지운 | 011-8011-2923 | 서울특별시 영등포구 | 프린터 | 5 |
   | | 조철상 | 010-8884-8884 | 서울특별시 은평구 | 개인용컴퓨터 | 1 |
   | | SQL> | | | | |

   ② 내부조인(INNER JOIN~USING 또는 INNER JOIN~ON 키워드)

   | 【결과》 | SQL> ···<br>  - 결과 동일 |
   |---|---|

3. 상품관리(EC_Product) 테이블과 주문처리(EC_Order) 테이블을 이용하여, 모든 상품을 출력하되 주문 상품의 주문금액(주문 수량 x 단가)을 계산하여 [상품명, 주문 수량, 단가, 주문자 ID, 주문금액]을 주문자ID순으로 2가지 방법에 의하여 출력하시오.

① WHERE절을 이용한 좌 외부조인

| 【결과》 | SQL> COLUMN 단가 FORMAT L99,999,999 |
|---|---|

```
SQL> COLUMN 단가 FORMAT L99,999,999
SQL> ⋯

주문상품          수량              단가 ORDER_ID              주문금액
----------    -------   ----------------   ----------   ----------------
개인용컴퓨터        1       ₩747,000 cscho              ₩747,000
⋯⋯⋯
노트북컴퓨터         1       ₩930,000 usko               ₩930,000
노트북컴퓨터                 ₩665,000
TV                      ₩980,000
⋯⋯⋯
갤럭시노트                 ₩829,000
20 개의 행이 선택되었습니다.
SQL>
```

② LEFT OUTER JOIN 키워드를 이용한 방법

| 【결과》 | SQL> ⋯<br>　　- 결과 동일 |
|---|---|

4. 상품관리(EC_Product) 테이블과 주문처리(EC_Order) 테이블을 이용하여 한 번 도 판매되지 않은 상품의 목록 [상품코드, 상품명, 단가, 재고수량]을 상품코드순 으로 출력하시오. (외부조인 응용)

| 【결과》 | SQL> ⋯ |
|---|---|

```
SQL> ⋯
PRODUCT_CODE PRODUCT_NAME   UNIT_PRICE   LEFT_QTY
------------ --------------  ----------  ----------
CM02         개인용컴퓨터        434000          20
NB03         노트북컴퓨터         665000          10
⋯⋯⋯
8 개의 행이 선택되었습니다.
SQL>
```

5. 회원관리(EC_Member) 테이블과 주문처리(EC_Order) 테이블을 참고하여 한 번 도 거래하지 않은 회원의 [회원ID, 회원명, 가입일자]을 출력하시오.

| 【결과》 | SQL> ⋯ |
|---|---|

```
SQL> ⋯
USERID      NAME    TIMESTAM
----------  -------  --------
hskim       김혜수    18/01/14
mhlee       이민형    18/03/03
⋯⋯⋯
8 개의 행이 선택되었습니다.
SQL>
```

# 연 습 문 제 2

1. 회원(EC_Member) 테이블과 주문처리(EC_Order) 테이블을 이용하여 한번 이 상 거래한 회원의 [회원명, 주민등록번호, 상품명, 주문수량, 주문금액]을 회원 명순으로 출력하시오. (내부조인)

【결과》
```
SQL> …
NAME      REGIST_NO       PRODUCT_CODE   ORDER_QTY      CMONEY
--------  --------------  -------------  ----------  ----------

강욱선     810911-2******  PRT03                  1      272000
강준상     920303-1******  TV01                   1     1060000
고우선     010102-4******  NB01                   1      930000
……
12 개의 행이 선택되었습니다.

SQL>
```

2. 회원관리(EC_Member) 테이블과 주문처리(EC_Order) 테이블을 이용하여 한 번도 주문하지 않은 회원의 [회원명, 주민등록번호, 전화번호]를 출력하시오.

【결과》
```
SQL> …
NAME      REGIST_NO       TELEPHONE
--------  --------------  -------------

김미선     020506-4******  010-8887-3254
김혜수     831122-2******  010-8228-1112
이민형     820222-1******  010-1020-1010
……
8 개의 행이 선택되었습니다.
SQL>
```

3. 주문처리(EC_Order) 테이블, 회원관리(EC_Member) 테이블, 상품관리(EC_ Product) 테이블을 이용하여 거주지가 '서울'인 회원 중에서 한번 이상 주문한 회원의 [회원명, 주민번호, 상품명, 주문수량, 단가, 거주지]를 회원명순으로 출력하시오. (내부조인)

【결과》
```
SQL> …
NAME      REGIST_NO       PRODUCT_NAME   ORDER_QTY UNIT_PRICE 거주지
--------  --------------  -------------  ---------- ---------- -------

고우선     010102-4******  노트북컴퓨터            1     930000 서울
박지운     951214-1******  개인용컴퓨터            5     747000 서울
……
6 개의 행이 선택되었습니다.
SQL>
```

4. 수강임시(T_SG_Scores) 테이블, 과목임시(T_Course) 테이블, 학생(Student) 테이블을 이용하여 'C1801' 학번의 수강신청 과목을 출력하시오. (등가조인)

| | SQL> ··· |
|---|---|
| 【결과》 | <table><thead><tr><th>DEPT_ID</th><th>YE</th><th>STUDENT_ID</th><th>NAME</th><th>COURSE_ID</th><th>TITLE</th><th>C_NUMBER</th></tr></thead><tbody><tr><td>컴공</td><td>1</td><td>C1801</td><td>김대현</td><td>L3001</td><td>스프링프레임워크</td><td>3</td></tr><tr><td>컴공</td><td>1</td><td>C1801</td><td>김대현</td><td>L3002</td><td>모바일프로그래밍</td><td>3</td></tr><tr><td>컴공</td><td>1</td><td>C1801</td><td>김대현</td><td>L3003</td><td>데이터베이스튜닝</td><td>2</td></tr><tr><td>컴공</td><td>1</td><td>C1801</td><td>김대현</td><td>L3004</td><td>빅데이터 개론</td><td>2</td></tr></tbody></table><br>SQL> |

5. 수강임시(T_SG_Scores) 테이블, 과목임시(T_Course) 테이블, 학생(Student) 테이블을 이용하여 'C1801' 학번의 성적을 내부조인(inner join) 방식으로 출력하시오.

| | SQL> ··· |
|---|---|
| 【결과》 | <table><thead><tr><th>DEPT_ID</th><th>YE</th><th>STUDENT_ID</th><th>NAME</th><th>COURSE_ID</th><th>TITLE</th><th>C_NUMBER</th><th>GRAD</th></tr></thead><tbody><tr><td>컴공</td><td>1</td><td>C1801</td><td>김대현</td><td>L3001</td><td>스프링프레임워크</td><td>3</td><td>A+</td></tr><tr><td>컴공</td><td>1</td><td>C1801</td><td>김대현</td><td>L3002</td><td>모바일프로그래밍</td><td>3</td><td>B+</td></tr><tr><td>컴공</td><td>1</td><td>C1801</td><td>김대현</td><td>L3003</td><td>데이터베이스튜닝</td><td>2</td><td>A</td></tr><tr><td>컴공</td><td>1</td><td>C1801</td><td>김대현</td><td>L3004</td><td>빅데이터 개론</td><td>2</td><td>B+</td></tr></tbody></table><br>SQL> |

6. 수강임시(T_SG_Scores) 테이블과 과목임시(T_Course) 테이블을 이용하여 'C1801' 학번의 등급에 대한 평점, 과목별 평점을 출력하시오. 단, 평점은 등급이 'A+'이면 4.5, 'A '이면 4.0, 'B+'이면 3.5, 'B '이면 3.0, 'C+'이면 2.5, 'C '이면 2.0, 'D+'이면 1.5, 'D '이면 1.0, 'F '이면 0.0이며, 과목별 평점은 "등급에 대한 평점 x 학점수"로 계산한다.

| | SQL> ··· |
|---|---|
| 【결과》 | <table><thead><tr><th>STUDENT_ID</th><th>COURSE_ID</th><th>TITLE</th><th>학점</th><th>GRAD</th><th>등급평점</th><th>과목평점</th></tr></thead><tbody><tr><td>C1802</td><td>L3001</td><td>스프링프레임워크</td><td>3</td><td>B+</td><td>3.5</td><td>10.5</td></tr><tr><td>C1802</td><td>L3002</td><td>모바일프로그래밍</td><td>3</td><td>A</td><td>4</td><td>12</td></tr><tr><td>C1802</td><td>L3003</td><td>데이터베이스튜닝</td><td>2</td><td>A</td><td>4</td><td>8</td></tr><tr><td>C1802</td><td>L3004</td><td>빅데이터 개론</td><td>2</td><td>A+</td><td>4.5</td><td>9</td></tr></tbody></table><br>SQL> |

7. 수강임시(T_SG_Scores) 테이블에서 학번별 취득 과목수, 취득 점수의 합계와 평균을 계산하여, [학과코드, 학년, 학번, 성명, 과목수, 총점, 평균]을 총점 내림차순으로 출력하시오. 단, 평균은 소숫점 반올림하여 둘째자리까지 출력한다.

【결과》

```
SQL> …
DEPT_ID  YE STUDENT_ID NAME         과목수        총점 평균
-------  -- ---------- ----------  ----------  ----------  ----------
컴공      1  C1802      신지애          4          370   92.50
컴공      1  C1801      김대현          4          366   91.50
SQL>
```

8. 학과(Department) 테이블과 교수(Professor) 테이블을 이용하여 직책명(Duty)에 대한 계층적 구조("총장→학과장→교수"순)의 학과별 직위 명단을 출력하시오.

【결과》

```
SQL> …
소속                    직책 및 성명
--------------------  --------------------------------
대학본부                총장 서한식 총장
컴퓨터공학과               L_____학과장 신기술 교수
컴퓨터공학과                      L_____ 이대호 부교수
컴퓨터공학과                      L_____ 유소연 조교수
컴퓨터공학과                      L_____ 조성우 조교수
……
9 개의 행이 선택되었습니다.
SQL>
```

9. 수강(SG_Scores) 테이블과 과목(Course) 테이블을 이용하여 한 명이상 수강한 과목의 [과목코드, 과목명, 학점수]를 과목코드순으로 출력하시오. (INTERSECT)

【결과》

```
SQL> …
COURSE_ID  TITLE         C_NUMBER
---------- ------------- ----------
L0011      TOEIC연구          2
L1011      컴퓨터구조          2
……
10 개의 행이 선택되었습니다.
SQL>
```

10. 수강(SG_Scores) 테이블에서 2018학년도 수강 신청한 학생(학번이 'C18'로 시작)의 과목과 2017학년도 수강 신청한 학생(학번이 'C17'로 시작)의 과목중에서 2016학년도 학생(학번이 'C16'이 시작)이 수강하지 않은 과목을 출력하시오.

【결과》

```
SQL> …
COURSE_ID  TITLE         C_NUMBER
---------- ------------- ----------
L1022      정보통신개론         2
L1042      델파이             3
SQL>
```

# Chapter 11

# 서브 쿼리

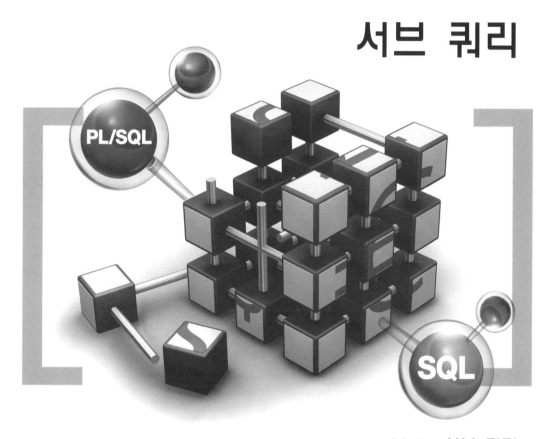

# 11.1 서브 쿼리

서브 쿼리(Subquery)란 "부속질의어"로 SQL문(SELECT문, INSERT문, UPDATE 문, DELETE문, CREATE문 등)내에 사용되는 SELECT문을 말한다. SQL문에 서브 쿼리가 사용되면 서브 쿼리를 먼저 실행하여 그 결과 값을 메인 쿼리(main query) 로 반환하고, 반환된 값을 메인 쿼리에서 사용한다. 서브 쿼리는 서브 쿼리가 반환하는 행의 수에 따라 단일 행 서브 쿼리와 다중 행 서브 쿼리가 있다.

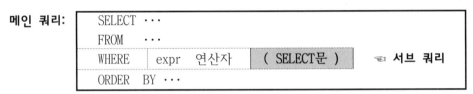

※ expr은 칼럼명, 리터럴, 수식, 함수 등이 올 수 있다.

● **서브 쿼리 사용시 주의사항**

① 서브 쿼리는 괄호()안에서 사용한다.
② 서브 쿼리가 반환하는 행의 수는 expr 또는 연산자가 기대하는 값의 수와 일치해야 한다.
③ 서브 쿼리가 반환하는 칼럼 수는 expr 또는 연산자가 기대하는 칼럼 수와 일치해야 한다.
④ 서브 쿼리는 ORDER BY절을 사용하지 않는다.
⑤ 메인 쿼리의 FROM절에 있는 테이블의 칼럼명은 서브 쿼리 내에 사용될 수 있으나, 서브 쿼리의 FROM절에 있는 테이블의 칼럼명은 메인 쿼리에서 사용할 수 없다.
⑥ 서브 쿼리는 최대 255개까지 사용할 수 있다.

# 11.2 단일 행 서브 쿼리

단일 행 서브 쿼리란 서브 쿼리의 결과 값이 단일 행이며, 단일 칼럼이나 다중 칼럼 으로 반환된다.

| 【예제 11.01】 | ▶ SG_Scores 테이블의 'L1031' 'SQL응용' 과목의 행들을 출력 하고, 'L1031' 과목의 평균점수보다 높은 점수를 출력하시오. |
| --- | --- |

```
SQL> SELECT Student_ID, Course_ID, Score
  2  FROM    SG_Scores
  3  WHERE   Course_ID = 'L1031';
```

```
STUDENT_ID COURSE_ID       SCORE
---------- ----------  ----------
C1601      L1031               82
C1602      L1031               94
C1701      L1031               96
C1702      L1031               86
C1801      L1031               85
C1802      L1031               77

6 개의 행이 선택되었습니다.

SQL> SELECT (AVG(Score)
  2  FROM    SG_Scores
  3  WHERE   Course_ID = 'L1031';


AVG(SCORE)
----------
86.6666667

SQL> SELECT Student_ID, Course_ID, Score
  2  FROM    SG_Scores
  3  WHERE   Course_ID = 'L1031' AND  Score >=  ( 86.6666667 );

STUDENT_ID COURSE_ID       SCORE
---------- ----------  ----------
C1602      L1031               94
C1701      L1031               96

SQL>
```

※ 'L1031' 과목의 평균 점수를 먼저 계산하고, 평균 점수를 이용하여 검색하게 되면 최소한 SELECT문을 2번 실행해야 하며, 데이터가 변경되면 평균 점수를 다시 계산하여 실행하는 불편한 점이 있다.

**【예제 11.02】** ▶ 예제 11.01을 서브 쿼리를 사용하여 실행하시오.

```
SQL> SELECT Student_ID, Course_ID, Score
  2  FROM    SG_Scores
  3  WHERE   Course_ID = 'L1031'
  4    AND   Score >= ( SELECT AVG(Score)
  5                     FROM    SG_Scores
  6                     WHERE   Course_ID = 'L1031' );
```

```
STUDENT_ID COURSE_ID       SCORE
---------- ---------- ----------
C1602      L1031              94
C1701      L1031              96

SQL>
```

※ 괄호()속의 평균 점수를 기술하는 위치에 평균을 계산하는 SELECT문을 기술한
  다. 그러면 서브 쿼리가 먼저 실행되어 평균을 계산하고 이 값을 메인 쿼리에 반
  환하면 메인 쿼리가 반환된 값을 참조하여 실행한다.

| 【예제 11.03】 | ▶ SG_Scores 테이블의 'L1031' 'SQL응용' 과목에서 최고점을 받은 학생들의 학번, 과목코드, 성적, 성적취득일자를 출력하시오. |

```
SQL> SELECT Student_ID, Course_ID, Score, Score_Assigned
  2  FROM    SG_Scores
  3  WHERE   Course_ID = 'L1031'
  4    AND   Score      = ( SELECT MAX(Score)
  5                         FROM    SG_Scores
  6                         WHERE   Course_ID = 'L1031' );

STUDENT_ID COURSE_ID       SCORE SCORE_AS
---------- ---------- ---------- --------
C1701      L1031              96 17/12/23

SQL>
```

# 11.3  다중 행 서브 쿼리

다중 행 서브 쿼리란 다중 행으로 반환되는 서브 쿼리이다. 다중 행 서브 쿼리는 표
11.1과 같이 IN, ANY, SOME, ALL, EXISTS의 다중 행 연산자와 함께 사용한다.

| 연산자 | 의  미 |
|--------|--------|
| IN | 검색조건이 서브 쿼리의 결과 중에서 하나라도 일치하면 참이 되는 연산자 |
| ANY, SOME | 검색조건이 서브 쿼리의 결과 중에서 하나 이상 일치하면 참이 되는 연산자 |
| ALL | 검색조건이 서브 쿼리의 결과와 모든 값이 일치하면 참이 되는 연산자 |
| EXISTS | 서브 쿼리의 결과가 행을 반환하면 참이 되는 연산자 |

표 11.1  다중 행 연산자

## 11.3.1 IN 연산자

IN 연산자는 메인 쿼리의 검색조건이 서브 쿼리의 결과와 비교하여 하나라도 일치하면 참이 되는 연산자이다.

| 【예제 11.04】 | ▶ SG_Scores 테이블의 년월별 최고점을 받은 학생들의 학번, 과목코드, 성적, 성적취득년월을 출력하시오. |
|---|---|

```
SQL> SELECT Student_ID, Course_ID, Score, TO_CHAR(Score_Assigned,
'YY/MM') "취득년월"
  2  FROM    SG_Scores
  3  WHERE   (TO_CHAR(Score_Assigned, 'YY/MM'), Score) IN
  4          ( SELECT TO_CHAR(Score_Assigned, 'YY/MM'), MAX(Score)
  5              FROM    SG_Scores
  6              GROUP  BY TO_CHAR(Score_Assigned, 'YY/MM') )
  7  ORDER   BY 4;

STUDENT_ID COURSE_ID     SCORE 취득년월
---------- ----------  ---------- ---------
C1602      L0011          98 16/12
C1602      L1021          98 16/12
C1701      L1011          97 17/06
C1702      L1042          98 17/12
......
7 개의 행이 선택되었습니다.

SQL>
```

## 11.3.2 ANY, SOME 연산자

ANY, SOME 연산자는 '>' 관계 연산자 뒤에 기술하며, 메인 쿼리의 검색조건이 서브 쿼리의 결과 중에서 하나 이상 일치하면 참이 되는 연산자이다.

| 【예제 11.05】 | ▶ SG_Scores 테이블의 'L1031' 'SQL응용' 과목에서 성적이 최하 점수보다 높은 점수의 학생에 대하여 학번, 과목코드, 성적, 성적취득일자를 출력하시오. |
|---|---|

```
SQL> SELECT Student_ID, Course_ID, Score, Score_Assigned
  2  FROM    SG_Scores
```

```
3   WHERE     Course_ID = 'L1031'
4      AND     Score  > ANY ( SELECT Score
5                              FROM     SG_Scores
6                              WHERE   Course_ID = 'L1031' );


STUDENT_ID COURSE_ID        SCORE SCORE_AS
---------- ----------  ---------- --------

C1701      L1031              96 17/12/23
C1602      L1031              94 17/06/29
C1702      L1031              86 17/12/23
C1801      L1031              85 18/06/27
C1601      L1031              82 17/06/29


SQL>
```

※ 서브 쿼리의 결과 값은 {82, 94, 96. 86, 85, 77}점이며, 메인 쿼리에서 최하점보
  다 높은 점수는 {97, 96, 94, 86. 85, 82}점이다.


## 11.3.3  ALL 연산자

ALL 연산자는 '>=' 관계 연산자 뒤에 기술하며, 메인 쿼리의 비교조건이 서브 쿼리
의 결과와 모든 값이 일치하면 참이 되는 연산자이다.

| 【예제 11.06】 | ▶ SG_Scores 테이블의 'L1031' 'SQL응용' 과목에서 년도별 최고 점수를 받은 학생들의 학번, 과목코드, 성적, 성적취득 일자를 출력하시오. |
|---|---|

```
SQL> SELECT Student_ID, Course_ID, Score, Score_Assigned
  2  FROM    SG_Scores
  3  WHERE  Course_ID = 'L1031'
  4     AND     Score  >= ALL ( SELECT Score
  5                              FROM     SG_Scores
  6                              WHERE   Course_ID = 'L1031' );


STUDENT_ID COURSE_ID        SCORE SCORE_AS
---------- ----------  ---------- --------
C1701      L1031              96 17/12/23

SQL>
```

※ 메인 쿼리의 점수가 서브 쿼리 결과보다 크거나 같은 점수는 96점이다.

# 11.4   상호관련 서브 쿼리

상호관련(Correlated) 서브 쿼리란 서브 쿼리에서 메인 쿼리의 값을 참조하고, 서브 쿼리의 결과 값을 다시 메인 쿼리가 참조하는 부속 질의어를 말한다. 상호 관련 서브 쿼리는 WHERE절에 EXISTS, ANY, ALL 연산자를 이용하며, 서브 쿼리의 검색조건이 '참'이 될 때 메인 쿼리의 행을 반환하며 다음과 같은 형태를 갖는다.

| 메 인<br>쿼 리 | SELECT ···<br>FROM     테이블명1<br>WHERE    연산자<br><br>         서브 쿼리: | ( SELECT ···<br>  FROM     테이블명2<br>  WHERE    테이블명1.칼럼명 = 테이블명2.칼럼명 ) |

● EXISTS 연산자는 서브 쿼리의 검색조건에서 '참'이 되어 행을 반환하면 '참'이 되고, 참이 될 때 메인 쿼리의 행을 출력한다.

● **상호관련 서브 쿼리는**

서브 쿼리에서 메인 쿼리(테이블1)의 칼럼을 참조할 수 있다. 그러나 서브 쿼리(테이블2)의 칼럼은 메인 쿼리에서 참조하지 못한다. 서브 쿼리의 WHERE절 검색조건에 테이블1.칼럼명 = 테이블2.칼럼명을 기술하면, 반환되는 값은 그림 11.1과 같이

① "테이블1.칼럼명"의 첫 번째 행과 "테이블2.칼럼명"의 첫 번째 행부터 마지막 행까지 순서대로 비교하여 동일한 값이면 행을 반환하고 비교를 종료한다.

② "테이블1.칼럼명"의 두 번째 행과 "테이블2.칼럼명"의 첫 번째 행부터 마지막 행까지 순서대로 비교하여 동일한 값이면 행을 반환하고 비교를 종료한다.

③ "테이블1.칼럼명"의 마지막 행이 될 때까지 "테이블2.칼럼명"의 첫 번째 행부터 마지막 행까지 순서대로 비교하여 동일한 값이면 행을 반환하고 비교를 종료한다.

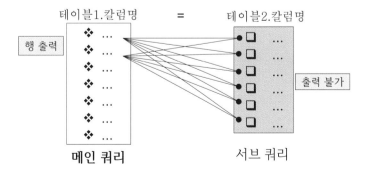

그림 11.1   메인 쿼리와 서브 쿼리의 검색과정

이 과정을 반복하면, 서브 쿼리의 검색조건에 의하여 그림 11.2와 같이 "테이블1.칼럼명"과 "테이블2.칼럼명"의 값이 공통된 테이블1의 행들만 반환된다.

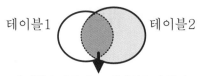

테이블1.칼럼명 = 테이블2.칼럼명

그림 11.2  상호관련 서브쿼리의 데이터 검색

| 【예제 11.07】 | ▶ Professor 테이블과 Course 테이블을 이용하여 강의를 담당하고 있는 교수의 명단을 출력하시오. |

```
SQL> SELECT Name, Position, Dept_ID
  2  FROM    Professor P
  3  WHERE   EXISTS ( SELECT *
  4                   FROM    Course C
  5                   WHERE   P.Professor_ID = C.Professor_ID );

NAME      POSITION    DEPT_ID
--------  ----------  --------
신기술    교수        컴공
이대호    부교수      컴공
유소연    조교수      컴공
......
7 개의 행이 선택되었습니다.

SQL>
```

| 【예제 11.08】 | ▶ Professor 테이블과 Course 테이블을 이용하여 강의를 담당하지 않은 교수의 명단을 출력하시오. |

```
SQL> SELECT Professor_ID, Name, Position, Dept_ID
  2  FROM    Professor P
  3  WHERE   NOT EXISTS ( SELECT *
  4                       FROM    Course C
  5                       WHERE   P.Professor_ID = C.Professor_ID );

PROFES NAME      POSITION    DEPT_ID
------ --------  ----------  --------
P00    서한식    총장        대학
P14    조성우    조교수      컴공

SQL>
```

※ NOT EXISTS 연산자는 Professor 테이블의 교수번호에서 Course 테이블의 담
   당교수번호를 값을 뺀 행이 반환된다.

# 11.5 SELECT문의 서브 쿼리

SELECT문의 SELECT절과 FROM절, HAVING절에도 서브 쿼리가 사용될 수 있다.

## 11.5.1 SELECT절의 서브 쿼리

SELECT절에 기술되는 서브 쿼리를 스칼라(Scalar) 서브 쿼리라고 한다. 스칼라 서
브 쿼리는 단일 행이 반환되어야 하며 별명을 사용한다.

| 메인 쿼리: | SELECT  칼럼명,   ( SELECT문 ) 별명   ☞ 스칼라 서브 쿼리 |
| | FROM     ··· |
| | WHERE    ··· |

【예제 11.09】 ▶ 교수번호 'P12'에 대한 교수명, 소속학과, 'P12'의 소속학
              과의 교수 수를 출력하시오.

```
SQL> SELECT Name, Dept_ID, ( SELECT COUNT(Dept_ID)
  2                           FROM    Professor A
  3                           WHERE   A.Dept_ID = B.Dept_ID
  4                           GROUP   BY Dept_ID) "학과교수수"
  5  FROM    Professor B
  6  WHERE   Professor_ID = 'P12';

NAME     DEPT_ID  학과교수수
-------- -------- ----------
이대호   컴공              4

SQL>
```

【예제 11.10】 ▶ 수강(SG_Scores) 테이블로부터 한 과목 초과 학점 취득자에 대
              한 [학번, 성명, 취득과목수, 취득학점계]를 출력하시오.

```
SQL> SELECT M.Student_ID, Name, Count(*) "취득과목수",
  2         (SELECT SUM(C_Number)
  3          FROM    SG_Scores INNER JOIN Course USING (Course_ID)
```

```
   4          WHERE   Student_ID = M.Student_ID
   5          GROUP   BY Student_ID )  "취득학점수"
   6  FROM  SG_Scores M INNER JOIN Student S ON M.Student_ID = S.Student_ID
   7  GROUP   BY M.Student_ID, Name
   8  HAVING COUNT(*) > 1
   9  ORDER   BY 4 DESC;


STUDENT_ID NAME     취득과목수 취득학점수
---------- -------- ---------- ----------
C1701      이정민          8          20
C1702      박주영          8          20
C1601      한영삼          8          19
C1602      서희경          7          16

SQL>
```

## 11.5.2  HAVING절의 서브 쿼리

SELECT문의 HAVING절은 그룹함수와 함께 사용될 때 그룹핑된 결과에 대해 추가적인 검색조건을 지정할 때 사용될 수 있다.

| 【예제 11.11】 | ▶ 수강(SG_Scores) 테이블로부터 'C1602' 학생의 취득학점수 보다 많은 학생의 학번, 총취득학점수를  출력하시오. |
|---|---|

```
SQL> SELECT Student_ID, SUM(C_Number)
  2  FROM    SG_Scores INNER JOIN Course USING (Course_ID)
  3  GROUP   BY Student_ID
  4  HAVING SUM(C_Number) >
  5        ( SELECT SUM(C_Number)
  6          FROM    SG_Scores INNER JOIN Course USING (Course_ID)
  7          WHERE   Student_ID = 'C1602');


STUDENT_ID SUM(C_NUMBER)
---------- -------------
C1601                 19
C1701                 20
C1702                 20

SQL>
```

# 11.6   인라인 뷰

인라인 뷰(inline view)란 SELECT문의 FROM절에 기술하는 서브 쿼리를 말한다. 서브 쿼리는 또 다른 서브 쿼리를 포함할 수도 있으며, 인라인 뷰에 별명을 사용하면 인라인 뷰에서 반환된 값을 메인 쿼리에서 사용될 수 있다. 인라인 뷰는 TOP-N 쿼리 또는 특정위치로부터 일부 행을 검색할 수 있다.

메인 쿼리:
```
SELECT 별명.*
FROM   ···        ( SELECT문 ) 별명      ☞ 인라인 뷰
WHERE  ···
```

## 11.6.1   TOP-N 쿼리 구문

인라인 뷰를 이용하면 TOP-N 쿼리 또는 특정 위치로부터 일부 행을 검색할 수 있다. TOP-N 쿼리란 상위 N개 행을 출력하는 것으로, ROWNUM 의사칼럼으로 검색할 행의 수(N)를 지정한다.

● ROWNUM 의사칼럼은 FROM절의 테이블이나 인라인 뷰의 행의 순서를 숫자로 표시하며, 메인 쿼리에서 행을 출력할 때 첫 번째 행은 1부터 시작하여 1씩 증가한다.

| 문법 | SELECT 별명.칼럼명1, 별명.칼럼명2, ···<br>FROM   ( SELECT   칼럼명1, 칼럼명2, ···<br>         FROM      테이블명, ···<br>         ORDER BY  칼럼명 {ASC \| DESC}. ··· ) 별명<br>WHERE  ROWNUM <= 행의 수; |
|------|------|

| 【예제 11.12】 | ▶ SG_Scores 테이블을 성적과 학점을 내림차순으로 출력하고, 1 페이지에 출력할 성적 상위자 5명(1위~5위)의 학번, 성명, 과목명, 학점수, 성적, 등급을 출력하시오. |
|------|------|

```
SQL> SELECT Student_ID, Name, Title, C_Number, Score, Grade
  2  FROM    SG_Scores INNER JOIN Course  USING (Course_ID)
  3                    INNER JOIN Student USING (Student_ID)
  4  WHERE   Score IS NOT NULL
  5  ORDER   BY 5 DESC, 4 DESC;
```

| STUDENT_ID | NAME | TITLE | C_NUMBER | SCORE | GRAD |
|------------|------|-------|----------|-------|------|
| C1601 | 한영삼 | 스프링프레임워크 | 3 | 99 | A+ |

```
C1702      박주영   델파이                  3        98 A+
......
35 개의 행이 선택되었습니다.


SQL> SELECT ROWNUM "순위", a.*
  2  FROM   (SELECT Student_ID, Name, Title, C_Number, Score, Grade
  3          FROM   SG_Scores INNER JOIN Course  USING (Course_ID)
  4                            INNER JOIN Student USING (Student_ID)
  5          WHERE  Score IS NOT NULL
  6          ORDER  BY 5 DESC, 4 DESC) a
  7  WHERE  ROWNUM <= 5;

순위 STUDENT_ID NAME      TITLE                 C_NUMBER      SCORE GRAD
----- ---------- -------- ---------------- ----------- ---------- ----
    1 C1601      한영삼   스프링프레임워크          3        99 A+
    2 C1702      박주영   델파이                   3        98 A+
    3 C1602      서희경   TOEIC연구               2        98 A+
    4 C1602      서희경   데이터베이스             2        98 A+
    5 C1702      박주영   JAVA                    3        97 A+

SQL>
```

## 11.6.2  TOP-N 쿼리 응용

인라인 뷰에 서브 인라인 뷰를 기술하면 특정위치로부터 일부 행을 검색할 수 있다.
메인 쿼리의 WHERE절에 인라인 뷰의 ROWNUM 변수의 값을 BETWEEN~ AND~
연산자를 이용하여 특정위치로부터 일부 행을 검색한다.

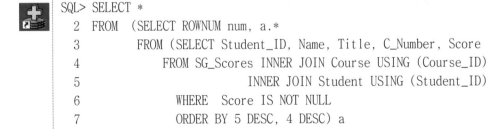

| 【예제 11.13】 | ▶ SG_Scores 테이블에서 3 페이지에 출력할 성적 상위자 5명 (11위~15위)에 대하여 학번, 성명, 과목명, 학점수, 성적, 등급을 출력하시오. |
| --- | --- |

```
SQL> SELECT *
  2  FROM  (SELECT ROWNUM num, a.*
  3          FROM (SELECT Student_ID, Name, Title, C_Number, Score
  4              FROM SG_Scores INNER JOIN Course USING (Course_ID)
  5                            INNER JOIN Student USING (Student_ID)
  6              WHERE  Score IS NOT NULL
  7              ORDER BY 5 DESC, 4 DESC) a
  8          )
```

```
 9   WHERE   num BETWEEN 11 AND 15;

    NUM STUDENT_ID NAME      TITLE              C_NUMBER      SCORE
------- ---------- -------   ----------------   ----------   ----------
     11 C1701      이정민    데이터베이스           2           96
     12 C1702      박주영    스프링프레임워크         3           95
     13 C1602      서희경    SQL응용               3           94
     14 C1701      이정민    JAVA                 3           93
     15 C1602      서희경    스프링프레임워크         3           93

SQL>
```

## 11.6.3  인라인 뷰를 이용한 피벗 테이블

인라인 뷰와 PIVOT절을 이용하여 피벗 테이블을 작성할 수 있다. 피벗 테이블이란 테이블의 칼럼 값을 이용하여 행과 열로 구성하는 집계 테이블을 말한다.

| 문  법 | SELECT문 <br> PIVOT ( 집계함수명 <br>  FOR 칼럼명1 IN ( '열값1, 열값2, ...) ) <br> ORDER BY 칼럼명2; |
|---|---|

※ 기술방법

- SELECT문 : 인라인 뷰가 있는 SELECT문
- 집계함수명 : 표 9.1의 집계함수
- 칼럼명1 : 피벗 테이블의 열을 구성하는 칼럼
- 열값1 : 피벗 테이블을 구성할 칼럼 값
- 칼럼명2 : 피벗 테이블의 행을 구성하는 칼럼

【예제 11.14】 ▶ Professor 테이블로부터 학과별 직위 인원수를 피봇테이블로 출력하시오. 직위는 '총장','교수','부교수','조교수','초빙교수'임

```
SQL> SELECT *
  2  FROM    ( SELECT Dept_ID, Position
  3            FROM    Professor )
  4  PIVOT  (
  5          COUNT(*)
  6          FOR Position IN ('총장','교수','부교수','조교수','초빙교수')
  7  )
  8  ORDER BY Dept_ID;
```

| DEPT_ID | '총장' | '교수' | '부교수' | '조교수' | '초빙교수' |
|---------|------|------|--------|--------|----------|
| 경영 | 0 | 0 | 1 | 0 | 0 |
| 대학 | 1 | 0 | 0 | 0 | 0 |
| 정통 | 0 | 0 | 1 | 1 | 0 |
| 컴공 | 0 | 1 | 1 | 2 | 0 |
| 행정 | 0 | 0 | 1 | 0 | 0 |

SQL>

# 11.7   CREATE TABLE문의 서브 쿼리

CREATE TABLE문에 서브 쿼리를 사용하면 테이블을 생성하여 데이터를 복사하거나 빈 테이블을 생성할 수 있다.

## 11.7.1   테이블 생성과 데이터 복사

그림 11.3과 같이 CREATE TABLE문에 서브 쿼리를 사용하면 테이블을 생성하고, 서브 쿼리에 검색된 전체 혹은 일부 행들을 생성된 테이블로 복사할 수 있다.

| 문<br>법 | CREATE TABLE 테이블명 [ (칼럼명_1, 칼럼명_2, …) ]<br>AS<br>    SELECT문; |
|---|---|

● **CREATE TABLE문의 서브 쿼리 사용시 주의사항**

① CREATE TABLE문의 칼럼 수와 SELECT절의 칼럼 수가 동일해야 한다.

② SELECT절의 첫 번째 칼럼 값이 CREATE TABLE문의 첫 번째 칼럼 값으로 저장된다.

③ CREATE TABLE문의 칼럼명은 생략하면, SELECT절의 칼럼명을 참고한다. 단, 수식이나 함수명을 사용하면 별명을 사용하거나 칼럼명을 생략할 수 없다.

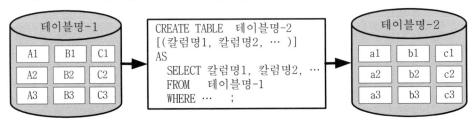

그림 11.3  서브 쿼리를 이용한 테이블 생성과 데이터 복사

| 【예제 11.15】 | ▶ Student 테이블에서 '컴공'학과에 재학중인 학생들을 Student_Computer 테이블을 생성하여 저장하시오. |

```
SQL> CREATE TABLE Student_Computer
  2   (Dept_ID, Year, Student_ID, Name, ID_Number, Email)
  3   AS
  4      SELECT Dept_ID, Year, student_ID, Name, ID_Number, Email
  5      FROM    Student
  6      WHERE   Dept_ID = '컴공';

테이블이 생성되었습니다.

SQL> SELECT * FROM Student_Computer;

DEPT_ID  YE STUDENT_ID NAME      ID_NUMBER        EMAIL
-------- -- ---------- -------   --------------   ------------------
컴공       3  C1601      한영삼     000708-3******   c1601@cyber.ac.kr
컴공       3  C1602      서희경     990205-2******   c1602@cyber.ac.kr
컴공       2  C1701      이정민     011109-4******   c1701@cyber.ac.kr
......
7 개의 행이 선택되었습니다.

SQL>
```

## 11.7.2 서브 쿼리를 이용한 빈 테이블 생성

서브 쿼리의 검색조건이 참이 되지 않는 CREATE TABLE문을 이용하면, 기존의 테이블과 동일한 빈 테이블을 생성할 수 있다.

| 【예제 11.16】 | ▶ Course 테이블과 동일한 Course_Temp 빈 테이블을 생성하시오. |

```
SQL> CREATE TABLE Course_Temp
  2    AS
  3        SELECT *
  4        FROM    Course
  5        WHERE   1 = 2;

테이블이 생성되었습니다.

SQL>
```

## 11.7.3  서브 쿼리를 이용한 임시테이블 생성

임시테이블이란 트랜잭션 기간 또는 세션이 종료될 때까지 행이 저장되며, 트랜잭션이나 세션이 종료되면 행이 자동 삭제되는 테이블로, 서브 쿼리를 이용하여 CREATE GLOBAL TEMPORARY TABLE문으로 임시테이블을 생성할 수도 있다.

| 문법 | CREATE GLOBAL TEMPORARY TABLE 임시테이블명<br>ON COMMIT [PRESERVE ROWS \| DELETE ROWS]<br>AS<br>    SELECT문; |
|---|---|

※ 기술 방법
- ON COMMIT DELETE ROWS : 트랜잭션이 종료되면 행을 자동으로 삭제한다.
- ON COMMIT PRESERVE ROWS : 트랜잭션 종료되면 행이 남아 있고, 세션이 종료되면 행을 자동으로 삭제한다.

| 【예제 11.17】 | ▶ Student 테이블로부터 '컴공' 학과의 T_Computer 임시 테이블을 세션이 종료될 때 삭제되도록 생성하시오. |
|---|---|

```
SQL> CREATE GLOBAL TEMPORARY TABLE T_Computer
  2  ON COMMIT PRESERVE ROWS
  3      AS
  4        SELECT *
  5        FROM    Student
  6        WHERE   Dept_ID = '컴공';

테이블이 생성되었습니다.

SQL> SELECT Dept_ID, Year, Student_ID, Name, ID_Number
  2  FROM    T_Computer;

DEPT_ID  YE STUDENT_ID NAME     ID_NUMBER
-------- -- ---------- ------   --------------
컴공       3  C1601      한영삼    000708-3******
컴공       3  C1602      서희경    990205-2******
컴공       2  C1701      이정민    011109-4******
컴공       2  C1702      박주영    020917-3******
......
7 개의 행이 선택되었습니다.

SQL>
```

【예제 11.18】 ▶ 임시 테이블들을 출력을 출력하시오.

```
SQL> SELECT TABLE_NAME, TEMPORARY, DURATION
  2  FROM    USER_TABLES
  3  WHERE   TEMPORARY = 'Y';

TABLE_NAME                      TE DURATION
------------------------------- -- -----------------------------
T_COMPUTER                       Y  SYS$SESSION

SQL>
```

【예제 11.19】 ▶ SQL*Plus 접속을 종료하고, 재접속하여 T_Computer 테이블의 행을 출력하시오.

```
SQL> SELECT * FROM T_COMPUTER;

선택된 레코드가 없습니다.

SQL>
```

# 11.8  DML문의 서브 쿼리

INSERT문, UPDATE문, DELETE문에도 서브 쿼리를 사용할 수 있다.

## 11.8.1  INSERT문의 서브 쿼리

INSERT문에 서브 쿼리를 사용하면 테이블로부터 데이터를 복사한다. 그림 11.4와 같이 테이블-A의 SELECT문의 서브 쿼리 결과 값을 테이블-B의 입력 데이터로 저장한다.

| 문법 | INSERT INTO 테이블명<br>[(칼럼명1, 칼럼명2, …)]<br>　　SELECT문;　　　　　　　　　　　☞ 서브 쿼리 |
| --- | --- |

● **INSERT문의 서브 쿼리 사용시 주의사항**

① INSERT문의 칼럼 수와 SELECT절의 칼럼 수가 반드시 동일해야 한다.
② INSERT문의 칼럼과 SELECT절의 칼럼의 데이터타입이 반드시 동일해야 한다.
③ SELECT절에 기술된 칼럼이 INSERT문에 기술된 칼럼의 순서대로 값이 저장된다.

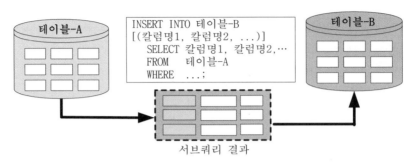

그림 11.4  서브 쿼리를 이용한 테이블의 행 추가

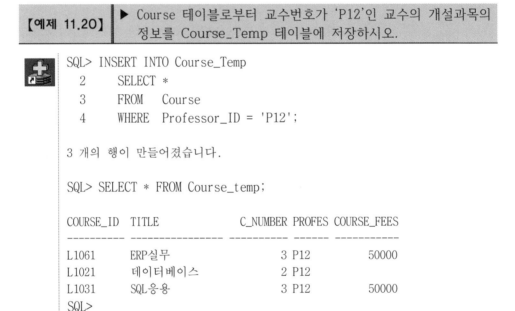

| 【예제 11.20】 | ▶ Course 테이블로부터 교수번호가 'P12'인 교수의 개설과목의 정보를 Course_Temp 테이블에 저장하시오. |
| --- | --- |

```
SQL> INSERT INTO Course_Temp
  2      SELECT *
  3      FROM   Course
  4      WHERE  Professor_ID = 'P12';

3 개의 행이 만들어졌습니다.

SQL> SELECT * FROM Course_temp;

COURSE_ID  TITLE            C_NUMBER PROFES COURSE_FEES
---------- ---------------- -------- ------ -----------
L1061      ERP실무                 3 P12          50000
L1021      데이터베이스           2 P12
L1031      SQL응용                 3 P12          50000
SQL>
```

## 11.8.2  다중테이블 INSERT문

### ● INSERT ALL문

서브 쿼리로부터 반환된 행들을 각각 다른 테이블로 저장하는 명령문이다. 서브
쿼리의 칼럼명과 INSERT문의 칼럼명에 일치되는 테이블에 값이 저장된다.

| 문법 | INSERT ALL<br>        INTO 테이블명1 VALUES ( 칼럼명1, 칼럼명2, … )<br>        INTO 테이블명2 VALUES ( 칼럼명1, 칼럼명3, … )<br>        …<br>SELECT문; |
| --- | --- |

| 【예제 11.21】 | ▶ SG_Scores 테이블을 참고하여 Score_Table, Grade_Table 테이블을 생성하시오. |
|---|---|

```
SQL> CREATE TABLE Score_Table
  2  AS
  3    SELECT Student_ID, course_ID, Score, Score_Assigned
  4    FROM   SG_Scores WHERE  1=2;

테이블이 생성되었습니다.

SQL> CREATE TABLE Grade_Table
  2  AS
  3    SELECT Student_ID, course_ID, Grade, C_Date
  4    FROM   SG_Scores   WHERE  1=2;

테이블이 생성되었습니다.
SQL>
```

| 【예제 11.22】 | ▶ SG_Scores 테이블로부터 학번이 'C1701'에 대하여 [학번, 과목코드, 성적, 성적취득일자]는 Score_Table 테이블, [학번, 과목코드, 등급, 생성일자]는 Grade_Table 테이블에 각각 저장하고, 각 테이블의 행을 출력하시오. |
|---|---|

```
SQL> INSERT ALL
  2         INTO Score_Table
  3         VALUES (Student_ID, Course_ID, Score, Score_Assigned)
  4         INTO Grade_Table
  5         VALUES (Student_ID, Course_ID, Grade, C_Date)
  6  SELECT *
  7  FROM   SG_Scores
  8  WHERE  Student_ID = 'C1701';

16 개의 행이 만들어졌습니다.

SQL> SELECT * FROM Score_Table;

STUDENT_ID COURSE_ID      SCORE SCORE_AS
---------- ---------- ---------- --------
C1701      L1011             97 17/06/29
C1701      L1021             96 17/06/29
......
8 개의 행이 선택되었습니다.
```

```
SQL> SELECT * FROM Grade_Table;

STUDENT_ID COURSE_ID  GRAD C_DATE
---------- ---------- ---- --------
C1701      L1011      A+   18/05/28
C1701      L1021      A+   18/05/28
......
8 개의 행이 선택되었습니다.

SQL>
```

## ● INSERT ALL문 또는 INSERT FIRST문

- INSERT ALL문은 서브 쿼리의 반환 행을 WHEN절의 조건이 참이 되는 테이블에 저장하고, 그렇지 않으면 ELSE절의 테이블에 저장한다.
- INSERT FIRST문은 서브 쿼리의 반환 행을 WHEN절의 조건을 순서대로 실행하여 참이 되는 테이블에 행을 저장한다.

| 문법 | INSERT [ALL \| FIRST]<br>　　　WHEN 조건1 THEN INTO 테이블명1 [VALUES (칼럼명1, … )]<br>　　　WHEN 조건2 THEN INTO 테이블명2 [VALUES (칼럼명1, … )]<br>　　　…<br><br>　　　　　　[ ELSE INTO 테이블명N [VALUES (칼럼명1, … )]]<br>　　SELECT문; |
|---|---|

| 【예제 11.23】 | ▶ SG_Scores 테이블에서 'L0011' 과목코드는 Score_Table테이블에 [학번, 과목코드. 성적, 성적취득일자]를 저장하고, 'L1041' 과목코드는 Grade_Table 테이블에 [학번, 과목코드, 등급, 생성일자]를 저장하시오. |
|---|---|

```
SQL> INSERT ALL
  2     WHEN Course_ID = 'L0011' THEN
  3         INTO Score_Table
  4         VALUES (Student_ID, Course_ID, Score, Score_Assigned)
  5     WHEN Course_ID = 'L1041' THEN
  6         INTO Grade_Table
  7         VALUES (Student_ID, Course_ID, Grade, C_Date)
  8     SELECT *
  9     FROM   SG_Scores
 10     WHERE  Course_ID IN ('L0011', 'L1041');

4 개의 행이 만들어졌습니다.
```

```
SQL> SELECT * FROM Score_Table WHERE Course_ID = 'L0011';

STUDENT_ID COURSE_ID        SCORE SCORE_AS
---------- ---------- ---------- --------
C1601      L0011               68 16/12/27
C1602      L0011               98 16/12/27

SQL> SELECT * FROM Grade_Table WHERE Course_ID = 'L1041';

STUDENT_ID COURSE_ID  GRAD C_DATE
---------- ---------- ---- --------
C1601      L1041      B+   18/07/18
C1602      L1041      C+   18/07/18

SQL>
```

● **복수행을 입력하는 INSERT ALL문**

서브 쿼리에 더미 테이블을 이용하면 키보드로부터 복수 행을 입력할 수 있다.

| 문법 | INSERT ALL<br>     INTO 테이블명1 [(칼럼명1, ⋯ )] VALUES ( 값1, ⋯ );<br>     ⋯<br>SELECT * FROM DUAL; |
| --- | --- |

| 학과코드 | 학과명 | 전화번호 |
| --- | --- | --- |
| 학사 | 학사운영처 | 765-5000 |
| 간호 | 간호학과 | 765-4600 |
| 전자 | 전자공학과 | 765-4700 |

표 11.2  입력할 학과정보

【예제 11.24】 ▶ 표 11.2를 참고하여 Department 테이블에 저장하시오.

```
SQL> INSERT ALL
  2         INTO Department VALUES ('학사','학사운영처','765-5000')
  3         INTO Department VALUES ('간호','간호학과',  '765-4600')
  4         INTO Department VALUES ('전자','전자공학과','765-4700')
  5  SELECT * FROM DUAL;

3 개의 행이 만들어졌습니다.

SQL> COMMIT;
```

### 11.8.3  UPDATE문의 서브 쿼리

UPDATE문의 SET 절에 서브 쿼리를 사용하여 변경할 값을 계산할 수 있다.

| 【예제 11.25】 | ▶ Course 테이블의 추가 수강료(Course_Fees)가 평균값보다 높은 경우 5000원을 삭감하시오. |
|---|---|

```
SQL> UPDATE Course
  2  SET     Course_Fees = Course_Fees - 5000
  3  WHERE   Course_Fees > ( SELECT AVG(Course_Fees)
  4                            FROM   Course );

7 행이 갱신되었습니다.

SQL> SELECT *
  2  FROM    Course
  3  WHERE   Course_fees IS NOT NULL
  4  ORDER   BY Course_Fees DESC;

COURSE_ID  TITLE            C_NUMBER PROFES COURSE_FEES
---------- ---------------- -------- ------ -----------
L1061      ERP실무               3 P12         45000
L2031      게임이론              3             45000
......
12 개의 행이 선택되었습니다.

SQL> ROLLBACK;

롤백이 완료되었습니다.

SQL>
```

| 【예제 11.26】 | ▶ Student 테이블에 취득 과목수를 저장하는 Course_Cnt 칼럼을 추가하고, SG_Scores 테이블을 이용하여 Student 테이블의 Course_Cnt 칼럼에 취득과목수를 저장하고, 확인하시오. |
|---|---|

```
SQL> ALTER TABLE Student
  2  ADD   (Course_Cnt  number(2));

테이블이 변경되었습니다.
```

```
SQL> UPDATE Student S
  2   SET    Course_cnt = (SELECT COUNT(*)
  3                          FROM    SG_Scores SG
  4                          WHERE   SG.Student_ID = S.Student_ID);

12 행이 갱신되었습니다.

SQL> SELECT Student_ID, Name, Course_cnt
  2   FROM    Student
  3   WHERE   Course_Cnt > 0
  4   ORDER   BY 3 Desc, 1;

STUDENT_ID NAME        COURSE_CNT
---------- -------- ----------
C1601      한영삼            8
C1701      이정민            8
......
8 개의 행이 선택되었습니다.

SQL>
```

## 11.8.4  DELETE문의 서브 쿼리

| 【예제 10.27】 | ▶ Student 테이블의 'C1602' 서희경 학생의 학년과 동일한 학년의 행을 Computer_student 테이블에서 삭제하시오. |
|---|---|

```
SQL> DELETE FROM Computer_Student
  2   WHERE  Year = (SELECT Year
  3                   FROM    Student
  4                   WHERE   Student_ID = 'C1602');

2 행이 삭제되었습니다.

SQL> SELECT * FROM Computer_student;

DEPT_ID  YE STUDENT_ID NAME       ID_NUMBER
-------- -- ---------- -------- --------------
컴공      2  C1701      이정민     011109-4******
컴공      2  C1702      박주영     020917-3******
......
SQL> COMMIT;
```

1. 상품관리(EC_Product) 테이블에서 단가(Unit_price)가 평균 단가보다 높은 상품에 대하여 [상품코드, 상품명, 단가]를 출력하시오.

【결과》
```
SQL> ···
PRODUCT_CODE PRODUCT_NAME   UNIT_PRICE
------------ ------------   ----------
NB01         노트북컴퓨터       930000
PRT02        프린터            860000
TV01         TV              1060000
TV02         TV               980000
······
9 개의 행이 선택되었습니다.

SQL>
```

2. 주문처리(EC_Order) 테이블로부터 입금액이 제일 많은 [주문자ID, 상품코드, 주문수량, 결제방법, 입금액]을 출력하시오.

【결과》
```
SQL> ···
ORDER_ID   PRODUCT_CODE ORDER_QTY CSEL        CMONEY
---------- ------------ --------- ----------  ----------
jupark     PRT02               5 신용카드     4300000

SQL>
```

3. 주문처리(EC_Order) 테이블에서 결제종류별로 입금한 금액이 제일 많은 행에 대하여 [결제종류, 주문자ID, 입금액, 입금입자]를 입금액순으로 출력하시오.

【결과》
```
SQL> ···
결제종류              ORDER_ID     입금액 입금일자
------------------- ----------  ---------- --------
현금입금              supark       750000 18/02/24
계좌이체              jskang      1060000 18/05/07
신용카드              jupark      4300000 18/07/12

SQL>
```

4. 주문처리(EC_Order) 테이블에서 한 번 이상 거래한 회원의 [회원ID, 회원명, 주민등록번호, 전화번호]를 회원명순으로 출력하시오.

```
            SQL> ···
【결과》      USERID      NAME      REGIST_NO      TELEPHONE
            ----------  --------  --------------  --------------
            uskang      강욱선     810911-2******  010-7899-6547
            jskang      강준상     920303-1******  010-1115-3333
            usko        고우선     010102-4******  010-8874-1452
            ······
            8 개의 행이 선택되었습니다.
            SQL>
```

5. 회원관리(EC_Member) 테이블과 주문처리(EC_Order) 테이블을 이용하여 한 번도 거래하지 않은 회원의 [회원ID, 회원명, 주민등록번호, 전화번호]를 회원명순으로 출력하시오.

```
            SQL> ···
【결과》      USERID      NAME      REGIST_NO      TELEPHONE
            ----------  --------  --------------  --------------
            mskim       김미선     020506-4******  010-8887-3254
            hskim       김혜수     831122-2******  010-8228-1112
            mhlee       이민형     820222-1******  010-1020-1010
            ······
            8 개의 행이 선택되었습니다.
            SQL>
```

6. 장바구니(EC_Basket) 테이블의 [주문번호, 주문자 ID, 상품코드, 주문수량, 주문일자]를 출력하여 확인한 모든 행을 주문처리(EC_Order) 테이블에 저장하고, 장바구니(EC_Basket) 테이블의 모든 행을 영구히 삭제하시오.

```
                SQL> ···
【결과》          ORDER_NO     ORDER_ID    PRODUCT_CODE  ORDER_QTY  ORDER_DA
                ------------  ----------  ------------  ---------  --------
EC_Basket       180711001    usko        TV01                  1  18/07/11
테이블          180711002    hskim       CM01                  1  18/07/11
                ······
                SQL> ···
                5 개의 행이 만들어졌습니다.
                SQL> ···
                ORDER_NO     ORDER_ID    PRODUCT_CODE  ORDER_QTY    CMONEY
                ------------  ----------  ------------  ----------  ----------
EC_Order        180711001    usko        TV01                  1
테이블          180711002    hskim       CM01                  1
                180711003    mskim       TV01                  1
                180711004    mhlee       NB02                  1
                180711005    mhlee       CM03                  1
```

| 【결과》 | SQL> ···<br>5 행이 삭제되었습니다. |
| --- | --- |
| EC_Order<br>테이블 | SQL> ···<br>커밋이 완료되었습니다.<br>SQL> |

7. 주문처리(EC_Order) 테이블의 결제금액(cmoney)이 널인 행에 대하여 주문 수량 (Order_Qty)과 상품관리(EC_Product) 테이블의 단가(Unit_Price)를 이용하여 주문처리(EC_Order) 테이블의 주문금액(<u>주문수량 x 단가</u>)을 계산하여 저장하고, 구분(Gubun) 칼럼에 '미결'로 수정하시오. (서브 쿼리를 사용한 UPDATE문)

| 【결과》 | SQL> ···<br>5 행이 갱신되었습니다.<br>SQL> ··· |
| --- | --- |

| ORDER_NO | PRODUCT_CODE | ORDER_QTY | CMONEY | GUBUN |
| --- | --- | --- | --- | --- |
| 180711001 | TV01 | 1 | 1060000 | 미결 |
| 180711002 | CM01 | 1 | 747000 | 미결 |
| 180711003 | TV01 | 1 | 1060000 | 미결 |
| 180711004 | NB02 | 1 | 750000 | 미결 |
| 180711005 | CM03 | 1 | 740000 | 미결 |

SQL> ···
커밋이 완료되었습니다.

SQL>

8. 상품관리 테이블(EC_Product)에서 단가가 높은 상위 상품 TOP-5에 대하여 [순위, 상품코드, 상품명, 단가, 생산처]를 출력하시오. (인라인 뷰)

| 【결과》 | SQL> ··· |
| --- | --- |

| 순위 | PRODUCT_CODE | PRODUCT_NAME | UNIT_PRICE | COMPANY |
| --- | --- | --- | --- | --- |
| 1 | TV04 | TV | 1920000 | LG전자 |
| 2 | TV03 | TV | 1785000 | samsung |
| 3 | TV01 | TV | 1060000 | SAMSUNG |
| 4 | TV02 | TV | 980000 | LG전자 |
| 5 | NB01 | 노트북컴퓨터 | 930000 | SAMSUNG |

SQL>

9. 상품관리 테이블(EC_Product)에서 단가가 높은 상위 상품 11위부터 15위까지 [num, 상품코드, 상품명, 단가, 생산처]를 출력하시오. (인라인 뷰)

【결과》

```
SQL> …
    NUM PRODUCT_CODE PRODUCT_NAME   UNIT_PRICE COMPANY
--------- ------------- --------------- ---------- ----------
     11 CM01          개인용컴퓨터       747000 HP
     12 CM03          개인용컴퓨터       740000 LG전자
     13 NB03          노트북컴퓨터       665000 HP
     14 PRT04         프린터           482000 HP
     15 CM02          개인용컴퓨터       434000 Samsung
SQL>
```

10. 주문처리(EC_Order) 테이블과 동일한 Empty_Order 빈 테이블을 생성하고, Empty_Order 테이블의 구조를 확인하시오.

【결과》

```
SQL> …
테이블이 생성되었습니다.

SQL> …
이름                                     널?       유형
----------------------------------- -------- -------------
ORDER_NO                             NOT NULL VARCHAR2(10)
ORDER_ID                             NOT NULL VARCHAR2(10)
PRODUCT_CODE                         NOT NULL VARCHAR2(10)
ORDER_QTY                            NOT NULL NUMBER(3)
CSEL                                          VARCHAR2(10)
CMONEY                                        NUMBER(9)
CDATE                                         DATE
MDATE                                         DATE
GUBUN                                         VARCHAR2(10)

SQL>
```

# 연 습 문 제 2

1. 주문처리(EC_Order) 테이블로부터 'jupark'가 주문한 상품과 동일한 상품의 구매자수를 출력하시오. (스칼라 서브 쿼리 이용)

【결과》
```
SQL> ···
ORDER_ID    PRODUCT_CODE 동일상품_구매자수
----------  ------------ ------------------
jupark      CM01                          3
jupark      PRT02                         1
SQL>
```

2. 주문처리(EC_Order) 테이블에서 구분(Gubun) 칼럼이 '배달' 또는 '결제' 행에 대하여 2018년 1월 1일부터 2018년 7월 30일까지 주문자ID별 결제 합계 금액을 회원관리(EC_Member) 테이블의 구매실적(Buycash) 칼럼에 합하여 저장하시오.

【결과》
```
SQL> ···
16 개의 행이 선택되었습니다.


SQL> ···
USERID      NAME       TO_CHAR(BUYCASH,'L99,999,999')
----------  --------   --------------------------------------
jupark      박지운                      ₩8,035,000
imjung      정일미                      ₩1,785,000
uskang      강욱선                        ₩272,000
······
7 개의 행이 선택되었습니다.
SQL>
```

3. 주문처리(EC_Order) 테이블과 상품관리(EC_Product) 테이블, 회원관리(EC_Member) 테이블을 이용하여 결제합계금액(Cmoney)이 가장 많은 금액중 상위 5명에 대한 (회원명, 결제합계금액)을 출력하시오. (인라인 뷰 이용)

【결과》
```
SQL> ···
순위 회원명              결제합계금액
-------- -------------------- ------------
       1 박지운                   8035000
       2 고우선                   1990000
       3 정일미                   1785000
       4 이민형                   1490000
       5 조철상                   1487000
SQL>
```

4. 주문처리(EC_Order) 테이블과 상품관리(EC_Product) 테이블을 이용하여 최근에 주문 결제한 상위자 5명에 대하여 (순위, 상품코드, 상품명, 주문수량, 결제방법, 결제금액, 결제일자)을 출력하시오. (인라인 뷰 이용)

**【결과》**

```
SQL> ···
순위 PRODUCT_CODE PRODUCT_NAME ORDER_QTY CSEL      CMONEY CDATE
---- ------------ ------------ --------- ------   ------- -------
   1 CM01         개인용컴퓨터          1 신용카드   747000 18/07/12
   2 CM01         개인용컴퓨터          5 신용카드  3735000 18/07/12
   3 PRT02        프린터               5 신용카드  4300000 18/07/12
   4 TV01         TV                  1 계좌이체  1060000 18/05/07
   5 DK01         책상                 1 신용카드    53000 18/05/07
SQL>
```

5. 과목임시(T_Course) 테이블에서 추가수강료(Course_fees)의 평균값을 계산하여 출력하고, 추가 수강료가 평균 수강료보다 높은 과목을 출력하시오.

**【결과》**

```
SQL> ···
AVG(COURSE_FEES)
----------------
           41000
SQL> ···
COURSE_ID  TITLE              C_NUMBER PROFES COURSE_FEES
---------- ----------------   -------- ------ -----------
L1031      SQL응용                   3 P12          50000
L1042      델파이                    3 P13          50000
L1043      JSP프로그래밍              3              50000
L1061      ERP실무                  3 P12          50000
······
7 개의 행이 선택되었습니다.

SQL>
```

6. 과목임시(T_Course) 테이블에서 과목코드가 'L1'로 시작하는 과목중에서 추가수강료가 가장 낮은 금액보다 많은 과목을 추가수강료 역순으로 출력하시오.

**【결과》**

```
SQL> ···
COURSE_ID  TITLE              C_NUMBER PROFES COURSE_FEES
---------- ----------------   -------- ------ -----------
L1043      JSP프로그래밍              3              50000
L1061      ERP실무                  3 P12          50000
L1062      그룹웨어구축              3 P13          40000

SQL>
```

7. 수강임시(T_SG_Scores) 테이블에서 성적취득일자가 2018년 6월에 과목코드
   별 최고점을 받은 과목의 [과목코드, 학번, 성적, 성적취득일자]를 과목코드
   순으로 출력하시오.

| | SQL> ··· |
|---|---|

【결과》

```
SQL> ···
COURSE_ID  STUDENT_ID      SCORE SCORE_AS
---------- ----------- ---------- --------
L3001      C1801              98 18/06/28
L3002      C1802              92 18/06/28
L3003      C1802              93 18/06/28
L3004      C1802              97 18/06/28

SQL>
```

8. 과목임시(T_Course) 테이블과 수강임시(T_SG_Scores) 테이블을 이용하여
   한 명 이상 수강한 과목을 [과목코드, 과목명, 학점수, 담당교수번호, 추가수
   강료]를 과목코드순으로 출력하시오.

【결과》

```
SQL> ···
COURSE_ID  TITLE            C_NUMBER PROFES COURSE_FEES
---------- ---------------- ---------- ------ -----------
L3001      스프링 프로젝트          3 P11         50000
L3002      모바일프로그래밍          3 P12
L3003      데이터베이스튜닝          2 P13         50000
L3004      빅데이터 개론            2 P14         30000

SQL>
```

9. 과목임시(T_Course) 테이블과 수강임시(T_SG_Scores) 테이블을 이용하여 한
   번도 수강하지 않은 과목을 [과목코드, 과목명, 학점수, 담당교수번호, 추가수
   강료]를 과목코드순으로 출력하시오.

【결과》

```
SQL> ···
COURSE_ID  TITLE            C_NUMBER PROFES COURSE_FEES
---------- ---------------- ---------- ------ -----------
L1031      SQL응용               3 P12         30000
L1032      JAVA                3 P13         30000
L1043      JSP프로그래밍           3             50000
L1061      ERP실무               3 P12         50000
 ······
7 개의 행이 선택되었습니다.

SQL>
```

10. 수강(SG_Scores) 테이블을 이용하여 2018학년도에 성적을 취득한 행들을 저
장하는 2018학년도 성적(SG_Score_2018) 테이블을 동일한 구조로 생성하고,
저장된 행들을 학번, 과목코드순으로 출력하시오.

| 【결과】 | SQL> ···<br>테이블이 생성되었습니다.<br><br>SQL> ··· |
|---|---|

```
STUDENT_ID COURSE_ID        SCORE GRAD SCORE_AS
---------- ----------  ---------- ---- --------
B1701      L1051           85 B+   18/06/28
C1601      L1051           87 B+   18/06/28
C1601      L2061           99 A+   18/12/26
C1602      L1041           77 C+   18/06/28
C1602      L1051           77 C+   18/06/28
C1602      L2061           93 A    18/12/26
 ······
15 개의 행이 선택되었습니다.

SQL>
```

11. 과목(Course) 테이블에서 추가 수강료가 널인 행을 수강임시(T_Course) 테이
블로 복사하시오.

| 【결과】 | SQL> ···<br>7 개의 행이 만들어졌습니다.<br><br>SQL> |
|---|---|

12. 수강(SG_Scores) 테이블과 학생(Student) 테이블을 이용하여 '컴공' 학과의
평균 성적 상위자 3명을 출력하되, 취득과목수가 최소한 3과목 이상인 학생의
(순위, 학과코드, 학번, 성명, 취득과목수, 평균점수)를 출력하시오. 단 평균은
소숫점 2자리까지 반올림하여 출력함.

| 【결과】 | |
|---|---|

```
SQL> ···
순위 DEPT_ID STUDENT_ID NAME    COUNT(COURSE_ID)    평균
---- ------- ---------- ------- ----------------  ----------
   1 컴공     C1701      이정민                  8     92.25
   2 컴공     C1702      박주영                  8     91.5
   3 컴공     C1602      서희경                  7     89.14

SQL>
```

13. 수강(SG_Scores) 테이블로부터 과목별 등급 인원수를 피벗 테이블을 이용하여 출력하시오. 등급은 'A+','A ','B+','B ','C+', 'C ', 'D+','D ','F '로 구분함.

**【결과》**

```
SQL> ···
```

| TITLE | 'A+' | 'A ' | 'B+' | 'B ' | 'C+' | 'C ' | 'D+' | 'D ' | 'F ' |
|---|---|---|---|---|---|---|---|---|---|
| JAVA | 1 | 1 | 0 | 0 | 1 | 0 | 0 | 0 | 0 |
| SQL응용 | 1 | 1 | 2 | 1 | 1 | 0 | 0 | 0 | 0 |
| TOEIC연구 | 1 | 0 | 0 | 0 | 0 | 0 | 1 | 0 | 0 |
| 데이터베이스 | 4 | 0 | 1 | 0 | 0 | 0 | 0 | 0 | 0 |
| 델파이 | 1 | 0 | 0 | 1 | 0 | 0 | 0 | 0 | 0 |
| 스프링프레임워크 | 2 | 1 | 1 | 0 | 0 | 0 | 0 | 0 | 0 |
| 웹서버관리 | 0 | 0 | 3 | 1 | 1 | 0 | 0 | 0 | 0 |
| 정보통신개론 | 1 | 0 | 1 | 0 | 0 | 0 | 0 | 0 | 0 |
| 컴퓨터구조 | 1 | 1 | 2 | 0 | 0 | 0 | 0 | 0 | 0 |
| 컴퓨터네트워크 | 0 | 0 | 1 | 0 | 1 | 0 | 0 | 0 | 0 |

```
10 개의 행이 선택되었습니다.

SQL>
```

# Chapter 12

## 시퀀스와 뷰

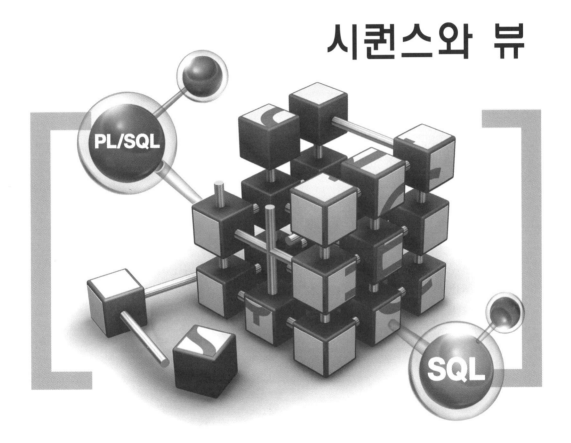

# 12.1 시퀀스

## 12.1.1 시퀀스의 정의

시퀀스(Sequence)란 데이터베이스 객체로, 시퀀스 생성시 설정 규칙에 따라 정수를 반환한다. 시퀀스는 기본 키 값을 자동적으로 생성하거나, 난수 생성에 사용될 수 있다. 기본값은 1부터 시작하여 1씩 증가하고, 최대 15개까지 생성할 수 있다.

● **시퀀스의 용도**

시퀀스의 값을 반환하여 다음과 같이 사용할 수 있다.
- SELECT문의 SELECT절, 단 서브 쿼리나 뷰가 없을 때
- INSERT문의 VALUES절의 입력 값
- INSERT문의 서브 쿼리의 SELECT절
- UPDATE문의 SET절의 수정할 값

다음은 시퀀스를 사용할 수 없다.
○ SELECT문, UPDATE문, DELETE문의 서브 쿼리
○ 뷰
○ DISTINCT가 있는 SELECT문, SELECT문의 WHERE절
○ UNION, INTERSECT, MINUS 집합연산자와 같이 사용하는 SELECT문
○ CHECK 제약조건의 조건
○ CREATE TABLE 또는 ALTER TABLE문 칼럼의 기본값

## 12.1.2 시퀀스 생성

CREATE SEQUENCE문으로 시퀀스를 생성한다.

| 문법 | CREATE SEQUENCE 시퀀스명<br>[ INCREMENT BY 증가값 ]<br>[ START WITH 시작값 ]<br>[ MAXVALUE 최댓값 \| NOMAXVALUE ]<br>[ MINVALUE 최솟값 \| NOMINVALUE ]<br>[ CYCLE 반복횟수 \| NOCLYCLE ]<br>[ CHACHE \| NOCHACHE ]<br>[ ORDER 정수 \| NOORDER ] |
|---|---|

※ 기술 방법

- ◆ 시퀀스명 : 생성할 시퀀스명을 기술한다.
- ◆ INCREMENT BY 증가값 : 시작 값에서 증가할 값을 기술한다.
- ◆ START WITH 시작값 : 시퀀스의 초기값을 기술한다.
- ◆ MAXVALUE 최댓값 : 시퀀스의 최종값을 기술한다.
- ◆ MINVALUE 최솟값 : 시퀀스의 최솟값을 기술한다.
- ◆ CYCLE 반복횟수 : 반복횟수를 기술한다.
- ◆ CHACHE : 캐시 메모리에 저장한다.
- ◆ ORDER : 요청 순서대로 생성한다.

## ● 시퀀스의 의사칼럼

시퀀스의 값을 반환하는 의사칼럼으로 NEXTVAL과 CURRVAL이 있다.

| 문법 | 시퀀스명.의사칼럼 |
|------|------------------|

- • 시퀀스명.CURRVAL는 시퀀스의 현재 값을 정수로 반환한다.
- • 시퀀스명.NEXTVAL는 시퀀스의 "증가값"을 더한 값을 정수로 반환한다.

---

【예제 12.01】 ▶ 초기값 1부터 1씩 증가하는 Dept_Seq 시퀀스를 생성하시오.

```
SQL> CREATE SEQUENCE Dept_Seq
  2    INCREMENT BY 1
  3    NOCACHE
  4    NOCYCLE;

시퀀스가 생성되었습니다.

SQL>
```

---

【예제 12.02】 ▶ Dept_Seq 시퀀스를 이용하여 Department 테이블의 모든 행에 순서번호를 부여하여 출력하시오.

```
SQL> SELECT Dept_Seq.NEXTVAL, Dept_ID, Dept_Name, Dept_Tel
  2  FROM   Department;

  NEXTVAL DEPT_ID  DEPT_NAME         DEPT_TEL
---------- ------- ---------------- ------------
        1 대학     대학본부          765-4000
        2 컴공     컴퓨터공학과       765-4100
```

```
            3  정통      정보통신공학과      765-4200
            4  경영      경영학과          765-4400
            5  행정      세무행정학과        765-4500
            ......
8 개의 행이 선택되었습니다.


SQL>
```

---

**【예제 12.03】** ▶ 기본 키로 사용할 st_seq 시퀀스를 생성하시오. 단, 시작값은 1501, 증가치는 1, 최종값은 1700으로 지정함.

```
SQL>  CREATE SEQUENCE St_Seq
  2     START      WITH  1501
  3     INCREMENT BY    1
  4     MAXVALUE        1700
  5     NOCACHE
  6     NOCYCLE;

시퀀스가 생성되었습니다.


SQL>
```

---

| 학번 | 학과 | 학년 | 성명 | 주민등록번호 |
|------|------|------|------|--------------|
| C1501 | 컴공 | 2 | 홍길동 | 990102-1****** |
| C1502 | 컴공 | 2 | 최지우 | 990203-2****** |
| C1503 | 컴공 | 2 | 이승호 | 981122-1****** |

표 12.1  Computer_Student 테이블의 데이터

**【예제 12.04】** ▶ 표 12.1의 데이터를 Computer_Student 테이블에 입력하여 출력하시오. 단, 학번은 st_seq 시퀀스를 생성하여 이용한다.

```
SQL> INSERT INTO Computer_Student
  2   (Student_ID, Dept_ID, Year, Name, ID_Number)
  3   VALUES
  4   (CONCAT('C',LTRIM(TO_CHAR(ST_SEQ.NEXTVAL,'9999'))),
  5      '&학과','&학년','&성명','&주민번호');

학과의 값을 입력하십시오: 컴공
학년의 값을 입력하십시오: 2
성명의 값을 입력하십시오: 홍길동
주민번호의 값을 입력하십시오: 990102-1******
```

구    5: '&학과','&학년','&성명','&주민번호')
신    5: '컴공','2','홍길동','990102-1******')

1 개의 행이 만들어졌습니다.
SQL> /
······
1 개의 행이 만들어졌습니다.
SQL> /
······
1 개의 행이 만들어졌습니다.

SQL> SELECT * FROM Computer_Student
     WHERE  Student_ID LIKE 'C15%';


DEPT_ID  YE STUDENT_ID NAME      ID_NUMBER
-------- -- ---------- --------- --------------
컴공       2  C1501      홍길동     990102-1******
컴공       2  C1502      최지우     990203-2******
컴공       2  C1503      이승호     981122-1******

SQL>

## 12.1.3  시퀀스 수정

ALTER SEQUENCE문은 생성된 시퀀스를 수정하는 명령문으로, 중가값, 최종값, 최
솟값, 반복횟수를 수정할 수 있다.

| 문법 | ALTER SEQUENCE   시퀀스명<br>[ INCREMENT BY    증가값 ]<br>[ MAXVALUE      최댓값 \| NOMAXVALUE ]<br>[ MINVALUE      최솟값 \| NOMINVALUE ]<br>[ CYCLE        반복횟수 \| NOCLYCLE ] |
|------|---|

**【예제 12.05】** ▶ 예제 12.01에서 생성한 Dept_Seq 시퀀스의 증가값을 5씩 증
가하도록 수정하시오.

SQL> ALTER SEQUENCE dept_seq
  2  INCREMENT BY 5;

시퀀스가 변경되었습니다.
SQL>

| 【예제 12.06】 | ▶ 수정한 Dept_Seq 시퀀스를 이용하여 Department 테이블의 모든 행에 순서번호를 부여하여 출력하시오. |

```
SQL> SELECT Dept_Seq.NEXTVAL, Dept_ID, Dept_Name
  2  FROM   Department;

   NEXTVAL DEPT_ID  DEPT_NAME
---------- -------- ----------------
        13 대학      대학본부
        18 컴공      컴퓨터공학과
        23 정통      정보통신공학과
        28 경영      경영학과
        ......
8 개의 행이 선택되었습니다.

SQL>
```

## 12.1.4  시퀀스 삭제

DROP SEQUENCE문으로 시퀀스를 삭제한다.

| 문법 | DROP SEQUENCE 시퀀스명; |

| 【예제 12.07】 | ▶ 예제 12.03에서 생성한 ST_Seq 시퀀스를 삭제하시오. |

```
SQL> DROP SEQUENCE ST_Seq;

시퀀스가 삭제되었습니다.

SQL>
```

# 12.2  뷰

## 12.2.1  뷰의 정의

뷰(view)는 그림 12.1과 같이 하나 이상의 테이블의 쿼리에 기초한 저장된 쿼리이다.
뷰는 뷰의 구조(혹은 칼럼)는 있으나, 뷰 자체에 데이터를 포함하거나 저장하고 있지
않기 때문에 가상 테이블(virtual table)이라고도 부른다. 사용자는 뷰로부터 테이블과

동일하게 필요한 정보를 검색할 수 있다. 뷰는 테이블의 접근에 관한 권한을 제한하고, 개발자나 사용자에게 복잡성을 감추고, 칼럼명을 변경하여 단순화할 때 사용한다.

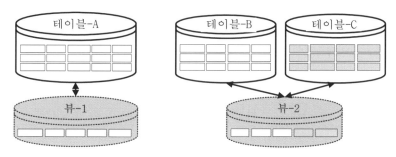

그림 12.1  테이블과 뷰와의 관계

## 12.2.2  뷰 생성

● **뷰 생성 구문**

CREATE VIEW문은 SELECT문에 기술된 테이블이나 뷰 등에서 검색이 가능한 뷰의 객체를 생성하거나 수정[OR REPLACE]한다.

| 문법 | CREATE [OR REPLACE] [FORCE \| NO FORCE ] VIEW  뷰명<br>[(칼럼명1, 칼럼명2, …)]<br>AS<br>     SELECT문; |
| --- | --- |

※ 기술 방법
- 뷰명 : 생성할 뷰명을 기술한다.
- FORCE : 테이블의 소유자 권한과 관계없이 뷰를 생성한다.
- NO FORCE : 기본값. 테이블이 소유자 권한이 있는 경우에 뷰를 생성한다.
- 칼럼명1, … : 뷰에 포함시킬 칼럼명을 기술한다.
- SELECT문 : 뷰에서 검색할 데이터가 포함되는 서브 쿼리를 기술한다.
  - WHERE절의 조건에 WITH READ ONLY를 추가하면 읽기만 가능하다.
  - FROM절 또는 WHERE절의 조건에 WITH CHECK OPTION을 추가하면 조건에 사용된 칼럼 값은 수정할 수 없다.

● **뷰 생성시 고려사항**

① 칼럼명을 생략하면, SELECT문의 SELECT절에 기술한 칼럼명으로 대체된다.
② 함수나, 수식, 리터럴 등이 사용되면 별명 또는 칼럼명을 기술해야 한다.
③ SELECT문에 사용하는 테이블의 기본 키나 NOT NULL 칼럼을 포함시켜야

데이터의 추가나 수정이 가능하다.

● **뷰 조회시 제한사항**

① 서브 쿼리는 CURRVAL 또는 NEXTVAL 의사 칼럼을 선택할 수 없다.

② 서브 쿼리가 ROWID, ROWNUM 또는 LEVEL 의사 칼럼을 선택하면 해당 열에는 뷰의 서브 쿼리에 별명이 있어야한다.

③ 서브 쿼리가 별표(*)를 사용하여 테이블의 모든 칼럼을 선택하고 나중에 테이블에 새 칼럼을 추가하면 CREATE OR REPLACE VIEW 문을 실행하여 뷰를 다시 생성할 때까지 뷰에 해당 칼럼이 포함되지 않는다.

④ SAMPLE절을 지정할 수 없다. SAMPLE은 FROM절에 테이블 행의 수를 퍼센트(%)로 출력행의 수를 제한할 수 있다. 50%일 경우 SAMPLE(50)이다.

| 【예제 12.08】 | ▶ SG_Scores 테이블로부터 'C1701' 학생의 성적[학번, 과목코드, 과목명, 성적]을 출력하시오. |

```
SQL> SELECT Student_ID, Course_ID, Title, Score, Grade
  2  FROM    SG_Scores INNER JOIN Course USING (Course_ID)
  3  WHERE   Student_ID = 'C1701'
  4  ORDER   BY 1, 2;


STUDENT_ID COURSE_ID  TITLE              SCORE GRAD
---------- ---------- ---------------- ---------- ----
C1701      L1011      컴퓨터구조            97 A+
C1701      L1021      데이터베이스          96 A+
C1701      L1022      정보통신개론          97 A+
C1701      L1031      SQL응용             96 A+
......
8 개의 행이 선택되었습니다.

SQL>
```

| 【예제 12.09】 | ▶ 개인별 성적 조회를 위한 뷰를 생성하시오. |

```
SQL> CREATE OR REPLACE VIEW Score_List
  2  AS
  3     SELECT Student_ID, Course_ID, Title, Score, Grade
  4     FROM    SG_Scores INNER JOIN Course USING (Course_ID);

뷰가 생성되었습니다.
```

```
SQL> Describe Score_List
이름                              Null?    유형
------------------------------- -------- ----
 STUDENT_ID                     NOT NULL VARCHAR2(7)
 COURSE_ID                      NOT NULL VARCHAR2(5)
 TITLE                          NOT NULL VARCHAR2(20)
 SCORE                                   NUMBER(3)
 GRADE                                   VARCHAR2(2)

SQL>
```

【예제 12.10】 ▶ Score_List 뷰로부터 'C1701'학번의 성적을 조회하시오

```
SQL> SELECT *
  2  FROM    Score_List
  3  WHERE   Student_ID = 'C1701';

STUDENT_ID COURSE_ID  TITLE                 SCORE GRAD
---------- ---------- ---------------- ---------- ----
C1701      L1011      컴퓨터구조              97 A+
C1701      L1021      데이터베이스            96 A+
C1701      L1022      정보통신개론            97 A+
C1701      L1031      SQL응용                96 A+
......
8 개의 행이 선택되었습니다.

SQL>
```

【예제 12.11】 ▶ Course 테이블과 Professor 테이블로부터 교수별 담당과목 수를 출력하는 Pro_Course_Cnt 뷰를 생성하고, 이 뷰로부터 교수번호, 교수명, 담당과목 수를 출력하시오.

```
SQL> CREATE OR REPLACE VIEW Pro_Course_Cnt
  2  AS
  3     SELECT    Professor_ID, Name, COUNT(*) AS Course_Cnt
  4     FROM      Professor JOIN Course USING (Professor_ID)
  5     GROUP BY Professor_ID, Name;

뷰가 생성되었습니다.
```

```
SQL> SELECT *
  2  FROM   Pro_Course_Cnt
  3  ORDER  BY 1;

PROFES NAME     COURSE_CNT
------ -------- ----------
P11    신기술            2
P12    이대호            3
P13    유소연            3
P21    박지성            2
......
7 개의 행이 선택되었습니다.

SQL>
```

※ 뷰 생성시 서브 쿼리의 SELECT절에 그룹함수, 수식 등을 사용할 경우 별명을 사용하거나 CREATE VIEW문에 칼럼명을 기술해야 한다.

| 【예제 12.12】 | ▶ Student 테이블로부터 '컴공' 학과 학생을 위한 Student _Computer_View 뷰를 생성하고, 뷰로부터 (학과코드, 학년, 학번, 성명, 주민등록번호, 전화번호)를 출력하시오. |
| --- | --- |

```
SQL> CREATE VIEW Student_Computer_View
  2  AS
  3  SELECT Dept_ID, Year, Student_ID, Name, ID_Number, Telephone
  4  FROM   Student
  5  WHERE Dept_ID = '컴공';

뷰가 생성되었습니다.

SQL> SELECT *
  2  FROM   Student_Computer_View
  3  ORDER  BY Student_ID;

DEPT_ID  YE STUDENT_ID NAME     ID_NUMBER       TELEPHONE
-------- -- ---------- -------- --------------- --------------
컴공      3  C1601      한영삼   000708-3*****   010-7999-0101
컴공      3  C1602      서희경   990205-2*****   010-4333-0707
컴공      2  C1701      이정민   011109-4*****
......
7 개의 행이 선택되었습니다.

SQL>
```

## 12.2.3 뷰의 제한 조건

● **뷰를 통한 데이터의 트랜잭션이 가능한 경우**

① 하나의 테이블에서 생성된 뷰이어야 한다.

② 수식이 사용된 필드는 수정, 삭제 할 수 없다.

③ 기본 키, Not Null로 설정된 칼럼이 모두 포함되어야 한다.

● **뷰를 통한 데이터의 트랜잭션이 불가능한 경우**

① 집합 연산자, DISTINCT 연산자, 집계 또는 분석 함수가 사용된 뷰

② GROUP BY, ORDER BY, MODEL, CONNECT BY 또는 START WITH 절
   이 포함된 뷰

③ SELECT절의 컬렉션 표현식

④ SELECT절의 서브 쿼리

⑤ WITH READ ONLY 지정된 서브 쿼리

| 【예제 12.13】 | ▶ Student_Computer_View 뷰에 다음(학과코드, 학년, 학번, 성명, 주민등록번호, 전화번호) 정보를 입력하여 확인하시오. |
|---|---|

```
SQL> INSERT INTO Student_Computer_View
  2  VALUES
  3  ('컴공',2,'C1705','성유리','990909-2******','011-1999-8888');

1 개의 행이 만들어졌습니다.

SQL> SELECT *
  2  FROM    Student_Computer_View
  3  WHERE   Student_ID = 'C1705';

DEPT_ID  YE STUDENT_ID NAME     ID_NUMBER       TELEPHONE
-------- -- ---------- -------- --------------- --------------
컴공      2  C1705      성유리   990909-2******  011-1999-8888

SQL>
```

## 12.2.4 WITH READ ONLY와 WITH CHECK OPTION

CREATE VIEW문의 서브 쿼리에 WITH READ ONLY나 WITH CHECK OPTION을
추가하여 뷰를 생성할 수 있다.

- FROM절 또는 WHERE절에 WITH READ ONLY절을 추가하면 읽기 전용 뷰로 행을 추가하거나 수정 또는 삭제할 수 없다.
- WHERE절에 WITH CHECK OPTION을 추가하면 검색조건에 사용된 칼럼 값은 수정할 수 없다.

| 【예제 12.14】 | ▶ Course 테이블로부터 추가수강료(Course_fees)가 널이 아닌 행을 검색하는 읽기 전용 Course_nvl_View 뷰를 생성하고, 새로 개설된 과목 정보를 입력하시오. |
|---|---|

```
SQL> CREATE VIEW Course_nvl_view
  2  AS
  3     SELECT *
  4     FROM    Course
  5     WHERE   Course_Fees IS NOT NULL
  6             WITH READ ONLY;

뷰가 생성되었습니다.

SQL> INSERT INTO Course_nvl_view
  2  VALUES
  3  ('L2062', '스프링프로젝트', 3, 'P14', 50000);
INSERT INTO Course_nvl_view
*
1행에 오류:
ORA-42399: 읽기 전용 뷰에서는 DML 작업을 수행할 수 없습니다.

SQL>
```

| 【예제 12.15】 | ▶ Student 테이블로부터 '경영' 학과 학생을 위한 Student_Business_View 뷰를 생성하시오. 단, 학과코드를 수정할 수 없는 뷰를 생성 |
|---|---|

```
SQL> CREATE VIEW Student_Business_View
  2  AS
  3  SELECT Dept_ID, Year, Student_ID,Name, ID_Number, Telephone
  4  FROM    Student
  5  WHERE   Dept_ID = '경영'  WITH CHECK OPTION;

뷰가 생성되었습니다.

SQL>
```

| 【예제 12.16】 | ▶ 'B1801', '김빛나' 학생이 '행정'학과로 전과하였다. Student _Business_View 뷰에 'B1801' 학번의 학과코드를 '행정' 학과로 수정하시오. |
|---|---|

```
SQL> UPDATE Student_Business_View
  2  SET     Dept_ID   = '행정'
  3  WHERE   Student_ID = 'B1801';

UPDATE Student_Business_View
        *
1행에 오류:
ORA-01402: 뷰의 WITH CHECK OPTION의 조건에 위배 됩니다

SQL>
```

※ WITH CHECK OPTION을 기술하여 생성된 뷰는 WHERE절에 사용된 칼럼 값을 수정하지 못한다.

## 12.2.5  뷰 삭제 구문

DROP VIEW문은 생성된 뷰를 삭제한다.

| 문법 | DROP  VIEW  뷰명; |
|---|---|

| 【예제 12.17】 | ▶ Student_Computer_View 뷰를 삭제하시오. |
|---|---|

```
SQL> DROP VIEW Student_Computer_View;

뷰가 삭제되었습니다.

SQL>
```

1. 1000부터 1씩 증가하여 정수를 생성하는 Order_Seq 시퀀스를 생성하시오.

| 【결과》 | SQL> ···<br>시퀀스가 생성되었습니다.<br><br>SQL> |
| --- | --- |

2. Order_Seq 시퀀스로부터 정수를 반환하시오.

| 【결과》 | SQL> ···<br>　　NEXTVAL<br>----------<br>　　　1000<br><br>SQL> |
| --- | --- |

3. 장바구니(EC_Basket) 테이블에 표를 참고하여 입력하고, 입력한 행들을 출력하시오. 단 주문번호는 현재 날짜('YYMMDD')와 Order_Seq에서 생성한 값(4자리)을 합하여 10자리로 한다. 주문번호는 입력날짜에 따라 달라진다.

| 주문번호 | 주문자 ID | 상품코드 | 주문수량 | 주문일자 |
| --- | --- | --- | --- | --- |
| 10자리로 생성 | mskim | SP01 | 1 | 18/07/29 |
| 〃 | shlee | SP02 | 1 | 18/07/29 |

| 【결과》 | SQL> ···<br>1 개의 행이 만들어졌습니다.<br>SQL> ···<br>1 개의 행이 만들어졌습니다.<br><br>SQL> ···<br>ORDER_NO      ORDER_ID   PRODUCT_CODE  ORDER_QTY ORDER_DA<br>------------  ---------- ------------- ---------- --------<br>1807291001    mskim      SP01                  1 18/07/29<br>1807291002    shlee      SP02                  1 18/07/29<br><br>SQL> ···<br>　커밋이 완료되었습니다.<br><br>SQL> |
| --- | --- |

4. Order_Seq 시퀀스의 최댓값을 5000으로 재설정하시오.

| 【결과》 | SQL> ···<br>시퀀스가 변경되었습니다.<br>SQL> |
|---|---|

5. 회원관리(EC_Member) 테이블로부터 각 회원들에게 쇼핑몰의 카탈로그를 발송하기 위한 주소록 인쇄에 관한 뷰(Address_view)를 생성하고, 뷰로부터 [회원명, 전화번호, 주소]를 성명순으로 출력하시오. 단, 뷰에는 [회원아이디, 비밀번호, 회원명, 주민등록번호, 주소, 전화번호] 칼럼이 포함한다.

| 【결과》 | SQL> ···<br>뷰가 생성되었습니다.<br><br>SQL> ···<br>NAME    TELEPHONE    ADDRESS<br>————  ————————  ——————————<br>강욱선    010-7899-6547 경북 경주시<br>강준상    010-1115-3333 강원도 원주시<br>고우선    010-8874-1452 서울특별시 강남구<br>김미선    010-8887-3254 대구광역시 달서구<br>······<br>16 개의 행이 선택되었습니다.<br>SQL> |
|---|---|

6. Address_View 뷰에 신입 회원의 정보를 입력하시오. 신입회원의 정보는 ('arkim','1234','김아림','990910-2******',NULL,'010-4321-6789')이다.

| 【결과》 | SQL> ···<br>1 개의 행이 만들어졌습니다.<br>SQL> |
|---|---|

7. Order_Seq 시퀀스를 삭제하시오.

| 【결과》 | SQL> ···<br>시퀀스가 삭제되었습니다.<br>SQL> |
|---|---|

8. 주소록 출력에 사용한 Address_View 뷰를 삭제하시오.

| 【결과》 | SQL> ···<br>뷰가 삭제되었습니다.<br>SQL> |
|---|---|

# 연 습 문 제 2

1. 정수 100부터 1씩 증가하여 최대 9999까지 생성하는 Board_ID_Seq 시퀀스를 생성하시오.

| 【결과》 | SQL> ···<br>시퀀스가 생성되었습니다.<br>SQL> |
|---|---|

2. Board_ID_Seq 시퀀스로부터 정수로 반환하여 출력하시오.

| 【결과》 | SQL> ···<br>  NEXTVAL<br>----------<br>        100<br><br>SQL> |
|---|---|

3. 표를 참고하여 게시판(Free_Board) 테이블에 행을 추가하시오. 단, 게시물번호 (b_id)는 Board_ID_Seq 시퀀스로부터 정수를 반환하여 사용한다.

| B_ID | B_Name | B_Pwd | B_Email | B_title | B_Content |
|---|---|---|---|---|---|
| 시퀀스값 | 박세우 | 1234 | park@test.com | 질문-1 | 인덱스를 왜 생성하나요? |
| 〃 | 김미선 | 1234 | kim@test.com | 질문-2 | 뷰의 장점은 무엇인가요? |
| 〃 | 강준상 | 1234 | kang@test.com | 질문-3 | 시퀀스 용도를 알고 싶어요? |

| 【결과》 | SQL> ···<br>1 개의 행이 만들어졌습니다.<br>1 개의 행이 만들어졌습니다.<br>1 개의 행이 만들어졌습니다.<br>SQL> |
|---|---|

4. Free_Board 테이블의 행을 출력하시오.

| 【결과》 | SQL>  ···<br>  B_ID B_NAME      B_TITLE      B_CONTENT<br>------ ---------- ---------- ------------------------------<br>   101 박세우      질문-1      인덱스를 왜 생성하나요?<br>   102 김미선      질문-2      뷰의 장점은 무엇인가요?<br>   103 강준상      질문-3      시퀀스의 용도를 알고 싶어요?<br>SQL> |
|---|---|

5. 과목(Course) 테이블과 교수(Professor) 테이블에서 담당교수번호로 담당과목 [담당교수번호, 교수명, 소속학과, 과목코드, 과목명, 학점수, 추가수강료]을 출력 하는 Course_Srch_Professor 뷰를 생성하시오.

| 【결과》 | SQL> ··· |
|---|---|
| | 뷰가 생성되었습니다. |
| | |
| | SQL> |

6. Course_Srch_Professor 뷰로부터 'P13' 교수번호에 대한 담당과목을 출력하시오.

| 【결과》 | SQL> ··· |
|---|---|
| | PROFES NAME DEPT_ID COURSE_ID TITLE C_NUMBER COURSE_FEES |
| | ------ ------ -------- ---------- ---------- -------- ----------- |
| | P13 유소연 컴공 L1032 JAVA 3 30000 |
| | P13 유소연 컴공 L1042 델파이 3 50000 |
| | P13 유소연 컴공 L1062 그룹웨어구축 3 40000 |
| | |
| | SQL> |

7. 수강임시(T_SG_Scores) 테이블로부터 [학번, 과목코드, 성적, 등급, 성적취득 일자]를 검색하는 T_SG_Scores_View 읽기 전용 뷰를 생성하시오.

| 【결과》 | SQL> ··· |
|---|---|
| | 뷰가 생성되었습니다. |
| | |
| | SQL> |

8. 2018년 6월 28일자 학번('B1701')이 취득한 과목코드('L1061')의 성적 92점이 누락되었다. 이 값을 T_SG_Scores_View 읽기 전용 뷰에 입력하시오.

| 【결과》 | SQL> ··· |
|---|---|
| | (Student_ID, Course_ID, Score, Score_Assigned) |
| | * |
| | 2행에 오류: |
| | ORA-42399: 읽기 전용 뷰에서는 DML 작업을 수행할 수 없습니다. |
| | |
| | SQL> |

9. 학생(Student) 테이블에서 '정통'학과의 학생정보 [학과코드, 학년, 학번, 성명, 주민등록번호, 전화번호]를 검색하는 검색조건 수정 불가 Student_Comm_ View 뷰를 생성하시오.

【결과》
```
SQL> …
뷰가 생성되었습니다.

SQL> …
DEPT_ID  YE STUDENT_ID NAME     ID_NUMBER       TELEPHONE
--------  -- ---------- -------- --------------- --------------
정통     2  T1802      이정필   001117-3******
정통     1  T1801      김병호   991124-1****** 011-1222-0303

SQL>
```

10. '정통'학과의 '김병호' 학생이 '컴공'과로 전과하였다. Student_Comm_View 뷰를 이용하여 '김병호' 학생의 소속학과(Dept_ID)를 '컴공' 학과로 수정하시오.

【결과》
```
SQL> …
UPDATE Student_Comm_View
       *
1행에 오류:
ORA-01402: 뷰의 WITH CHECK OPTION의 조건에 위배 됩니다

SQL>
```

# Chapter 13

## 인덱스

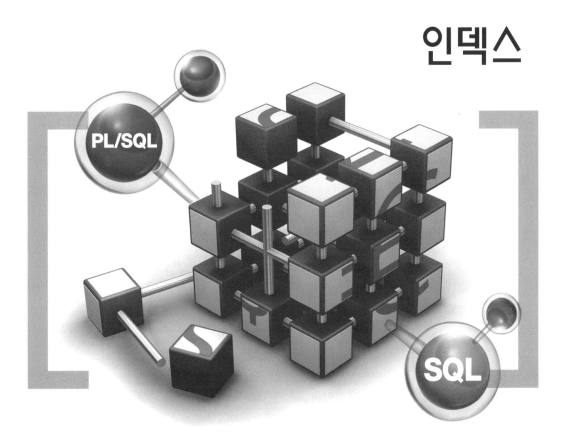

# 13.1 인덱스

데이터베이스 성능을 향상시키기 위한 액세스 메커니즘으로 인덱스(index)를 사용한
다. 인덱스는 테이블의 행에 대한 **빠른** 임의 액세스를 허용하기 위해 사용되며, 오라
클에서 인덱스는 18자리의 ROWID와 칼럼 값으로 구성된다. 인덱스는 DML문의
WHERE절에 사용되는 칼럼으로 생성하며, 기본 키와 고유 키 칼럼은 자동으로 인덱
스가 생성된다. 인덱스가 생성된 칼럼을 SELECT문의 ORDER BY절에 기술하게 되
면 성능을 저하시킬 수도 있다.

오라클에서는 B-트리 인덱스, 비트맵 인덱스, 파티션 인덱스, 함수기반 인덱스, 도메
인 인덱스를 생성할 수 있으며 제품 버전에 따라 생성 가능한 인덱스는 다르다. 사용
자는 생성 가능한 인덱스 종류를 조회할 수 있다. 오라클 데이터베이스에서는
V$OPTION 객체의 VALUE 값이 'FALSE'로 되어 있는 인덱스는 생성할 수 없으며,
제품의 버전에 따라 관리자의 권한으로 인덱스 파라메타 값을 'TRUE'로 변경할 수
도 있다.

● **인덱스는 생성시 고려사항**
①  DML문의 WHERE절에 자주 사용하는 칼럼으로 만든다.
②  Null 값이 많은 칼럼에 인덱스를 생성하면 실행속도가 빨라진다.
③  WHERE절에 의해 검색되는 데이터 분포가 테이블 전체의 약 10~15% 범위에
   속할 때 인덱스를 생성한다.
④  테이블의 크기가 큰 경우에 인덱스를 생성한다.
⑤  주민등록번호와 같이 넓게 분포된 칼럼에 인덱스를 생성한다.
⑥  불필요한 인덱스를 많이 생성하면, 실행속도가 오히려 지연되므로, 한 테이블
   에 3~4개 이내로 생성한다.
⑦  인덱스를 구성하는 칼럼이 32개를 초과할 수 없다.
⑧  테이블의 데이터가 자주 변경되는 경우에는 생성하지 않는다.

# 13.2 인덱스 조회

사용자가 생성한 테이블의 인덱스명은 USER_OBJECTS 객체로부터 OBJECT_TYPE을
'INDEX'로 지정하여 조회하거나, USER_INDEXES 객체와 USER_IND_COLUMNS 객
체로부터 인덱스명, 인덱스타입, 테이블의 인덱스 칼럼명 등을 검색할 수 있다.

| 【예제 13.01】 | ▶ 사용자가 생성한 모든 인덱스명을 조회하시오. |

```
SQL> SELECT OBJECT_NAME, OBJECT_TYPE
  2  FROM    USER_OBJECTS
  3  WHERE   OBJECT_TYPE ='INDEX'
  4  ORDER   BY 1;

OBJECT_NAME                      OBJECT_TYPE
------------------------------   ----------------

BOARD_UK                         INDEX
COURSE_PK                        INDEX
DEPARTMENT_PK                    INDEX
EC_BASKET_PK                     INDEX
......
13 개의 행이 선택되었습니다.

SQL>
```

● **USER_INDXES 객체를 이용한 인덱스명 조회**

USER_INDEXES 객체로부터 인덱스명과 인덱스타입, 테이블명 등을 조회할 수
있다. USER_INDEXES 객체의 주요 칼럼은 다음과 같다.
- INDEX_NAME : 인덱스명을 반환한다.
- INDEX_TYPE : 인덱스타입을 반환한다.
- TABLE_NAME : 테이블명 반환 또는 조회할 테이블명을 기술한다.

| 【예제 13.02】 | ▶ 교수(Professor) 테이블에 생성된 인덱스명, 인덱스타입, 테이블명을 출력하시오. |

```
SQL> COLUMN INDEX_NAME FORMAT A28
SQL> COLUMN INDEX_TYPE FORMAT A22
SQL> SELECT INDEX_NAME, INDEX_TYPE, TABLE_NAME
  2  FROM    USER_INDEXES
  3  WHERE   TABLE_NAME = 'PROFESSOR';

INDEX_NAME                     INDEX_TYPE            TABLE_NAME
----------------------------   --------------------  ------------

PROFESSOR_PK                   NORMAL                PROFESSOR
PROFESSOR_UK                   NORMAL                PROFESSOR

SQL>
```

● **USER_IND_COLUMNS 객체를 이용한 인덱스명 조회**

USER_IND_COLUMNS 객체로부터 전체 테이블이나 특정 테이블에 대한 인덱스
명을 조회할 수 있다. USER_IND_COLUMNS 객체의 주요 칼럼은 다음과 같다.

- INDEX_NAME : 인덱스명을 반환한다.
- TABLE_NAME : 테이블명 반환 또는 조회할 테이블명을 기술한다.
- COLUMN_NAME : 인덱스명의 칼럼명을 반환한다.
- COLUMN_LENGTH : 칼럼의 길이를 반환한다.

인덱스명과 칼럼명을 출력하여 테이블의 인덱스 생성을 확인할 수 있다.

| 【예제 13.03】 | ▶ Professor 테이블에 생성된 인덱스명을 출력하시오. |
|---|---|

```
SQL> COLUMN INDEX_NAME   FORMAT A30
SQL> SELECT INDEX_NAME, COLUMN_NAME
  2  FROM    USER_IND_COLUMNS
  3  WHERE   TABLE_NAME='PROFESSOR';


INDEX_NAME                      COLUMN_NAME
------------------------------  ---------------
PROFESSOR_PK                    PROFESSOR_ID
PROFESSOR_UK                    TELEPHONE

SQL>
```

# 13.3  인덱스 생성

CREATE INDEX문으로 테이블에 대한 인덱스를 생성한다. 물리적으로 오라클 데이
터베이스는 일반적인 B-트리 인덱스를 오름차순으로 생성하며, 고유 인덱스, 비고
유 인덱스, 결합인덱스를 생성할 수 있다. 일반적인 인덱스의 칼럼은 최대 32개,
비트맵 인덱스는 30개까지 결합하여 생성할 수 있다.

| 문법 | CREATE  [UNIQUE ] INDEX  인덱스명 |
|---|---|
|  | ON        테이블명 ( 칼럼명1 ASC ∣ DESC, ⋯ ) ; |

※ 기술 방법

- UNIQUE : 고유 인덱스를 생성하는 예약어이다.
- 인덱스명 : 생성할 인덱스명을 기술한다.
- 칼럼명 : 인덱스 키로 지정할 테이블의 칼럼명을 기술한다.

## 13.3.1 고유 인덱스

고유 인덱스는 중복된 값이 존재하지 않는 칼럼에 생성하며, CREATE UNIQUE INDEX문으로 생성한다. 테이블에 기본 키나 고유키를 지정하면 고유 인덱스가 자동으로 생성된다.

| 【예제 13.04】 | ▶ Student 테이블의 전화번호(Telephone)칼럼으로 Student_<br>Telephone_Inx 고유 인덱스를 생성하시오. |

```
SQL> CREATE UNIQUE INDEX Student_Telephone_Inx
  2  ON      Student (Telephone);

인덱스가 생성되었습니다.

SQL>
```

## 13.3.2 비고유 인덱스

비고유 인덱스는 칼럼에 중복된 값이 저장된 칼럼에 생성하며, CREATE INDEX문으로 생성한다.

| 【예제 13.05】 | ▶ Student 테이블의 성명(Name) 칼럼으로 Student_Name_Inx<br>비고유 인덱스를 생성하시오. |

```
SQL> CREATE INDEX Student_Name_Inx
  2  ON      Student (Name);

인덱스가 생성되었습니다.

SQL>
```

## 13.3.3 결합 인덱스

결합 인덱스란 테이블의 다중 칼럼으로 생성하는 인덱스를 말한다. WHERE절에 다중 칼럼으로 사용되는 칼럼을 결합 인덱스로 생성하면 속도를 향상시킬 수 있다. 일반적인 인덱스는 최대 32개까지 결합하여 생성할 수 있으며, 칼럼의 우선순위가 매우 중요하므로 WHERE절에 자주 사용되는 칼럼, 분포도가 좋은 칼럼, 행의 수가 적은 칼럼을 선행 칼럼으로 지정한다.

| 【예제 13.06】 | ▶ SG_Scores 테이블의 과목코드(Course_ID)와 등급(Grade) 칼럼으로 SG_Scores_CourseID_Grade_Inx 결합 인덱스를 생성하시오. |
|---|---|

```
SQL> CREATE INDEX SG_Scores_CourseID_Grade_Inx
  2  ON     SG_Scores (Course_ID, Grade);

인덱스가 생성되었습니다.

SQL>
```

| 【예제 13.07】 | ▶ SG_Scores 테이블의 과목코드(Course_ID)가 'L1031', 'SQL응용' 과목의 등급이 'B+'인 학번과 성명과 점수를 출력하시오. |
|---|---|

```
SQL> SELECT Student_ID, Name, Course_ID, Score
  2  FROM   SG_Scores INNER JOIN Student USING (Student_ID)
  3  WHERE  (Course_ID, Grade) = (('L1031', 'B+'));

STUDENT_ID NAME     COURSE_ID     SCORE
---------- -------- ---------- ----------
C1801      김대현    L1031            85
C1702      박주영    L1031            86

SQL>
```

## 13.3.4  함수기반 인덱스

함수기반(Function-Based) 인덱스란 WHERE절에 함수나 수식을 사용하여 검색하는 경우에 사용한다. 영문자를 검색할 경우 LOWER(칼럼명) 함수나 UPPER(칼럼명) 함수로 인덱스를 생성하면 대소문자를 구분하지 않고 검색할 수 있다.

| 【예제 13.08】 | ▶ Student 테이블의 주민등록번호(ID_Number)에서 생년월일로 Student_Birth_Inx 인덱스를 생성하고, 생년월일이 '990205'에 대하여 검색해 보시오. |
|---|---|

```
SQL> CREATE INDEX Student_Birth_Inx
  2  ON     Student(SUBSTR(ID_NUMBER, 1,6));

인덱스가 생성되었습니다.
```

```
SQL> SELECT Dept_ID, Year, Student_ID, Name, ID_Number, Telephone
  2  FROM    Student
  3  WHERE   SUBSTR(ID_Number, 1,6) = '990205';

DEPT_ID  YE STUDENT_ID NAME    ID_NUMBER      TELEPHONE
-------- -- ---------- ------- -------------- -------------
컴공      3 C1602      서희경   990205-2****** 010-4333-0707

SQL>
```

## 13.3.5 도메인 인덱스

도메인 인덱스(domain index)는 인덱스 생성 구문에 INDEXTYPE IS domain-index-clause 절을 추가하여 생성한다. 오라클 9i부터 지원되는 도메인 인덱스인 오라클 텍스트 인덱스 유형은 ctxsys 사용자 권한으로 생성되는 CONTEXT, CTXCAT, CTXRULE, CTXPATH가 있다. CONTEXT 인덱스 타입으로 도메인 인덱스를 생성하는 구문은 다음과 같다.

| 문법 | CREATE  INDEX  인덱스명<br>    ON  테이블명 ( 칼럼명 )<br>        INDEXTYPE IS domain-index-clause; |
|------|------|

● **domain-index-clause절의 CONTEXT 인덱스 타입**

CONTEXT 인덱스 타입은 텍스트 칼럼의 인덱스이며, WHERE절에서 CONTAINS 연산자에 검색 패턴으로 검색한다. CONTAINS 연산자는 AND(&), OR(|), NOT(~) 등으로 검색 패턴을 기술하며 대체문자(%, _)를 사용할 수 있다.

| 검색조건 | WHERE CONTAINS (인덱스칼럼명, '값1 연산자 값2 연산자...') > 0 |
|------|------|

| 【예제 13.09】 | ▶ 학생(Student) 테이블의 주소(Address) 칼럼을 이용하여 CONTEXT 인덱스 타입의 Student_Address_Inx 도메인 인덱스를 생성하시오. |
|------|------|

```
SQL> CREATE INDEX Student_Address_Inx
  2      ON Student(Address)
  3          INDEXTYPE IS CTXSYS.CONTEXT;

인덱스가 생성되었습니다.

SQL>
```

| 【예제 13.10】 | ▶ Student 테이블로부터 주소(Address)가 '송파구' 또는 '수성구'인 행을 검색 패턴으로 출력하시오. |
|---|---|

```
SQL>  SELECT Dept_ID, Year, Student_ID, Name, Address
  2   FROM    Student
  3   WHERE   CONTAINS (Address, '송% OR 수%') > 0;


DEPT_ID  YE STUDENT_ID NAME      ADDRESS
-------- -- ---------- --------  --------------------
컴공       2  C1701      이정민     대구시 수성구
컴공       1  C1801      김대현     서울시 송파구

SQL>
```

## 13.4  인덱스 수정

문법 1은 ALTER INDEX문은 인덱스를 재생성한다. REVERSE를 기술하면 ROWID를 포함하여 내림차순으로 재생성한다. 문법 2는 인덱스명을 변경한다.

| 문법 1 | ALTER INDEX 인덱스명 REBUILD { REVERSE \| NOREVERSE } ; |
|---|---|

| 문법 2 | ALTER INDEX  인덱스명 RENAME TO 변경인덱스명; |
|---|---|

| 【예제 13.11】 | ▶ Student 테이블의 성명(Name) 칼럼에 생성된  Student_Name_Inx 인덱스를 재생성하시오. |
|---|---|

```
SQL> ALTER    INDEX Student_Name_Inx
  2  REBUILD NOREVERSE;

인덱스가 변경되었습니다.

SQL>
```

## 13.5  인덱스 삭제

DROP INDEX문으로 생성된 인덱스를 삭제할 수 있다.

| 문법 | DROP INDEX 인덱스명; |
|---|---|

| 【예제 13.12】 | ▶ SG_Scores 테이블의 SG_Scores_CourseID_Grade_Inx 결합 인덱스를 삭제하시오. |
|---|---|

SQL> DROP INDEX SG_Scores_CourseID_Grade_Inx;

인덱스가 삭제되었습니다.
SQL>

## 13.6  인덱스 효율

테이블에 행이 추가되거나 수정 또는 삭제되면 생성된 인덱스도 추가되거나 수정 또는 삭제된다. 인덱스의 효율이 떨어지면 성능도 떨어질 수 밖에 없다. 인덱스는 선택도가 낮을수록 효율이 좋아진다. 선택도(density)는 0부터 1사이의 값으로 표현하며, 선택도는 USER_TAB_COL_STATISTICS 객체로부터 테이블에 대한 칼럼의 선택도를 조회할 수 있다.

| 문법 | SELECT COLUMN_NAME, NUM_DISTINCT, DENSITY, NUM_NULLS<br>FROM    USER_TAB_COL_STATISTICS<br>WHERE   TABLE_NAME = '조회테이블명'; |
|---|---|

※ 기술 방법

- NUMBER_DISTINCT : 칼럼의 고유한 값의 수
- DENSITY : 선택도 값
- NUM_NULLS : 칼럼의 널 값의 수

| 【예제 13.13】 | ▶ Course 테이블의 각 칼럼에 대한 선택도를 출력하시오. |
|---|---|

```
SQL> SELECT COLUMN_NAME, NUM_DISTINCT, DENSITY, NUM_NULLS
  2  FROM    USER_TAB_COL_STATISTICS
  3  WHERE   TABLE_NAME = 'COURSE'
  4  ORDER  BY 1;

COLUMN_NAME          NUM_DISTINCT    DENSITY   NUM_NULLS
-------------------- ------------ ---------- ----------
COURSE_FEES                     4 .041666667          7
COURSE_ID                      19 .052631579          0
C_NUMBER                        2         .5          0
PROFESSOR_ID                    7 .038461538          6
TITLE                          19 .052631579          0

SQL>
```

※ 과목(Course) 테이블에서 선택도는 교수번호(Professor_ID) 칼럼이 .038461538로
   인덱스 효율이 가장 좋은 것으로 출력된다.

## 13.7  인덱스 활성화와 비활성화

ALTER INDEX문으로 생성된 인덱스를 활성화 또는 비활성화가 가능하며, 오라클은
함수기반의 인덱스에 대해서 비활성화 할 수 있다.

| 문법 | ALTER INDEX  인덱스명<br>{ENABLE/DISABLE} 또는 {VISIBLE/INVISIBLE} ; |
|------|------|

- ENABLE 또는 VISIBLE : 인덱스를 활성화한다.
- DISABLE 또는 INVISIBLE : 인덱스를 비활성화한다.

【예제 13.14】 ▶ Student 테이블의 인덱스명과 활성화 상태를 출력하시오.

```
SQL> SELECT INDEX_NAME, VISIBILITY
  2  FROM   USER_INDEXES
  3  WHERE  TABLE_NAME = 'STUDENT';

INDEX_NAME                        VISIBILITY
-------------------------------   ------------------
STUDENT_TELEPHONE_INX             VISIBLE
STUDENT_NAME_INX                  VISIBLE
STUDENT_PK                        VISIBLE
STUDENT_UK                        VISIBLE
STUDENT_BIRTH_INX                 VISIBLE
STUDENT_ADDRESS_INX               VISIBLE

6 개의 행이 선택되었습니다.

SQL>
```

【예제 13.15】 ▶ Student 테이블의 STUDENT_BIRTH_INX 함수기반 인덱스를 비활
성화 하시오.

```
SQL> ALTER INDEX STUDENT_BIRTH_INX INVISIBLE;

인덱스가 변경되었습니다.

SQL>
```

1. 사용자가 생성한 모든 인덱스명을 출력하시오.

【결과》
```
SQL> ···
OBJECT_NAME                          OBJECT_TYPE
------------------------------ ---------------
BOARD_UK                             INDEX
COURSE_PK                            INDEX
DEPARTMENT_PK                        INDEX
DR$STUDENT_ADDRESS_INX$X             INDEX
EC_BASKET_PK                         INDEX
······
20 개의 행이 선택되었습니다.

SQL>
```

2. 회원관리(EC_Member) 테이블에 회원명(Name)으로 검색하는 EC_Member_Name
   _Inx 비고유 인덱스를 생성하시오.

【결과》
```
SQL> ···
인덱스가 생성되었습니다.

SQL>
```

3. 회원관리(EC_Member) 테이블의 인덱스명과 사용한 칼럼명을 출력하시오.

【결과》
```
SQL> ···
INDEX_NAME                          COLUMN_NAME
------------------------------ ---------------
EC_MEMBER_NAME_INX                   NAME
EC_MEMBER_PK                         USERID
EC_MEMBER_UK                         REGIST_NO

SQL>
```

4. 상품관리(EC_Product) 테이블에 회사명(Company)을 영소문자로 검색하는 함
   수기반 인덱스를 생성하고, 회사명을 'samsung' 소문자로 검색하시오.

【결과》
```
SQL> ···
인덱스가 생성되었습니다.

SQL>
```

```
SQL> ···
  3  WHERE  LOWER(Company) = 'samsung';
```

**【결과》**

```
PRODUCT_CODE PRODUCT_NAME   UNIT_PRICE   LEFT_QTY COMPANY
------------ -------------- ---------- ---------- ----------

NB01         노트북컴퓨터      930000         15 SAMSUNG
NB02         노트북컴퓨터      750000         10 SAMSUNG
CM02         개인용컴퓨터      434000         20 Samsung
PRT01        프린터          235000         10 SAMSUNG
PRT02        프린터          860000          3 SAMSUNG
TV01         TV            1060000         10 SAMSUNG
TV03         TV            1785000          5 samsung
SP02         갤럭시노트       829000         15 SAMSUNG

8 개의 행이 선택되었습니다.
SQL>
```

5. 상품관리(EC_Product) 테이블에 회사명(Company)과 상품명(Product_Name)으로 검색하는 EC_Product_Name_Company_Inx 결합 인덱스를 생성하시오.

**【결과》**

```
SQL> ···
인덱스가 생성되었습니다.

SQL>
```

6. 상품관리(EC_Product) 테이블에서 'HP' 회사의 '프린터' 상품명을 다중 칼럼으로 검색하여 출력하시오.

**【결과》**

```
SQL> ···
RODUCT_CODE PRODUCT_NAME   UNIT_PRICE   LEFT_QTY COMPANY
----------- -------------- ---------- ---------- ---------

RT03         프린터          272000         10 HP
RT04         프린터          482000          5 HP

SQL>
```

7. 상품관리(EC_Product) 테이블의 상품정보(Info) 칼럼의 EC_Product_Info_Inx 도메인 인덱스를 생성하시오. 단, INDEXTYPE은 CTXSYS.CONTEXT임.

**【결과》**

```
SQL> ···
인덱스가 생성되었습니다.

SQL>
```

8. 상품관리(EC_Product) 테이블에서 상품정보(Info)가 '4GB' 또는 '칼러'가 포함된 상품을 검색 패턴으로 검색하시오.

| 【결과》 | SQL> COLUMN Info FORMAT A40<br>SQL> ···<br>PRODUCT_NAME   COMPANY   INFO<br>---------------   ----------   --------------------------------------<br>노트북컴퓨터   SAMSUNG   인텔 i5-460M 2.53GHz: RAM 4GB: HDD 500GB<br>                                 : 15.6" 모니터<br>노트북컴퓨터   SAMSUNG   인텔 i5-450M 2.40GHz: RAM 4GB: HDD 500GB<br>                                 : 13.3" 모니터<br>개인용컴퓨터   HP   인텔 i750 2.66GHz: RAM 4GB: HDD 1TB: GeF orce GTX260<br>프린터   HP   잉크젯: 1200DPI: 칼러인쇄 10PPM: 개인용<br>프린터   HP   칼러레이저젯: 30PPM: USB2.0: 양면: 오피스용<br><br>SQL> |
|---|---|

9. 상품관리(EC_Product) 테이블의 각 칼럼에 대한 선택도를 선택도순으로 출력하시오.

| COLUMN_NAME | NUM_DISTINCT | DENSITY | NUM_NULLS |
|---|---|---|---|
| DETAIL_INFO | 0 | 0 | 19 |
| PRODUCT_NAME | 9 | .026315789 | 0 |
| PRODUCT_CODE | 19 | .026315789 | 0 |
| UNIT_PRICE | 19 | .026315789 | 0 |
| STANDARD | 19 | .052631579 | 0 |
| IMAGENAME | 19 | .052631579 | 0 |
| INFO | 16 | .0625 | 3 |
| LEFT_QTY | 7 | .142857143 | 0 |
| COMPANY | 6 | .166666667 | 2 |
| UNIT | 2 | .5 | 3 |

【결과》 SQL> ···

10 개의 행이 선택되었습니다.

SQL>

10. EC_Product_Name_Company_Inx 인덱스명을 삭제하시오.

【결과》 SQL> ···
인덱스가 삭제되었습니다.

SQL>

1. 상품관리(EC_Product) 테이블에서 상품명(Product_Name)으로 검색하기 위한 비고유 인덱스(EC_Product_Name_Inx)를 생성하시오.

| 【결과》 | SQL> ··· |
|---|---|
| | 인덱스가 생성되었습니다. |
| | SQL> |

2. 상품관리(EC_Product) 테이블에 생성된 인덱스명, 인덱스타입, 테이블명을 출력하시오. (13장의 연습문제1을 생략하면 결과가 다르게 나올 수 있다.)

| 【결과》 | SQL> ··· |
|---|---|
| | INDEX_NAME                INDEX_TYPE              TABLE_NAME |
| | ----------------------    ----------------------  ----------- |
| | EC_PRODUCT_PK             NORMAL                  EC_PRODUCT |
| | EC_PRODUCT_COMPANY_INX    FUNCTION-BASED NORMAL   EC_PRODUCT |
| | EC_PRODUCT_NAME_INDEX     NORMAL                  EC_PRODUCT |
| | EC_PRODUCT_INFO_INX       DOMAIN                  EC_PRODUCT |
| | SQL> |

3. 수강(SG_Scores) 테이블에 생성된 인덱스의 칼럼명을 출력하시오.

| 【결과》 | SQL> ··· |
|---|---|
| | INDEX_NAME                COLUMN_NAME |
| | ----------------------    --------------- |
| | SG_SCORES_PK              STUDENT_ID |
| | SG_SCORES_PK              COURSE_ID |
| | SQL> |

4. 학생(Student) 테이블에서 학과(Dept_ID)와 성명(Name)으로 검색하는 Student_Deptid_Name_Inx 결합 인덱스를 생성하시오.

| 【결과》 | SQL> ··· |
|---|---|
| | 인덱스가 생성되었습니다. |
| | SQL> |

5. 학생(Student) 테이블에서 '컴공' 학과의 '김대현' 학생과 '행정' 학과의 '이미나' 학생을 다중칼럼으로 검색하여 출력하시오.

| 【결과》 | SQL> ··· |
| --- | --- |

```
SQL> ···
DEPT_ID  STUDENT_ID NAME      ID_NUMBER       TELEPHONE
-------- ---------- --------  --------------  -------------
컴공      C1801      김대현     020121-3******  010-3932-9999
행정      A1701      이미나     001217-4******  010-3888-5050

SQL>
```

6. 과목(course) 테이블의 과목명을 CONTEXT 인덱스 타입으로 Course_Domain_Inx 도메인 인덱스를 생성하시오.

```
SQL> ···
인덱스가 생성되었습니다.

SQL>
```
【결과》

7. 도메인 인덱스가 생성된 과목(Course) 테이블로부터 과목명이 'S' 또는 '데'가 포함된 과목명을 검색 패턴으로 검색하시오.

```
SQL> ···
COURSE_ID  TITLE             C_NUMBER PROFES COURSE_FEES
---------- ----------------  -------- ------ -----------
L1021      데이터베이스            2 P12
L1031      SQL응용                3 P12        50000

SQL>
```
【결과》

8. 과목(Course) 테이블의 Course_Domain_Inx 도메인 인덱스를 삭제하시오.

```
SQL> ···
인덱스가 삭제되었습니다.

SQL>
```
【결과》

9. 학생(Student) 테이블의 Student_Deptid_Name_Inx 인덱스를 재생성하시오.

```
SQL> ···
인덱스가 변경되었습니다.

SQL>
```
【결과》

10. 수강(SG_Scores) 테이블의 각 칼럼에 대한 선택도를 선택도순으로 출력하시오.

<table>
<tr><td rowspan="18">【결과】</td><td colspan="4">SQL> COLUMN COLUMN_NAME FORMAT A15</td></tr>
<tr><td colspan="4">SQL> ⋯</td></tr>
<tr><td>COLUMN_NAME</td><td>NUM_DISTINCT</td><td>DENSITY</td><td>NUM_NULLS</td></tr>
<tr><td>-------------------</td><td>------------</td><td>----------</td><td>----------</td></tr>
<tr><td>STUDENT_ID</td><td>8</td><td>.014285714</td><td>0</td></tr>
<tr><td>COURSE_ID</td><td>10</td><td>.014285714</td><td>0</td></tr>
<tr><td>SCORE</td><td>17</td><td>.014285714</td><td>0</td></tr>
<tr><td>GRADE</td><td>6</td><td>.014285714</td><td>0</td></tr>
<tr><td>SCORE_ASSIGNED</td><td>8</td><td>.014285714</td><td>0</td></tr>
<tr><td>C_DATE</td><td>2</td><td>.5</td><td>0</td></tr>
<tr><td>USER_NAME</td><td>1</td><td>1</td><td>0</td></tr>
<tr><td colspan="4"></td></tr>
<tr><td colspan="4">7 개의 행이 선택되었습니다.</td></tr>
<tr><td colspan="4"></td></tr>
<tr><td colspan="4">SQL></td></tr>
</table>

# Chapter 14

## SQL 최적화 개요

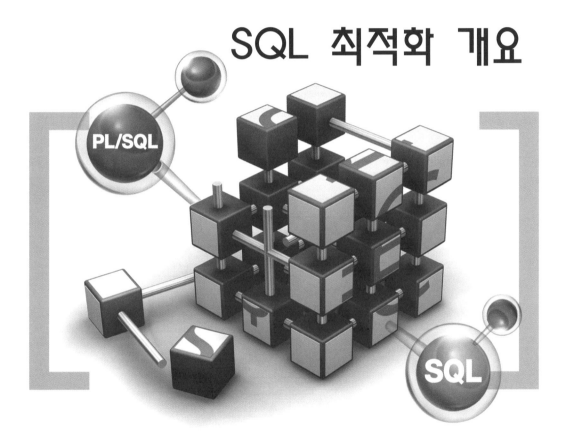

# 14.1  SQL 최적화

사용자가 SQL문을 입력하여 실행할 때 오라클 데이터베이스에서 어떤 절차로 처리
되는가에 대한 개념은 사용자가 실행하는 SQL문에 따라 전체적인 성능에 영향을 줄
수 있기 때문에 반드시 이해할 필요가 있다. 사용자가 실행하는 SQL문을 최적화하
면 실행속도의 향상을 가져 올 수 있다.

## 14.1.1  SQL문 처리 개요

SQL문의 처리는 그림 14.1과 같이 구문분석기(Parser), 옵티마이저(Optimizer), 행
소스 생성기(Row Source Generator), SQL 실행 엔진(SQL Execution Engine)의
기본 구성 요소를 거쳐 파싱(parsing) 단계, 최적화(optimization) 단계, 행 소스 생
성(row source generation) 단계, SQL문 실행(execution) 단계의 과정을 거친다.

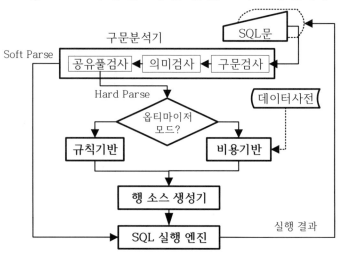

그림 14.1  SQL문 처리 과정

● **구문분석기**

구문분석기(Parser)는 파싱 단계로 SQL문의 구문(syntax) 검사와 의미(semantic)
검사, 공유 풀 검사 과정을 거친다. 파싱 단계에서 메모리에 저장된 파싱된 SQL문
이 공유 풀 캐시(shared pool cache)에서 검색되면 파싱된 SQL문을 SQL 실행
엔진으로 보내고, 그렇지 않으면 SQL문을 옵티마이저로 전송한다.
  ● 구문 검사 : SQL문의 문장들이 문법에 맞는지 검사한다.
  ● 의미 검사 : SQL문의 문장에 기술된 객체나 칼럼들을 검사한다.

● **옵티마이저**

구문분석기에서 전송된 SQL문 최적화는 옵티마이저(Optimizer)가 담당한다. 옵티마이저는 사용자의 SQL문에 대한 쿼리 결과를 생성하는 가장 효율적인 방법의 실행계획을 결정하여 행 소스 생성기로 보낸다. 옵티마이저는
- 내부 규칙을 사용하는 규칙기반 옵티마이저(RBO)
- 최소의 비용을 계산하는 비용기반 옵티마이저(CBO)

의 2종류가 있다.

● **행 소스 생성기**

행 소스 생성기(Row source Generator)는 옵티마이저에서 전송된 최적의 실행계획을 받아 SQL문의 실행계획을 출력하여 SQL 실행 엔진으로 전송한다.

● **SQL 실행 엔진**

SQL 실행 엔진(SQL Execution Engine)은 SQL문에 관련된 실행계획을 처리하고, 실행 결과를 생성하여 사용자에게 보낸다.

# 14.2  옵티마이저 개요

쿼리 옵티마이저(Query Optimizer)를 일반적으로 옵티마이저(Optimizer)라 부른다. 옵티마이저는 참조된 객체 및 검색조건과 관련된 여러 요인들을 고려하여 SQL문을 실행하는 가장 효율적인 방법의 "처리량과 응답시간"을 결정하며, 실행 시간에 크게 영향을 줄 수 있기 때문에 SQL문 처리에서 매우 중요한 단계이다.

오라클 데이터베이스는 최적의 실행 방법을 결정하는 규칙기반 옵티마이저(RBO)와 비용기반 옵티마이저(CBO)를 제공하며, 일반적으로 비용기반 옵티마이저 사용을 강력하게 권장하고 있고, 향후 규칙기반 옵티마이저는 제외시킬 예정이다. SQL문 사용자나 SQL문이 있는 응용 프로그램에서 SQL문 실행에 효과적인 실행 방법을 지정할 수도 있다.

## 14.2.1  규칙기반 옵티마이저(RBO)

규칙 기반 옵티마이저(Rule-Based Optimizer 또는 RBO)는 규칙을 정하여 실행계획을 생성한다. 실행계획을 생성하는 규칙을 이해하면 비교적 쉽게 실행계획을 예측할 수 있다. 표 14.1은 오라클의 규칙 기반 옵티마이저의 15가지 규칙이며, 숫자가 낮을수록 우선순위가 높다.

| 우선순위 | 액세스 기법 |
|:---:|:---|
| 1 | Single row by rowid |
| 2 | Single row by cluster join |
| 3 | Single row by hash cluster key with unique or primary key |
| 4 | Single row by unique or primary key |
| 5 | Cluster join |
| 6 | Hash cluster key |
| 7 | Indexed cluster key |
| 8 | Composite index |
| 9 | Single column index |
| 10 | Bounded range search on indexed columns |
| 11 | Unbounded range search on indexed columns |
| 12 | Sort merge join |
| 13 | MAX or MIN of indexed column |
| 14 | ORDER BY on indexed column |
| 15 | Full table scan |

표 14.1  규칙기반 옵티마이저의 우선순위와 규칙

## 14.2.2  비용 기반 옵티마이저(CBO)

비용 기반 옵티마이저(Cost-Based Optimizer 또는 CBO)는 SQL문을 처리하는데 필요한 비용이 가장 적은 실행계획을 선택하는 방식이다. 비용 기반 옵티마이저는 비용을 예측하기 위해 객체 통계 정보와 시스템 통계 정보 등을 이용한다. 정확한 통계 정보를 유지하는 것이 비용 기반 최적화에서 중요한 요소이다. 비용 기반 옵티마이저는 그림 14.2와 같이 쿼리 변환기(Query transformer), 평가기(Estimator), 계획생성기(Plan Generator)로 구성되어 있다.

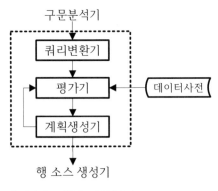

그림 14.2  CBO 구성요소

● **쿼리 변환기**

쿼리 변환기(Query Transformer)의 입력은 구문분석기에서 구문 분석과 의미 분석된 쿼리의 쿼리 블록 집합으로 표현된다. 쿼리 변환기는 사용자가 입력한 SQL문보다 효율적으로 처리할 수 있는 동등한 SQL문으로 재작성하는 것이 가능한 것인지 판별하며, 뷰 병합, 술어 푸시(predicate pushing), 중첩 서브 쿼리 등의 쿼리 변환 기술을 적용하여 쿼리를 변형한다.

● **평가기**

평가기(Estimator)는 SQL문장의 선택도(selectivity), 카디널리티(cardinality), 비용(cost)의 세 가지 유형의 측정값을 생성하여 실행계획의 전체 비용을 계산한다. 측정의 정확도를 향상할 수 있는 통계가 있으면 평가기는 이를 사용하여 측정값을 계산한다.

- 선택도는 FROM절의 테이블이나 뷰 등의 행 집합에서 WHERE절의 조건이 참이 되는 행의 수로 나타낸다. 선택도는 0.0부터 1.0의 값이며, 선택도가 0.0이면 행 집합에서 선택된 행이 없고, 1.0이면 모든 행이 선택된다.
- 카디널리티는 FROM절의 테이블이나 뷰 등의 행의 수를 나타낸다.
- 비용은 디스크 I/O, CPU 사용과 메모리 사용을 작업 단위 또는 자원 단위로 사용한다. 작업은 테이블 스캔, 인덱스 스캔, 조인, 행을 정렬하는 것이며, 데이터베이스가 쿼리를 실행하고 결과를 생성할 때 발생할 것으로 예상되는 작업 단위 수를 비용으로 계산한다.

● **계획 생성기**

계획생성기(Plan generator)는 최저 비용의 계획을 선택하기 위하여 다른 액세스 경로, 조인 방법, 조인 순서에 의해서 쿼리 블록에 대한 다양한 계획을 탐색하고, 데이터베이스가 가장 적은 비용으로 동일한 결과를 생성하는 실행계획을 선택한다.

## 14.2.3 옵티마이저의 모드

관리자 권한으로 파라메타의 옵티마이저 모드 값을 조회할 수 있다. 다음은 옵티마이저 모드가 CBO의 기본값인 ALL_ROWS로 설정된 것을 확인할 수 있다.

```
SQL> show parameter optimizer_mode

NAME                                 TYPE        VALUE
------------------------------------ ----------- ----------
optimizer_mode                       string      ALL_ROWS
SQL>
```

옵티마이저 모드는 표 14.2와 같이 RULE, ALL_ROWS, FIRST_ROWS, FIRST_ROWS_N, CHOOSE의 5종류가 있으며, 시스템 레벨, 세션 레벨, 쿼리 레벨에서 설정할 수 있다.

| 모드 종류 | 설 명 |
|---|---|
| RULE | 모든 SQL문에 대해 RBO 사용 |
| ALL_ROWS | 모든 SQL문에 대해 CBO 사용. 기본값 |
| FIRST_ROWS | 최적의 응답시간으로 첫 번째 행 반환 |
| FIRST_ROWS_n | CBO사용. 최적의 응답시간으로 첫 번째 n행 반환 |
| CHOOSE | CBO, RBO 자동 선택 옵션 |

표 14.2  옵티마이저 모드의 종류

### ● 사용자 수준의 옵티마이저의 설정

ALTER SESSION문으로 세션 레벨에서 옵티마이저 모드를 설정할 수도 있다.

**사용법** | ALTER SESSION SET OPTIMIZER_MODE=옵티마이저모드;

● 예: ALTER SESSION SET OPTIMIZER_MODE=ALL_ROWS;

SQL문에 힌트(hint) 구문으로 옵티마이저 모드를 지정할 수도 있다.

**사용법** | SQL문 /*+ 옵티마이저모드 */

● 예 : SELECT /*+ ALL_ROWS */ * FROM ...

# 14.3  데이터 액세스 경로

오라클 데이터베이스가 모든 테이블의 행을 찾고 검색하는데 사용하는 데이터 액세스 경로(data access path)는 테이블 스캔, 인덱스 스캔 등이 있다. 스캔(scan)이란 원하는 정보를 검색하고 찾아내는 것을 말한다.

## 14.3.1  테이블 스캔

테이블 스캔(table scan)은 전체 테이블 스캔, ROWID 스캔, 샘플 테이블 스캔이 있다.

### ● 전체 테이블 스캔

전체 테이블 스캔(Full Table scan)이란 테이블에서 첫 번째 행부터 마지막 행까지 모든 행을 읽고 WHERE절의 조건에 참이 되는 행을 검색한다. 전체 테이블 스캔을 수행하면 블록이 순차적으로 읽혀진다.

● **ROWID 스캔**

ROWID 스캔(rowid scan)은 행의 ID를 지정하여 검색하는 방법으로 단일 행을 검색할 때 가장 빠른 방법이다. 오라클 데이터베이스는 SQL문의 WHERE절 또는 하나 이상의 테이블 인덱스에 대한 인덱스 스캔을 통해 선택한 행의 ROWID를 먼저 가져오고 ROWID를 기반으로 테이블에서 선택된 각 행을 찾는다.

● **샘플 테이블 스캔**

샘플 테이블 스캔(sample table scan)은 단순한 테이블이나 조인과 뷰가 포함된 복잡한 SELECT문에서 무작위로 데이터 샘플을 검색한다. 오라클 데이터베이스는 명령문의 FROM절이 SAMPLE절 또는 SAMPLE BLOCK절을 포함할 때 이 액세스 경로를 사용한다.

## 14.3.2 인덱스 스캔

인덱스 스캔(Index scan)이란 인덱스된 칼럼 값을 사용하여 행을 검색하는 방법으로, 인덱스 고유 스캔, 인덱스 범위 스캔, 인덱스 생략 스캔, 인덱스 전체 스캔 등이 있다.

● **인덱스 고유 스캔**

인덱스 고유 스캔(index unique scan)은 하나의 ROWID를 반환한다. 기본 키(primary key)나 고유 키(unique key) 제약조건이 선언된 테이블의 칼럼이 WHERE절에 기술되는 경우 인덱스 고유 스캔을 수행한다.

● **인덱스 범위 스캔**

인덱스 범위 스캔(index range scan)은 오름차순과 내림차순 범위 스캔이 있다. 동일한 값의 복수 행을 반환하거나 WHERE절의 조건에 >, <, LIKE, IN, BETWEEN 연산자 등을 사용할 때 인덱스 범위 스캔을 수행한다.

● **인덱스 생략 스캔**

인덱스 생략 스캔(index skip scan)은 결합 인덱스에서 WHERE절의 조건에 선행 칼럼이 기술되지 않은 경우 인덱스 생략 스캔을 수행한다.

● **인덱스 전체 스캔**

인덱스 전체 스캔 (index full scan)은 인덱스 블록을 처음부터 마지막까지 읽는다. 데이터가 인덱스 키 값으로 오름차순 또는 내림차순으로 정렬되기 때문에 인덱스 전체 스캔은 ORDER BY절을 사용하지 않아도 된다.

빠른 인덱스 전체 스캔(Fast index full scan)은 인덱스에 쿼리에 필요한 모든 칼럼이 포함되어 있고, 인덱스 키의 하나 이상의 칼럼에 NOT NULL 제약 조건이 있는 경우 전체 테이블 검색 대신 사용할 수 있다.

# 14.4  조인의 실행계획

FROM절에 두 개 이상의 테이블을 기술하여 조인할 때, 조인 조건이 있으면 테이블간의 관계가 정의된다. 옵티마이저가 조인에 대한 실행계획을 선택하는 방법은 다음과 같다.
① 각 테이블의 데이터를 검색하기 위한 액세스 경로
② 중첩 루프 조인, 정렬 병합 조인, 카티시안 및 해시 조인 등 각 행들의 조인 기법
③ 3 개 이상의 테이블이 조인될 때 두 개의 테이블을 조인한 후 결과 행 소스를 다음 테이블에 조인하는 조인순서

## 14.4.1  중첩 루프 조인

중첩 루프 조인(Nested Loop join)은 FROM절에 기술된 하나의 드라이빙 테이블을 외부 테이블로 지정하고, 다른 하나를 내부 테이블로 지정한다. 드라이빙 테이블의 외부 테이블을 외부 루프, 내부 테이블이 내부 루프로 중첩 루프가 된다. 외부 테이블의 모든 행에 대하여 내부 테이블의 모든 행을 조인하는 방식이며, 외부 루프가 내부 루프로 이동하므로 실행계획의 테이블 순서가 중요하다. 옵티마이저는 두 테이블에서 구동 조건이 좋은 작은 행의 수를 조인할 경우 중첩 루프 조인을 선택한다.

## 14.4.2  해시 조인

해시 조인(hash join)은 옵티마이저가 두 테이블의 행의 수가 작은 것을 조인키로 사용하여 메모리에 해시 테이블을 생성한 후, 행의 수가 큰 테이블을 스캔하여 해시 테이블을 탐색하고 조인된 행을 찾는 방법이다. 메모리에 작은 테이블로 해시 테이블을 생성할 수 있는 경우에 가장 좋은 조인 방법이며, 옵티마이저는 등가조인 또는 내부조인 할 때 선택한다.

### 14.4.3  정렬 병합 조인

정렬 병합 조인(sort merge join)은 각각의 행 소스를 분류한 후 조인 조건으로 조인한다. 이 조인 방법은 행 소스가 정렬되어 있거나 정렬 작업을 수행할 필요가 없는 경우 효율적인 방법이며, 옵티마이저 모드가 ALL_ROWS인 경우에 자주 발행한다. 분류 연산에 많은 처리 비용이 발생하고, 대량의 데이터 처리에 적합하다. 두 테이블간의 조인 조건이 작다(<, <=) 또는 크다(>, >=)와 같은 관계연산자를 사용할 때 옵티마이저는 정렬 병합 조인을 선택한다.

### 14.4.4  외부 조인

외부 조인(outer join)은 조인 조건이 만족하는 행들과 만족되지 않는 행들도 반환한다. WHERE절의 조인조건에 (+)기호가 붙지 않은 테이블이 드라이빙 테이블이 되어 모든 행을 반환한다. 일반적인 외부 조인에서 옵티마이저는 비용에 따라 테이블의 순서를 결정한다. 중첩루프 외부 조인, 해시조인 외부 조인, 병합 정렬 외부 조인, 전체 외부 조인의 종류가 있다.

### 14.4.5  카티시안 조인

옵티마이저는 조인 조건이 없는 두 테이블을 조인하라고 요청할 때 카티시안 조인(cartesian join)을 사용한다. 옵티마이저는 하나의 데이터 소스의 모든 행을 다른 데이터 소스의 모든 행과 조인하여 두 집합의 카디션 곱을 생성하여 반환한다.

## 14.5  실행계획 읽기

실행계획이란 SQL문을 처리하는 절차와 방법을 의미하며, 실행계획은 SQL문의 효율적 처리에 필요한 각 객체의 액세스 경로(access path), 액세스 기법(access method), 조인 기법(join method), 조인 순서(join order)를 포함한다.
- 액세스 경로란 테이블에서 데이터가 검색되는 통로를 말한다.
- 액세스 기법은 하나의 테이블에 접근할 때 사용되는 전체 테이블 스캔, 인덱스 스캔, 해시 스캔 등의 기법을 말한다.
- 조인 기법이란 두 테이블간의 중첩조인, 해시조인, 분류병합조인 등을 말한다.
- 조인 순서란 FROM절에 기술된 참조하는 테이블의 순서를 말한다.

SQL문의 처리, 실행계획, 액세스 경로, 조인 순서, 조인 기법 등의 오라클 튜닝 도구
는 다양하다. 옵티마이저가 SQL문을 실행하기 위해 선택한 실행계획을 사용자가 비
교적 쉽게 SQL*Plus에서 읽고 해석할 수 있는 EXPLAIN PLAN 명령문과
AUTOTRACE 명령어를 소개한다.

## 14.5.1 EXPLAIN PLAN 개요

EXPLAIN PLAN은 옵티마이저가 SQL문에 대해 선택한 실행계획과 실행순서를 출력
할 수 있다. 이 실행계획의 핵심적인 정보로 그림 11.3과 같이 SQL문에서 참조하는
테이블의 순서 지정, 각 테이블의 데이터 액세스 기법, 테이블에 대한 조인 기법, 필
터, 정렬 또는 집계 등의 데이터 연산과 각 작업의 비용 및 카디널리티와 같은 최적화,
파티션 등의 정보가 포함되어 있다. 이러한 정보는 옵티마이저가 어떤 특정 실행계획
을 선택하는 이유와 옵티마이저의 결정을 이해하는데 도움이 될 수 있다.

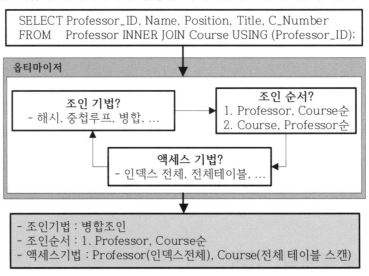

그림 14.3  옵티마이저가 선택한 실행계획의 핵심적인 정보 예

### ● EXPLAIN PLAN 실행문

EXPLAIN PLAN은 SELECT, UPDATE, INSERT, DELETE에 대해 옵티마이저
가 선택한 실행계획을 읽어 낼 수 있다. 'EXPLAIN PLAN FOR sql문'으로 SQL
문을 실행하면 실행계획을 해석하여 PLAN_TABLE 테이블에 저장한다.

| 사용법 | EXPLAIN PLAN ( SET  STATEMENT_ID = 'id' INTO 테이블명 )<br>FOR<br>    SQL문; |
|---|---|

※ 기술 방법
- SET STATEMENT_ID = 'id' : 해당 실행문의 제목
- INTO 테이블명 : PLAN_TABLE을 사용하지 않을 때 지정하는 테이블명
- SQL문 : 실행할 SELECT, INSERT, UPDATE, DELETE문

● **PLAN_TABLE 테이블**

EXPLAIN PLAN문에서 괄호()를 생략하면 SQL문의 해석된 실행계획은 PLAN_TABLE 테이블에 저장된다. PLAN_TABLE 테이블은 실행계획을 설명하는 행을 추가하는 기본 샘플 출력 테이블이며, "catplan.sql" 파일을 실행하여 다른 테이블명으로 생성할 수도 있다. DBMS_XPLAN.DISPLAY 테이블 함수는 단일 SQL문의 예측 실행계획을 출력 한다. EXPLAIN PLAN문의 괄호()에 의해 해석된 실행계획의 테이블은 함수에 표 14.3의 형식을 지정하여 출력되는 정보를 다양하게 출력할 수 있다.

| 사용법 | SELECT *<br>FROM    TABLE(DBMS_XPLAN.DISPLAY('테이블명', 'id', '형식')); |
| --- | --- |

※ 기술 방법
- '테이블명': EXPLAIN PLAN의 INTO절에 사용한 테이블명
- 'id': EXPLAIN PLAN의 SET STATEMENT_ID에 사용한 id
- '형식' : 표 14.2 DBMS_XPLAN.DISPLAY 함수의 형식 참고

| 형식 | 설명 |
| --- | --- |
| BASIC | 기본적인 정보 출력 |
| TYPICAL | 기본 설정 값 |
| ALL | 실행계획의 모든 정보 출력 |
| OUTLINE | Outline global hint 정보 출력 |
| ADVANCED | ALL과 OUTLINE 형식의 합한 정보 |

표 14.3  DBMS_XPLAN.DISPLAY 함수의 형식

● **PLAN_TABLE 테이블의 정보**

PLAN_TABLE 테이블의 정보는 표 14.4와 같이 Id, Operation, Name, Rows, Bytes, Cost(%CPU), Time의 기본 정보 항목과 Predicate Information, Query Block, Column Projection Information(해당 Operation에서 사용되는 모든 칼 럼)의 추가 정보 항목이 있다.

| 구분 | 항목 | 설명 |
|---|---|---|
| 기본 정보 | Id | Operation ID. 별표(*) ID는 술어 정보를 하단에 출력 |
| | Operation | 연산, 행 단위의 액세스 정보 |
| | Name | 액세스하는 객체 정보 |
| | Rows | Operation에서 예상하는 행의 수 |
| | Bytes | Operation에서 예상하는 바이트 수 |
| | Cost(%CPU) | Operation에서 예상하는 비용 |
| | Time | Operation에서 예상하는 수행시간 |
| 추가 정보 | Predicate Information | WHERE절의 조건이 Operation에 적용되는 정보. SQL 튜닝에서 가장 필요한 정보 |
| | Query Block | SQL에서 뷰, 인라인 뷰 등 각각의 집합을 쿼리 블록으로 해석하고 그 이름을 부여 |

표 14.4  PLAN_TABLE의 기본 정보와 추가 정보 항목

---

**【예제 14.01】** ▶ 과목(Course) 테이블에서 과목코드가 'L1031'의 행을 출력하는 실행계획을 저장하고, 실행계획 테이블을 출력하시오.

```
SQL> EXPLAIN PLAN
  2  FOR
  3  SELECT * FROM Course WHERE Course_ID = 'L1031';

해석되었습니다

SQL> SELECT * FROM TABLE(DBMS_XPLAN.DISPLAY);

PLAN_TABLE_OUTPUT
--------------------------------------------------------------------------
Plan hash value: 3198394659


--------------------------------------------------------------------------
| Id | Operation                   | Name       | Rows | Bytes | Cost |
--------------------------------------------------------------------------
|  0 | SELECT STATEMENT            |            |   1  |   25  |   1  |
|  1 |  TABLE ACCESS BY INDEX ROWID| COURSE     |   1  |   25  |   1  |
|* 2 |   INDEX UNIQUE SCAN         | COURSE_PK  |   1  |       |   0  |
--------------------------------------------------------------------------
```

```
Predicate Information (identified by operation id):
---------------------------------------------------
   2 - access("COURSE_ID"='L1031')

SQL>
```

## 14.5.2  실행계획의 연산 종류

옵티마이저가 실행계획의 연산(operation)과 세부 항목(option)으로 조인 연산, 인덱스 연산. 테이블 액세스 연산, 집합 연산, 행 작업 연산 등이 있다.

● **실행계획의 조인 연산**

옵티마이저가 선택하는 실행계획의 조인 연산으로 중첩루프조인, 해시조인, 병합 조인 등이 있으며, 각 조인 연산에 대한 세부 항목들은 표 14.5와 같다.

| 연산 종류 | 세부 항목 | 처리 내용 |
|---|---|---|
| NESTED LOOPS | | 중첩루프조인 |
| | OUTER | 중첩루프를 사용한 외부 조인 |
| HASH JOIN | | 해싱기법을 이용한 조인 |
| | ANTI | 해시 좌 안티조인 |
| | SEMI | 해시 좌 세미조인 |
| | RIGHT ANTI | 해시 우 안티조인 |
| | RIGHT SEMI | 해시 우 세미조인 |
| | OUTER | 해시 좌 외부조인 |
| | RIGHT OUTER | 해시 우 외부조인 |
| MERGE JOIN | | 병합 조인 |
| | OUTER | 외부 병합조인 |
| | ANTI | 안티 병합조인 |
| | SEMI | 세미 병합조인 |
| | CARTESIAN | 카티시안 병합조인 |

표 14.5  실행계획의 조인 연산과 각 세부 항목

【예제 14.02】 ▶ 예제 10.09 내부조인의 실행계획을 실행계획 테이블에 저장하고, 실행계획 테이블을 출력하시오.

```
SQL> EXPLAIN PLAN
  2  FOR
  3    SELECT Professor_ID, Name, Position, Title, C_Number
  4    FROM   Professor INNER JOIN Course USING (Professor_ID)
  5    ORDER  BY 1;

해석되었습니다.

SQL> SELECT * FROM TABLE(DBMS_XPLAN.DISPLAY);

PLAN_TABLE_OUTPUT
----------------------------------------------------------------
Plan hash value: 3587387048


----------------------------------------------------------------
| Id | Operation                     | Name         | Rows | Bytes |
----------------------------------------------------------------
|  0 | SELECT STATEMENT              |              |   13 |   481 |
|  1 |  MERGE JOIN                   |              |   13 |   481 |
|  2 |   TABLE ACCESS BY INDEX ROWID | PROFESSOR    |    9 |   162 |
|  3 |    INDEX FULL SCAN            | PROFESSOR_PK |    9 |       |
|* 4 |   SORT JOIN                   |              |   13 |   247 |
|* 5 |    TABLE ACCESS FULL          | COURSE       |   13 |   247 |
----------------------------------------------------------------


Predicate Information (identified by operation id):
----------------------------------------------------------------
   4 - access("PROFESSOR"."PROFESSOR_ID"="COURSE"."PROFESSOR_ID")
       filter("PROFESSOR"."PROFESSOR_ID"="COURSE"."PROFESSOR_ID")
   5 - filter("COURSE"."PROFESSOR_ID" IS NOT NULL)

SQL>
```

※ 옵티마이저가 두 테이블의 내부조인 실행계획으로 MERGE JOIN 연산을 선택함.

● **실행계획의 인덱스 연산**

옵티마이저가 선택하는 실행계획의 인덱스 연산으로 인덱스, 도메인 인덱스 등이 있고, 각 인덱스 연산의 세부 항목은 표 14.6과 같다.

| 연산 종류 | 세부 항목 | 처리 내용 |
|---|---|---|
| INDEX | UNIQUE SCAN | 인덱스에서 단일 rowid 검색 |
| | RANGE SCAN | 인덱스에서 ROWID를 오름차순 검색<br>DESCENDING : 인덱스에서 ROWID를 역순 검색 |
| | FULL SCAN | 인덱스에서 모든 ROWID를 오름차순 검색<br>DESCENDING : 인덱스에서 ROWID를 역순 검색 |
| | FAST FULL SCAN | 다중블록 읽기로 ROWID 및 칼럼값 검색. CBO가능 |
| | SKIP SCAN | 결합인덱스에서 ROWID를 검색. CBO에서만 사용 |
| DOMAIN INDEX | | 도메인 인덱스에서 하나 이상의 ROWID 검색 |

표 14.6  실행계획의 인덱스 연산과 세부항목

【예제 14.03】 ▶ 예제 7.03의 특정 행을 검색하는 실행계획을 실행계획 테이블에 저장하고, 실행계획 테이블을 출력하시오.

```
SQL> EXPLAIN PLAN
  2  FOR
  3    SELECT *
  4    FROM   SG_Scores
  5    WHERE  Student_ID = 'B1701' AND Course_ID = 'L1051';

해석되었습니다.

SQL> SELECT * FROM TABLE(DBMS_XPLAN.DISPLAY);

PLAN_TABLE_OUTPUT
----------------------------------------------------------------
Plan hash value: 1577012587


----------------------------------------------------------------
| Id  | Operation                    | Name         | Rows | Bytes |
----------------------------------------------------------------
|   0 | SELECT STATEMENT             |              |    1 |    54 |
|   1 |  TABLE ACCESS BY INDEX ROWID | SG_SCORES    |    1 |    54 |
|*  2 |   INDEX UNIQUE SCAN          | SG_SCORES_PK |    1 |       |
----------------------------------------------------------------

Predicate Information (identified by operation id):
----------------------------------------------------------------
   2 - access("STUDENT_ID"='B1701' AND "COURSE_ID"='L1051')
SQL>
```

● **실행계획의 테이블 액세스 연산**

옵티마이저가 선택하는 실행계획의 테이블 액세스 연산과 세부 항목은 표 14.7과 같다.

| 연산 종류 | 세부 항목 | 처리 내용 |
|---|---|---|
| TABLE ACCESS | FULL | 테이블에서 모든 행 검색 |
| | SAMPLE | 테이블에서 샘플링된 행 검색. |
| | CLUSTER | 테이블에서 클러스터 키 값으로 행 검색 |
| | HASH | 테이블에서 해시 키 값으로 행 검색 |
| | BY ROWID RANGE | 테이블에서 rowid 범위로 행 검색 |
| | BY USER ROWID | 테이블에서 사용자의 ROWID로 행 검색 |
| | BY INDEX ROWID | 테이블에서 인덱스로 행 검색 |

표 14.7  실행계획의 테이블 액세스 연산과 세부 항목

**【예제 14.04】**　▶ 예제 6.07의 실행계획을 실행계획 테이블에 저장하고, 실행
계획 테이블을 출력하시오.

```
SQL> EXPLAIN PLAN
  2   FOR
  3     SELECT Professor_ID, Name, Position, Dept_ID
  4     FROM   Professor
  5     WHERE  Dept_ID = '컴공';

해석되었습니다.

SQL> SELECT * FROM TABLE(DBMS_XPLAN.DISPLAY);

PLAN_TABLE_OUTPUT
-----------------------------------------------------------------
Plan hash value: 1234438804


-----------------------------------------------------------------
| Id | Operation          | Name      | Rows | Bytes | Cost (%CPU)|
-----------------------------------------------------------------
|  0 | SELECT STATEMENT   |           |    4 |    92 |    3   (0)|
|* 1 |  TABLE ACCESS FULL | PROFESSOR |    4 |    92 |    3   (0)|
-----------------------------------------------------------------

Predicate Information (identified by operation id):
-----------------------------------------------------
   1 - filter("DEPT_ID"='컴공')
```

● **실행계획의 집합 연산**

옵티마이저가 선택하는 실행계획의 집합 연산으로 표 14.8과 같이 UNION, INTERSECT, MINUS가 있다.

| 연산 종류 | 세부 항목 | 처리 내용 |
|---|---|---|
| UNION-ALL | | 두 집합의 합집합을 반환 |
| INTERSECTION | | 두 집합의 교집합을 반환, 중복 제거 |
| MINUS | | 두 집합의 차집합을 반환, 중복 제거 |

표 14.8 실행계획의 집합 연산

| 【예제 14.05】 | ▶ 예제 10.29의 집합연산자로 검색하는 실행계획을 실행계획 테이블에 저장하고, 실행계획 테이블을 출력하시오. |
|---|---|

```
SQL> EXPLAIN PLAN
  2  FOR
  3    SELECT Student_ID FROM Student
  4    MINUS
  5    SELECT Student_ID from SG_Scores;

해석되었습니다.

SQL> SELECT * FROM TABLE(DBMS_XPLAN.DISPLAY);

PLAN_TABLE_OUTPUT
----------------------------------------------------------------
Plan hash value: 1223793213


PLAN_TABLE_OUTPUT
----------------------------------------------------------------
Plan hash value: 3360645403


-------------------------------------------------------------------------
| Id | Operation          | Name        | Rows | Bytes | Cost (%CPU)|
-------------------------------------------------------------------------
|  0 | SELECT STATEMENT   |             |   11 |   276 |   4  (75)|
|  1 |  MINUS             |             |      |       |          |
|  2 |   SORT UNIQUE NOSORT|            |   11 |    66 |   2  (50)|
|  3 |    INDEX FULL SCAN | STUDENT_PK  |   11 |    66 |   1   (0)|
|  4 |   SORT UNIQUE NOSORT|            |   35 |   210 |   2  (50)|
|  5 |    INDEX FULL SCAN | SG_SCORES_PK|   35 |   210 |   1   (0)|
-------------------------------------------------------------------------
```

● **실행계획의 행 연산**

옵티마이저가 선택하는 실행계획의 행 연산으로 AND-EQUAL, CONNECT BY, COUNT, FILTER, FIRST ROW, SORT 등이 있고, 세부 항목은 표 14.9와 같다.

| 연산 종류 | 세부 항목 | 처리 내용 |
|---|---|---|
| AND-EQUAL | | 복수 ROWID 집합에서 교차를 반환하여 중복 배제 |
| CONNECT BY | | CONNECT BY절의 계층적 순서로 행 검색. |
| COUNT | | 테이블에서 선택된 행 수 계산 |
| | STOPKEY | WHERE절의 ROWNUM에 반환 행의 수 제한 |
| FILTER | | 행 연산에서 일부를 제거하고 나머지 반환 |
| FIRST ROW | | 쿼리에서 선택한 첫 번째 행만 검색 |
| SORT | AGGREGATE | 행 그룹에서 그룹 함수로 단일 행 검색. |
| | UNIQUE | 중복 제거를 위해 행 집합 정렬 |
| | GROUP BY | GROUP BY절의 행 집합을 그룹 정렬 |
| | JOIN | 병합조인전에 행 집합을 정렬 |
| | ORDER BY | ORDER BY절의 행 집합 정렬 |

표 14.9  실행계획의 행 연산과 각 세부항목

**【예제 14.06】** ▶ 예제 6.22의 ROWNUM 의사칼럼으로 출력 행을 제한하는 실행계획을 실행계획 테이블에 저장하고, 실행계획 테이블을 출력하시오.

```
SQL> EXPLAIN PLAN
  2  FOR
  3     SELECT ROWNUM, Dept_ID, Dept_Name, Dept_Tel
  4     FROM    Department
  5     WHERE   ROWNUM <= 3;

해석되었습니다.

SQL> SELECT * FROM TABLE(DBMS_XPLAN.DISPLAY);

PLAN_TABLE_OUTPUT
----------------------------------------------------------
Plan hash value: 3722510138
```

```
-------------------------------------------------------------------------
| Id  | Operation          | Name       | Rows | Bytes | Cost (%CPU)|
-------------------------------------------------------------------------
|   0 | SELECT STATEMENT   |            |    3 |    75 |    3   (0)|
|*  1 |  COUNT STOPKEY     |            |      |       |           |
|   2 |   TABLE ACCESS FULL| DEPARTMENT |    3 |    75 |    3   (0)|
-------------------------------------------------------------------------

Predicate Information (identified by operation id):
-------------------------------------------------------
   1 - filter(ROWNUM<=3)
SQL>
```

## 14.5.3   실행계획의 해석

실행계획의 실행 순서는 연산(Operation) 항목을 오른쪽 들여쓰기로 구분한다. 실행계획의 순서는 안에서 밖으로, 동일한 단계의 실행계획은 위에서 아래로 먼저 수행되며, 단계번호(Id) 순서대로 실행되지 않는다. 별표(*)가 붙은 단계번호(Id)는 하단에 'access'와 'filter' 술어 정보(predicate information)가 출력되는 것을 표시한다.

① 오른쪽 들여쓰기 단계를 먼저 수행한다. 각 단계에서 반환된 행은 상위 단계의 행 소스가 된다.

② 동일한 단계의 실행계획은 상위 계획이 먼저 실행된다.

③ 하위 단계에서 모든 행이 반환되어야 상위 단계를 수행할 수 있다.

그림 14.4의 옵티마이저의 실행계획에서 실행 순서는 (3→4→2→1→ 0)이다.

```
-------------------------------------------------------------------------
| Id  | Operation           | Name      | Rows | Bytes | Cost (%CPU)|
-------------------------------------------------------------------------
|   0 | SELECT STATEMENT    |           |   13 |   481 |    8  (25)|
|   1 |  SORT ORDER BY      |           |   13 |   481 |    8  (25)|
|*  2 |   HASH JOIN         |           |   13 |   481 |    7  (15)|
|   3 |    TABLE ACCESS FULL| PROFESSOR |    9 |   162 |    3   (0)|
|*  4 |    TABLE ACCESS FULL| COURSE    |   13 |   247 |    3   (0)|
-------------------------------------------------------------------------
```

그림 14.4  실행계획의 출력 예

① ID=3 단계는 Professor 테이블을 전체 테이블 액세스하여 단계2로 반환한다.

② ID=4 단계는 Course 테이블을 전체 테이블 액세스하여 단계2로 반환한다.

③ ID=2 단계는 단계 3과 단계4에서 반환된 행을 해시 조인하여 단계1로 반환한다.

④ ID=1 단계는 단계 2에서 반환된 행들은 ORDER BY절의 행 집합을 정렬하여 단계0으로 반환한다.

⑤ ID=0 단계는 SELECT문을 나타낸다.

그림 14.5와 같이 실행계획의 술어 정보(predicate information)는 단계번호(Id)에 별표(*)로 표시한 내용이다.

① 2-access란 데이터 블록을 어떤 방식으로 읽었는지를 나타내고,

② 4-filter란 데이터 블록을 읽은 후 데이터를 어떻게 필터링했는지를 나타낸다.

```
Predicate Information (identified by operation id):
---------------------------------------------------

  2 - access("PROFESSOR"."PROFESSOR_ID"="COURSE"."PROFESSOR_ID")
  4 - filter("COURSE"."PROFESSOR_ID" IS NOT NULL)
```

그림 14.5  술어 정보의 출력 예

## 14.5.4  실행계획의 통계 항목

표 14.10은 실행계획의 통계 항목으로 PLAN_TABLE 테이블 또는 AUTOTRACE를 ON으로 설정하여 출력할 수 있으며, SQL문이 실행될 때 통계 항목을 출력하여 SQL문의 최적화에 필요한 정보 등으로 해석할 수 있다.

| 통 계 항 목 | 설　　명 |
|---|---|
| recursive calls | SQL문 처리의 내부적 호출 횟수 |
| db block gets | DML문 실행에 필요한 읽은 블록 수 |
| consistent gets | SELECT문 실행에 필요한 읽은 블록 수 |
| physical reads | 디스크에서 읽은 블록 수 |
| redo size | DML문 실행시 발생한 Redo Log 크기 |
| bytes sent via SQL*Net to client | Sql*Net을 통해서 보낸 Bytes 수 |
| bytes received via SQL*Net from client | Sql*Net을 통해서 받은 Bytes 수 |
| SQL*Net roundtrips to/from client | SQL*Net을 통해서 주고받은 메시지 수 |
| sorts (memory) | 메모리에서 발생한 정렬 수 |
| sorts (disk) | 디스크에서 발생한 정렬 수 |
| rows processed | 출력된 행의 수 |

표 14.10  실행계획의 통계 항목

## 14.5.5 AUTOTRACE 명령어로 실행계획 출력

AUTOTRACE SQL*Plus 명령어는 관리자가 오라클 데이터베이스가 설치된 폴더의 "/oracle/11g/sqlplus/admin/plustrce.sql" 파일을 실행하고, 'GRANT plustrace to 사용자명;'으로 권한을 부여한 사용자만 실행할 수 있다. 권한을 부여받은 사용자는 AUTOTRACE 명령어를 ON으로 설정하면 SQL문 실행 결과, SQL문 실행계획과 예측 정보, SQL문 실행에 사용한 자원 통계 항목이 자동으로 출력된다.

| 사용법 | SET AUTOT[RACE] { OFF\|ON \| TRACE[ONLY]} [EXP[LAIN]] [STAT[ISTICS]] |

※ 기술 방법
- OFF : 기본값으로 실행계획을 출력하지 않는다.
- ON : SQL문 실행결과, 실행계획, 자원통계항목을 출력한다.
- TRACEONLY : SQL문 실행, 실행계획을 출력한다.
- TRACEONLY EXPLAIN ; SQL문의 실행계획을 출력한다.

| 【예제 14.07】 | ▶ 실행계획과 통계정보 출력을 위한 AUTOTRACE를 ON으로 설정하고, TIMING 시스템변수를 ON으로 설정하시오. |

```
SQL> SET AUTOTRACE ON
SQL> SET TIMING ON
```

| 【예제 14.08】 | ▶ 학과(Department) 테이블의 모든 행을 출력하도록 SQL문을 실행하고, SQL문의 실행시간과 실행계획을 확인하시오. |

```
SQL> SELECT * FROM Department;

DEPT_ID   DEPT_NAME          DEPT_TEL
--------  ----------------   ------------
대학       대학본부            765-4000
컴공       컴퓨터공학과         765-4100
......
8 개의 행이 선택되었습니다.


경     과: 00:00:00.02                          ☞ 실행시간


Execution Plan                                 ☞ 실행계획
-----------------------------------------------------
Plan hash value: 826413278
```

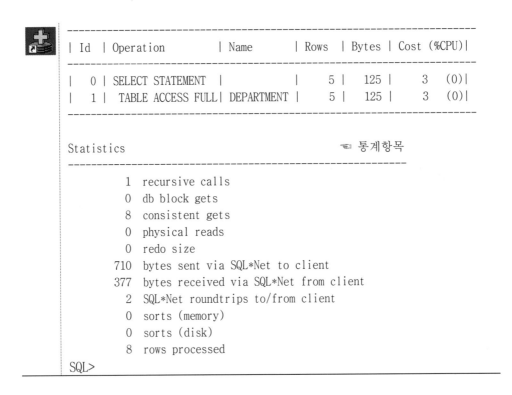

```
--------------------------------------------------------------------
| Id | Operation          | Name       | Rows | Bytes | Cost (%CPU)|
--------------------------------------------------------------------
|  0 | SELECT STATEMENT   |            |    5 |   125 |    3   (0)|
|  1 |  TABLE ACCESS FULL | DEPARTMENT |    5 |   125 |    3   (0)|
--------------------------------------------------------------------


Statistics                                      ☞ 통계항목
--------------------------------------------------------------------
          1  recursive calls
          0  db block gets
          8  consistent gets
          0  physical reads
          0  redo size
        710  bytes sent via SQL*Net to client
        377  bytes received via SQL*Net from client
          2  SQL*Net roundtrips to/from client
          0  sorts (memory)
          0  sorts (disk)
          8  rows processed
SQL>
```

## 14.6  옵티마이저 힌트

옵티마이저 힌트(hint)란 SQL문과 함께 옵티마이저 힌트를 사용하여 실행계획을 특정 접근법을 사용하도록 지시하는 것으로, 60개 이상의 힌트를 지원한다. 힌트는 SELECT, INSERT, UPDATE, DELETE, MERGE문에 "/*+ hint */" 형식의 힌트 주석을 사용하며, 힌트가 사용된 SQL문에서만 최적화가 적용된다.

| 표기법 | { SELECT \| INSERT }<br>{ UPDATE \| DELETE } | /*+ hint [text] [hint [text]] ... */ |

개발자가 옵티마이저 힌트를 잘못 적용할 경우 시스템 성능을 저하시키는 요인으로 작용할 수도 있고, 옵티마이저가 비용을 계산하여 비효율적이라고 판단되면 무시되는 힌트도 있다. 힌트 사용은 전문지식과 경험이 필요한 부분이다.

## 14.6.1  힌트의 종류

힌트는 옵티마이저 최적화 접근 및 목표, 최적화 기능, 접근경로, 조인순서, 조인연산, 쿼리 변환 등이 있다.

## ● 최적화 접근 및 목표 힌트

힌트는 개별 SQL문에 대해 최적화 목표를 설정하기 위해 사용하는 것으로. SQL문에서 힌트를 사용하면 초기 파라미터에서 설정한 것 보다 우선 적용된다. 최적화 접근 및 목표 힌트는 ALL_ROWS와 FIRST_ROWS(n)이 있다.

● ALL_ROWS : 모든 행 처리 시간의 최소화 목표로 SQL문을 최적화, CBO 선택
● FIRST_ROWS(n) : 최적의 응답시간을 목표로 첫번째 n개 행을 반환

| 【예제 14.09】 | ▶ SELECT문에 FIRST_ROWS(n) 힌트를 적용하여 Course 테이블로부터 3개 행을 검색하고, 실행계획을 출력해 보시오. |
|---|---|

```
SQL> SELECT /*+ FIRST_ROWS(3) */ *
  2  FROM    Course
  3  WHERE   ROWNUM <= 3;

COURSE_ID  TITLE                C_NUMBER PROFES COURSE_FEES
---------- -------------------- ---------- ------ -----------
L0011      TOEIC연구                  2
L1061      ERP실무                    3 P12        50000
L0013      문학개론                   2

경    과: 00:00:00.01

Execution Plan
--------------------------------------------------------
Plan hash value: 2321610797


--------------------------------------------------------------------
| Id  | Operation            | Name   | Rows  | Bytes | Cost (%CPU)|
--------------------------------------------------------------------
|   0 | SELECT STATEMENT     |        |     3 |    75 |     2   (0)|
|*  1 |  COUNT STOPKEY       |        |       |       |            |
|   2 |   TABLE ACCESS FULL| COURSE |     3 |    75 |     2   (0)|
--------------------------------------------------------------------


Predicate Information (identified by operation id):
--------------------------------------------------------
   1 - filter(ROWNUM<=3)

Statistics
--------------------------------------------------------
          1  recursive calls
          0  db block gets
```

```
     ......
  2  SQL*Net roundtrips to/from client
  0  sorts (memory)
  0  sorts (disk)
  3  rows processed

SQL>
```

## ● 접근 경로 힌트

옵티마이저가 테이블에 대한 특정 접근 경로를 사용하도록 지시한다. 힌트의 종류는 FULL, CLUSTER, HASH, INDEX 및 NO_INDEX, INDEX_ASC 및 INDEX_DESC, INDEX_COMBINE, INDEX_JOIN, INDEX_FFS 및 NO_INDEX_FFS, INDEX_SS, INDEX_SS_ASC 및 INDEX_SS_DESC가 있다.

- FULL() : 전체 테이블 스캔 지시
- HASH() : 해시 검색을 사용하여 테이블에 액세스하도록 지시
- INDEX()/NO_INDEX : 테이블에 인덱스 스캔 지시/사용 중지 지시
- INDEX_ASC()/INDEX_DESC() : 테이블에 오름차순/내림차순 인덱스 스캔 지시
- INDEX_JOIN() : 인덱스 조인을 접근 경로로 사용하도록 지시
- INDEX_FFS()/NO_INDEX_FFS : 빠른 전체 인덱스 스캔 지시/사용 중지 지시
- INDEX_SS() : 테이블에 대한 인덱스 스킵 스캔 지시

| 【예제 14.10】 | ▶ SELECT문에 INDEX_SS() 힌트를 적용하여 실행하고, 실행계획을 출력해 보시오. |
| --- | --- |

```
SQL> SELECT /*+ INDEX_SS(S) */ Student_ID, Course_ID, Score, Grade
  2  FROM   SG_Scores S
  3  WHERE Score = 97;

STUDENT_ID COURSE_ID        SCORE GRAD
---------- ----------  ---------- ----
C1701      L1011              97 A+
C1701      L1022              97 A+
C1702      L1032              97 A+
C1731      L1031              97 A+

경    과: 00:00:00.03

Execution Plan
---------------------------------------------------------------
Plan hash value: 627605942
```

```
--------------------------------------------------------------------
| Id  | Operation                   | Name         | Rows | Bytes | Cost
--------------------------------------------------------------------
|   0 | SELECT STATEMENT            |              |    4 |    72 |    5
|*  1 |   TABLE ACCESS BY INDEX ROWID| SG_SCORES   |    4 |    72 |    5
|   2 |    INDEX SKIP SCAN          | SG_SCORES_PK |   35 |       |    1
--------------------------------------------------------------------

Predicate Information (identified by operation id):
---------------------------------------------------

  1 - filter("SCORE"=97)


Statistics
---------------------------------------------------------------

          1  recursive calls
          ......

SQL>
```

● **조인 순서 힌트**

조인순서를 지시하는 힌트는 LEADING, ORDERED가 있다.

- LEADING : 조인 실행시 지정한 테이블을 먼저 수행하도록 지시
- ORDERED : FROM절에 기술한 테이블 순서로 조인하도록 지시

| 【예제 14.11】 | ▶ 예제 10.5의 'C1701' 학번의 성적조회시' 조인순서를 SG_Scores, Course, Student 테이블의 순서로 힌트를 적용하여 검색하고, 실행계획을 출력해 보시오. |
|---|---|

```
SQL> SELECT /*+ LEADING(SG, C, S) */ SG.Student_ID, Year,
  2         Name, C.Course_ID, Title, C_Number, Score, Grade
  3  FROM   SG_Scores SG, Student S, Course C
  4  WHERE  SG.Student_ID = 'C1701'
  5    AND  SG.Student_id = S.Student_ID
  6    AND  SG.Course_ID  = C.Course_ID
  7  ORDER  BY SG.Student_ID, SG.Course_ID;

STUDENT_ID YE NAME     COURSE_ID  TITLE            C_NUMBER   SCORE GRAD
---------- -- -------- ---------- ---------------- -------- --------- ----
C1701       2 이정민   L1011      컴퓨터구조          2          97 A+
C1701       2 이정민   L1021      데이터베이스         2          96 A+
......
8 개의 행이 선택되었습니다.
```

```
경    과: 00:00:00.11

Execution Plan
----------------------------------------------------------
Plan hash value: 2475039703

--------------------------------------------------------------------------
| Id  | Operation                          | Name         | Rows  | Bytes |
--------------------------------------------------------------------------
|   0 | SELECT STATEMENT                   |              |     8 |   432 |
|   1 |  SORT ORDER BY                     |              |     8 |   432 |
|*  2 |   HASH JOIN                        |              |     8 |   432 |
|*  3 |    HASH JOIN                       |              |     8 |   312 |
|   4 |     TABLE ACCESS BY INDEX ROWID|   | SG_SCORES    |     8 |   144 |
|*  5 |      INDEX RANGE SCAN              | SG_SCORES_PK |     8 |       |
|   6 |     TABLE ACCESS FULL              | COURSE       |    19 |   399 |
|   7 |    TABLE ACCESS BY INDEX ROWID     | STUDENT      |     1 |    15 |
|*  8 |     INDEX UNIQUE SCAN              | STUDENT_PK   |     1 |       |
--------------------------------------------------------------------------

Predicate Information (identified by operation id):
---------------------------------------------------
   2 - access("SG"."STUDENT_ID"="S"."STUDENT_ID")
   3 - access("SG"."COURSE_ID"="C"."COURSE_ID")
   5 - access("SG"."STUDENT_ID"='C1701')
   8 - access("S"."STUDENT_ID"='C1701')

Statistics
----------------------------------------------------------
          1  recursive calls
          ......
SQL>
```

※ 조인순서 힌트를 잘못 사용하면 오히려 성능이 저하될 수 있으므로 주의가 필요하다.


● **조인 연산 힌트**

테이블에 대해 특정 조인 연산을 사용하도록 옵티마이저에 지시하는 힌트는
USE_NL 및 NO_USE_NL, USE_NL_WITH_INDEX, USE_MERGE 및
NO_USE_MERGE, USE_HASH 및 NO_USE_HASH가 있다.
  ● USE_NL()/NO_USE_NL() : 중첩루프 조인 사용/사용중지 지시
  ● USE_NL_WITH_INDEX() : 중첩루프 조인에서 인덱스 사용 지시
  ● USE_MERGE()/NO_USE_MERGE : 정렬 병합 조인 사용/사용 중지 지시
  ● USE_HASH()/NO_USE_HASH : 해시 조인 사용/사용 중지 지시

| 【예제 14.12】 | ▶ 예제 10.04의 등가조인을 USE_NL( ) 중첩루프 힌트를 적용하여 실행하고, 실행계획을 출력해 보시오. |

```
SQL> SELECT    /*+ USE_NL(P,C) */
  2            P.Professor_ID, Name, Position, Title, C_Number
  3  FROM      Professor P, Course C
  4  WHERE     P.Professor_ID = C.Professor_ID
  5  ORDER BY  P.Professor_ID;

PROFES NAME      POSITION    TITLE              C_NUMBER
------ --------  ----------  ----------------   ----------
P11    신기술    교수        컴퓨터구조              2
P11    신기술    교수        웹서버관리              2
......
13 개의 행이 선택되었습니다.


경   과: 00:00:00.03


Execution Plan
------------------------------------------------------------
Plan hash value: 915832208
```

| Id | Operation | Name | Rows | Bytes |
|---|---|---|---|---|
| 0 | SELECT STATEMENT | | 13 | 481 |
| 1 | NESTED LOOPS | | 13 | 481 |
| 2 | TABLE ACCESS BY INDEX ROWID | PROFESSOR | 9 | 162 |
| 3 | INDEX FULL SCAN | PROFESSOR_PK | 9 | |
| * 4 | TABLE ACCESS FULL | COURSE | 1 | 19 |

```
Predicate Information (identified by operation id):
---------------------------------------------------
   4 - filter("C"."PROFESSOR_ID" IS NOT NULL AND
           "P"."PROFESSOR_ID"="C"."PROFESSOR_ID")


Statistics
------------------------------------------------------------
         8  recursive calls
         0  db block gets
        70  consistent gets
        ......
SQL>
```

● **쿼리변환 힌트**

옵티마이저가 특정 SQL 쿼리 변환을 사용하도록 지시하는 힌트는
NO_QUERY_TRANSFORMATION, USE_CONCAT, NO_EXPAND, REWRITE
및 NO_REWRITE, MERGE 및 NO_MERGE, STAR_TRANSFORMATION 및
NO_STAR_TRANSFORMATION, FACT 및 NO_FACT, UNNEST 및
NO_UNNEST이 있다.

● NO_QUERY_TRANSFORMATION : 쿼리 변환을 생략하도록 지시
● USE_CONCAT : WHERE절에 OR를 UNION-ALL 연산하도록 지시
● NO_EXPAND : WHERE절의 OR 또는 IN-list 쿼리에 대해 OR 확장 무시
● REWRITE : 쿼리 재작성 최적화 지시
● MERGE/NO_MERGE : 쿼리에서 뷰 병합 가능/불가 지시
● UNNEST : 서브 쿼리와 메인 쿼리를 합하여 조인 연산으로 실행 지시

| 【예제 14.13】 | ▶ 예제 6.15와 동일한 WHERE절의 검색조건 OR를 UNION-ALL로 연산하도록 USE_CANCAT 힌트를 적용하여 실행하고, 실행계획을 출력해 보시오. |
|---|---|

```
SQL> SELECT /*+ USE_CANCAT */
  2         Dept_ID, Professor_ID, Name, Position
  3  FROM   Professor
  4  WHERE  Dept_ID = '컴공' OR Dept_ID = '정통'
  5  ORDER  BY 1;

DEPT_ID PROFES NAME      POSITION
-------- ------ --------- ----------
정통      P24    최경주     조교수
정통      P21    박지성     부교수
컴공      P14    조성우     조교수
컴공      P12    이대호     부교수
컴공      P11    신기술     교수
컴공      P13    유소연     조교수

6 개의 행이 선택되었습니다.

경    과: 00:00:00.04

Execution Plan
-----------------------------------------------------------
Plan hash value: 1458580587
```

```
------------------------------------------------------------------
| Id  | Operation          | Name      | Rows  | Bytes | Cost (%CPU)|
------------------------------------------------------------------
|   0 | SELECT STATEMENT   |           |     6 |   138 |    4  (25)|
|   1 |  SORT ORDER BY     |           |     6 |   138 |    4  (25)|
|*  2 |   TABLE ACCESS FULL| PROFESSOR |     6 |   138 |    3   (0)|
------------------------------------------------------------------

Predicate Information (identified by operation id):
-------------------------------------------------
   2 - filter("DEPT_ID"='정통' OR "DEPT_ID"='컴공')

Statistics
-------------------------------------------------------------
         8  recursive calls
         0  db block gets
         9  consistent gets
         0  physical reads
         0  redo size
       687  bytes sent via SQL*Net to client
       377  bytes received via SQL*Net from client
         2  SQL*Net roundtrips to/from client
         1  sorts (memory)
         0  sorts (disk)
         6  rows processed

SQL>
```

## ● 기타 추가 힌트

기타 추가 힌트로 APPEND, APPEND_VALUES 및 NOAPPEND, CACHE 와
NOCACHE,   PUSH_PRED   및   NO_PUSH_PRED,   PUSH_SUBQ   및
NO_PUSH_SUBQ, QB_NAME, CURSOR_SHARING_EXACT, DRIVING_SITE,
DYNAMIC_SAMPLING, MODEL_MIN_ANALYSIS 가 있다.

# 연 습 문 제 1

1. SQL문의 실행속도를 출력하는 TIMING 시스템 변수를 ON으로 설정하고, AUTOTRACE 시스템변수를 OFF로 설정하시오.

| 【결과》 | SQL> ···<br>SQL> ··· |
|---|---|

2. 다음 SELECT문의 내부조인에 대한 실행 시간을 확인하시오.

```
SELECT Product_Code || ' ' || Product_Name "주문상품",
       Order_Qty, Unit_Price, Order_ID, Order_Qty * Unit_Price "주문금액"
FROM   EC_Product LEFT OUTER JOIN EC_Order USING (Product_Code)
ORDER  BY 4
```

| 【결과》 | SQL> ··· |
|---|---|
| | 주문상품                    ORDER_QTY UNIT_PRICE ORDER_ID      주문금액 |
| | --------------------- ---------- ---------- ---------- ---------- |
| | CM03 개인용컴퓨터              1      740000 cscho       740000 |
| | CM01 개인용컴퓨터              1      747000 cscho       747000 |
| | ······ |
| | 25 개의 행이 선택되었습니다. |
| | 경   과: 00:00:00.09      ☞ 실행 시간 |
| | SQL> |

3. 사용자 수준의 세션 레벨에서 옵티마이저 모드를 'ALL_ROWS'로 설정하시오.

| 【결과》 | SQL> ··· |
|---|---|
| | 세션이 변경되었습니다. |
| | 경   과: 00:00:00.01 |
| | SQL> |

4. 다음 SELECT문의 내부조인을 EXPLAIN PLAN문으로 실행계획을 저장하시오.

```
SELECT Product_Code || ' ' || Product_Name "주문상품",
       Order_Qty, Unit_Price, Order_ID, Order_Qty * Unit_Price "주문금액"
FROM   EC_Product LEFT OUTER JOIN EC_Order USING (Product_Code)
ORDER  BY 4
```

| 【결과》 | ```
SQL> ···
해석되었습니다.


경    과: 00:00:00.01
SQL>
``` |

5. 실행계획(TABLE(DBMS_XPLAN.DISPLAY)) 테이블의 실행계획을 출력하시오.

| 【결과》 | ```
SQL> ···
PLAN_TABLE_OUTPUT
---------------------------------------------------------------
Plan hash value: 4022399655


---------------------------------------------------------------
| Id  | Operation                        | Name          | Rows |
---------------------------------------------------------------
|   0 | SELECT STATEMENT                 |               |   19 |
|   1 |  SORT ORDER BY                   |               |   19 |
|   2 |   MERGE JOIN OUTER               |               |   19 |
|   3 |    TABLE ACCESS BY INDEX ROWID| EC_PRODUCT    |   19 |
|   4 |     INDEX FULL SCAN              | EC_PRODUCT_PK |   19 |
|*  5 |    SORT JOIN                     |               |   17 |
|   6 |     TABLE ACCESS FULL            | EC_ORDER      |   17 |
---------------------------------------------------------------


Predicate Information (identified by operation id):
---------------------------------------------------
   5 - access("EC_PRODUCT"."PRODUCT_CODE"="EC_ORDER"."PRODUCT_CODE"(+))
       filter("EC_PRODUCT"."PRODUCT_CODE"="EC_ORDER"."PRODUCT_CODE"(+))

19 개의 행이 선택되었습니다.


경    과: 00:00:00.29

SQL>
``` |

6. 다음 실행계획에서 조인기법, 액세스경로, 조인연산을 기술해 보시오.

　① 조인 기법 :

　② 조인 순서 :

　③ 액세스 경로 : Professor 테이블 (　　　　　　　　　　　)

　　　　　　　　　　　Course 테이블　　 (　　　　　　　　　　　)

```
      ----------------------------------------------------------------------
      | Id | Operation             | Name       | Rows | Bytes | Cost |
      ----------------------------------------------------------------------
실행 |  0 | SELECT STATEMENT      |            |   19 |   798 |    8 |
계획 |  1 |  SORT ORDER BY        |            |   19 |   798 |    8 |
      |  2 |   VIEW                | VW_FOJ_0   |   19 |   798 |    7 |
      |* 3 |    HASH JOIN FULL OUTER|          |   19 |   703 |    7 |
      |  4 |     TABLE ACCESS FULL | PROFESSOR  |    9 |   162 |    3 |
      |  5 |     TABLE ACCESS FULL | COURSE     |   19 |   361 |    3 |
      ----------------------------------------------------------------------
```

7. 다음 실행계획에서 실행 순서를 기술하시오.

```
      ----------------------------------------------------------------------
      | Id | Operation             | Name       | Rows | Bytes | Cost |
      ----------------------------------------------------------------------
실행 |  0 | SELECT STATEMENT      |            |   19 |   798 |    8 |
계획 |  1 |  SORT ORDER BY        |            |   19 |   798 |    8 |
      |  2 |   VIEW                | VW_FOJ_0   |   19 |   798 |    7 |
      |* 3 |    HASH JOIN FULL OUTER|          |   19 |   703 |    7 |
      |  4 |     TABLE ACCESS FULL | PROFESSOR  |    9 |   162 |    3 |
      |  5 |     TABLE ACCESS FULL | COURSE     |   19 |   361 |    3 |
      ----------------------------------------------------------------------
```

실행순서 : (    ) → (    ) → (    ) → (    ) → (    ) → 0

8. 다음 명령문을 실행하고, AUTOTRACE 명령어로 실행계획과 통계 항목을 출력하시오.

```
SELECT Dept_ID, Name, Position
FROM   Professor P
WHERE  EXISTS (SELECT *
               FROM   Course C
               WHERE  P.Professor_ID = C.Professor_ID
               AND    Course_fees = 50000)
```

```
【결과》 SQL> SET ···
       SQL> ···
       DEPT_ID   NAME      POSITION
       --------  --------  ---------
       컴공      이대호    부교수
       컴공      유소연    조교수
       행정      함영애    부교수
```

【결과》

경    과: 00:00:00.01

Execution Plan
--------------------------------------------------------
Plan hash value: 42576575


--------------------------------------------------------------
| Id  | Operation                    | Name         | Rows  | Bytes |
--------------------------------------------------------------
|   0 | SELECT STATEMENT             |              |    4  |  120  |
|   1 |  NESTED LOOPS                |              |       |       |
|   2 |   NESTED LOOPS               |              |    4  |  120  |
|   3 |    SORT UNIQUE               |              |    4  |   28  |
|*  4 |     TABLE ACCESS FULL        | COURSE       |    4  |   28  |
|*  5 |     INDEX UNIQUE SCAN        | PROFESSOR_PK |    1  |       |
|   6 |    TABLE ACCESS BY INDEX ROWID| PROFESSOR   |    1  |   23  |
--------------------------------------------------------------


Predicate Information (identified by operation id):
---------------------------------------------------

   4 - filter("C"."PROFESSOR_ID" IS NOT NULL AND "COURSE_FEES"=
50000)
   5 - access("C"."PROFESSOR_ID"="P"."PROFESSOR_ID")


Statistics
--------------------------------------------------------
          0  recursive calls
          0  db block gets
         12  consistent gets
          0  physical reads
          0  redo size
        535  bytes sent via SQL*Net to client
        377  bytes received via SQL*Net from client
          2  SQL*Net roundtrips to/from client
          1  sorts (memory)
          0  sorts (disk)
          3  rows processed


SQL>

1. SQL문의 실행계획과 통계정보를 출력하도록 시스템 변수를 ON으로 설정하시오.

| 【결과》 | SQL> … |
|---|---|

2. 다음 SELECT문을 실행하여 실행계획과 통계항목을 확인하시오.

```
SELECT CASE GROUPING(TO_CHAR(CDate, 'YY/MM')) WHEN 1 THEN '합계금액'
                                              ELSE TO_CHAR(CDate, 'YY/MM')
       END "결제년월", SUM(Cmoney)
FROM   EC_Order
WHERE  CDate IS NOT NULL
GROUP  BY ROLLUP(TO_CHAR(CDate, 'YY/MM'))
ORDER  BY 1
```

【결과》

```
SQL> …
결제년월            SUM(CMONEY)
--------------- -----------
18/02               1680000
.......
6 개의 행이 선택되었습니다.

Execution Plan
----------------------------------------------------------
Plan hash value: 2030570998


----------------------------------------------------------------
| Id | Operation               | Name     | Rows | Bytes | Cost |
----------------------------------------------------------------
|  0 | SELECT STATEMENT        |          |    7 |    70 |    5 |
|  1 |  SORT ORDER BY          |          |    7 |    70 |    5 |
|  2 |   SORT GROUP BY ROLLUP  |          |    7 |    70 |    5 |
|* 3 |    TABLE ACCESS FULL    | EC_ORDER |   12 |   120 |    3 |
----------------------------------------------------------------


Predicate Information (identified by operation id):
----------------------------------------------------------------
   3 - filter("CDATE" IS NOT NULL)


.......

SQL>
```

3. TIMING과 AUTOTRACE 시스템 변수를 OFF로 설정하시오.

| 【결과》 | SQL> ···<br>SQL> |
| --- | --- |

4. 다음 SELECT문의 집합연산을 문으로 실행계획을 저장하시오.

```
SELECT UserID, Name, Timestamp
FROM    EC_Member
MINUS
SELECT ORDER_ID, Name, TimeStamp
FROM    EC_Order O INNER JOIN EC_Member M ON O.Order_ID = M.UserID
```

| 【결과》 | SQL> ···<br>해석되었습니다.<br>SQL> |
| --- | --- |

5. 실행계획 테이블(TABLE(DBMS_XPLAN.DISPLAY))의 실행계획을 출력하시오.

| 【결과》 | PLAN_TABLE_OUTPUT |
| --- | --- |

```
PLAN_TABLE_OUTPUT
---------------------------------------------------------------
Plan hash value: 4048846396


---------------------------------------------------------------
| Id  | Operation                      | Name          | Rows  |
---------------------------------------------------------------
|   0 | SELECT STATEMENT               |               |  17   |
|   1 |  MINUS                         |               |       |
|   2 |   SORT UNIQUE                  |               |  17   |
|   3 |    TABLE ACCESS FULL           | EC_MEMBER     |  17   |
|   4 |   SORT UNIQUE                  |               |  17   |
|   5 |    MERGE JOIN                  |               |  17   |
|   6 |     TABLE ACCESS BY INDEX ROWID| EC_MEMBER     |  17   |
|   7 |      INDEX FULL SCAN           | EC_MEMBER_PK  |  17   |
|*  8 |     SORT JOIN                  |               |  17   |
|*  9 |      TABLE ACCESS FULL         | EC_ORDER      |  17   |
---------------------------------------------------------------


Predicate Information (identified by operation id):
---------------------------------------------------------------
   8 - access("O"."ORDER_ID"="M"."USERID")
       filter("O"."ORDER_ID"="M"."USERID")
   9 - filter("O"."ORDER_ID">='a' AND "O"."ORDER_ID"<='z')


SQL>
```

6. 다음 실행계획에서 조인기법, 조인순서, 액세스경로를 기술하시오.

| Id | Operation | Name | Rows | Bytes | Cost ( |
|----|-----------|------|------|-------|--------|
| 0 | SELECT STATEMENT | | 9 | 294 | 13 |
| 1 | INTERSECTION | | | | |
| 2 | SORT UNIQUE | | 9 | 99 | 4 |
| 3 | TABLE ACCESS FULL | PROFESSOR | 9 | 99 | 3 |
| 4 | SORT UNIQUE | | 13 | 195 | 8 |
| * 5 | HASH JOIN | | 13 | 195 | 7 |
| 6 | TABLE ACCESS FULL | PROFESSOR | 9 | 99 | 3 |
| * 7 | TABLE ACCESS FULL | COURSE | 13 | 52 | 3 |

실행계획

① 조인 기법 :

② 조인 순서 :

③ 액세스 경로 : Professor 테이블 (                    )

　　　　　　　　Course 테이블　　(                    )

7. 다음 실행계획의 실행 순서를 기술하시오.

| Id | Operation | Name | Rows | Bytes | Cost ( |
|----|-----------|------|------|-------|--------|
| 0 | SELECT STATEMENT | | 9 | 294 | 13 |
| 1 | INTERSECTION | | | | |
| 2 | SORT UNIQUE | | 9 | 99 | 4 |
| 3 | TABLE ACCESS FULL | PROFESSOR | 9 | 99 | 3 |
| 4 | SORT UNIQUE | | 13 | 195 | 8 |
| * 5 | HASH JOIN | | 13 | 195 | 7 |
| 6 | TABLE ACCESS FULL | PROFESSOR | 9 | 99 | 3 |
| * 7 | TABLE ACCESS FULL | COURSE | 13 | 52 | 3 |

실행계획

(　) → (　) → (　) → (　) → (　) → (　) → (　) → (　) → 0

8. 다음 SELECT문에 FIRST_ROWS() 힌트를 적용하여 5행을 출력하시오.

```
SELECT ROWNUM "순위", a.*
FROM   (SELECT Product_Code, Product_Name, Order_QTY, Csel, CMoney, CDate
        FROM   EC_Order INNER JOIN EC_Product USING (Product_Code)
        WHERE  CMoney IS NOT NULL AND CDate IS NOT NULL
        ORDER  BY CDate DESC ) a
WHERE  ROWNUM <= 5;
```

```
          SQL> ...
【결과》     순위 PRODUCT_CODE PRODUCT_NAME  ORDER_QTY CSEL      CMONEY CDATE
          ----- ------------ ------------ ---------- ---------- -------- --------
             1 CM01         개인용컴퓨터         1 신용카드    747000 18/07/12
             2 CM01         개인용컴퓨터         5 신용카드   3735000 18/07/12
             3 PRT02        프린터              5 신용카드   4300000 18/07/12
             4 CH01         의자               1 계좌이체     70000 18/05/07
             5 DK01         책상               1 신용카드     53000 18/05/07

          SQL>
```

9. 다음 실행계획의 통계항목에서 액세스된 행의 수를 기술하시오. (  ) 행

```
      Statistics
통     ----------------------------------------------------
            1  recursive calls
계          0  db block gets
           15  consistent gets
항          0  physical reads
            0  redo size
목        834  bytes sent via SQL*Net to client
          377  bytes received via SQL*Net from client
            2  SQL*Net roundtrips to/from client
            2  sorts (memory)
            0  sorts (disk)
            5  rows processed
      SQL>
```

10. 다음의 SELECT문을 /*+ NO_USE_HASH_AGGREATION */ 힌트를 사용하
    여 실행하시오.

```
SELECT CASE GROUPING_ID(Order_ID, Product_Code) WHEN 1 THEN NULL
                                                ELSE  Order_ID
       END "주문자_ID",
       CASE GROUPING_ID(Order_ID, Product_Code) WHEN 1 THEN '    소계'
                                           WHEN 3 THEN '전체합계'
                                           ELSE Product_Code
       END "주문상품",
       COUNT(*) "구매횟수", SUM(Cmoney) "결제금액"
FROM   EC_Order
WHERE  CDate IS NOT NULL
GROUP  BY ROLLUP(Order_ID, Product_Code)
ORDER  BY Order_ID;
```

**【결과》**

```
SQL> ···
주문자_ID            주문상품              구매횟수    결제금액
-------------------  -------------------  ----------  ----------
cscho                CM01                         1      747000
cscho                CM03                         1      740000
                     소계                         2     1487000
·······
supark               NB02                         1      750000
supark               PRT01                        1      235000
                     소계                         2      985000
uskang               PRT03                        1      272000
                     소계                         1      272000
usko                 NB01                         1      930000
                     소계                         1      930000
                     전체합계                    12    14677000

21 개의 행이 선택되었습니다.

경    과: 00:00:00.06

SQL>
```

# PL/SQL

# Chapter 15

## PL/SQL 기초

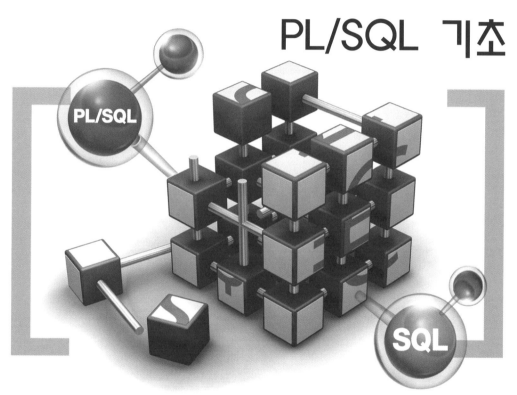

# 15.1  PL/SQL은 무엇인가?

PL/SQL(Procedural Language/SQL)은 오라클 데이터베이스 환경에서 실행되는 절차적인 데이터베이스 프로그래밍 언어이다. 표준 SQL과 3세대 언어의 강력한 일부 기능을 포함한 SQL의 확장 언어이다. PL/SQL에서는 프로그램 단위를 블록(block)이라 부르며, 애플리케이션 로직들을 작성한다.

SQL은 명령문 단위로 입력하여 실행하나 PL/SQL은 그림 15.1과 같이 여러 개의 SQL문과 PL/SQL명령문을 프로그램 단위와 같이 PL/SQL 블록(block)에 실행을 보여주고 있다. SQL문을 수행하는데 있어서 PL/SQL 블록을 사용하는 하나의 장점은 네트워크 트래픽(Network Traffic)의 감소를 들 수 있다.

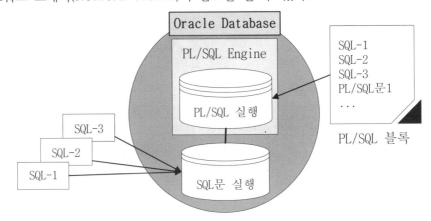

그림 15.1  SQL문과 PL/SQL 블록의 실행

● **오라클 환경에서 PL/SQL을 학습하는 이유**
- 오라클 개발 도구를 수행하는 모든 프로그래밍의 기초가 된다.
- 클라이언트가 아닌 서버 상에서 프로세스를 수행하는데 PL/SQL을 사용한다.
- PL/SQL을 사용하면 업무 규칙이나 복잡한 로직을 캡슐화(Encapsulation)할 수 있어, 모듈화(Modularity)와 추상화(Abstraction)가 가능하다.
- 데이터베이스 트리거를 통하여 데이터베이스 무결성을 제약하는 복잡한 규칙의 코딩과 변경 내역, 데이터를 복사할 수 있다.
- PL/SQL은 독립적인 플랫폼 수준을 제공한다.

● **PL/SQL에서 제공하는 명령문은**
- 모든 SQL문, 변수 및 상수 등의 선언문, 대입문, 조건 판단문, 제어 흐름문, 반복 처리문 등으로 블록을 작성한다.

● **PL/SQL로 작성하는 것**
- SQL*Plus 스크립트(Scripts)
- 프로시저(Procedure), 함수(Function) 서브프로그램
- 패키지(Package)
- 데이터베이스 트리거 (Database Trigger)
- 애플리케이션 로직(Application Logic) 등이다.

15장은 PL/SQL의 기본적인 블록의 구조와 변수, 데이터타입, 기본적인 명령문, 16장은 프로시저와 함수 서브프로그램, 패키지, 17장은 예외처리와 커서, 18장은 데이터베이스 트리거의 PL/SQL 고급 데이터베이스 프로그래밍을 다룬다.

# 15.2  PL/SQL의 기본 블록 구조

그림 15.2와 같이 PL/SQL의 프로그램 단위는 블록(Block)이다. 각 블록은 선언절, 실행절, 예외처리절로 구분하고, BEGIN은 필수절이며, DECLARE나 EXCEPTION은 선택절이다. 블록은 END 예약어로 끝나고, 블록의 마지막 라인에 /를 입력하여 실행한다.

```
선택 →   DECLARE                선언절
             선언문
             . . .
필수 →   BEGIN                  실행절
             실행문
             . . .
선택 →   EXCEPTION              예외처리절
             예외처리문
             . . .
필수 →   END;
             /
```

그림 15.2  PL/SQL의 기본 블록 구조

## 15.2.1  DECLARE

DECLARE는 선언절로 선택절이며, 블록에서 사용되는 변수와 상수, 프로시저와 함수 서브프로그램, 커서 등을 선언한다.

## 15.2.2  BEGIN

BEGIN은 실행절로 필수절이며, 블록에서 처리할 명령문들을 절차적으로 기술한다. 실행절에는 SQL문, 대입문, 반복 처리문, 조건 판단문, 제어 흐름문, 커서 처리문 등을 기술할 수 있다.

BEGIN의 필수절에는 처리에 필요한 명령문들을 절차적으로 기술한다. 절차적으로 기술된 순서에 의해 명령문이 실행될 때,

● 오류가 발생되지 않으면, 블록은 정상적으로 종료한다.

● 오류가 발생되면, 실행을 중단하고, EXCEPTION절로 이동한다.

   ☞ EXCEPTION절이 기술되어 있지 않으면, 발생한 오류 메시지를 출력하고, 강제로 종료된다.

   ☞ EXCEPTION절이 기술되어 있으면, 예외처리문을 실행하고, 정상적으로 종료한다. 만약, 오류에 관한 예외처리문이 없더라도 정상적으로 종료한다.

## 15.2.3  EXCEPTION

EXCEPTION은 예외처리절이며 선택절이다. BEGIN절에 기술된 명령문 실행시 오류가 발생하였을 때, 오류 처리에 관한 예외처리 명령문을 기술한다. 예외처리에 관한 내용은 16장에서 다룬다.

# 15.3  PL/SQL의 블록 작성 및 실행

## 15.3.1  PL/SQL 블록의 작성

● **PL/SQL 블록을 작성하기 위한 순서는 다음과 같다.**

   ① '무엇을 어떻게 처리할 것인가?'를 분석한다.

   ② DECLARE를 기술하고, 블록에서 필요한 변수나 상수, 서브프로그램, 커서 등을 문법에 맞추어 한 줄에 하나씩 기술한다.

   ③ BEGIN을 기술하고, 절차적인 실행 순서에 의하여 명령문을 기술한다.

   ④ EXCEPTION을 기술하고, 실행절에 기술된 명령문이 실행될 때 발생될 수 있는 오류에 대한 예외처리문을 기술한다.

   ⑤ 마지막으로 END;을 기술한다.

   ⑥ / 입력하여 실행한다.

   ⑦ PL/SQL 블록에서 한 문장이 종료할 때마다 세미콜론(;)을 기술한다.

SQL은 비절차적인 데이터베이스 언어로 '무엇을 할 것인가?'에 중점을 두고 분석하나, PL/SQL은 절차적인 데이터베이스 언어로 '어떻게 처리할 것인가?'에 중점을 두고 처리 순서를 결정해야 한다. PL/SQL 블록의 구조와 명령문 사용법을 충분히 숙지하는 것도 필요하다.

예제 15.01의 PL/SQL 블록은 'C1701' 학생이 성적을 취득한 과목들의 평균점수를 계산하여 출력하는 익명의 블록이다.

| 【예제 15.01】 | ▶ SG_Scores 테이블에서 학번이 'C1701'인 학생의 평균점수를 계산하여 출력하는 익명의 블록을 작성하시오. |
|---|---|

```
SQL> SET SERVEROUTPUT ON
SQL> DECLARE
  2      v_avg              NUMBER(3)        := 0;
  3      v_student_ID       VARCHAR2(5)      := 'C1701';
  4   BEGIN
  5      SELECT    AVG(SCORE)
  6        INTO    v_avg
  7        FROM    SG_Scores
  8        WHERE   Student_ID = v_student_ID;
  9        DBMS_OUTPUT.PUT_LINE (v_student_ID || '의 평균점수는 ['
 10             || v_avg || ']점 입니다.');
 11   END;
 12   /
C1701의 평균점수는 [92]점 입니다.

PL/SQL 처리가 정상적으로 완료되었습니다.

SQL>
```

※ SET SERVEROUTPUT ON은 DBMS_OUTPUT.PUT_LINE() 내장 프로시저의 결과 값을 화면에 출력시키기 위한 SQL*Plus 명령어이다.

● **블록 설명**
- 1라인 : DECLARE는 블록의 시작을 나타내고, 선언절을 기술하는 예약어
- 2~3라인 : 블록에서 사용할 평균 점수와 학번을 저장하기 위한 변수 선언
- 4라인 : BEGIN으로 실행절을 기술하는 예약어
- 5~8라인 : 데이터를 검색하는 PL/SQL의 SELECT문 (15.11.1에서 설명)
- 9~10라인 : 결과를 화면에 표시하는 DBMS_OUTPUT 내장 프로시저
- 11라인 : 블록의 종료를 기술하는 예약어

## 15.3.2  PL/SQL 블록의 실행

PL/SQL 블록의 실행 방법은 SQL*Plus, Oracle Developer/2000 개발 도구의 Procedure Builder 도구 등 다양하다.

### ● SQL*Plus 도구에서 블록 실행 방법

① SQL*Plus를 실행하여 오라클 데이터베이스에 접속한다.
② 편집기(editor)로 PL/SQL 블록을 입력한 후, *.sql 파일로 저장한다.

SQL*Plus 실행 화면에서【편집(E)】【편집기】【수정】메뉴를 차례로 누르면, 그림 15.3과 같이 메모장 편집기가 실행되는데, 이 화면에서 블록을 입력하거나 수정한 후,【파일(F)】【저장】과【파일】【종료】버튼을 누른다.

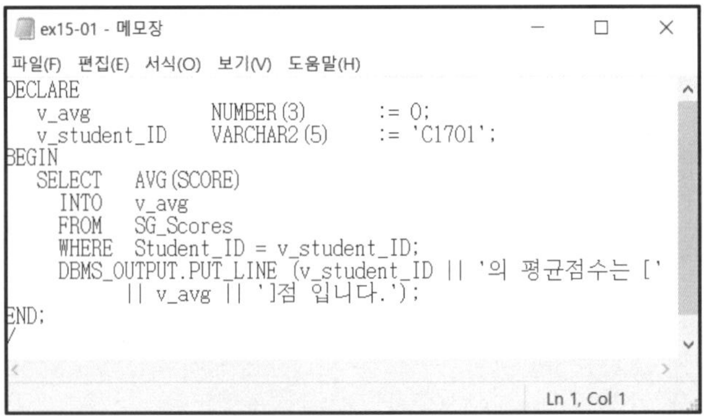

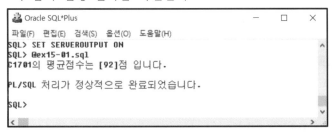

그림 15.3  SQL*Plus에서 호출한 메모장 편집화면

③ SQL*Plus의 @ 또는 start 명령어로 *.sql 파일을 실행하거나, 편집기에서 수정 편집한 블록의 내용을 / 또는 run 명령어로 실행한다.
④ 그림 15.4와 같이 실행 결과를 확인한다.

그림 15.4  ex15-01.sql 블록 실행

실행시 문법적인 오류가 발생하면, 편집기에서 수정한 후, 다시 실행한다. 텔넷 (Telnet) 등을 이용하여 SQL*Plus에서 블록을 실행하는 것도 SQL문의 실행과 동일한 방법으로 PL/SQL 블록을 입력하여 실행할 수 있다. 그림 15.5는 텔넷 접속 후 SQL*Plus를 이용하여 PL/SQL 블록을 실행한 예이다.

그림 15.5  텔넷에서 SQL*Plus를 이용한 블록 실행

● **Oracle Developer의 Procedure Builder를 이용하는 방법**

① Procedure Builder를 실행한다.

② 【Program】【PL/SQL Interpreter】메뉴를 선택하여 실행한다.

③ PL/SQL Interpreter 화면에 작성한 블록을 입력한다.

④ 마지막 END;이 입력되면 자동 실행된다.

⑤ 결과를 확인한다.

그림 15.6은 Oracle Developer 개발도구의 Procedure Builder 도구를 이용한 PL/SQL 블록의 실행 예를 보여주고 있다.

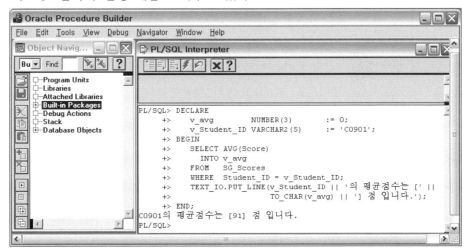

그림 15.6  Developer의 Procedure Builder 도구를 이용한 블록 실행

# 15.4  변수와 상수

PL/SQL 블록에서 사용하는 수(number)는 상수와 변수가 있다.

● 상수(constant number)는 프로그램이 실행하여 종료될 때까지 일정한 값을 가

지는 수이며, 상수에는 어떤 값을 대입하여 사용할 수 없다. 12, 87과 같은 숫자형 리터럴과 'Computer', '홍길동', 'T' 와 같은 문자형 리터럴이 있다.

● 변수(variable number)는 프로그램이 실행하여 종료될 때까지 변하는 수이며, 값을 저장할 때마다 변한다. i, Course_id 등과 같이 문자로 기술하여 지정한다.

## 15.4.1 PL/SQL의 데이터타입

PL/SQL 데이터타입은 SQL에서 사용 가능한 표 4.2 등의 모든 데이터타입과 표 15.1과 같이 BOOLEAN, BINARY_INTEGER, NATURAL, POSITIVE, %TYPE, %ROWTYPE 데이터타입이 제공된다.

| 데이터타입 | 설　　　명 |
|---|---|
| BOOLEAN | 논리적인 데이터(True, False, Unknown)를 저장할 때 사용 |
| BINARY_INTEGER | 부호가 있는 정수를 저장할 때 사용<br>데이터 범위는 -2147483647부터 2147483647까지 |
| • NATURAL | 정수 중에서 0부터 2147483647까지 저장할 때 사용 |
| • POSITIVE | 정수 중에서 1부터 2147483647까지 저장할 때 사용 |
| %TYPE | 기존 테이블의 한 칼럼에 정의된 데이터타입을 참고 |
| %ROWTYPE | 기존 테이블의 모든 칼럼에 정의된 데이터타입을 참고 |

표 15.1 PL/SQL에서 제공하는 추가적인 데이터타입

## 15.4.2 변수와 상수 선언

변수나 상수는 데이터타입과 크기를 지정하며, 초기 값을 지정할 수 있다.

| 문법 | 변수명               데이터타입(크기) [ := 초기값 ] ;<br>상수명　CONSTANT　데이터타입(크기)     := 상수값 ; |
|---|---|

● **변수나 상수를 선언할 때는**

- SQL 객체명과 동일한 규칙으로 정의한다.
- 변수와 상수는 반드시 데이터타입과 일치하는 값을 기술한다.
- 한 줄에 한 개의 변수나 상수를 정의한다.
- 초기 값이 Null이나 0인 경우 생략할 수 있다.

| **【예제 15.02】** | ▶ 변수와 상수의 선언 예 |
|---|---|

```
P_count           NUMBER(3)    := 0;      ☞ 변수 선언
k    CONSTANT      POSITIVE     := 100;    ☞ 상수 선언
```

## 15.4.3  테이블을 참고하여 변수 선언

%TYPE과 %ROWTYPE 데이터타입은 기존 테이블에 정의된 데이터타입과 크기를 참고하여 변수를 선언한다. %TYPE은 단일 칼럼을 참고하고, %ROWTYPE은 복수 칼럼을 참고한다. 이 변수 선언R은 테이블의 한 칼럼이나 행의 데이터를 임시로 저장하여 사용할 때 매우 유용하게 사용될 수 있다.

● **%TYPE 데이터타입**

%TYPE 데이터타입은 기존 테이블의 칼럼에 선언된 데이터타입과 크기를 참고하여 한 개의 변수를 선언한다. 이때 테이블 칼럼의 제약조건은 적용되지 않는다. %TYPE은 테이블의 칼럼에 대한 데이터타입이나 크기가 변경되더라도 수정할 필요가 없기 때문에 테이블 칼럼에 관련된 데이터를 저장하는 변수를 선언할 때 유용하다.

| **문법** | 변수명                    테이블명.칼럼명%TYPE ; |
|---|---|

그림 15.7은 SG_Scores 테이블의 구조를 출력한 예이다.

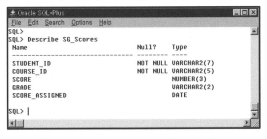

그림 15.7  SG_Scores 테이블의 구조

| **【예제 15.03】** | ▶ SG_Scores 테이블을 참고하여 C1701 학번과 평균점수를 저장하기 위한 변수를 %TYPE 형식을 이용하여 선언하시오. |
|---|---|

```
SQL> DECLARE
  2     v_student_ID   SG_Scores.Student_ID%TYPE := 'C1701';
  3     v_avg          SG_Scores.Score%TYPE       := 0;
  4     v_grade        SG_Scores.Grade%TYPE;
  5     v_cnt          NUMBER(2)                   := 0;
```

● **%ROWTYPE 데이터타입**

%ROWTYPE 데이터타입은 기존 테이블의 각 칼럼에 정의된 데이터타입과 크기
를 참고하여, 변수명에 테이블 칼럼 수와 동일한 복수 개의 변수가 선언되며, 각
기억 장소의 구분은 "변수명.칼럼명"으로 구분한다.

| 문법 | 변수명　　　　　　　　　　　테이블명%ROWTYPE ; |
|---|---|

그림 15.8과 같이 %ROWTYPE 데이터타입은 테이블 칼럼에 대한 데이터타입이
나 크기를 확인할 필요가 없고, 테이블의 구조가 변경되더라도 수정할 필요가 없
다. %ROWTYPE의 데이터타입은 SELECT문의 결과 행을 저장하는 변수를 지정
할 때 매우 유용하다.

테이블 구조

| 칼럼-1 | 칼럼-2 | 칼럼-3 | 칼럼-4 | 칼럼-5 |
|---|---|---|---|---|
| 데이터타입<br>(크기) | 데이터타입<br>(크기) | 데이터타입<br>(크기) | 데이터타입<br>(크기) | 데이터타입<br>(크기) |

%ROWTYPE 변수

| 칼럼-1 | 칼럼-2 | 칼럼-3 | 칼럼-4 | 칼럼-5 |
|---|---|---|---|---|
| 데이터타입<br>(크기) | 데이터타입<br>(크기) | 데이터타입<br>(크기) | 데이터타입<br>(크기) | 데이터타입<br>(크기) |

　　　　변수명.칼럼-1　　　　　　　　　　　　　　　변수명.칼럼-4

그림 15.8  테이블 구조를 이용한 %ROWTYPE 변수 선언

| 【예제 15.04】 | ▶ SG_Scores 테이블을 참고하여 C1701학번과 평균점수를 저장<br>하기 위한 변수를 %ROWTYPE을 이용하여 선언하시오. |
|---|---|

```
SQL> DECLARE
  2     v            SG_Scores%ROWTYPE;
  3     v_cnt        NUMBER(2)          := 0;
  4  BEGIN
  5     v.Student_ID                    := 'C1701';
  6     SELECT    Count(*), AVG(SCORE)
  7       INTO    v_cnt, v.Score
  8       FROM    SG_Scores
  9      WHERE    Student_ID = v.Student_ID;
 10     IF v.score >= 90
 11        THEN  v.grade := 'A';
 12        ELSIF v.Score >= 80
 13                THEN  v.grade := 'B';
 14                ELSIF v.Score >= 70
```

```
15                         THEN   v.grade := 'C';
16                         ELSIF v.Score >= 60
17                                THEN v.grade := 'D';
18                                ELSE v.grade := 'F';
19      END IF;
20      DBMS_OUTPUT.PUT_LINE (v.student_ID || '의 과목수는 [' ||
21                 v_cnt || ']이고 평균점수는 [' || v.Score ||
22                 ']점 [' || v.grade || '] 등급입니다.');
23  END;
24  /
C1701의 과목수는 [8]이고 평균점수는 [92]점 [A] 등급입니다.

PL/SQL 처리가 정상적으로 완료되었습니다.

SQL>
```

## 15.4.4  PL/SQL 테이블과 사용자 정의 레코드 선언

PL/SQL 테이블과 사용자 정의 레코드는 하나의 이름으로 복수 개의 변수를 선언하는 방법이다.

### ● PL/SQL 테이블 선언

PL/SQL 테이블은 데이터타입과 크기가 동일한 기억장소가 동적으로 복수 개 선언된다. 테이블 선언을 위한 데이터타입을 먼저 선언하고, 선언된 테이블타입을 참고하여 테이블을 선언한다.

| 문법 | TYPE   테이블타입명   IS TABLE OF<br>              데이터타입(크기)<br>INDEX BY BINARY_INTEGER;<br>테이블명              테이블타입명; |
|------|------|

PL/SQL 테이블명

| 테이블명(1) | 테이블명(2) | 테이블명(3) | . . . | 테이블명(N) |
|------|------|------|------|------|
| 데이터타입(크기) | 데이터타입(크기) | 데이터타입(크기) | | 데이터타입(크기) |

그림 15.9  PL/SQL 테이블의 변수

그림 15.9와 같이 PL/SQL 테이블 변수의 각 기억장소 구분은 "테이블명(첨자명)"을 사용한다. 첨자명은 정수로 된 첨자명이거나, 양의 정수로 된 첨자이어야 한다.

테이블의 크기는 처음부터 정해지지 않고, 사용할 때 동적으로 결정된다.

**【예제 15.05】** ▶ PL/SQL 테이블 선언 및 사용 예

```
DECLARE
    TYPE Table_type IS TABLE OF          ☞ 테이블타입 선언
        VARCHAR2(20)
    INDEX BY BINARY_INTEGER;
    v_Dept_Name    Table_type;            ☞ 테이블변수 선언

BEGIN
    ......
    v_Dept_Name(2)  := '컴퓨터공학과';
    ......
END;
```

● **사용자 정의 레코드 선언**

그림 15.10과 같이 사용자 정의 레코드는 데이터타입과 크기가 다른 기억장소가 복수 개 선언된다.

| 문법 | TYPE        레코드타입명        IS RECORD<br>( 필드명1  데이터타입(크기) [NOT NULL] [초기값],<br>  ···<br>  필드명n  데이터타입(크기) [NOT NULL] [초기값] ) ;<br>레코드명                          레코드타입명; |
|------|---|

사용자가 레코드타입을 먼저 선언하고, 이 레코드 타입을 이용하여 사용자 정의 레코드를 선언한다. 각 기억 장소의 구분은 "레코드명.필드명"으로 구분한다.

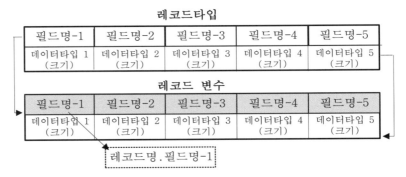

그림 15.10  레코드타입에 의한 레코드변수 선언

**【예제 15.06】 ▶ 사용자 정의 레코드 선언 및 사용 예**

```
DECLARE
    TYPE   Record_Type IS RECORD              ☞ 레코드타입 선언
            Dept_ID        Department.Dept_ID%type,
            Dept_Name      Department.Dept_Name%type;
        Dept_Rec                Record_Type;              ☞ 레코드변수 선언
        ......
BEGIN
    ......
    Dept_Rec.Dept_ID    := '컴공';
    Dept_Rec.Dept_Name := '컴퓨터공학과';
    ......
END;
```

# 15.5  조건 판단문

그림 15.11과 같이 조건 판단에 따라 처리하는 IF~THEN~ELSIF문이 있다. IF문의 조건 결과가 참이면 THEN 이하의 명령문을 처리하고, 거짓이면 ELSIF절을 실행한다. 조건이 모두 거짓이면 ELSE절을 실행한다. ELSIF절과 ELSE절은 선택절이다. ELSIF문은 최대 16개까지 반복하여 사용할 수 있다.

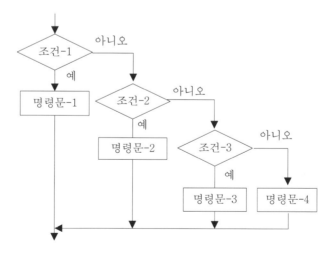

그림 15.11  조건에 따라 처리하는 경우

<table>
<tr><td>문법</td><td>

```
IF 조건1
   THEN  명령문1; … ; 명령문N;
[ ELSIF 조건2
[      THEN 명령문1; … ; 명령문N; ]
[      ELSIF 조건3
   …
[ ELSE  명령문1; … ; 명령문N; ]
END IF;
```

</td></tr>
</table>

**【예제 15.07】 ▶ IF ~ THEN ~ ELSIF문의 코딩 예**

```
IF v.Score >= 90
      THEN  v.Grade := 'A';
      ELSIF v.Score >= 80
            THEN  v.Grade := 'B';
            ELSIF v.Score >= 70
                  THEN  v.Grade := 'C';
                  ELSIF v.Score >= 60
                        THEN v.Grade := 'D';
      ELSE  v.Grade := 'F';
END IF;
```

# 15.6  반복문

## 15.6.1  LOOP문

LOOP문은 LOOP와 END LOOP내의 명령문들을 반복 처리하는 무한 루프문이다.

| 문법 | LOOP  명령문1;…; 명령문N;  END LOOP; |
|------|-------------------------------------|

LOOP~END LOOP문에는 무한루프에서 탈출하는 명령문이 반드시 포함되어야 한다.

● **EXIT문**

EXIT문은 무한루프로부터 탈출하는 명령문으로, 두 가지 종류가 있다.

| 문법 | ① EXIT;<br>② EXIT [레이블명] WHEN 조건; |
|------|----------------------------------------|

- EXIT문은 무한루프로부터 조건 없이 탈출한다.
- EXIT WHEN 조건은 조건이 참(True)일 때 탈출한다.

**【예제 15.08】** ▶ 1에서 10까지 반복하여 TEMP 테이블에 저장하시오.

```
SQL> CREATE TABLE Temp (
  2  Col1    NUMBER(3),
  3  Col2    DATE );

테이블이 생성되었습니다.

SQL> DECLARE
  2      Max_No  CONSTANT POSITIVE := 10;
  3      i                NATURAL   := 0;
  4  BEGIN
  5      LOOP
  6          i := i + 1;
  7          EXIT WHEN i > Max_No;
  8          INSERT INTO TEMP  VALUES (i, SYSDATE);
  9      END LOOP;
 10  END;
 11  /

PL/SQL 처리가 정상적으로 완료되었습니다.

SQL> SELECT * FROM Temp;

      COL1 COL2
---------- --------
         1 18/08/04
         2 18/08/04
         3 18/08/04
      ......
10 개의 행이 선택되었습니다.

SQL>
```

## 15.6.2  WHILE~LOOP문

WHILE~LOOP문은 조건이 참(True)일 때, LOOP~END LOOP내의 명령문들을 반복

처리한다. 조건이 거짓(False)이면 반복 처리는 종료된다. 따라서 반복 명령문내에 조건을 처리하는 명령문이 내포되어 있어야 한다.

| 문법 | WHILE 조건 LOOP<br>　　　명령문1;···; 명령문N;<br>END LOOP; |
| --- | --- |

**【예제 15.09】** ▶ 1에서 10까지 반복하여 TEMP 테이블에 저장하시오.

```
SQL> DECLARE
  2      Max_No  CONSTANT POSITIVE := 10;
  3      I                NATURAL   := 0;
  4  BEGIN
  5      WHILE I < MAX_No LOOP
  6          I := I + 1;
  7          INSERT INTO TEMP VALUES (I, SYSDATE);
  8      END LOOP;
  9  END;
 10  /

PL/SQL 처리가 정상적으로 완료되었습니다.

SQL>
```

## 15.6.3  FOR~LOOP문

FOR~LOOP문은 첨자변수가 초기 값부터 1씩 증가하여 최종 값이 될 때까지 LOOP ~ END LOOP 내의 명령문들을 반복 처리한다. REVERSE는 1씩 감소한다.

| 문법 | FOR 첨자변수 IN [REVERSE] 초기값..최종값 LOOP<br>　　　명령문1;···; 명령문N;<br>END LOOP; |
| --- | --- |

**【예제 15.10】** ▶ 1에서 10까지 반복하여 TEMP 테이블에 저장하시오.

```
SQL> DECLARE
  2      Max_No  CONSTANT POSITIVE := 10;
  3      i                NATURAL   := 0;
```

```
4   BEGIN
5     FOR i IN 1..MAX_NO LOOP
6         INSERT INTO TEMP  VALUES (i, SYSDATE);
7     END LOOP;
8   END;
9   /

PL/SQL 처리가 정상적으로 완료되었습니다.

SQL>
```

## 15.7   NULL문

NULL문은 어떤 처리도 하지 않으며, IF문 등에서 문법 형식을 갖출 때 유용하다.

| 문법 | NULL; |
|------|-------|

| 【예제 15.11】 | ▶ 변수 a가 0보다 크지 않으면 i 값을 1 증가시키시오. |
|---------------|---------------------------------------------------|

```
· IF a > 0 THEN   NULL;
            ELSE   i = i + 1;
   END IF;
```

## 15.8   대입문

expr에 값을 저장하기 위해 대입문의 := 기호를 사용한다. expr1은 변수나 칼럼명이 기술되고, expr2는 변수나 칼럼명이나 리터럴이 기술된다.

| 문법 | expr1  :=  expr2 |
|------|------------------|

## 15.9   제어문

GOTO문은 레이블명으로 이동한다. 이동할 위치는 <<레이블명>>으로 지정한다.

| 문법 | GOTO   레이블명; |
|------|------------------|

| 【예제 15.12】 | ▶ GOTO문을 이용한 제어문 사용 예 |

```
        ......
        GOTO label_1;
        ......
<<label_1>>
        ......
```

# 15.10  주석문

PL/SQL 블록에 처리되는 내용을 설명하기 위해 주석을 기술한다. 주석은 실행과는
무관하며, 주석을 기술하는 방법이 두 가지가 있다.
● -- 문자열
이것은 주로 단일 줄에 주석을 달 때 사용한다. 문자열은 설명할 내용이다.
● /* 문자열 */
이것은 주로 여러 줄로 주석을 달 때 사용한다. 문자열은 설명할 내용이다.


# 15.11  실행절의 SQL문

실행절에 SQL문을 동일하게 사용할 수 있다. 그러나 SQL문과 PL/SQL 블록에서
SELECT문은 형식이 다르다. SQL에서 SELECT문은 FROM절의 테이블로부터 해당
되는 행들을 검색하여 화면에 출력한다. 검색된 행의 수가 0행이거나 복수 행이거나
정상적으로 실행된다. 그러나 PL/SQL 블록 내의 SELECT문은 다르다.


## 15.11.1  PL/SQL에서의 SELECT문

PL/SQL에서 SELECT문은 단지 검색된 행의 수가 한 행이 되어야 하고, 검색한 값을
INTO절의 변수에 저장한다. 검색된 행의 수가 0행(NO_DATA_FOUND)이거나 복수 행
(TOO_MANY_ROWS)일 때 오류가 발생된다. 또한 ORDER BY절은 사용하지 않는다.

● **SQL과 PL/SQL에서 SELECT문의 차이점**
　　① SELECT 구문이 다르다. PL/SQL의 SELECT문은 INTO절이 있고, ORDER
　　　BY절을 사용하지 않는다.

② 결과 행이 다르다. PL/SQL의 SELECT문 결과 행은 1행이 되어야 하고, 0행
이나 다수 행이 되면 예외가 발생한다.

③ 결과를 출력할 때, SQL에서는 화면에 표시되나, PL/SQL 블록에서는 INTO절
에 기술된 변수에 기억된다.

| 문법 | SELECT 칼럼명1, 칼럼명2, 리터럴, 함수, 수식, ···<br>  INTO 변수명1, ···<br>FROM 테이블명1, 테이블명2, 뷰명1, ···<br>WHERE 검색조건1 ···<br>GROUP BY 칼럼명1, 칼럼명2, ···<br>HAVING 검색조건2; |
| --- | --- |

**【예제 15.13】** ▶ SG_Scores 테이블을 참고하여 'C1701'학번의 과목수, 평균 점수를 계산하여 출력하시오.

```
SQL> DECLARE
  2     v_avg         NUMBER(3)      := 0;          -- 평균점수 저장
  3     v_cnt         NUMBER(2)      := 0;          /* 과목수 저장 */
  4     v_student_ID VARCHAR2(5)     := 'C1701';   /* 검색할 학번 */
  5   BEGIN
  6     -- 학번의 데이터를 검색하여 과목수와 평균점수 계산
  7     SELECT    COUNT(Course_Id), AVG(Score)
  8       INTO    v_cnt, v_avg
  9       FROM    SG_Scores
 10      WHERE    Student_ID = v_student_ID;
 11     -- 화면에 표시
 12     DBMS_OUTPUT.PUT_LINE (v_student_ID || '의 [' || v_cnt ||
 13        ']과목에 대한 평균점수는 [' || v_avg || ']점 입니다.');
 14   END;
 15   /
C1701의 [8]과목에 대한 평균점수는 [92]점 입니다.

PL/SQL 처리가 정상적으로 완료되었습니다.

SQL>
```

## 15.11.2 PL/SQL에서 화면에 출력하기

SQL에서는 검색 결과를 화면에 표시한다. PL/SQL에서는 실행 결과나 데이터를 화

면상에 표시하는 명령문이 없다. 키보드에서 데이터를 입력하고, 블록에서 화면에
표시할 때는 DBMS_OUTPUT 내장 프로시저를 사용한다.

● **DBMS_OUTPUT 프로시저 사용하기 위한 SQL*Plus 명령어**

| 문법 | SET SERVEROUTPUT ON |
|------|---------------------|

이 설정은 OFF로 설정하거나 SQL*Plus를 종료할 때까지 유효하다.

● **DBMS_OUTPUT 프로시저의 활성화와 비활성화**

| 문법 | DBMS_OUTPUT.ENABLE;<br>DBMS_OUTPUT.DISABLE; |
|------|---------------------------------------------|

※ ENABLE은 활성화되고, DISABLE은 비활성화 된다.

● **문자열을 화면에 출력하는 DBMS_OUTPUT.PUT_LINE**

| 문법 | DBMS_OUTPUT.PUT_LINE('출력할 내용') |
|------|--------------------------------------|

※ '출력할 내용'은 리터럴, 변수명, 칼럼명 등이 기술될 수 있다.

| 【예제 15.14】 | ▶ 'HELLO WORLD' 문자열을 DBMS_OUTPUT 프로시저를 비활성화하여 출력하고, 활성화한 후 출력하시오. |
|---------------|-------------------------------------------------------------------------------------------------|

```
SQL> BEGIN
  2      DBMS_OUTPUT.DISABLE;
  3      DBMS_OUTPUT.PUT_LINE('HELLO WORLD.');
  4      DBMS_OUTPUT.ENABLE;
  5      DBMS_OUTPUT.PUT_LINE('2. HELLO WORLD.');
  6  END;
  7  /
2. HELLO WORLD.

PL/SQL 처리가 정상적으로 완료되었습니다.

SQL>
```

# Chapter 16

# PL/SQL 서브프로그래밍

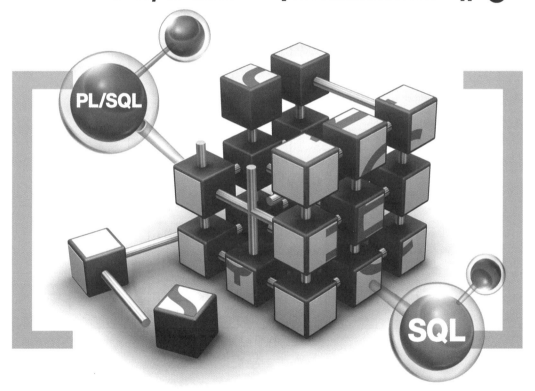

# 16.1  서브프로그램

서브프로그램(Subprogram)이란 프로그램 내의 다른 루틴(routine)들을 위해서 특정한 기능을 수행하는 부분적 프로그램을 말한다. 서브프로그램은 그림 16.1과 같이 한 프로그램에서 동일한 처리가 반복되거나, 그림 16.2와 같이 여러 프로그램에서 공통으로 처리되는 내용으로 작성하고, 필요한 위치나 블록에서 서브프로그램을 호출한다.

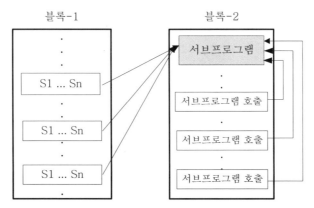

그림 16.1  블록 내의 서브프로그램 작성과 호출

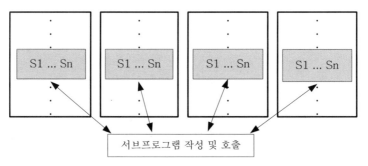

그림 16.2  독립된 서브프로그램 작성 및 호출

서브프로그램은 메인 블록에서 반복되거나, 여러 블록에서 공통으로 처리되는 명령문을 추출하여 별개의 서브프로그램으로 작성하여 사용하면, 프로그램 해독이 쉽고, 블록에서 호출이 가능하기 때문에 효율성, 재사용성, 유지 보수성, 호환성 측면에서 장점이 많다.

예제 16.01에 실행한 블록을 살펴보면, 6부터 12라인까지는 환자번호가 'YN0001'과 섭씨체온이 40.0℃를 화씨온도(℉)로 변환하여 Patient 테이블에 저장한다. 13부터 19라인까지는 환자의 데이터만 다르고 처리내용은 동일하다.

| 칼럼명 | 영문명 | 데이터형 | 크기 | NN |
|--------|--------|----------|------|-----|
| 환자번호 | Patient_ID | 문자형 | 6 | NN |
| 환자체온(℃) | Body_Temp_Deg_C | 숫자형 | 4.1 | |
| 환자체온(℉) | Body_Temp_Deg_F | 숫자형 | 4.1 | |
| 보험가입유무 | INSURANCE | 문자형 | 1 | |

표 16.1 Patient 테이블의 논리적 스키마

【예제 16.01】 ▶ 표 16.1을 참고하여 Patient 테이블을 생성하시오.

```
SQL> CREATE TABLE Patient (
  2  Patient_ID        VARCHAR2(6)  NOT NULL,
  3  Body_Temp_Deg_C   NUMBER(4,1),
  4  Body_Temp_Deg_F   NUMBER(4,1),
  5  INSURANCE         VARCHAR2(1)  );

테이블이 생성되었습니다.

SQL>
```

【예제 16.02】 ▶ Patient 테이블에 환자번호, 환자의 체온(섭씨), 환자의 체온을 화씨로 계산하여 저장하는 블록의 작성하여 실행하시오.

```
SQL> DECLARE
  2     v_Patient_ID     Patient.Patient_ID%type;
  3     v_Temp_Deg_F     NUMBER(4,1) := 0;
  4     v_Temp_Deg_C     NUMBER(4,1) := 0;
  5  BEGIN
  6     v_Patient_ID    := 'YN0001';
  7     v_Temp_Deg_C    := 40.0;
  8     v_Temp_Deg_F    := (9.0 / 5.0) * v_Temp_Deg_C + 32.0;
  9     INSERT INTO Patient
 10       (Patient_ID, Body_Temp_Deg_C, Body_Temp_Deg_F)
 11       VALUES
 12       (v_Patient_Id, v_Temp_Deg_C, v_Temp_Deg_F);
 13     v_Patient_ID    := 'YN0002';
 14     v_Temp_Deg_C    := 41.0;
 15     v_Temp_Deg_F    := (9.0 / 5.0) * v_Temp_Deg_C + 32.0;
 16     INSERT INTO Patient
 17       (Patient_ID, Body_Temp_Deg_C, Body_Temp_Deg_F)
```

```
18      VALUES
19      (v_Patient_ID, v_Temp_Deg_C, v_Temp_Deg_F);
20   END;
21   /
PL/SQL 처리가 정상적으로 완료되었습니다.

SQL> ROLLBACK;

롤백이 완료되었습니다.
SQL>
```

# 16.2   서브프로그램 작성

PL/SQL은 프로시저(Procedure)와 함수(Function)라는 두 종류의 서브프로그램을 지원한다. 익명의 블록에 작성되는 서브프로그램은 선언절에 기술되고, 실행절에서 호출한다. 서브프로그램은 실행할 때마다 컴파일(compile)되기 때문에 실행 속도가 느리고, 다른 블록에서 호출할 수 없는 단점을 가지고 있다.

| 문법 | DECLARE<br>　　[ 서브프로그램 선언 ]<br>BEGIN<br>　　　:<br>　　[ 서브프로그램 호출 ]<br>　　　:<br>END;<br>　/ |
|---|---|

## 16.2.1   프로시저 생성 구문

PL/SQL 블록 내에 선언되는 프로시저 서브프로그램의 작성 구문은 다음과 같다.

| 문법 | PROCEDURE 프로시저명 ([형식인자1, …]) IS<br>　　[ 지역변수선언; …]<br>BEGIN<br>　　처리 명령문1;…; 처리 명령문N;<br>[ EXCEPTION ]　　[ 예외처리문; … ]<br>　END [프로시저명];<br>　/ |
|---|---|

※ 기술 방법
- 프로시저명 : 생성하려는 프로시저명.
- 형식인자 : 값을 주고받는 인자로, 다음과 같은 형식으로 선언한다.

> 형식인자명 [ IN | OUT | IN OUT ] 데이터타입 [ { := | DEFAULT } 값]

     ☞ IN : 호출되는 서브프로그램에 값이 전달되는 것을 지정하고, 생략 가능. 기본값을 지정할 경우 리터럴, 변수, 식 등이 올 수 있다.

     ☞ OUT : 프로시저가 호출 프로그램에게 값을 반환하는 것을 지정. 기본값을 지정할 경우 변수만 올 수 있다.

     ☞ IN OUT : 호출되는 서브프로그램에 값을 전달하고, 실행 후 호출 프로그램에게 값을 반환하는 것을 지정한다.

     ☞ 데이터타입 : 형식인자에 대한 데이터타입을 기술한다.

     ☞ := 또는 Default : 형식인자에 대한 기본값을 지정하는 예약어

- 지역변수 선언 : 프로시저 서브프로그램에서 필요한 변수나 상수, 다른 프로시저와 함수 등을 기술한다.
- 처리명령문 : 프로시저 서브프로그램에서 실행할 명령문을 기술한다.
- 예외처리문 : 예외처리에 관한 명령문을 기술한다.

## 16.2.2 프로시저 호출 방법

선언절에 기술된 프로시저 서브프로그램을 실행절에서 다음과 같이 호출한다.

| 호출방법 | 프로시저명 (실인자1, 실인자2, ⋯); |
|---|---|

※ 기술 방법
- 실인자 : 호출하는 프로시저 서브프로그램에게 전달할 값. 실인자는 리터럴, 칼럼명, 변수명 등으로 기술한다.

### ● 실인자와 형식인자와의 관계
① 실인자와 형식인자의 수가 같아야 한다.
② 실인자와 형식인자의 데이터타입이 같아야 한다.
③ 주고받는 값은 실인자와 형식인자의 기술된 순서로 결정된다.

| 【예제 16.03】 | ▶ 예제 16.02의 블록을 프로시저 서브프로그램으로 변환하여 작성하고 실행하시오. |
|---|---|

```
SQL> DECLARE
  2     v_Patient_ID      Patient.Patient_ID%type;
  3     v_Temp_Deg_C      NUMBER(4,1) := 0;
  3     v_Temp_Deg_C      NUMBER(4,1) := 0;
  4     -- 프로시저 서브프로그램 --
  5     PROCEDURE Body_Temp_Change_F (f_Patient_ID VARCHAR2,
  6                                      f_Temp_Deg_C NUMBER ) IS
  7       f_Temp_Deg_F   NUMBER(4,1) := 0;
  8     BEGIN
  9       f_Temp_Deg_F := (9.0 / 5.0) * f_Temp_Deg_C + 32.0;
 10       INSERT INTO Patient
 11         (Patient_ID, Body_Temp_Deg_C, Body_Temp_Deg_F)
 12       VALUES
 13         (f_Patient_ID, f_Temp_Deg_C, f_Temp_Deg_F);
 14       COMMIT;
 15     END;
 16   -- 메인 블록 --
 17   BEGIN
 18     v_Patient_ID    := 'YN0001';
 19     v_Temp_Deg_C    := 40.0;
 20     Body_Temp_Change_F (v_Patient_ID, v_Temp_Deg_C);
 21     v_Patient_ID    := 'YN0002';
 22     v_Temp_Deg_C    := 41.0;
 23     Body_Temp_Change_F (v_Patient_ID, v_Temp_Deg_C);
 24   END;
 25   /

PL/SQL 처리가 정상적으로 완료되었습니다.

SQL> SELECT * FROM Patient;

PATIENT_ID   BODY_TEMP_DEG_C BODY_TEMP_DEG_F IN
------------ --------------- --------------- --
YN0001                    40             104
YN0002                    41           105.8

SQL>
```

## 16.2.3 함수 생성 구문

블록 내에 선언되는 함수 서브프로그램의 작성 구문은 다음과 같다.

| 문법 | FUNCTION 함수명 (형식인자1, ⋯ )<br> RETURN 데이터타입 IS<br> [ 지역변수선언 ; ]<br>BEGIN<br> 처리 명령문1;⋯; 처리 명령문N;<br> RETURN 변수명;<br>[ EXCEPTION ]<br> [ 예외처리문 ]<br>END [함수명];<br> / |
|---|---|

※ 기술 방법
- 함수명 : 생성하려는 함수명을 기술한다.
- 형식인자 : 값을 주고받는 인자로, 프로시저와 동일한 형식으로 선언한다.
- RETURN 데이터타입 : 반환되는 값의 데이터타입을 기술한다.
- 지역변수 선언 : 함수 서브프로그램에서 필요한 변수나 상수 등을 기술한다.
- 처리명령문 : 함수 서브프로그램에서 실행할 명령문을 기술한다.

## 16.2.4 함수 호출 방법

함수 서브프로그램은 SQL 내장함수와 동일한 방법으로 호출한다.

| 호출방법 | 변수명 := 함수명 (실인자1, 실인자2, ⋯); |
|---|---|

※ 기술 방법
- 함수명 : 호출하려는 함수명을 기술한다.
- 실인자 : 호출하려는 함수 서브프로그램에게 전달할 값을 기술한다.
- 변수명 : 실행한 함수의 결과 값을 저장할 변수명을 기술한다.

| 【예제 16.04】 | ▶ 화씨온도(℉)를 섭씨온도(℃)로 변환하는 함수 서브프로그램<br>을 작성하고, 화씨온도 100.2℉를 변환하시오. |
|---|---|

```
SQL> DECLARE
  2    v_Deg_C        NUMBER(4,1) := 0;
  3    v_Deg_F        NUMBER(4,1) := 100.2;
```

```
 4     -- 함수 서브프로그램 --
 5     FUNCTION Temp_Change_C ( f_Temp_Deg_F Number )
 6       RETURN  NUMBER  IS
 7       f_Deg_C     NUMBER(4,1) := 0;
 8     BEGIN
 9       f_Deg_C     := (5.0 / 9.0) * ( f_Temp_Deg_F - 32.0 );
10       RETURN f_Deg_C;
11     END;
12   -- 메인 블록 --
13   BEGIN
14     v_Deg_c      := Temp_Change_C (v_Deg_F);
15     DBMS_OUTPUT.PUT_LINE('[ ' || v_Deg_F || ' ] 화씨온도는' ||
16                 ' 섭씨온도로 [ ' || v_Deg_c || ' ]도 입니다.');
17   END;
18   /
[ 100.2 ] 화씨온도는 섭씨온도로 [ 37.9 ]도입니다.

PL/SQL 처리가 정상적으로 완료되었습니다.

SQL>
```

## 16.2.5  프로시저와 함수 서브프로그램의 차이점

프로시저 서브프로그램과 함수 서브프로그램의 차이점은

● 프로시저는 형식인자로 데이터를 전달받을 수도 있고, 받지 않을 수도 있다. 실행 후 프로시저는 호출한 프로그램에게 값을 반환하거나 반환하지 않는다.

● 함수는 형식인자로 데이터를 전달받을 수도 있고, 받지 않을 수도 있다. 그러나 실행 후 반드시 하나의 값을 반환한다.

● 기술 방법과 호출 방법이 다르다.

블록의 DECLARE에 선언되는 프로시저, 함수 서브프로그램들은 블록 내에서만 호출이 가능하며, 실행할 때마다 컴파일을 해야 되므로 실행 속도도 느리고, 서버에 부하를 주게 된다. 동일한 서브프로그램들이 여러 블록에서 기술되어 사용될 수도 있기 때문에 수정할 경우에 블록들을 찾아내어 서브프로그램을 수정해야 하기 때문에 유지보수하기도 어렵다. 따라서 한 번만 컴파일하면 되고, 어떤 블록에서도 호출이 가능한 저장된 프로시저(Stored Procedure) 서브프로그램이나 저장된 함수(Stored Function) 서브프로그램을 작성하여 사용한다. 저장된 서브프로그램은 효율성, 재사용성, 유지보수성, 호환성 측면에서 훨씬 좋은 장점을 지닌다.

# 16.3  저장된 서브프로그램 작성

블록에 선언하지 않고, 별도로 저장된 프로시저(Stored Procedure) 서브프로그램이
나 저장된 함수(Stored Function) 서브프로그램을 작성하여 오라클 데이터베이스에
내장되는 PL/SQL 블록을 작성하면 블록의 단순화, 효율성, 재사용성, 유지보수
성 등의 장점이 있다.

## 16.3.1  저장된 프로시저 생성

저장된 프로시저(Stored Procedure)란 오라클 데이터베이스에 저장되는 PL/SQL 서
브프로그램을 말한다. 블록에 선언되어 사용되는 프로시저 서브프로그램과 유사하나
별도로 생성되고, "CREATE [OR REPLACE] PROCEDURE문"으로 작성한다.

| 문법 | CREATE [OR REPLACE] PROCEDURE 프로시저명 (형식인자1, … ) IS<br>　[ 지역변수선언; ]<br>BEGIN<br>　　처리 명령문1; …; 처리 명령문N;<br>[ EXCEPTION ]<br>　[ 예외처리문; ]<br>END [프로시저명];<br>　/ |
|---|---|

※ 블록에 선언되는 프로시저 서브프로그램에 "CREATE [OR REPLACE]" 예약어를 추
　가한다.

처음 생성할 경우에는 CREATE PROCEDURE문으로 작성할 수 있으나, 생성된 프
로시저를 수정하여 다시 컴파일 할 경우에는 CREATE PROCEDURE문은 오류가 발
생하여 삭제한 후 생성해야 한다. 따라서 CREATE OR REPLACE PROCEDURE문
을 사용하는 것이 좋은 습관이다.

| 【예제 16.05】 | ▶ 예제 16.03의 4부터 15라인의 프로시저를 저장된 프로시저<br>(Stored Procedure)로 서브프로그램으로 생성하시오. |
|---|---|

```
SQL> CREATE OR REPLACE PROCEDURE Body_Temp_Change_F
  2          (f_Patient_ID VARCHAR2, f_Temp_Deg_C Number) IS
  3      f_Temp_Deg_F        NUMBER(4,1) := 0;
  4  BEGIN
```

```
5        f_Temp_Deg_F := (9.0 / 5.0) * f_Temp_Deg_C + 32.0;
6        INSERT INTO Patient
7          (Patient_Id, Body_Temp_Deg_c, Body_Temp_Deg_F)
8          VALUES
9          (f_Patient_Id, f_temp_Deg_C, f_Temp_Deg_F);
10       COMMIT;
11   END;
12   /

프로시저가 생성되었습니다.

SQL>
```

● **저장된 프로시저 서브프로그램 호출**

저장된 프로시저 서브프로그램의 호출은 SQL*Plus의 EXECUTE 명령어로 호출할 수 있다. 실인자란 서브프로그램에 데이터를 전달할 상수, 변수, 수식 등을 말한다.

| 호출방법 | EXECUTE 프로시저명 (실인자1, 실인자2, …) |
|---|---|

메인 블록 또는 호출 프로그램에서 저장된 프로시저 서브프로그램을 호출하는 방법은 블록 내에서 프로시저를 호출하는 방법과 동일하다.

| 【예제 16.06】 | ▶ 환자번호가 'YN0005', 환자 체온이 43℉일 때, 예제 16.04에서 생성한 저장된 프로시저를 이용하여 Patient 테이블에 섭씨온도로 변환하여 확인하시오. |
|---|---|

```
SQL> EXECUTE Body_Temp_Change_F('YN0005', 43.0)

PL/SQL 처리가 정상적으로 완료되었습니다.

SQL> SELECT *
  2  FROM   Patient
  3  WHERE  Patient_ID = 'YN0005';

PATIENT_ID   BODY_TEMP_DEG_C  BODY_TEMP_DEG_F  IN
------------ ---------------- ---------------- --
YN0005                    43           109.4

SQL>
```

● **저장된 프로시저 서브프로그램 삭제**

DROP PROCEDURE문으로 저장된 프로시저를 삭제할 수 있다.

| 호출방법 | DROP PROCEDURE 프로시저명 |
|---|---|

**【예제 16.07】** ▶ 예제 16.04에서 생성한 저장된 프로시저를 삭제하시오.

```
SQL> DROP PROCEDURE Body_Temp_Change_F;

프로시저가 삭제되었습니다.

SQL>
```

## 16.3.2 저장된 함수 생성

저장된 함수(Stored Function) 서브프로그램이란 저장된 프로시저 서브프로그램과 같이 오라클 데이터베이스에 함수로 저장되는 PL/SQL 서브프로그램이다.

| 문법 | CREATE [OR REPLACE] FUNCTION 함수명 (형식인자, …)<br>　　RETURN 데이터타입 IS<br>　　　[ 지역변수선언; ]<br>BEGIN<br>　　　처리 명령문1; …; 처리 명령문N;<br>　　　RETURN 변수명;<br>[ EXCEPTION ]<br>　　　[예외처리문; ]<br>END　[함수명] ;<br>/ |
|---|---|

※ 블록에 선언되는 함수에 "CREATE [OR REPLACE]" 예약어를 추가한다.

**【예제 16.08】** ▶ 예제 16.05에서 블록 내에 작성된 화씨 온도(℉)를 섭씨 온도(℃)로 변환하는 함수를 저장된 함수(Stored Function) 서브프로그램으로 작성하시오.

```
SQL> CREATE OR REPLACE FUNCTION Temp_Change_C (f_Temp_Deg_F Number)
  2      RETURN NUMBER IS
  3      f_Deg_C          NUMBER(4,1) := 0;
```

```
4   BEGIN
5       f_Deg_C := (5.0 / 9.0) * ( f_Temp_Deg_F - 32.0 );
6       RETURN f_Deg_C;
7   END;
8   /
```

함수가 생성되었습니다.

SQL>

## ● 저장된 함수 서브프로그램 호출 방법

저장된 함수의 호출 방법은 SQL 함수와 동일하다.

| 호출방법 | 함수명(실인자1, 실인자2, …); |
|---|---|

| 【예제 16.09】 | ▶ Patient 테이블의 환자 체온 화씨(Body_Temp_Deg_F)를 섭씨로 변환하여 출력하시오. |
|---|---|

```
SQL> SELECT Patient_ID, Body_Temp_Deg_F "환자체온(F)",
  2          Temp_Change_C(Body_Temp_Deg_F) "환자체온(C)"
  3   FROM    Patient
  4   ORDER   BY 1;

PATIENT_ID   환자체온(F) 환자체온(C)
------------ ----------- -----------
YN0001             104          40
YN0002           105.8          41
YN0005           109.4          43

SQL>
```

## ● 저장된 함수 서브프로그램 삭제

DROP FUNCTION문으로 저장된 함수 서브프로그램을 삭제할 수 있다.

| 호출방법 | DROP FUNCTION 함수명; |
|---|---|

※ 함수명 : 삭제할 저장된 함수명을 기술한다.

| 【예제 16.10】 | ▶ Temp_Change_C의 저장된 함수를 삭제하시오. |
|---|---|

```
SQL> DROP FUNCTION Temp_Change_C;

함수가 삭제되었습니다.

SQL>
```

# 16.4   패키지

패키지(Package)란 오라클 데이터베이스에 저장된 애플리케이션 관련 PL/SQL 프로시저와 함수의 집합체이다. PL/SQL 패키지는 Ada 프로그래밍 언어처럼 패키지 명세(Package Specification)와 패키지 본문(Package Body)으로 구성되어 있다. 또한 패키지 본문에는 타입, 변수, 커서 등이 포함될 수 있다.

● **패키지를 사용하는 이유?**
  - 응용 프로그램을 보다 효율적인 모듈 단위로 구성할 수 있다.
  - 권한을 효율적으로 허가할 수 있다.
  - 패키지의 public 변수와 커서는 세션이 열려 있는 동안 지속되어 이 환경에서 실행되는 모든 커서와 프로시저의 공유가 가능하다.
  - 프로시저와 함수의 오버로드(overload)를 줄일 수 있다.
  - 여러 개의 객체를 한 번에 메모리에 로드하기 때문에 성능이 향상된다.
  - 저장된 프로시저와 함수를 갖고 있는 라이브러리를 사용하여 코드 재사용을 향상시키고, 불필요한 코딩량을 줄일 수 있다.

## 16.4.1   패키지 명세

패키지 명세(Package Specification)란 패키지명과 프로시저 선언절, 함수의 선언절, 데이터타입을 public으로 선언하는 부분이다. 반드시 패키지 본문 전에 생성해야만 한다.

| 문법 | CREATE [OR REPLACE] PACKAGE 패키지명 IS<br>　[ 프로시저 선언절; ]<br>　[ 함수 선언절; ]<br>　　:<br>END [패키지명];<br>　/ |
| --- | --- |

※ 기술 방법
- 패키지명 : 작성할 패키지명을 기술한다.
- 프로시저 선언절 : 패키지 본문에 나타나는 프로시저 선언절을 기술한다.
- 함수 선언절 : 패키지 본문에 나타나는 함수 선언절을 기술한다.

| 【예제 16.11】 | ▶ 예제 16.05의 저장된 프로시저와 예제 16.08 저장된 함수를 포함하는 패키지 명세를 생성하시오. |

```
SQL> CREATE OR REPLACE PACKAGE Example IS
  2     PROCEDURE Body_temp_Change_F
  3     (f_Patient_ID IN VARCHAR2, f_Temp_Deg_C IN Number);
  4     FUNCTION Temp_Change_C (f_Temp_Deg_F IN Number)
  5      RETURN Number;
  6  End;
  7  /

패키지가 생성되었습니다.

SQL>
```

## 16.4.2 패키지 본문

패키지 본문(Package Body)은 패키지 명세에서 선언한 Public 객체의 본문과 타입, 상수, 변수, 커서 등을 정의한다.

| 문법 | CREATE [OR REPLACE] PACKAGE BODY 패키지명 IS<br>[ 타입 선언; ]<br>[ 상수, 변수 선언; ]<br>[ 커서 선언; ]<br>[ 프로시저 본문; ]<br>[ 함수 본문; ]<br>　　:<br>END [패키지명];<br>／ |

※ 기술 방법
- 패키지명 : 작성할 패키지 본문의 패키지명을 기술한다.
- 타입 선언 : 패키지에 포함할 데이터타입을 기술한다.
- 상수, 변수 선언 : 패키지에 포함할 상수, 변수를 기술한다.

- 커서 선언 : 패키지에 포함할 커서를 기술한다.
- 프로시저 본문 : 프로시저 서브프로그램을 기술한다.
- 함수 본문 : 함수 서브프로그램을 기술한다.

| 【예제 16.12】 | ▶ 예제 15.02의 상수와 변수, 예제 15.06의 사용자 정의 레코드 타입, 예제 16.04의 저장된 프로시저와 예제 16.07 저장된 함수를 포함하는 패키지 본문을 생성하시오. |
|---|---|

```
SQL> CREATE OR REPLACE PACKAGE BODY Example IS
  2      p_Count           NUMBER(3)        := 0;
  3      Zip_Code          VARCHAR2(9);
  4      I                 BINARY_INTEGER   := 0;
  5      K   CONSTANT      POSITIVE         := 100;
  6      TYPE Record_Type IS RECORD
  7        (v_Dept_ID      Department.Dept_ID%Type,
  8         v_Dept_Name    Department.Dept_Name%Type);
  9      PROCEDURE Body_Temp_Change_F
 10        (f_Patient_ID VARCHAR2,     f_Temp_Deg_C Number) IS
 11         f_Temp_Deg_F NUMBER(4,1) := 0;
 12      BEGIN
 13         f_Temp_Deg_F := (9.0 / 5.0) * f_Temp_Deg_C + 32.0;
 14         INSERT INTO Patient
 15           (Patient_Id, Body_Temp_Deg_C, Body_Temp_Deg_F)
 16           VALUES
 17           (f_Patient_ID, f_Temp_Deg_C, f_Temp_Deg_F);
 18          COMMIT;
 19      END;
 20      FUNCTION Temp_Change_C (f_Temp_Deg_F Number)
 21         RETURN      NUMBER  IS
 22         f_Deg_C     NUMBER(4,1) := 0;
 23      BEGIN
 24         f_Deg_C     := (5.0 / 9.0) * ( f_Temp_Deg_F - 32.0 );
 25         RETURN      f_Deg_C;
 26      END;
 27  End;
 28  /

패키지 본문이 생성되었습니다.

SQL>
```

## 16.4.3  패키지 호출

패키지 내에 선언된 타입, 변수, 상수, 프로시저나 함수의 호출은 다음과 같다.

| 호출방법 | 패키지명.타입<br>패키지명.변수<br>패키지명.상수<br>패키지명.프로시저명;<br>패키지명.함수명 |
| --- | --- |

| 【예제 16.13】 | ▶ 예제 16.11의 Example 패키지 내의 함수를 이용하여 출력<br>하시오. |
| --- | --- |

```
SQL> SELECT Patient_ID, Body_Temp_Deg_F "환자체온(F)",
  2         Example.Temp_Change_C(Body_Temp_Deg_F) "환자체온(C)"
  3  FROM   Patient
  4  ORDER  BY 1;

PATIENT_ID  환자체온(F) 환자체온(C)
------------ ----------- -----------
YN0001            104          40
YN0002          105.8          41
YN0005          109.4          43

SQL>
```

## 16.4.4  패키지 서브프로그램 삭제

패키지의 삭제는 다음과 같이 DROP PACKAGE문으로 삭제한다.

| 문법 | DROP PACKAGE 패키지명;; |
| --- | --- |

| 【예제 16.14】 | ▶ Example 패키지를 삭제하시오. |
| --- | --- |

```
SQL> DROP PACKAGE Example;

패키지가 삭제되었습니다.

SQL>
```

# 16.5   저장된 서브프로그램 관리

저장된 프로시저, 저장된 함수, 패키지를 생성할 때 오류 메시지 조회와 생성된 저장된 서브프로그램명의 조회, 소스 리스트 검색할 수 있다.

## 16.5.1   저장된 서브프로그램의 오류 메시지 조회

저장된 서브프로그램을 생성할 때 문법적인 오류 메시지를 조회할 수 있다. 오류 메시지 조회에 관한 SQL*Plus 명령어는 다음과 같다.

| 명령어 | SHOW Errors |
|--------|-------------|

**【예제 16.15】** ▶ 다음 저장된 함수의 오류 메시지를 출력하시오.

```
SQL> CREATE OR REPLACE FUNCTION Temp_Change_C
  2                                (f_Temp_Deg_F Number)
  3     RETURN        NUMBER   IS
  4        f_Deg_C    NUMBER(4,1) := 0;
  5     BEGIN
  6        f_Deg_C  := (5.0 / 9.0) * ( f_Temp_Deg_F - 32.0 );
  7        RETURN    f_Deg_C
  8     END;
  9  /
경고: 컴파일 오류와 함께 함수가 생성되었습니다.

SQL> show errors
FUNCTION TEMP_CHANGE_C에 대한 오류:

LINE/COL ERROR
-------- ----------------------------------------------------------
8/3      PLS-00103: 심볼 "END"를 만났습니다 다음 중 하나가 기대될
         때: . ( * @ % & = - + ; < / > at in is mod remainder not
         rem <지수(**)> <> or != or ~= >= <= <> and or like like2
         like4 likec between || multiset member submultiset
         심볼이 ";" 계속하기 위하여 "END"로 치환되었습니다

SQL>
```

※ 7 라인에 세미콜론(;) 기호가 누락되었을 때 출력하는 오류메시지이다. 세미콜론(;)을 추가하여 실행한다.

## 16.5.2 저장된 서브프로그램 검색

저장된 서브프로그램명의 목록을 검색하거나, 소스 리스트를 조회하여 프로시저나 함수, 패키지를 수정할 수도 있다. 오라클 데이터 사전 뷰로부터 저장된 서브프로그램의 목록이나 소스 리스트를 볼 수 있다.

- User_Objects 뷰로부터 현재 오라클 사용자에 속한 목록을 조회할 수 있다.
- User_Source 뷰로부터 저장된 프로시저나, 함수, 패키지 본문에 대한 소스 리스트를 검색할 수 있다.

### ● 오라클 계정의 저장된 서브프로그램의 목록 조회

저장된 서브프로그램의 목록은 USER_OBJECTS 뷰로부터 조회할 수 있다.

【예제 16.16】 ▶ 오라클 계정에 속한 객체 타입을 모두 출력하시오.

```
SQL> SELECT DISTINCT OBJECT_TYPE
  2  FROM    USER_OBJECTS;

OBJECT_TYPE
---------------
SEQUENCE
LOB
FUNCTION
TABLE
INDEX
VIEW

6 개의 행이 선택되었습니다.
SQL>
```

### ● 소스 리스트(source list) 출력

User_Source 뷰로부터 사용자의 프로시저, 함수, 패키지 본문에 대한 소스 리스트를 출력할 수 있다. User_Source 뷰의 주요 칼럼은 표 16.2와 같다.

| 칼럼 | 유 형 | 내 용 |
|------|---------|-------|
| NAME | VARCHAR2(30) | 검색하고자 하는 목록의 이름을 출력 |
| LINE | NUMBER | Text에 포함된 소스 리스트의 라인을 포함 |
| TEXT | VARCHAR2(4000) | 소스 리스트의 명령문을 포함 |

표 16.2  User_Score 뷰의 칼럼명

**【예제 16.17】** ▶ 예제 16.14에서 실행한 저장된 함수 'Temp_Change_C'의 소스 리스트를 출력하시오.

```
SQL> SELECT LINE, TEXT
  2  FROM    USER_SOURCE
  3  WHERE   NAME = 'TEMP_CHANGE_C'
  4  ORDER   BY LINE;

 LINE TEXT
----- -------------------------------------------------------
    1 FUNCTION Temp_Change_C
    2                            ( f_Temp_Deg_F Number )
    3  RETURN        NUMBER  IS
    4     f_Deg_C   NUMBER(4,1) := 0;
    5  BEGIN
    6     f_Deg_C  := (5.0 / 9.0) * ( f_Temp_Deg_F - 32.0 );
    7     RETURN   f_Deg_C
    8  END;

8 개의 행이 선택되었습니다.

SQL>
```

1. 회원관리(EC_Member) 테이블의 주민등록번호(Regist_NO)를 전달받아 성별을 추출하여 '남자' 혹은 '여자'로 출력하는 저장된 함수(Stored Function) "Member_Sex"를 작성하고, 이 저장된 함수를 이용하여 각 회원의 [회원 ID, 회원명, 주민등록번호, 성별]을 출력하시오.

【결과》
```
SQL> ···
함수가 생성되었습니다.
SQL> ···
USERID      NAME      REGIST_NO        성별
----------  --------  ---------------  ----

jupark      박지운    951214-1******   남자
imjung      정일미    860807-2******   여자
······
17 개의 행이 선택되었습니다.
SQL>
```

2. 회원관리(EC_Member) 테이블의 회원의 가입일자(Timestamp)를 입력받아, 가입 연수와 개월 수를 구하는 저장된 함수 "Member_YYMM"을 작성하고, 이 저장된 함수를 이용하여 [회원 ID, 회원명, 가입일자, 가입기간, 기준일]을 출력하시오.

【결과》
```
SQL> ···
함수가 생성되었습니다.
SQL> ···
USERID      NAME      TIMESTAM 가입기간          기준일
----------  --------  -------- ---------------   --------

jupark      박지운    17/07/11  1년    0개월     18/08/04
imjung      정일미    17/06/01  1년    2개월     18/08/04
······
17 개의 행이 선택되었습니다.
SQL>
```

3. 주문처리(EC_Order) 테이블의 회원의 주문자 ID를 입력받아, 주문 금액의 합계를 구하는 저장된 함수 'user_order_sum()'을 작성하고, 'supark' 주문자에 대한 주문 금액의 합계를 출력하시오.

【결과》
```
SQL> ···
함수가 생성되었습니다.
SQL> ···
ORDER_ID    USER_ORDER_SUM(ORDER_ID)
----------  ------------------------

supark                        985000
```

# Chapter 17

## PL/SQL 고급 프로그래밍

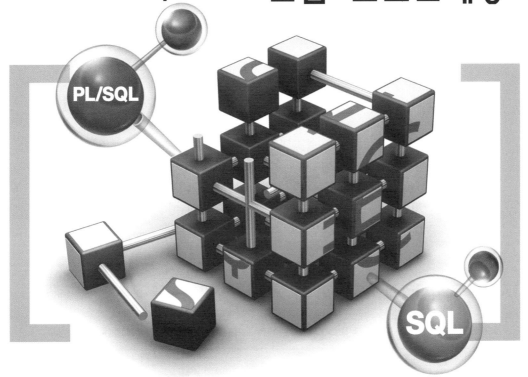

# 17.1  예외처리

일반적으로 프로그램을 작성하고 실행할 때, 두 가지 종류의 오류(Error)가 발생한다. PL/SQL에서는 블록의 실행 오류를 예외(Exception)라 부른다.

### ● 문법적인 오류

문법적인 오류(Syntax Error)란 문법적으로 잘못된 명령문이 입력되었을 때 발생되는 구문 오류이다. 예를 들어, SELECT문이 'SELET', 등의 철자가 잘못 입력되면 오류가 발생한다. 이런 문법적인 오류는 철자를 수정하여 다시 실행한다.

### ● 실행 오류

실행 오류(Execute Error)란 블록의 로직 오류나 데이터 입력 오류로 발생한다. 예를 들어, 블록 실행시 처리할 데이터나 명령문 누락이나 순서 바뀜 등 잘못된 결과가 발생되는 오류를 말한다. 실행 오류는 실행 결과를 검토하여 찾아내야 한다.

예외(Exception)란 PL/SQL 블록의 실행절에 기술된 명령문이 실행될 때 오라클 데이터베이스가 발생하는 오류를 말한다. 예외는 자동으로 발생할 수 있고, 사용자가 예외를 발생시킬 수도 있다. 예외가 발생되면 실행(BEGIN)절의 실행은 무조건 중단하고, 예외처리(EXCEPTION) 절로 제어를 이동하여 예외명에 해당되는 명령문을 실행하고 블록은 종료된다.

## 17.1.1  예외처리절 구문

예외처리절은 선택적으로 사용되며, 구문의 형식은 다음과 같다.

| 문법 | EXCEPTION<br>　　WHEN 예외명1 THEN 명령문1; …; 명령문n;<br>　　…<br>　　WHEN OTHERS　THEN 명령문1; …; 명령문n; |
| --- | --- |

※ 기술 방법
- 예외명1, 예외명2, … : 오라클 데이터베이스가 자동으로 발생하거나, 사용자가 예외를 발생시키는 예외명이다.
- 명령문1; …; 명령문n : 예외명에 대한 처리 명령문들을 기술한다.
- OTHERS : 예외처리절에서 가장 마지막에 기술되는 것으로, 예외 발생시 예외처리절에서 예외명을 발견하지 못할 때, 실행되는 예외명이다.

| 【예제 17.01】 | ▶ Professor 테이블과 Course 테이블을 이용하여 'P21' 교수가 담당하는 과목을 검색하여 출력하시오. |
|---|---|

```
SQL> SELECT Professor_ID, Name, Title
  2  FROM    Professor JOIN Course USING (Professor_ID)
  3  WHERE   Professor_ID = 'P21';

PROFES NAME        TITLE
------ ----------  ----------------
P21    박지성       정보통신개론
P21    박지성       컴퓨터네트워크

SQL>
```

※ 'P21' 교수가 담당하는 과목은 2과목임을 알 수 있다.

● **SELECT문 실행시 발생되는 예외**

PL/SQL 블록에서 SELECT문이 실행될 때, 결과 행이 1행이면 정상 실행되고, 0행이나 다수 행이면 자동적으로 예외가 발생된다. 이 때, 오라클 데이터베이스는

- 0 행이면 NO_DATA_FOUND 예외가 자동으로 발생되고,
- 다수 행이면 TOO_MANY_ROWS 예외가 자동으로 발생한다.

**1** 예외처리절이 기술되지 않은 익명의 블록 실행

| 【예제 17.02】 | ▶ Professor 테이블과 Course 테이블을 이용하여 'P21' 교수가 담당하는 과목을 검색하여 출력하는 익명의 블록을 작성하시오. |
|---|---|

```
SQL> DECLARE
  2    v_title          Course.Title%type;
  3    v_Professor_ID   Professor.Professor_ID%TYPE := 'P21';
  4
  5  BEGIN
  6    DBMS_OUTPUT.ENABLE;
  7    SELECT Title
  8     INTO  v_Title
  9     FROM  Professor JOIN Course USING (Professor_ID)
 10     WHERE Professor_ID = v_Professor_ID;
 11    DBMS_OUTPUT.PUT_LINE(v_Professor_ID || ' 교수는 [ '
 12                 || v_title || ' ]을 강의합니다.');
 13  END;
 14  /
```

```
DECLARE
*
1행에 오류:
ORA-01422: 실제 인출은 요구된 것보다 많은 수의 행을 추출합니다
ORA-06512: 줄 6에서

SQL>
```

※ SELECT문의 결과가 1행이 반환되어야 하는데, 복수 행이 검색되기 때문이다.

익명의 블록이 실행되면서 오류가 발생되었을 때, 예외처리절이 기술되지 않으면 오류 메시지를 출력하고, 실행은 무조건 중지된다. 이런 흐름은 좋은 방법이 아니다. 그래서 예외처리(exception)절을 사용한다.

## 2  예외처리절을 기술한 익명의 블록 실행

**【예제 17.03】** ▶ Professor 테이블과 Course 테이블을 이용하여 'P21' 교수가 담당하는 과목을 출력하는 익명의 블록을 작성하시오.

```
SQL> SET SERVEROUTPUT ON
SQL> DECLARE
  2    v_title        Course.Title%type;
  3    v_Professor_ID  Professor.Professor_ID%TYPE := 'P21';
  4
  5  BEGIN
  6    DBMS_OUTPUT.ENABLE;
  7    SELECT Title
  8     INTO  v_Title
  9     FROM  Professor JOIN Course USING (Professor_ID)
 10     WHERE Professor_ID = v_Professor_ID;
 11    DBMS_OUTPUT.PUT_LINE(v_Professor_ID || ' 교수는 [' ||
 12                  v_title || ' ]을 강의합니다.');
 13  EXCEPTION
 14    WHEN TOO_MANY_ROWS THEN
 15       DBMS_OUTPUT.PUT_LINE(v_Professor_ID ||
 16            ' 교수는 여러 과목을 담당합니다.');
 17    WHEN NO_DATA_FOUND THEN
 18       DBMS_OUTPUT.PUT_LINE(v_Professor_ID ||
 19            ' 교수는 담당과목이 없습니다.');
 20  END;
 21  /
P21 교수는 여러 과목을 담당합니다.
```

PL/SQL 처리가 정상적으로 완료되었습니다.

SQL>

## 17.1.2 오라클 데이터베이스의 예외

PL/SQL 블록에서 발생하는 예외는 미리 정의된 예외와 사용자 정의 예외로 구분한다.

### ● 미리 정의된 예외명

오라클 데이터베이스가 예외를 자동으로 발생하는 미리 정의된 예외명은 표 17.1과
같다. 그 외에도 무효한 커서 선언(INVALID_CURSOR), 오픈(open)된 커서를 다시
오픈(CURSOR_ALREADY_OPEN), 오라클에 로그인(login)하지 않고 데이터베이스
호출(NOT_LOGGED_ON), 오라클 로그인 실패(LOGIN_DENIED), 메모리 부족이나
손상(STORAGE_ERROR) 등과 같은 예외명이 미리 정의되어 있다.

| 예 외 명 | 예외 발생 요인 |
|---|---|
| TOO_MANY_ROWS | SELECT문의 결과가 하나 이상의 행을 반환되면 발생 |
| NO_DATA_FOUND | SELECT문의 결과가 0행을 반환하면 발생 |
| DUP_VAL_ON_INDEX | 고유 인덱스를 갖는 칼럼에 중복되는 값을 삽입할 때 발생 |
| VALUE_ERROR | 산술, 변환, 절삭, 제한 오류가 발생 |
| INVALID_NUMBER | 변환할 수 없는 문자를 숫자로 변환할 때 발생 |
| ZERO_DIVIDE | 제수가 0일 때 발생 (a / b = c일 때 b가 제수) |
| OTHERS | EXCEPTION절에 정의된 예외가 없을 때 발생 |

표 17.1  오라클 데이터베이스가 미리 정의된 예외명

**【예제 17.04】** ▶ Department 테이블에 학과코드를 '컴공', 학과명을 '컴퓨터공
학과', 전화번호를 '765-4100'으로 입력하는 블록을 작성하여
실행하시오. [기본 키 중복 예외]

```
SQL> BEGIN
  2      DBMS_OUTPUT.ENABLE;
  3      INSERT INTO Department
  4      VALUES
  5      ('컴공', '컴퓨터공학과', '765-4100');
  6      COMMIT;
```

```
  7  EXCEPTION
  8     WHEN Dup_Val_On_Index THEN
  9        DBMS_OUTPUT.PUT_LINE('< 중복된 인덱스 예외 발생 !!! >');
 10     WHEN OTHERS THEN
 11           NULL;
 12  END;
 13  /
< 중복된 인덱스 예외 발생 !!! >

PL/SQL 처리가 정상적으로 완료되었습니다.

SQL> SELECT *
  2  FROM    Department
  3  WHERE   Dept_ID = '컴공';

DEPT_ID    DEPT_NAME             DEPT_TEL
---------- -------------------- ----------------
컴공        컴퓨터공학과           765-4100

SQL>
```

| 【예제 17.05】 | ▶ Course 테이블의 과목코드가 'L1031'에 대하여 추가 수강료 (Course_Fees)를 '삼만원'으로 수정하시오. [숫자형 데이터타입의 데이터 오류] |
|---|---|

```
SQL> BEGIN
  2     UPDATE  Course
  3       SET    Course_Fees = '삼만원'
  4       WHERE  Course_ID   = 'L1031';
  5     COMMIT;
  6  EXCEPTION
  7     WHEN Invalid_Number THEN
  8        DBMS_OUTPUT.PUT_LINE('< 잘못된 숫자 예외 발생 !!! >');
  9     WHEN OTHERS THEN
 10           Null;
 11  END;
 12  /
< 잘못된 숫자 예외 발생 !!! >

PL/SQL 처리가 정상적으로 완료되었습니다.
```

```
SQL> Describe Course
 이름                              Null?    유형
 ---------------------------      --------  ----
 COURSE_ID                        NOT NULL VARCHAR2(5)
 TITLE                            NOT NULL VARCHAR2(20)
 C_NUMBER                         NOT NULL NUMBER(1)
 PROFESSOR_ID                              VARCHAR2(3)
 COURSE_FEES                               NUMBER(7)      ☞ 숫자형 칼럼

SQL>
```

## ● 사용자 정의 예외

사용자 정의 예외란 오라클 데이터베이스가 자동으로 발생하지 않는 예외에 대하여
사용자가 발생 가능한 예외명을 블록에 선언하고 예외를 발생시키는 것을 말한다.

### ■ 예외명 선언 구문

사용자가 정의하는 예외명은 선언절에 EXCEPTION으로 선언한다.

| 문법 | 예외명                  EXCEPTION; |
|------|-----------------------------------|

### ■ 예외를 발생시키는 명령문

RAISE문으로 실행절에서 사용자가 정의한 예외를 발생시킨다.

| 문법 | RAISE                   예외명; |
|------|--------------------------------|

| 【예제 17.06】 | ▶ SG_Scores 테이블에 저장된 Score 칼럼의 점수가 100점이 초과되는 값이 있는지 조사하는 블록을 작성하시오. 단, 100점 초과시 Over_Score 예외를 선언한다. |
|--------------|--------------------------------------------------------------|

```
SQL> INSERT INTO SG_Scores
  2  (Student_ID, Course_ID, Score, Score_Assigned)
  3  VALUES
  4  ('B1801','L0013', 107, '2018/06/29');

1 개의 행이 만들어졌습니다.

SQL> DECLARE
  2    Over_Score          EXCEPTION;
  3    v_Score             SG_Scores.Score%Type;
  4  BEGIN
```

```
 5    DBMS_OUTPUT.ENABLE;
 6    FOR Loop_rec IN (SELECT * FROM SG_Scores) LOOP
 7       IF Loop_rec.Score > 100
 8          THEN   v_Score := Loop_rec.Score;
 9                    RAISE  Over_score;
10       END IF;
11    END LOOP;
12  EXCEPTION
13    WHEN Over_Score THEN
14      DBMS_OUTPUT.PUT_LINE(v_Score||'점으로 100점 초과입니다.');
15  END;
16  /
107점으로 100점 초과입니다.

PL/SQL 처리가 정상적으로 완료되었습니다.

SQL>
```

## 17.1.3  오류 메시지 확인

발생된 오류와 오류 메시지를 확인할 수 있는 방법이 있다.
● SQLCODE는 사전에 정의된 기호가 저장되고, 정상적일 때 0이 된다.
● SQLERRM은 SQLCODE 기호에 대한 메시지를 저장한다. 정상적으로 실행되었
  을 때, 메시지는 'ORA-0000: normal, successful completion'이라는 문자열이
  자동으로 저장된다.

| 【예제 17.07】 | ▶ 다음 익명의 블록 실행에서 발생한 예외 코드와 예외 메시지를 출력하시오. |
| --- | --- |

```
SQL> DECLARE
  2    v_Title            Course.Title%type;
  3    v_Professor_ID  Professor.Professor_ID%TYPE := 'P21';
  4
  5  BEGIN
  6    DBMS_OUTPUT.ENABLE;
  7    SELECT Title
  8      INTO  v_Title
  9      FROM  Professor JOIN Course USING (Professor_ID)
 10      WHERE Professor_ID = v_Professor_ID;
```

```
11        DBMS_OUTPUT.PUT_LINE(v_Professor_ID || ' 교수는 [' ||
12                            v_Title || ' ]을 강의합니다.');
13    EXCEPTION
14      WHEN OTHERS THEN
15        DBMS_OUTPUT.PUT_LINE('SQLCODE : ' || TO_CHAR(SQLCODE));
16        DBMS_OUTPUT.PUT_LINE('SQLERRM : ' || SQLERRM);
17    END;
18    /
SQLCODE : -1422
SQLERRM : ORA-01422: 실제 인출은 요구된 것보다 많은 수의 행을 추출합니다

PL/SQL 처리가 정상적으로 완료되었습니다.

SQL>
```

# 17.2 커서를 이용한 복수행 처리

PL/SQL에서 커서는 임의의 복수 행을 검색하기 위한 방법으로 사용한다. 이 기법은
PL/SQL의 강력한 기능이나 웹프로그래밍 언어 또는 모바일 프로그래밍 언어로 프로
그램을 개발할 경우에는 생략해도 된다.

커서(Cursor)란 SELECT문으로 임의의 복수 행을 검색하기 위한 메커니즘으로, 실행절에
서 액세스할 수 있는 데이터의 집합을 선언절에서 오라클 데이터베이스의 메모리 영역에 사
용자가 선언하는 하나의 객체이다. 커서는 명시적인 커서와 암시적인 커서가 있다.

## 17.2.1 명시적 커서

명시적인 커서(Explicit Cursor)는 4 단계의 절차로 처리된다.
 ① 1단계 : 커서를 선언한다.
 ② 2단계 : 커서를 연다.
 ③ 3단계 : 커서로부터 한 행을 가져온다.
 ④ 4단계 : 커서를 닫는다.

1단계는 DECLARE절에 선언하고, 2단계, 3단계, 4단계는 BEGIN절에서 처리한다.

### (1) 커서의 선언

 커서는 DECLARE 선언절에 다음과 같이 선언한다.

| 문법 | CURSOR 커서명<br>[ (형식인자, … ) ]<br>    IS   SELECT문; |
|------|-------|

※ 기술 방법
- 커서명은 선언할 커서명이며, 일반적인 객체의 이름 정의 규칙에 따른다.
- 형식인자는 커서가 동적으로 실행하기 위해 값을 전달받는 인자이다.

> 형식인자명    데이터타입  [ := 기본값 ];

- SELECT문은 INTO절이 없는 SQL의 SELECT문으로, 하나 이상의 행을 반환하는 SELECT문을 기술한다.

### (2) 커서를 연다.

BEGIN절에서 선언된 커서를 OPEN문으로 연다. 오픈된 커서의 작업 포인트는 테이블에 저장된 순서의 첫 번째 행에 위치한다.

| 문법 | OPEN    커서명; |
|------|-------|

### (3) 커서로부터 한 행을 인출한다.

오픈된 커서로부터 FETCH문으로 한 행을 인출한다. FETCH문이 실행될 때마다 커서로부터 한 행씩 인출된 데이터를 INTO절의 변수명1, … 에 저장한다.

| 문법 | FETCH   커서명   INTO 변수명1, 변수명2, … ; |
|------|-------|

또, 인출된 커서의 작업 포인터는 다음 포인터로 자동 이동한다.
- 커서는 순차적으로만 인출할 수 있다.
- 커서에서 인출되는 칼럼의 수와 변수의 수가 동일해야 한다.
- 커서에서 인출되는 칼럼과 변수의 데이터타입이 동일해야 한다.

### (4) 커서를 닫는다

커서의 사용이 끝나면 CLOSE문으로 커서를 닫는다.

| 문법 | CLOSE    커서명; |
|------|-------|

## 17.2.2  커서의 속성변수

커서를 사용할 때 커서의 속성을 관리하기 위한 속성변수는 표 17.2와 같다. 커서의 속성 변수들은 다음과 같이 사용한다.

| 문법 | 커서명%속성변수; |
|------|------------------|

| 속성 변수 | 내 용 | 사 용 예 |
|-----------|-------|---------|
| %ISOPEN | 커서가 오픈 되었으면 참이 되고, 그렇지 않으면 거짓 | 커서명%ISOPEN |
| %FOUND | 커서로부터 행을 인출하면 참이 되고, 실패하면 거짓 | 커서명%FOUND |
| %NOTFOUND | 커서로부터 행을 인출하지 못하면 참이 되고, 성공하면 거짓 | 커서명%NOTFOUND |
| %ROWCOUNT | 인출된 행의 수를 반환 | 커서명%ROWCOUNT |

표 17.2  커서의 속성변수

| 【예제 17.08】 | ▶ Department 테이블의 모든 행을 출력하는 PL/SQL 블록을 작성하시오. |
|---------------|----------------------------------------------------------------|

```
SQL> DECLARE
  2      v_dept    Department%ROWTYPE;
  3      CURSOR   Get_Dept IS
  4              SELECT   *
  5              FROM      Department
  6              ORDER BY Dept_ID;
  7  BEGIN
  8      OPEN    Get_Dept;
  9      LOOP
 10              FETCH   Get_Dept INTO v_Dept;
 11              Exit    WHEN Get_Dept%NOTFOUND;
 12              DBMS_OUTPUT.PUT_LINE(v_Dept.Dept_ID || ' : ' ||
 13                                      v_Dept.Dept_Name);
 14      END    LOOP;
 15      CLOSE  Get_Dept;
 16  END;
 17  /
경영 : 경영학과
대학 : 대학본부
대학 : 대학본부
전자 : 전자공학과
정통 : 정보통신공학과
컴공 : 컴퓨터공학과
......
PL/SQL 처리가 정상적으로 완료되었습니다.

SQL>
```

## 17.2.3 암시적 커서

암시적 커서란 커서 FOR~LOOP문으로 커서에 있는 모든 행들을 반복적으로 인출하는 것을 말한다. 커서는 선언되나 OPEN, FETCH, CLOSE가 자동으로 실행된다.

● **암시적 커서는 명령문이 실행될 때**

① 커서는 자동으로 오픈(open)되고

② 커서 FOR~LOOP문이 반복할 때마다 커서로부터 한 행씩 인출된다. 인출된 값은 '레코드변수. 커서칼럼명'으로 사용할 수 있고, 커서의 모든 행이 인출되면 커서 FOR~LOOP문은 자동으로 종료한다.

③ 모든 행이 인출되면 커서는 자동으로 닫히게 된다.

● **커서 FOR~LOOP문**

| 문법 | FOR 레코드변수 IN 커서명 LOOP<br>　　처리명령문1;···; 처리명령문N;<br>END LOOP; |
|---|---|

| 【예제 17.09】 | ▶ 예제 17.8을 암시적인 커서로 변경하고. 커서로부터 인출되는 행의 수를 추가하여 출력하시오. |
|---|---|

```
SQL> DECLARE
  2      CURSOR Get_Dept IS
  3              SELECT    *
  4              FROM      Department
  5              ORDER BY Dept_ID;
  6   BEGIN
  7      FOR     LOOP_Rec IN Get_Dept LOOP
  8              DBMS_OUTPUT.PUT_LINE(Get_Dept%ROWCOUNT ||
  9                 ' 번째 인출된 값은 ' || Loop_rec.Dept_ID ||
 10                 ' : ' || Loop_rec.Dept_Name);
 11      END     LOOP;
 12   END;
 13  /
1 번째 인출된 값은 간호 : 간호학과
2 번째 인출된 값은 경영 : 경영학과₩
······
PL/SQL 처리가 정상적으로 완료되었습니다.

SQL>
```

# 연 습 문 제 1

1. 사용자ID가 'jupark'에 대한 성별, 가입 연수와 개월 수, 주문금액의 합계를 출력하는 블록을 작성하시오. (16장 연습문제에서 생성한 Member_sex(), Member_YYMM(), User_Order_sum() 함수 이용할 것.)

| 【결과》 |
|---|
| SQL> SET SERVEROUTPUT ON<br>SQL> ···<br><br>회원_ID   성 명   성별   가 입 년 월   주 문 합 계<br>-------   -------   ----   -------------   -----------<br>jupark   박지운   남자   1년   0개월   8,035,000<br><br>PL/SQL 처리가 정상적으로 완료되었습니다.<br><br>SQL> |

※ 실행 결과의 "가입년월"은 실행일자에 다를 수 있다.

2. 회원관리(EC_Member) 테이블의 모든 회원에 대하여 성별, 가입기간을 출력하는 블록을 작성하시오. (16장의 연습문제 1, 2의 함수 이용)

| 【결과》 |
|---|
| SQL> SET SERVEROUTPUT ON<br>SQL> ···<br><br>회원_ID   성 명   성별   근 무 연 수<br>-------   -------   ----   -----------<br>arkim   김아림   여자   0년   0개월<br>cscho   조철상   남자   1년   10개월<br>hskim   김혜수   여자   1년   6개월<br>imjung   정일미   여자   1년   1개월<br>jskang   강준상   남자   0년   3개월<br>······<br>PL/SQL 처리가 정상적으로 완료되었습니다.<br><br>SQL> |

※ 실행 결과의 "가입기간"은 실행일자에 따라 다를 수 있다.

# Chapter 18

# 데이터베이스 트리거

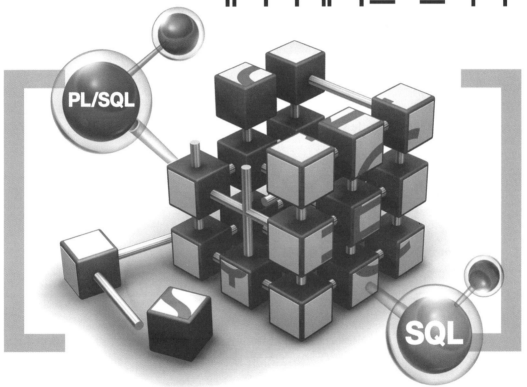

## 18.1   데이터베이스 트리거

데이터베이스 트리거(database trigger)란 테이블에 어떤 조작이 가해졌을 때에 미리 지정해 놓은 처리를 자동으로 실행시키는 블록을 말하며, PL/SQL 블록으로 작성하며 오라클 데이터베이스에 저장된다.

데이터베이스 트리거는 테이블, 뷰에 대한 처리 내용, 실행 조건, 실행 시간 등을 설정하고, 설정 조건에 따라 자동으로 실행된다. 특히 데이터가 변경되는 중요한 테이블에 트리거를 설정하면 문제가 발생할 경우 데이터 추적이 가능하고, 너무 많이 사용하면 성능이 저하되는 문제점도 발생한다.

데이터베이스 트리거는 스키마나 사용자, 테이블, 뷰 등의 수준에서 정의되고, 이벤트가 발생하면 실행된다. 이벤트가 발생되는 경우는 다음과 같다.
- 데이터베이스 조작 DML(INSERT, UPDATE, DELETE)문 실행
- 데이터베이스 정의 DDL(CREATE, ALTER, DROP)문 실행
- 데이터베이스 동작 (LOGON, LOGOFF, STARTUP, SHUTDOWN, SEVERERROR) 실행

데이터베이스 트리거의 용도는 다음과 같다.
- 고급의 보안 정책을 준수
- 데이터 무결성 유지 또는 방지
- 기본 키를 비롯한 칼럼 값 자동 생성
- 테이블의 변경 내용을 기록하여 관리
- 업무 규칙 이행
- 조건에 따라 DML문의 실행 허용 등

테이블이나 뷰 등에 정의하는 트리거를 데이터베이스 트리거 또는 트리거(trigger)라고도 한다. DML 트리거와 INSTEAD OF 트리거, non-DML 트리거에 대해서 작성한다.

## 18.2   DML 트리거

DML 트리거란 그림 18.1과 같이 INSERT, UPDATE, DELETE문에 의해 테이블의 내용이 변경될 때마다 자동으로 실행되는 PL/SQL 블록을 말한다. DML 트리거는 사용자가 테이블에 이벤트(event)가 발생할 때마다 자동적으로 실행되며, PL/SQL 블록으로 작성하고, 오라클 데이터베이스에 저장된다.

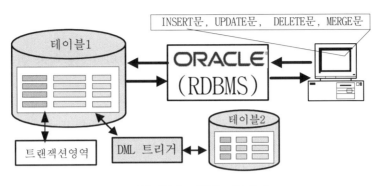

그림 18.1   DML 트리거

## 18.2.1  DML 트리거 생성 구문

DML 트리거는 테이블이나 뷰에 대해서 정의하는 것으로
- 테이블에 행이 추가되는 이벤트 (INSERT문 실행)
- 테이블에 행의 칼럼 값이 수정되는 이벤트 (UPDATE문 실행)
- 테이블에 행이 삭제되는 이벤트 (DELETE문 실행)이며,

특정 테이블에 대하여 어떤 이벤트가 발생할 때 언제, 어떻게 처리하는가를 정의하며, 트리거를 생성하는 구문은 다음과 같다.

| 문법 | CREATE [OR REPLACE] TRIGGER 트리거명 [BEFORE │ AFTER]<br>    triggering-event ON 테이블명<br>[FOR EACH ROW]<br>[WHEN 조건]<br>    PL/SQL block; |
|------|------|

※ 기술 방법
- triggering-event : DML의 INSERT, UPDATE, DELETE을 기술한다. UPDATE 문은 [UPDATE OF 칼럼명1, …]로 기술할 수 있고, 기술된 칼럼명에 대해서만 이벤트가 발생하며, 생략하면 모든 칼럼에 대하여 이벤트가 발생한다.
- 테이블명 : 데이터베이스 트리거를 적용할 테이블명을 기술한다.
- BEFORE │ AFTER : BEFORE는 트리거링 이벤트 발생전에 PL/SQL block을 실행하고, AFTER는 트리거링 이벤트 발생 후에 PL/SQL block을 실행한다.
- FOR EACH ROW : 선택이며, 각 행이 변경할 때마다 실행되는 행 수준의 트리거일 때 지정한다.
- WHEN 조건   : 트리거가 실행되는 조건을 기술한다.
- PL/SQL block : 트리거에서 처리할 블록(block)의 명령문을 기술한다.

## 18.2.2  DML 트리거의 유형

DML 트리거는 문장 또는 행 수준. DML 문장, 타이밍에 따라 여러 유형이 있다.

● **문장 수준과 행 수준의 트리거**
    ① 문장 수준의 트리거는 한 문장이 실행될 때 한번만 이벤트가 발생된다.
       • FOR EACH ROW 구문을 포함하지 않는다.
       • 트리거링 이벤트마다 한번만 실행한다.

    ② 행 수준의 트리거는 한 문장의 실행에 의한 변경 또는 삭제되는 행의 수만큼
       이벤트가 발생된다.
       • FOR EACH ROW 구문을 포함한다.
       • 행이 추가되거나 수정되거나 삭제될 때마다 실행한다.

● **DML 문장**
    ① INSERT는 행이 추가될 때 실행된다.
    ② UPDATE는 모든 칼럼이 변경될 때 실행되고, UPDATE OF 칼럼명1, …은 지
       정한 칼럼에 대한 변경이 될 때 실행된다.
    ③ DELETE는 행이 삭제될 때 실행된다.
    INSERT OR UPDATE OR DELETE는 행의 추가나 칼럼 변경, 행의 삭제시 실행
    된다.

● **타이밍**
    ① BEFORE는 테이블에 DML 문장이 실행되기 전에 트리거가 실행된다.
    ② AFTER는 테이블에 DML 문장이 실행한 후 트리거를 실행한다.

따라서 테이블에 적용 가능한 트리거의 유형은
    ● FOR EACH ROW의 기술 유무에 의한 문장 수준과 행 수준 트리거 2 종류
    ● 트리거링 이벤트(triggering-event)에 기술할 명령문의 3 종류
    ● 트리거 실행의 타이밍에 관한 BEFORE, AFTER의 2 종류
로 구분하여 DML 트리거는 2 * 3 * 2 = 12가지 유형이 있다.

## 18.2.3  DML 트리거에서 칼럼 값 참고

DML 트리거의 PL/SQL 블록에서 테이블에 입력, 수정, 삭제될 때 테이블에 관련된

값을 참고할 수 있다. 이 값은 DML 트리거가 실행될 때 :new, :old 두 종류의 의사 레코드(Pseudo Record)를 통하여 DML 트리거에 나타난다.

● **의사 레코드 형식**

| 문법 | :new.칼럼명          :old.칼럼명 |
| --- | --- |

※ 칼럼명은 DML 트리거에 정의된 테이블의 칼럼명이다.

다음의 명령문이 실행될 때, DML 트리거의 PL/SQL 블록에는
- INSERT문이면 추가할 행의 칼럼 값이 ":new.칼럼명"으로 나타난다.
- UPDATE문이면 수정할 행의 수정전 칼럼 값이 ":old.칼럼명"에 나타나고, 수정할 칼럼 값이 ":new.칼럼명"에 나타난다.
- DELETE문이면 삭제할 행의 칼럼 값이 ":old.칼럼명"에 나타난다.

테이블에 행이 추가되거나 수정 또는 삭제될 때 트리거 본문에서 의사 레코드로 값을 참고할 수 있다. 그림 18.2와 같이 INSERT문이 실행되면 트랜잭션에 한 행이 저장되고, 트리거의 PL/SQL 블록에서는 의사레코드를 이용하여 a의 ":new.값1"으로 나타난다. 수정이나 삭제될 때 테이블에 저장된 값은 b의 ":old.칼럼명"로 트리거의 PL/SQL 블록에 나타난다.

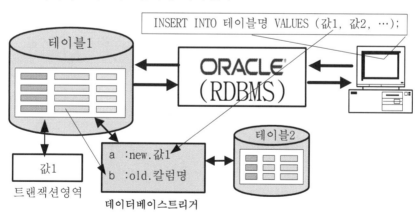

그림 18.2   데이터베이스 트리거에서 의사 레코드에 따른 값 참고

● **DML 트리거의 술어**

DML 트리거에서 테이블의 행 추가, 칼럼 수정, 행 삭제에 관한 데이터를 저장하기 위해서 DML문의 어떤 문장 수준인지를 확인하는 세 가지 술어가 있다.
① INSERTING은 트리거링 문장이 INSERT문이면 참이 되고, 그렇지 않으면 거짓이 된다.

② UPDATING은 트리거링 문장이 UPDATE문이면 참이 되고, 그렇지 않으면 거
짓이 된다.

③ DELETING은 트리거링 문장이 DELETE문이면 참이 되고, 그렇지 않으면 거짓이 된다.

# 18.3   DML 트리거 작성

## 18.3.1   DML 트리거 고려사항

DML 트리거 작성시 고려할 사항은 다음과 같다.

① DML 트리거의 캐스케이드(cascade)는 총 32개까지이다.

② DML 트리거에서 저장된 프로시저나 저장된 함수 등을 호출할 수 있다.

③ DML 트리거에는 트랜잭션 제어문을 사용할 수 없다.

## 18.3.2   DML 트리거에 사용할 테이블 생성

특정 테이블에 대한 DML 트리거를 작성하기 전에 동일한 구조를 갖는 테이블 생성
한다. 이 테이블은 서브 쿼리를 이용하면 쉽게 생성할 수 있다.

| 【예제 18.01】 | ▶ SG_Scores 테이블의 DML 트리거에 사용할 테이블을 생성하고, 구조를 확인해 보시오. |
| --- | --- |

```
SQL> CREATE TABLE SG_Scores_Change
  2  AS
  3     SELECT *
  4     FROM   SG_Scores
  5     WHERE  1 = 2;

테이블이 생성되었습니다.

SQL> Describe SG_Scores_Change
 이름                              널?        유형
 ------------------------------  --------  --------------
 STUDENT_ID                                VARCHAR2(7)
 COURSE_ID                                 VARCHAR2(5)
 SCORE                                     NUMBER(3)
 GRADE                                     VARCHAR2(2)
 SCORE_ASSIGNED                            DATE
```

| USER_NAME | VARCHAR2(25) |
| C_DATE | DATE |

SQL>

## 18.3.3 DML 트리거 생성과 실행 확인

**【예제 18.02】** ▶ SG_Scores 테이블에 INSERT문이 실행되기 전에 행 단위로 이벤트가 발생되는 SG_Scores_change_log 트리거를 생성하시오. 단, 예제 18.01에서 생성한 테이블을 이용함

```
SQL> CREATE OR REPLACE TRIGGER SG_Scores_change_log BEFORE
  2  INSERT ON SG_Scores
  3  FOR EACH ROW
  4  BEGIN
  5    INSERT INTO SG_Scores_Change
  6    (Student_ID, Course_ID, Score, Score_Assigned,
  7     User_Name, C_Date)
  8    VALUES
  9    (:new.Student_ID, :new.Course_ID, :new.Score,
 10     :new.Score_Assigned, '로그온: ' || USER, SYSDATE);
 11  END;
 12  /

트리거가 생성되었습니다.

SQL>
```

**【예제 18.03】** ▶ SG_Scores 테이블에 한 행을 추가하고, 트리거의 실행 결과를 확인하시오. 단, 학번 'A1701', 과목번호 'L4011', 점수 93점, 성적취득일자 2018년 06월 29일임.

```
SQL> INSERT INTO SG_Scores
  2  (Student_ID, Course_Id, Score, Score_Assigned)
  3  VALUES
  4  ('A1701','L4011', 93, '2018/06/29');

1 개의 행이 만들어졌습니다.

SQL>
```

```
SQL> SELECT *
  2  FROM    SG_Scores
  3  WHERE   Student_ID = 'A1701' AND Course_ID = 'L4011';

STUDENT_ID COURSE_ID        SCORE GRAD SCORE_AS USER_NAME    C_DATE
---------- ----------  ---------- ---- -------- ------------ ---------
A1701      L4011               93      18/06/29 오라클계정:  18/07/11
                                                STUD

SQL> SELECT *
  2  FROM    SG_Scores_Change;

STUDENT_ID COURSE_ID        SCORE GRAD SCORE_AS USER_NAME    C_DATE
---------- ----------  ---------- ---- -------- ------------ ---------
A1701      L4011               93      18/06/29 로그온: STUD 18/07/11

SQL>
```

※ SG_Scores 테이블에 한 행이 추가되면 SG_Scores_Change_Log 트리거가 자
동으로 실행되어 한 행이 추가된 값들을 저장한다.


## 18.3.4  DML 트리거에서 칼럼 값 생성

테이블에 행을 추가 또는 수정할 때 DML 트리거에서 값을 생성할 수도 있고, DML
트리거의 PL/SQL 블록에서 저장된 프로시저 서브프로그램이나 저장된 함수 서브프
로그램을 호출하여 실행할 수도 있다.

**【예제 18.04】** ▶ 성적의 등급을 산출하는 Grade_Cal 함수를 생성하시오.

```
SQL> CREATE OR REPLACE FUNCTION Grade_Cal (Score Number)
  2    RETURN   VARCHAR2 IS
  3    v_Grade SG_Scores.Grade%TYPE;
  4  BEGIN
  5   IF Score >= 95       THEN v_Grade := 'A+';
  6      ELSIF Score >= 90 THEN v_Grade := 'A ';
  7      ELSIF Score >= 85 THEN v_Grade := 'B+';
  8      ELSIF Score >= 80 THEN v_Grade := 'B ';
  9      ELSIF Score >= 75 THEN v_Grade := 'C+';
 10      ELSIF Score >= 70 THEN v_Grade := 'C ';
 11      ELSIF Score >= 65 THEN v_Grade := 'D+';
 12      ELSIF Score >= 60 THEN v_Grade := 'D ';
```

```
13                                    ELSE v_Grade := null;
14    END IF;
15    RETURN  v_Grade;
16  END;
17  /

함수가 생성되었습니다.

SQL>
```

---

**【예제 18.05】** ▶ 예제 18.04에서 생성한 Grade_Cal 함수를 호출하여 등급을 산출하는 Grade_Search 트리거를 작성하시오.

```
SQL> CREATE OR REPLACE TRIGGER Grade_Search BEFORE
  2  INSERT OR UPDATE  ON SG_Scores
  3  FOR EACH ROW
  4  BEGIN
  5    :new.Grade := Grade_Cal(:new.Score);
  6  END;
  7  /

트리거가 생성되었습니다.

SQL>
```

※ DML 트리거에서 입력되는 데이터는 ":.new.칼럼명"으로 참고할 수 있다.

---

**【예제 18.06】** ▶ SG_Scores 테이블에 학번 'A1701', 과목번호 'L4012', 점수 88점, 성적취득일자 2018년 06월 29일을 추가하고, 예제 18.05에서 생성한 트리거의 작동 여부를 확인하시오.

```
SQL> INSERT INTO SG_Scores
  2  (Student_ID, Course_Id, Score, Score_Assigned)
  3  VALUES
  4  ('A1701','L4012', 88, '2018/06/29');

1 개의 행이 만들어졌습니다.

SQL> SELECT *
  2  FROM   SG_Scores
  3  WHERE  Student_ID = 'A1701' AND  Course_ID  = 'L4012';
```

```
STUDENT_ID COURSE_ID      SCORE GRAD SCORE_AS USER_NAME      C_DATE
---------- ----------  ---------- ---- -------- ------------ ---------
A1701      L4012             88 B+   18/06/29 오라클계정:  18/07/11
                                              STUD

SQL>
```

※ SG_Scores 테이블에 행이 추가될 때 Grade_Search 트리거가 실행되어 88점에
  대한 등급을 'B+'로 계산하여 저장한다.

# 18.4  DML 트리거 관리

## 18.4.1  트리거 목록 조회

트리거의 목록 조회는 표 18.1과 같이 All_Triggers 뷰로부터 트리거명, 트리거링
이벤트, 트리거 타입, 테이블명 등의 칼럼으로 조회할 수 있다.

| 주요 칼럼명 | 설      명 |
|---|---|
| Trigger_Name | 트리거의 이름을 반환 |
| Trigger_Owner | 트리거를 생성한 오라클 계정을 반환 |
| Triggering_Event | 트리거의 트리거링 이벤트를 반환 |
| Trigger_Type | 트리거가 문장 또는 행 수준인가를 반환 |
| Table_Name | 트리거가 어느 객체에 지정되었는지 반환 |
| Owner | 검색할 오라클 계정을 기술 |

표 18.1  ALL_Trigers 뷰의 주요 칼럼

【예제 18.07】 ▶ STUD 사용자 계정에 속한 트리거의 목록을 모두 출력하시오.

```
SQL> SELECT Trigger_Name, Table_Owner, Triggering_Event,
  2          Trigger_Type, Table_Name
  3  FROM    ALL_TRIGGERS
  4  WHERE   OWNER = 'STUD';

TRIGGER_NAME            TABLE_OW TRIGGERIN TRIGGER_TYPE     TABLE_NAME
--------------------    -------- --------- ---------------- ----------
SG_SCORES_CHANGE_LOG    STUD     INSERT    BEFORE EACH ROW  SG_SCORES
GRADE_SEARCH            STUD     INSERT OR BEFORE EACH ROW  SG_SCORES
                                 UPDATE

SQL>
```

## 18.4.2   트리거 활성화와 비활성화

ALTER TRIGGER문은 트리거를 비활성화(DISABLE)하거나 활성화(ENABLE)한다.

### ● 데이터베이스 트리거 활성화와 비활성화

| 문법 | ALTER TRIGGER 트리거명 [ DISABLE | ENABLE ]; |
|------|---------------------------------------------|

| 【예제 18.08】 | ▶ Grade_Search 트리거를 비활성화하고, SG_Scores 테이블에 행을 추가하여 트리거의 실행여부를 확인하시오. |
|---------------|----------------------------------------------------------------------------------------|

```
SQL> ALTER TRIGGER Grade_search Disable;

트리거가 변경되었습니다.

SQL> INSERT INTO SG_Scores
  2  (Student_ID, Course_ID, Score, Score_Assigned)
  3  VALUES
  4  ('T1801','L1022', 97, '2018/06/29');

1 개의 행이 만들어졌습니다.

SQL> SELECT *
  2  FROM   SG_Scores
  3  WHERE  Student_ID = 'T1801' AND  Course_ID  = 'L1022';

STUDENT_ID COURSE_ID        SCORE GRAD SCORE_AS USER_NAME    C_DATE
---------- ---------- ----------- ---- -------- ------------ --------
T1801      L1022               97 ___  18/06/29 오라클계정:  18/07/11
                                                STUD

SQL>
```

※ Grade_Search 트리거가 비활성화되면 트리거는 발생되지 않는다.

| 【예제 18.09】 | ▶ Grade_Search 트리거를 활성화시키고, SG_Scores 테이블에 행을 추가하여 트리거의 실행여부를 확인하시오. |
|---------------|----------------------------------------------------------------------------------------|

```
SQL> ALTER TRIGGER Grade_search Enable;

트리거가 변경되었습니다.

SQL>
```

```
SQL> INSERT INTO SG_Scores
  2  (Student_ID, Course_ID, Score, Score_Assigned)
  3  VALUES
  4  ('T1801','L1041', 77, '2018/06/29');

1 개의 행이 만들어졌습니다.

SQL> SELECT *
  2  FROM   SG_Scores
  3  WHERE  Student_ID = 'T1801' AND  Course_ID  = 'L1041';

STUDENT_ID COURSE_ID            SCORE GRAD SCORE_AS USER_NAME     C_DATE
---------- ----------  ---------- ---- -------- ------------- ---------
T1801      L1041                77 C+   18/06/29 오라클계정:   18/07/11
                                                 STUD
SQL>
```

## 18.4.3  트리거 삭제

생성된 트리거는 DROP TRIGGER문으로 삭제할 수 있다.

| 문법 | DROP TRIGGER 트리거명; |
|---|---|

**【예제 18.10】** ▶ Grade_search 트리거를 삭제하시오.

```
SQL> DROP TRIGGER Grade_Search;

트리거가 삭제되었습니다.

SQL>
```

## 18.4.4  DML 트리거 제한 사항

DML 트리거를 작성할 때 몇 가지 제한 사항이 있다.
① COMMIT, ROLLBACK, SAVEPOINT의 트랜잭션 제어문은 사용할 수 없다. 만약, 테이블의 변경 내용을 취소(rollback)할 경우, 데이터베이스 트리거에서 COMMIT하면 모든 변경 내용을 취소할 수 없기 때문이다.
② CREATE TABLE문 등과 같은 데이터 정의어는 데이터베이스 트리거에서 실행될

수 없고, 호출되는 프로시저나 함수에서도 실행될 수 없다.

③ 변경되고 있는 테이블을 데이터베이스 트리거에서 질의하거나 변경하지 못한다.

# 18.5  INSTEAD OF 트리거

INSTEAD OF 트리거란 DML 명령문으로 직접 데이터를 변경할 수 없는 뷰에 변경할
때 사용하는 트리거를 말한다. INSTEAD OF 트리거는 뷰에 대해서 정의하는 것으로

① 뷰에 행이 추가되는 이벤트 (INSERT문 실행)

② 뷰에 행의 칼럼 값이 수정되는 이벤트 (UPDATE문 실행)

③ 뷰에 행이 삭제되는 이벤트 (DELETE문 실행)이며,

테이블 변경이 이루어지기 전에 작동하는 트리거이다. INSTEAD OF 트리거가 실
행하면 INSERT, UPDATE, DELETE문은 무시된다.

INSTEAD OF 트리거를 생성하는 구문은 다음과 같다. 타이밍은 기술할 수 없다.

| 문법 | CREATE [OR REPLACE] TRIGGER 트리거명<br>    triggering-event ON 뷰명<br>[FOR EACH ROW]<br>... |
|---|---|

※ 기술 방법

- triggering-event : DML의 INSTEAD OF INSERT, INSTEAD OF UPDATE,
  INSTEAD OF DELETE을 기술한다.
- 뷰명 : 트리거를 적용할 뷰명을 기술한다.

| 【예제 18.11】 | ▶ SG_Scores 테이블에 대한 접근성을 제한하기 위하여 구조가<br>동일한 SG_Scores_View 뷰를 생성하시오. |
|---|---|

```
SQL> CREATE VIEW SG_Scores_View
  2  AS
  3    SELECT * FROM SG_Scores;

뷰가 생성되었습니다.

SQL>
```

| 【예제 18.12】 | ▶ SG_Scores_View 뷰에 INSERT문이 실행되기 전에 행 단위로 이벤트가 발생되는 SG_Scores_View_log 트리거를 생성하시오. 단, 예제 18.01에서 생성한 테이블을 이용함 |
|---|---|

```
SQL> CREATE OR REPLACE TRIGGER SG_Scores_View_log
  2  INSTEAD OF INSERT ON SG_Scores_View
  3  FOR EACH ROW
  4  BEGIN
  5    INSERT INTO SG_Scores_Change
  6    (Student_ID, Course_ID, Score, Score_Assigned,
  7     User_Name, C_Date)
  8    VALUES
  9    (:new.Student_ID, :new.Course_ID, :new.Score,
 10     :new.Score_Assigned, '로그온: ' || USER, SYSDATE);
 11  END;
 12  /

트리거가 생성되었습니다.
SQL>
```

| 【예제 18.13】 | ▶ SG_Scores_View 뷰에 행을 추가하여 트리거의 실행 여부를 확인하시오. 단, 학번 'B1801', 과목번호 'L0011', 점수 95점, 성적취득일자 2018년 6월 29일이다. |
|---|---|

```
SQL> INSERT INTO SG_Scores_View
  2  (Student_ID, Course_ID, Score, Score_Assigned)
  3  VALUES
  4  ('B1801','L0011', 95, '2018/06/29');

선택된 레코드가 없습니다.

SQL> SELECT *
  2  FROM    SG_Scores_Change
  3  WHERE   Student_ID = 'B1801'
  4    AND   Course_ID  = 'L0011';
```

| STUDENT_ID | COURSE_ID | SCORE | GRAD | SCORE_AS | USER_NAME | C_DATE |
|---|---|---|---|---|---|---|
| B1801 | L0011 | 95 | | 18/06/29 | 로그온: STUD | 18/08/04 |

```
SQL>
```

※ INSTEAD OF 트리거가 실행되면 SG_Scores 테이블에 추가되는 것이 무시되고, 트리거가 실행한 SG_Scores_Change 테이블에 저장된다.

# 18.6  NON-DML 트리거

NON-DML 트리거는 DDL 트리거, Database Event 트리거 등의 트리거를 말한다.
- DDL 트리거는 CREATE, ALTER, DROP문의 DDL문이 실행될 때 이벤트가 발생되는 트리거로, PL/SQL 블록으로 작성하고 오라클 데이터베이스에 저장된다.
- Database Event 트리거는 데이터베이스를 시작하거나 종료할 때, 사용자의 로그온과 로그오프, 데이터베이스에서 오류가 발생할 때 자동으로 실행되는 트리거이다.

non-DML 트리거의 생성구문은 다음과 같다.

| 문법 | CREATE [OR REPLACE] TRIGGER 트리거명 [BEFORE \| AFTER]<br>   ddl-triggering-event ON DATABASE \| 스키마.SCHEMA<br>[WHEN 조건]<br>   PL/SQL block; |
|---|---|

※ 기술 방법
- ddl-triggering-event : DDL의 CREATE, ALTER, DROP을 기술한다.
- 스키마.SCHEMA에 STUD.SCHEMA라고 기술하면 STUD의 모든 객체에 트리거가 동작한다.
- WHEN 조건 : 데이터베이스 트리거가 실행되는 조건을 기술한다.
- PL/SQL block : 데이터베이스 트리거에서 처리할 블록의 명령문이다.

## 18.6.1  DDL 트리거 생성

| 문법 | CREATE [OR REPLACE] TRIGGER 트리거명 [BEFORE \| AFTER]<br>   ddl-event ON [ DATABASE \| 스키마.SCHEMA ]<br>   PL/SQL block; |
|---|---|

※ 기술 방법
- ddl-event는
  - CREATE : 새로운 데이터베이스 객체를 생성할 때 이벤트 가 발생한다.
  - ALTER : 데이터베이스 객체를 수정할 때 이벤트가 발생한다.
  - DROP : 데이터베이스 객체를 삭제할 때 이벤트가 발생한다.

【예제 18.14】 ▶ 사용자가 객체를 삭제할 수 없는 Drop_No_Trigger 트리거를 생성하시오. 단, 객체를 삭제할 경우 오류번호 -20000, '테이블 등 객체를 삭제할 수 없습니다.'라는 메시지를 화면에 출력함.

```
SQL> CREATE OR REPLACE TRIGGER Drop_No_trigger
  2     BEFORE DROP ON SCHEMA
  3     BEGIN
  4       RAISE_APPLICATION_ERROR (
  5         num => -20000,
  6         msg => '테이블 등 객체를 삭제할 수 없습니다.');
  7     END;
  8   /

트리거가 생성되었습니다.
SQL>
```

【예제 18.15】 ▶ PATIENT 테이블을 삭제하시오.

```
SQL> DROP TABLE Patient;
DROP TABLE Patient
*
1행에 오류:
ORA-00604: 순환 SQL 레벨 1 에 오류가 발생했습니다
ORA-20000: 테이블 등 객체를 삭제할 수 없습니다.
ORA-06512: 줄 2에서

SQL>
```

※ 비활성화된 트리거는 활성화할 때가지 계속 유효하다.

# 연 습 문 제 1

1. 주문처리(EC_Order) 테이블에 행이 추가될 때, 주문수량과 단가를 이용하여 주문금액의 칼럼 값을 산출하는 행 수준의 DML 트리거를 작성하시오.

| 【결과》 | SQL> ···<br>트리거가 생성되었습니다.<br>SQL> |
|---|---|

2. 장바구니(EC_Basket) 테이블의 주문자 ID가 'shlee'인 행을 주문처리 (EC_Order) 테이블에 저장하고, 트리거가 작동되는지 확인하시오.

| 【결과》 | SQL> ···<br>ORDER_NO      ORDER_ID    PRODUCT_CODE   ORDER_QTY ORDER_DA<br>------------  ----------  ------------   ---------- --------<br>1807291002    shlee       SP02                   1 18/07/29<br><br>SQL> ···<br>1 개의 행이 만들어졌습니다.<br><br>SQL> ···<br>ORDER_NO      ORDER_ID    PRODUCT_CODE   ORDER_QTY    CMONEY<br>------------  ----------  ------------   ---------- ----------<br>1807291002    shlee       SP02                   1    829000<br><br>SQL> |
|---|---|

3. EC_Order 테이블을 이용하여 트리거에 사용할 EC_Order_1 빈 테이블을 생성하고, EC_Order_1 빈 테이블에 각 칼럼을 추가하시오.

| 칼럼명 | 영문명 | 데이터형 | 크기 | NN | 키 |
|---|---|---|---|---|---|
| 행 변경날짜 | Timestamp | 날짜형 |  | 기본값 SYSDATE |  |
| 사용자명‖변경내용 | Etc | 문자형 | 30 |  |  |

☞ Timestamp 칼럼은 변경일자(SYSDATE)를 기본값으로 지정하고, ETC 칼럼은 오라클 계정과 '행추가', '행수정', 또는 '행삭제'의 문자를 저장한다.

| 【결과》 | SQL> ···<br>테이블이 생성되었습니다.<br>SQL> ···<br>테이블이 변경되었습니다.<br>SQL> |
|---|---|

4. 주문처리(EC_Order) 테이블에 행의 추가, 행의 변경, 행이 삭제될 때, EC_Order_1 테이블에 변경되는 값들을 저장하는 행 수준의 "EC_Order_log" DML 트리거를 생성하시오.

| 【결과】 | SQL> ···<br>트리거가 생성되었습니다.<br>SQL> |
| --- | --- |

5. 주문처리(EC_Order) 테이블에 다음의 작업을 처리하시오.
 ① 장바구니(EC_Basket) 테이블에서 주문번ID가 'kskim'인 행을 주문처리 (EC_Order) 테이블로 저장하시오.

| 【결과》 | SQL> ···<br>1 개의 행이 만들어졌습니다.<br>SQL> |
| --- | --- |

 ② 주문처리(EC_Order) 테이블의 구분(Gubun) 칼럼이 '취소'인 행을 삭제하시오.

| 【결과》 | SQL> ···<br>1 행이 삭제되었습니다.<br>SQL> |
| --- | --- |

 ③ 주문자 ID 'shlee'가 2018년 7월 16일에 82만9천원을 '계좌입금' 하였다. 이 정보를 주문처리(EC_Order) 테이블에 저장하시오.

| 【결과》 | SQL> ···<br>1 행이 갱신되었습니다.<br><br>SQL> |
| --- | --- |

6. 주문처리(EC_Order) 테이블에 트랜잭션이 발생할 때 트리거에 의해 생성된 EC_Order_1 테이블의 행을 출력하시오.

| 【결과》 | SQL> COLUMN ETC FORMAT A20<br>SQL> ··· |
| --- | --- |

| ORDER_ID | PRODUCT_CO | ORDER_QTY | CSEL | CMONEY | TIMESTAM | ETC |
| --- | --- | --- | --- | --- | --- | --- |
| mskim | SP01 | 1 | | | 18/08/04 | STUD : 행추가 |
| jskang | TV01 | 1 | 계좌이체 | 1060000 | 18/08/04 | STUD : 행삭제 |
| shlee | SP02 | 1 | | 829000 | 18/08/04 | |
| shlee | SP02 | 1 | 계좌이체 | 829000 | 18/08/04 | STUD : 행수정 |

SQL>

# Oracle
# Administrator

# Chapter 19

## 오라클 관리 기능

# 19.1  오라클의 주요 구성 요소

오라클 서버는 오라클 인스턴스(Oracle Instance)와 오라클 데이터베이스(Oracle Database)로 구성된다. 오라클 구조를 이해하는 것은 오라클 관리와 백업, 복구, 튜닝에 밀접한 관계가 있다.

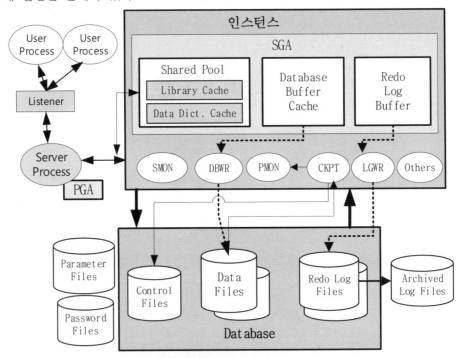

그림 19.1  오라클 서버의 주요 구성 요소

## 19.1.1  오라클 인스턴스

오라클 인스턴스(Oracle Instance)는 백그라운드 프로세스(background process)와 메모리 구조(memory structure)의 조합으로, 오라클 데이터베이스를 액세스(access)하는 수단이다. 항상 한 번에 한 개의 데이터베이스만 연다.

● 백그라운드 프로세스는 SMON(System Monitor), DBW0(Database Writer), PMON(Process Monitor), CKPT(Checkpoint Process), LGWR(Log Writer), Others로 구성되고,

● 메모리 구조는 시스템 글로벌 영역(System Global Area 또는 SGA)으로 공유 풀(Shared Pool), 데이터베이스 버퍼 캐시(Database Buffer Cache), 리두 로그 버퍼 (Redo log buffer), 기타 선택적으로 사용 가능한 SGA 구성요소를 말한다.

## 19.1.2  오라클 데이터베이스

오라클 데이터베이스(Oracle Database)는 데이터베이스의 실질적인 저장 공간을 제공하는 운영체제 파일인 데이터베이스 파일(database file)로 구성된다.

● 데이터베이스 파일은 데이터 파일(data file), 리두 로그 파일(redo log file), 제어 파일(control file)이 있다.

● 오라클 데이터베이스는 데이터의 일부가 아닌 파라메타 파일(parameter file), 패스워드 파일(password file), 아카이브(archive)된 리두 로그 파일도 사용된다.

## 19.1.3  메모리 구조

오라클의 메모리 구조는 SGA(System Global Area)와 PGA(Program Global Area) 영역으로 구성된다. SGA는 인스턴스가 시작될 때 할당되고, Oracle 인스턴스의 기본적인 구성요소이다. PGA는 서버 프로세스가 시작될 때 할당된다.

● **SGA(System Global Area)**

SGA는 공유 풀(shared pool), 데이터베이스 버퍼 캐시, 리두 로그 버퍼, 잠금 및 래치 관리, 통계 데이터 등의 기타 구조와 대용량 풀과 자바 풀의 두 가지 메모리를 추가로 구성할 수 있다. Oracle 9i부터 인스턴스를 종료하지 않고 동적으로 SGA 크기(데이터베이스 버퍼 캐시, 공유 풀)를 변경할 수 있다.

● 공유 풀(Shared Pool)

공유 풀(Shared Pool)이란 라이브러리 캐시(library cache)와 데이터 딕셔너리 캐시(Data dictionary cache)로 구성된다.

• 라이브러리 캐시는 공유 SQL 영역(SGA)에 가장 최근에 사용한 SQL문과 PL/SQL문에 대한 정보를 저장하고, LRU(Least Recently Used) 알고리즘으로 관리된다.

• 데이터 딕셔너리 캐시는 데이터베이스 파일, 테이블, 인덱스, 칼럼, 사용자, 권한 및 기타 데이터베이스 객체에 대한 정보를 저장한다.

● 데이터베이스 버퍼 캐시(Database Buffer Cache)

가장 최근에 사용된 데이터 블록의 복사본을 저장하고, 메모리 I/O를 지원하게 되므로 데이터를 질의하거나 갱신할 때 성능이 향상된다. LRU 알고리즘으로 관리된다.

● 리두 로그 버퍼(Redo Log Buffer)

데이터베이스 데이터 블록의 모든 변경사항을 기록하며, 이러한 변경사항을 리두 항목이라고 한다. 리두 로그 버퍼는 순차적으로 채워지며, 가득 찬 후에 다시 사용되는 순환버퍼이다. 이 버퍼의 기본 목적은 복구에 사용되는 것이다.

- 대용량 풀(Large Pool)
  공유 풀의 부담을 줄이기 위한 선택적 메모리로, 공유 서버의 세션 메모리(UGA), I/O 서버 프로세스, 백업 및 복원 작업, 병렬 실행 메시지 버퍼 등의 용도로 사용된다.

## ● PGA(Program Global Area)

오라클 데이터베이스에 접속하는 각 사용자 프로세스를 위해 예약된 메모리로, 프로세스가 생성될 때 할당되며 종료될 때 할당이 해제된다. 하나의 프로세스에서만 사용되며, 정렬 영역, 세션 정보, 커서 상태, 스택 공간, 기타 세션 변수를 저장하는 요소로 구성된다.

# 19.1.4  프로세스 구조

오라클은 사용자 프로세스, 서버 프로세스, 백그라운드 프로세스의 유형이 사용된다.

## ● 사용자 프로세스(user process)

데이터베이스 사용자가 오라클 서버에 접속할 때 시작된다. 먼저 접속을 설정해야 하며, 오라클 서버와 직접 상호작용은 하지 않고 세션을 생성하고 서버 프로세스와 상호작용한다.

## ● 서버 프로세스(server process)

Oracle 인스턴스에 접속하여 사용자가 세션을 설정할 때 시작한다. 오라클 서버와 직접 상호작용하는 프로그램이다. 생성된 호출을 이행하고 결과를 반환한다. 전용 서버나 공유 서버일 수도 있다.

## ● 백그라운드 프로세스(background process)

오라클 인스턴스가 시작된 경우에 시작된다. 물리적 구조와 메모리 구조 사이의 관계를 유지하고 강화한다. DBWn, PMON, CKPT, LGWRM SMON의 필수 백그라운드 프로세스와 RECO(Recoverer), QMNn(Advanced Queuing), ARCn(Archiver), LCKn(RAC LOCK Manager.Instance Locks), LMON(RAC DLM Monitor.Global Locks), LMDn(RAC DLM Monitor.Remote Locks), CJQ0(Coordinator Job Queue background process), Dnnn(Dispatcher), Snnn(Shared Server), Pnnn(Parallel Query Slaves) 선택적 백그라운드 프로세스가 있다.

- DBWR (Database Writer)

  DBWR의 주된 기능 데이터 버퍼 캐시에 있는 더티 버퍼(dirty buffer, 원본과 내용이 다른 버퍼를 말함)를 데이터 파일에 기록한다. 서버 프로세스는 메모리상에서만 데이터를 변경하므로 디스크상에 직접 변경할 때 보다 성능이 향상된다. DBWR은 다음의 경우에 기록한다.
  - 더티 버퍼가 임계값에 도달하거나 사용 가능한 버퍼가 부족할 때
  - 시간 초과나 체크 포인트(checkpoint) 발생시
  - 테이블스페이스가 Offline 또는 Read only일 때
  - 테이블이 DROP 또는 TRUNCATE될 때
  - 테이블스페이스가 begin backup 될 경우 등

- LGWR (Log Writer)

  LGWR의 주된 기능은 리두 로그 버퍼의 내용을 리두 로그 파일에 순차적으로 기록한다. LGWR 리두 로그 파일에 기록하는 시기는 트랜잭션이 커밋될 때, 리두 로그 버퍼의 1/3이 될 때, 1MB 이상의 리두 발생시 DBWn이 기록되기전 3초마다 이다.

- SMON (System Monitor)

  SMON은 인스턴스를 자동으로 복구와 공간 유지 관리한다. 리두 로그에 있는 변경사항을 롤 포워드(roll forward)하거나 사용자 액세스를 위해 데이터베이스를 열거나 커밋되지 않은 트랜잭션을 롤백하는 인스턴스를 자동으로 복구하는 것과 데이터 파일에서 사용 가능한 공간의 인접 영역을 병합하거나 임시 세그먼트 할당을 해제하는 공간 유지 관리를 한다.

- PMON (Process Monitir)

  PMON은 트랜잭션 롤백, 테이블 또는 행 잠금 해제, 기타 자원 해제, 사용 불능 디스패처를 재시작하는 등의 실패한 프로세스에 대하여 수행한다.

- CKPT (Checkpoint)

  CKPT는 체크포인트시 DBWR에 알리고, 체크포인트 정보로 데이터 파일 헤더 갱신과 제어 파일 헤더를 갱신한다.

- ARCn(Archiver)

  ARCn은 선택적 백그라운드 프로세스로 모든 데이터베이스 변경 사항 기록을 보존한다. 데이터베이스의 아카이브 모드는 디스크 손실 후에 복구될 필요가 없는 DB를 위한 NOARCHIVELOG 모드와 실제 업무용 데이터베이스를 위한 ARCHIVELOG 모드가 있다.

# 19.2   오라클 인스턴스 관리

## 19.2.1  오라클 서버의 시작과 종료 단계

오라클 사용자를 위하여, DBA는 오라클 서버 관리를 위한 데이터베이스 인스턴스 시작 및 종료 방법을 알아야 한다. 시작과 종료의 단계는 다음과 같다.

● **시작(Startup) 단계**

①  인스턴스 시작 (Instance Start)

②  데이터베이스 마운트 (Database Mount)

③  데이터베이스 열기 (Database Open)

● **종료(Shutdown) 단계**

①  데이터베이스 닫기(Database Close)

②  데이터베이스 마운트 해제(Database Dismoint)

③  인스턴스 종료(Instance Shutdown)

## 19.2.2  오라클 서버에 로그인

오라클 서버가 설치된 컴퓨터(또는 서버)에 오라클 계정으로 로그인(Login)한다. 오라클 서버를 시작하기 위해서는 오라클에 관련된 환경 변수들이 설정되어 있어야 한다. 기본적으로 설정되어야 하는 환경 변수들은 다음과 같다.

| | |
|---|---|
| • ORACLE_HOME= <br> • ORACLE_BASE= <br> • ORACLE_SID= | • ORACLE_TERM= <br> • NLS_LANG= |

## 19.2.3  SQL*Plus 도구 실행

SQL*Plus 도구를 실행하는 방법은 다음과 같다.

| 명령어 | sqlplus /nolog         /* Oracle database 11g */ |
|---|---|

## 19.2.4 오라클 서버의 기동

SQL*Plus 도구가 실행되면 connect 명령으로 오라클 DBA관리자로 데이터베이스에 연결하고, startup 명령어로 오라클 서버를 기동한다.

| SQL〉 | connect sys/암호 as sysdba |
|---|---|
| SQL〉 | startup [ 옵션 ] |

표 19.1은 데이터베이스 인스턴스를 기동할 때 사용되는 옵션(option)이다.

| 옵 션 | 기 능 |
|---|---|
| force | • 인스턴스를 강제로 정지시키고 다시 기동 |
| restrict | • DBA 권한을 갖는 사용자만이 데이터베이스 접근 가능 |
| pfile=parmfile | • 지정된 configuration file을 사용하여 인스턴스 기동 |
| open [db_name] | • Database File의 Open 작업까지 수행 |
| recover | • 데이터베이스가 Start될 때 media recovery 수행 |
| mount | • Control File의 Open 작업까지 수행 |
| nomount | • 인스턴스만 기동시킴 |

표 19.1  데이터베이스 인스턴스 기동시 사용되는 옵션

【예제 19.01】  ▶ 오라클 데이터베이스를 기동해 보시오.

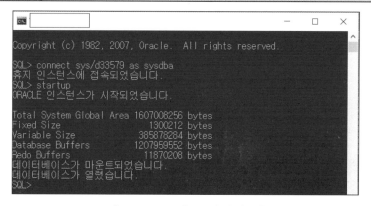

그림 19.2  오라클 서버의 기동

## 19.2.5 데이터베이스 인스턴스의 종료

오라클 서버를 종료시킬 경우, 다음의 순서대로 실행한다.

| 종료 SQL〉 | connect sys/암호 as sysdba /* the database  접속 */ |
| SQL〉 | **shutdown [옵션]**      /* shutdown 옵션 */ |
| SQL〉 | exit      /* sqlplus 종료  */ |

shutdown 종료모드 옵션으로 표 19.2와 같이 abort(A), immediate(I),
transactional(T), normal(N)이 있다.

| 종료모드 | A | I | T | N |
|---|---|---|---|---|
| 새로운 연결 허용 | No | No | No | No |
| 현재 세션이 종료될 때까지 기다림 | No | No | No | Yes |
| 현재 트랜잭션이 종료될 때까지 기다림 | No | No | Yes | Yes |
| 체크포인트 수행 및 파일 닫기 | No | Yes | Yes | Yes |

표 19.2  shutdown 종료 모드

**【예제 19.02】** ▶ 오라클 데이터베이스를 종료해 보시오.

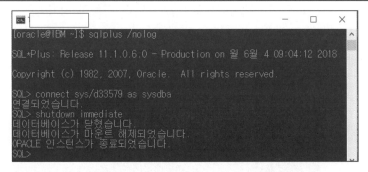

그림 19.3  오라클 서버의 종료

## 19.2.6  리스너(Listener)의 기동과 종료

클라이언트에서 오라클 데이터베이스를 사용하는 모든 사용자들은 Net8 인터페이스
를 통하여 오라클 데이터베이스와 통신을 하게 된다. 사용자들이 오라클 데이터베이
스와 접속할 수 있도록 리스너(listener)를 기동한다.

● **리스너(listener)의 기동 및 종료**

| 명령어 | lsnrctl [ start | stop | ... ] |

• start / stop : 리스너를 실행 또는 종료한다.

【예제 19.03】 ▶ 리스너(listener)를 실행하고, 종료하시오.

```
[oracle@IBM ~]$ lsnrctl start

LSNRCTL for Linux: Version 11.1.0.6.0 - Production on 04-6월 -2018 09:21:57

Copyright (c) 1991, 2007, Oracle.  All rights reserved.

시작 /oracle/11g/bin/tnslsnr: 잠시만 기다리세요...

TNSLSNR for Linux: Version 11.1.0.6.0 - Production
시스템 매개변수 파일은 /oracle/11g/network/admin/listener.ora 입니다
/oracle/diag/tnslsnr/ibm/listener/alert/log.xml (으)로 로그 메시지를 기록했습니다
리스닝이: (DESCRIPTION=(ADDRESS=(PROTOCOL=ipc)(KEY=EXTPROC1521)))
리스닝이: (DESCRIPTION=(ADDRESS=(PROTOCOL=tcp)(HOST=ibm.ync.ac.kr)(PORT=1521)))

(DESCRIPTION=(ADDRESS=(PROTOCOL=IPC)(KEY=EXTPROC1521)))에 연결되었습니다
리스너의 상태
------------------------------------------
별칭                        LISTENER
버전                        TNSLSNR for Linux: Version 11.1.0.6.0 - Production
시작 날짜                   04-6월 -2018 09:21:57
업타임                      0 일 0 시간. 0 분. 0 초
트레이스 수준               off
보안                        ON: Local OS Authentication
SNMP                        OFF리스너 매개변수 파일   /oracle/11g/network/admin/listener.ora
리스너 로그 파일            /oracle/diag/tnslsnr/ibm/listener/alert/log.xml
끝점 요약 청취 중...
  (DESCRIPTION=(ADDRESS=(PROTOCOL=ipc)(KEY=EXTPROC1521)))
  (DESCRIPTION=(ADDRESS=(PROTOCOL=tcp)(HOST=ibm.ync.ac.kr)(PORT=1521)))
리스너는 서비스를 지원하지 않습니다
명령이 성공적으로 수행되었습니다
[oracle@IBM ~]$
```

그림 19.4  리스너 실행

```
[oracle@IBM ~]$ lsnrctl stop

LSNRCTL for Linux: Version 11.1.0.6.0 - Production on 04-6월 -2018 09:21:00

[oracle@IBM ~]$

(DESCRIPTION=(ADDRESS=(PROTOCOL=IPC)(KEY=EXTPROC1521)))에 연결되었습니다
명령이 성공적으로 수행되었습니다
[oracle@IBM ~]$
```

그림 19.5  리스너 종료

# 19.3  테이블스페이스 및 데이터 파일 관리

그림 19.6과 같이 디스크의 물리적인 영역에 저장되는 O/S 블록의 데이터 파일은 테이블스페이스를 구성하는 논리적인 공간 영역으로, 오라클 데이터베이스, 테이블스페이스, 세그먼트(segment), 익스텐트(extent), 오라클 블록(oracle block)의 계층적인 5개의 단위로 구성되어 있다. 관리자는 논리적인 구조의 테이블스페이스를 물리적인 영역에 생성한다.

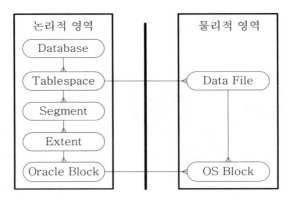

그림 19.6  데이터베이스 스토리지 계층구조

● 테이블스페이스(tablespace)는 오라클 데이터베이스를 구성하는 논리적 공간 영역으로 객체내 실제 데이터를 저장하는 공간이다. 이것은 데이터베이스의 물리적인 부분이며, 세그먼트로 관리되는 모든 DBMS에 대해 저장소를 할당한다.
● 데이터베이스 세그먼트는 데이터베이스 객체중의 하나이며, 테이블이나 인덱스와 같이 물리적 공간을 점유한다. 테이블스페이스는 한번 생성되면 데이터베이스 세그먼트 생성 시 이름으로 참고된다.

| 구 조 명 | 내　용 |
|---|---|
| Database | 여러 개의 테이블스페이스 집합 |
| Tablespace | 여러 개의 테이블, 인덱스가 저장된 공간 |
| Segment | 테이블, 인덱스, 뷰 등 |
| Extent | 하나의 테이블, 인덱스를 구성하는 요소 |
| Oracle Block | 하나의 익스텐트를 구성하는 요소, 오라클 저장구조의 가장 작은 입출력 단위 |

표 19.3  오라클 데이터베이스의 논리적인 구조

## 19.3.1  테이블스페이스의 종류

테이블스페이스는 시스템 테이블스페이스와 비시스템 테이블스페이스로 구분한다.
● 시스템 테이블스페이스는 데이터베이스와 함께 생성되며, 필수 테이블스페이스이다.
● 비시스템 테이블스페이스는 유연한 데이터베이스 관리를 위해 필요하며, 데이터의 분리저장 방법이 제공되고, 사용자에게 할당된 공간의 크기를 제어할 수 있다.

## 19.3.2 테이블스페이스의 생성

CREATE TABLESPACE문은 새로운 테이블스페이스를 생성할 수 있다.

| 문법 | CREATE TABLESPACE 테이블스테이스명<br>DATAFILE 'datafile1' [. 'datafile2', ··· ]<br>[ MINIMUM EXTENT integer {K \| M} ]<br>[ LOGGING] [NOLOGGING ]<br>[ DEFAULT storage_clause ]<br>[ ONLINE \| OFFLINE]<br>[ PERMANENT \| TEMPORARY ]<br>[ extent_management_clause ]; |
|---|---|

| 【예제 19.04】 | ▶ 'tblspace1' 테이블스페이스를 생성하시오. 단, 크기는 100MB, 데이터 파일명은 tblspace1.dbf이다. |
|---|---|

```
SQL> CREATE TABLESPACE tblspace1
  2    DATAFILE '/oracle/oradata/stud/tblspace1.dbf' SIZE 100M
  4    MINIMUM   EXTENT  500K
  5    DEFAULT   STORAGE ( INITIAL      500K
  6                        NEXT         500K
  7                        MAXEXTENTS   500
  8                        PCTINCREAASE 0);

테이블스페이스가 생성되었습니다.

SQL>
```

## 19.3.3 언두 테이블스페이스

언두 테이블스테이스(undo tablespace)는 언두 세그먼트를 저장하고, 자동 언두 관리 기법과 함께 사용한다. 다른 객체를 포함할 수 없으며, extent가 지역적으로 관리된다. CREATE UNDO TABLESPACE문으로 생성하며, DATAFILE절과 EXTENT MANAGEMENT질만 사용할 수 있다.

| 문법 | CREATE UNDO TABLESPACE 언두테이블스테이스명<br>DATAFILE '/···/undotbs.dbf' SIZE nnnM; |
|---|---|

| 【예제 19.05】 | ▶ undo_space1 언두 테이블스페이스를 생성하시오. 단, 크기는 100MB, 데이터 파일명은 undo_space1.dbf이다. |

```
SQL> CREATE UNDO TABLESPACE undo_space1
  2  DATAFILE '/oracle/oradata/stud/undo_space1.dbf' SIZE 100M;
```

테이블스페이스가 생성되었습니다.

```
SQL>
```

## 19.3.4  임시 테이블스페이스의 생성 및 관리

임시 테이블스페이스(temporary tablespace)는 정렬 작업시 생성되는 임시 세그먼트를 저장하기 위한 테이블스페이스로, 영구 객체를 포함할 수 없다. 지역적으로 관리되는 임시 테이블스페이스를 생성한다. 지역적으로 관리되는 임시 테이블스페이스의 EXTENT 크기(UNIFORM SIZE)는 SORT_AREA_SIZE의 배수로 설정한다. 모든 데이터베이스에서 사용되는 기본 임시 테이블스페이스를 지정해야 한다.

● **임시 테이블스페이스의 생성 구문**

| 문법 | CREATE TEMPORARY TABLESPACE 임시테이블스테이스명<br>    TEMPFILE '/···/tempfile1.dbf' SIZE nnnM<br>    EXTENT MANAGEMENT LOCAL<br>    UNIFORM SIZE    nnM; |

● **기본 임시 테이블스페이스 제한사항**

① 새 기본값을 사용할 수 있을 때까지 기본 임시 테이블스페이스를 삭제할 수 없다.
② 오프라인(offline)으로 설정할 수 없다.
③ 영구 테이블스페이스로 변경할 수 없다.

| 【예제 19.06】 | ▶ temp01 임시 테이블스페이스를 생성하시오. 단, 크기는 300MB, UNIFORM SIZE 10MB, 데이터 파일명은 temp01.dbf이다. |

```
SQL> CREATE TEMPORARY TABLESPACE temp01
  2      TEMPFILE '/oracle/oradata/stud/temp01.dbf' SIZE 300M
  3      EXTENT MANAGEMENT LOCAL  UNIFORM SIZE 10M;
```

테이블스페이스가 생성되었습니다.

**【예제 19.07】** ▶ 기본 임시 테이블스페이스를 검색하시오.

```
SQL> SELECT *
  2  FROM    DATABASE_PROPERTIES;

PROPERTY_NAME          PROPERTY_VALUE  DESCRIPTION
-------------------- ------.....----------- ------------------------
.....
DEFAULT_TEMP_TABLESP TEMP               Name of default temporary
ACE                                     tablespace
.....
32 개의 행이 선택되었습니다

SQL>
```

※ 기본 임시 테이블스페이스를 검색하려면 DATABASE_PROPERTIES로부터 질의한다.


## 19.3.5  테이블스페이스의 크기 조정

기존의 테이블스페이스 크기의 조정은 ALTER TABLESPACE문으로 데이터 파일의 크기를 변경하거나 데이터 파일을 추가한다.

● **데이터 파일의 크기 변경**

기존의 테이블스페이스에 대하여 데이터 파일의 크기를 변경은 자동과 수동 두 가지 방법이 있다.

1) **데이터 파일의 자동크기 조정 활성화**

자동 방법은 데이터 파일에 AUTOEXTENT ON절을 사용한다.

| 문법 | ALTER TABLESPACE 테이블스페이스명<br>    ADD DATAFILE '경로 및 파일명' SIZE nnnM<br>    AUTOEXTENT ON<br>    NEXT        nnM<br>    MAXSIZE     nnnM; |
|---|---|

2) **수동으로 데이터 파일의 자동크기 조정**

수동 방법은 ALTER DATABASE DATAFILE···RESIZE···문을 사용한다.

| 문법 | ALTER DATABASE DATAFILE '경로 및 파일명.dbf' RESIZE nnM; |
|---|---|

## ● 데이터 파일 추가

기존의 테이블스페이스에 대하여 데이터 파일을 추가한다.

| 문법 | ALTER TABLESPACE 테이블스페이스명<br>ADD DATAFILE '경로 및 파일명' SIZE nnM; |
|------|--------------------------------------------------------|

| 【예제 19.08】 | ▶ tblspace1 테이블스페이스 크기를 자동 조정하여 활성화하도록 수정하시오. |
|---------------|-----------------------------------------------------------------|

```
SQL> ALTER TABLESPACE tblspace1
  2     ADD DATAFILE '/oracle/oradata/stud/tblspace1.dbf' SIZE 100M
  3         AUTOEXTEND   ON
  4         NEXT         10M
  5         MAXSIZE      200M;

테이블스페이스가 변경되었습니다.

SQL>
```

| 【예제 19.09】 | ▶ tblspace1 테이블스페이스의 크기를 200MB로 수정하시오. |
|---------------|----------------------------------------------------|

```
SQL>  ALTER DATABASE DATAFILE
  2    '/oracle/oradata/stud/tblspace1.dbf' RESIZE 200M;

데이터베이스가 변경되었습니다.

SQL>
```

※ OS 명령어로 데이터 파일을 조회하면 파일의 크기가 조정된 것을 확인할 수 있다.

| 【예제 19.10】 | ▶ tbl_space1 테이블스페이스에 tblspace2.dbf 파일을 추가하시오. 단 파일의 크기는 100MB로 지정한다. |
|---------------|----------------------------------------------------------------------------------|

```
SQL> ALTER TABLESPACE tblspace1
  2 ADD DATAFILE '/oracle/oradata/stud/tblspace2.dbf' SIZE 100M;

테이블스페이스가 변경되었습니다.

SQL>
```

## 19.3.6 데이터 파일의 이동과 변경

### ● 데이터 파일의 이동

데이터 파일이 존재하고, 테이블스페이스가 오프라인일 경우 ALTER TABLESPACE 문으로 데이터 파일을 이동할 수 있다.

| 문법 | ALTER TABLESPACE 테이블스페이스명<br>　　RENAME DATAFILE '원본파일명' TO '이동할파일명'; |
|------|------|

### ● 데이터 파일명 변경

대상 데이터 파일이 존재하고, 데이터베이스가 마운트 상태일 때 ALTER DATABASE 문으로 데이터 파일의 이름을 변경할 수 있다.

| 문법 | ALTER DATABASE<br>　　RENAME　FILE '원본파일' TO '변경파일명'; |
|------|------|

## 19.3.7 테이블스페이스의 삭제

DROP TABLESPACE문으로 테이블스페이스를 삭제할 수 있다. 테이블스페이스를 삭제할 때는 UNIX 등의 'rm'과 같은 운영체제 명령어로 삭제하면 안 된다. 반드시 DROP TABLESPACE문으로 삭제해야 한다.

### ● DROP TABLESPACE 문은

- 데이터 딕셔너리 내의 테이블스페이스 정보를 제거한다.
- 테이블스페이스에 저장된 내용을 데이터 딕셔너리에서 제거한다.

| 문법 | DROP TABLESPACE 테이블스페이스명 INCLUDING CONTENTS AND DATAFILES; |
|------|------|

| 【예제 19.11】 | ▶ tblspace1 테이블스페이스를 삭제하시오. |
|------|------|

SQL> DROP TABLESPACE tblspace1 INCLUDING CONTENTS AND DATAFILES;

테이블스페이스가 삭제되었습니다.

SQL>

## 19.3.8  테이블스페이스의 조회

테이블스페이스에 대한 정보나 데이터 파일 정보, 임시파일정보를 조회할 수 있다.

① 테이블스페이스 정보 조회를 위한 객체명

- DBA_TABLESPACES, V$TABLESPACE

② 데이터 파일 정보 조회를 위한 객체명

- DBA_DATA_FILES, V$DATAFILE

③ 임시 테이블스페이스 정보 조회를 위한 객체명

- DBA_TEMP_FILES, V$TEMPFILE

---

**【예제 19.12】  ▶ 테이블스페이스의 정보를 조회하시오.**

```
SQL> SELECT * FROM V$TABLESPACE;

        TS# NAME                                    INC BIG FLA ENC
---------- ------------------------------- --- --- --- ---
          0 SYSTEM                                  YES NO  YES
          1 SYSAUX                                  YES NO  YES
          2 UNDOTBS1                                YES NO  YES
          4 USERS                                   YES NO  YES
          3 TEMP                                    NO  NO  YES
          ......
16 개의 행이 선택되었습니다.

SQL>
```

---

**【예제 19.13】  ▶ 데이터 파일명, 크기에 대한 정보를 조회하시오.**

```
SQL> SELECT NAME,BYTES FROM V$DATAFILE;

NAME                                       BYTES
------------------------------------ ----------
/oracle/oradata/ora11/system01.dbf   744488960
/oracle/oradata/ora11/sysaux01.dbf   724828160
/oracle/oradata/ora11/undotbs01.dbf   73400320
......
13 개의 행이 선택되었습니다.

SQL>
```

**【예제 19.14】** ▶ 임시 테이블스페이스의 정보를 조회하시오.

```
SQL> SELECT NAME, BYTES FROM V$TEMPFILE;

NAME                                    BYTES
-----------------------------------  ----------
/oracle/oradata/ora11/temp01.dbf      38797312
/oracle/oradata/ora11/temp02.dbf     314572800

SQL>
```

### 19.3.9  테이블스페이스와 데이터 파일의 고력 사항

테이블스페이스를 사용하기 위한 지침은 다음과 같다.

① 여러 개의 테이블스페이스를 사용한다.
- 사용자 데이터를 데이터 딕셔너리 데이터와 분리한다.
- 데이터 세그먼트(테이블, 파티션 등)를 인덱스 세그먼트와 분리한다.
- 롤백 세그먼트와 데이터 세그먼트 분리한다.
- 각 테이블스페이스의 데이터 파일을 별도의 디스크로 분리한다.
- 특별한 작업(다량의 갱신 작업, 읽기 전용 작업 등)을 위한 별도의 테이블스 테이스를 사용한다.

② 테이블스페이스에 대한 기본 스토리지 파라미터를 지정한다.

③ 사용자에게 테이블스페이스의 할당량을 지정한다.

④ 데이터 파일 생성, 수정, 삭제 시 파일 이름에 디렉토리 경로를 포함시킨다.

⑤ MINIMUM EXTENTS 옵션 사용으로 단편화 제어한다.

⑥ 지역적으로 관리되는 EXTENT 사용을 권장한다.

⑦ 테이블스페이스당 1023개의 데이터 파일을 허용한다.

## 19.4  사용자 관리

사용자에 관한 관리로 사용자 이름과 비밀번호, 사용자 객체에 관한 관리 방법을 다룬다. 이러한 관리는 DBA 권한을 갖은 사람만이 할 수 있다. 오라클 데이터베이스는 모든 테이블, 뷰, 인덱스 등과 같은 객체를 사용자 단위로 생성하고 관리한다.

## 19.4.1  데이터베이스 스키마 개요

데이터베이스 스키마란 특정 사용자에 연결된 객체의 명명된 모음으로, 데이터베이스 사용자 생성 시 해당 사용자와 동일한 이름을 가진 스키마를 생성하고, 사용자는 동일한 이름의 스키마만 연결되므로 사용자 이름과 스키마 이름이 때에 따라 교환되어 사용된다. 데이터베이스 스키마는 Tables, Triggers, Constraints, Indexes, Views, Sequences, Strored Program Units, Synonyms, User-Defined data types, Database links가 있다.

## 19.4.2  오라클 사용자 생성

오라클 데이터베이스를 설치하면 기본적으로 SYS, SYSTEM, SCOTT 사용자는 기본적으로 생성되며, 각 사용자는 자신이 생성한 테이블이나, 뷰, 인덱스를 관리한다. CREATE USER문은 오라클 데이터베이스의 사용자를 생성한다.

| 문법 | CREATE   USER         유저명         IDENTIFIED BY 패스워드<br>DEFAULT   TABLESPACE   테이블스페이스명<br>TEMPORARY   TABLESPACE   임시테이블스페이스명<br>[ QUOTA   n M ON         사용자명]<br>PASSWORD   EXPIRE; |
|------|---|

※ "PASSWORD EXPIRE"는 사용자가 SQL*Plus를 사용하여 오라클 데이터베이스에 로그인할 때 암호를 재설정하도록 한다.

● **사용자를 생성하기 위한 점점사항으로**
① 사용자 이름 및 인증 방식을 선택한다.
② 사용자가 객체를 저장해야 하는 테이블스페이스를 확인한다.
③ 각 테이블스페이스에 대한 할당량을 결정한다.
④ 기본 테이블스페이스 및 임시 테이블스페이스를 할당한다.
⑤ 사용자를 생성한다.
⑥ 사용자에게 권한 및 룰을 부여한다.

● **사용자 생성에 대한 고려 사항으로**
① 기본적으로 표준 암호 인증 방식인 데이터베이스 인증을 사용하고, 필요한 경우에는 OS인증을 사용한다.
② EXPIRE 키워드를 사용하여 사용자가 암호를 재설정하도록 한다.

③ 대부분의 경우 기본 테이블스페이스(default tablespace)를 지정한다.

④ 항상 임시 테이블스페이스(temporary tablespace)를 할당한다.

⑤ 연결방법과 암호 변경 방법에 대한 사용자 교육을 실시한다.

| 【예제 19.15】 | ▶ 오라클 계정은 stud, 암호는 pass로 사용자를 생성하시오. Default 테이블스페이스는 tblspace1, 임시 테이블스페이스는 temp02로 한다. |
|---|---|

```
SQL> CREATE USER stud IDENTIFIED BY pass
  2         DEFAULT    TABLESPACE tblspace1
  3         TEMPORARY TABLESPACE temp02;

사용자가 생성되었습니다.

SQL>
```

## 19.4.3  오라클 사용자 삭제

기존의 오라클 사용자는 DROP USER문으로 삭제할 수 있다. 스키마가 객체를 포함하고 있으면 CASCADE절을 사용한다. 현재 오라클 서버에 연결되어 있는 사용자는 삭제할 수 없다.

| 문법 | DROP USER 사용자명 CASCADE; |
|---|---|

| 【예제 19.16】 | ▶ 'stud'이라는 오라클 사용자를 삭제하시오. |
|---|---|

```
SQL> DROP USER STUD CASCADE;

사용자가 삭제되었습니다.

SQL>
```

## 19.4.4  오라클 사용자 정보 수정

ALTER USER문으로 오라클 데이터베이스 사용자의 암호를 변경할 수 있다.

● **사용자 암호 변경**

오라클 사용자에 대한 패스워드(암호)를 수정할 수 있다.

| 문법 | ALTER USER 사용자명 IDENTIFIED BY 패스워드 ; |
|------|------------------------------------------------|

【예제 19.17】 ▶ stud 사용자의 암호를 pass11로 변경하시오.

SQL> ALTER USER stud IDENTIFIED BY pass11;

사용자가 변경되었습니다.

SQL>

## 19.4.5  오라클 사용자 정보 조회

오라클 사용자명, 테이블스페이스 지정, 사용자별 객체현황을 조회할 수 있다.

● **오라클 사용자명 조회**

| 문법 | SELECT * FROM ALL_USERS; |
|------|---------------------------|

● **오라클 사용자명 정보 조회**

| 문법 | SELECT USERNAME, DEFAULT_TABLESPACE, TEMPORARY_TABLESPACE<br>FROM    DBA_USERS; |
|------|---------------------------------------------------------------------------------|

● **사용자(user)별 객체 보유 현황 조회**

| 문법 | SELECT OBJECT_NAME, OBJECT_TYPE<br>FROM    DBA_OBJECTS<br>WHERE   OWNER = '사용자명'; |
|------|--------------------------------------------------------------------------------------|

【예제 19.18】 ▶ Oracle 서버에 생성된 사용자명을 모두 출력하시오.

SQL> SELECT * FROM ALL_USERS;

```
USERNAME                              USER_ID CREATED
------------------------------     ---------- --------
SYS                                         0 07/08/03
SYSTEM                                      5 07/08/03
......
214 개의 행이 선택되었습니다.

SQL>
```

| 【예제 19.19】 | ▶ 사용자별 할당된 테이블스페이스, 임시 테이블스페이스를 조회하시오. |
|---|---|

```
SQL> SELECT USERNAME, DEFAULT_TABLESPACE, TEMPORARY_TABLESPACE
  2  FROM   DBA_USERS;

USERNAME          DEFAULT_TABLESPACE     TEMPORARY_TABLESPACE
----------------- ---------------------- ----------------------
SCOTT             USERS                  TEMP
ORACLE_OCM        USERS                  TEMP
OLAPSYS           SYSAUX                 TEMP
......
214 개의 행이 선택되었습니다.

SQL>
```

| 【예제 19.20】 | ▶ 'STUD' 사용자에 대한 객체 보유 현황을 조회하시오. |
|---|---|

```
SQL> SELECT OBJECT_NAME, OBJECT_TYPE
  2  FROM   DBA_OBJECTS
  3  WHERE  OWNER = 'STUD';

OBJECT_NAME                  OBJECT_TYPE
---------------------------  ------------------
GRADE_CAL                    FUNCTION
SG_SCORES_CHANGE_LOG         TRIGGER
......
32 개의 행이 선택되었습니다.

SQL>
```

# 19.5  권한 관리

권한(privilege)이란 특정 유형의 SQL문을 실행할 수 있는 권리나 다른 사용자의 객체를 사용할 수 있는 권리를 의미하며, 시스템 권한과 객체 권한이 있다. GRANT문은 권한을 부여하고, REVOKE문은 권한을 해제한다.

오라클 사용자가 생성되면, 오라클 서버에 접속하여 SQL문이나 PL/SQL 블록 등을 사용할 수 있는 오라클 사용자에게 권한을 부여해야 한다.

## 19.5.1  시스템 권한 개요

시스템 권한은 사용자가 데이터베이스에서 특정 작업을 수행할 수 있도록 하는 것으로 약 126개 종류가 있다. 표 19.4와 같이 권한에 포함된 ANY 키워드는 사용자가 모든 스키마에 대한 권한을 의미한다.

| 구 분 | 권 한 예 |
|---|---|
| INDEX | CREATE ANY INDEX, ALTER ANY INDEX, DROP ANY INDEX, |
| TABLE | CREATE TABLE,     CREATE ANY TABLE, ALTER  ANY TABLE, DROP   ANY TABLE, SELECT ANY TABLE, UPDATE ANY TABLE DELETE ANY TABLE |
| SESSION | CREATE SESSION, ALTER  SESSION, RESTRICTED SESSION |
| TABLESPACE | CREATE TABLESPACE,   ALTER TABLESPACE, DROP TABLESPACE, UNLIMITED TABLESPACE |

표 19.4  시스템 권한에 대한 범주와 예

● **시스템 권한에 대한 고려사항**

① CREATE TABLE, CREATE PROCEDURE, CREATE CLUSTER 권한은 객체 삭제 권한을 포함한다.

② CREATE TABLE 권한은 CREATE INDEX, ANALYZE의 권한을 포함한다.

③ UNLIMITED TABLESPACE는 롤에 부여되지 못한다.

④ 테이블을 자르기(TRUNCATE) 위해서는 DROP ANY TABLE 권한이 필요하다.

## 19.5.2  시스템 권한 부여

사용자에게 GRANT문으로 시스템 권한을 부여한다. ADMIN OPTION 권한을 부여받은 사용자는

- ADMIN OPTION을 사용하여 시스템이나 롤에 권한을 부여할 수 있으며,
- GRANT ANY ROLE 시스템 권한을 부여받은 사용자는 데이터베이스 내의 모든 롤을 부여할 수 있다.

| 문법 | GRANT [ 시스템권한 ] TO [ 사용자명 ㅣ PUBLIC ]<br>WITH ADMIN OPTION; |
| --- | --- |

※ public을 사용하면 모든 사용자에게 권한이 부여된다.

| 【예제 19.21】 | ▶ 'stud'의 새로운 사용자에 대하여 오라클 서버 접속, 모든<br>스키마에 대한 권한을 부여하시오. |
| --- | --- |

SQL> GRANT RESOURCE, CREATE SESSION, CREATE TABLE TO stud;

권한이 부여되었습니다.

SQL>

## 19.5.3  시스템 권한 취소

사용자에게 GRANT문을 사용하여 사용자에게 부여한 권한만 REVOKE문으로 취소할 수 있다. 시스템 권한 취소는 종속 객체에 영향을 줄 수 있다.

| 문법 | REVOKE [ 시스템권한 ] FROM [ 사용자명 ]; |
| --- | --- |

| 【예제 19.22】 | ▶ 'stud' 사용자에 부여된 resource 권한을 제거하시오. |
| --- | --- |

SQL> REVOKE CREATE TABLE FROM stud;

권한이 취소되었습니다.

SQL>

## 19.5.4  객체 권한 부여

객체는 테이블, 뷰, 시퀀스, 프로시저이다. 객체 권한이란 사용자로부터 다른 사용자에게 객체 사용에 관한 허락을 의미한다. 객체 권한은 표 19.5와 같이 사용자가 특정 객체를 액세스 및 조작할 수 있도록 한다.

| 객체 권한 | 테이블 | 뷰 | 시퀀스 | 프로시저 |
|---|---|---|---|---|
| ALTER | √ | | √ | |
| DELETE | √ | √ | | |
| EXECUTE | | | | √ |
| INDEX | √ | | | |
| INSERT | √ | √ | | |
| REFERENCES | √ | | | |
| SELECT | √ | √ | √ | |
| UPDATE | √ | √ | | |

표 19.5 객체 권한

GRANT문으로 객체 권한을 부여하려면 해당 객체가 사용자 스키마 내에 있거나 WITH GRANT OPTION 권한을 부여받은 상태이어야 한다. 객체를 소유하는 경우 객체에 대한 모든 권한이 자동으로 부여된다.

| 문법 | GRANT [ 객체권한 ] (칼럼1, ···) ON [ 객체명 ] TO [ 사용자명 ]<br>WITH GRANT OPTION; |
|---|---|

| 【예제 19.23】 | ▶ Department 테이블에 대하여 scott에게 SELECT 객체 권한을<br>부여하고, 확인하시오. |
|---|---|

SQL> GRANT SELECT ON Department TO scott;

권한이 부여되었습니다.

SQL> SELECT * FROM STUD.Department;  ☜ scott사용자로 로그온

DEPT_ID       DEPT_NAME              DEPT_TEL
------------  --------------------   ---------------
컴공          컴퓨터공학과            765-4100
정통          정보통신공학과          765-4200
······

SQL>

## 19.5.5  객체 권한 취소

객체 권한의 취소는 REVOKE문으로 취소할 수 있다.

| 문법 | REVOKE [ 객체권한 ] ON [ 객체명 ] FROM [ 사용자명 ]<br>CASCADE CONSTRAINTS; |

※ cascade; 테이블이 존재할 경우 사용자가 객체(object)를 소유하고 있으면 사용자를 삭제할 수 없다. 이때 그림 19.7과 같이 사용자명 뒤에 cascade를 사용하면, 사용자와 그 사용자가 소유하고 있는 모든 객체를 삭제할 수 있다.

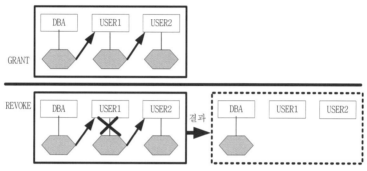

그림 19.7　WITH GRANT OPTION을 사용한 객체 권한 취소

| 【예제 19.24】 | ▶ scott 사용자에게 Department 테이블의 SELECT 권한을 취소하고, 확인하시오. |

```
SQL> REVOKE SELECT ON Department FROM scott;

권한이 취소되었습니다.

SQL> SELECT * FROM scott.DEPARTMENT;
SELECT * FROM scott.DEPARTMENT
                    *
1행에 오류:
ORA-00942: 테이블 또는 뷰가 존재하지 않습니다.

SQL>
```

# 19.6　롤 관리

## 19.6.1　롤 관리

롤(role)이란 오라클 사용자나 다른 롤에 부여된 관련 권한의 명명된 그룹을 말한다. 오라클이 설치되면 자동적으로 생성되는 시스템의 기본 롤의 종류는 표 19.6과 같다.

| 롤의 종류 | 롤의 내용 |
|---|---|
| CONNECT | ALTER SESSION, CREATE CLUSTER, CREATE TABLE, CREATE INDEX ··· 등의 8가지 권한 |
| RESOURCE | CREATE PROCEDURE, CREATE TRIGGER 등 20여 권한 |
| DBA, SYSDBA | 데이터베이스의 모든 권한 |
| SYSOPER | SYSTEM 사용자와 동일한 권한 |
| EXP_FULL+DATABASE | 데이터베이스 익스포트 권한 |
| IMP_FULL_DATABASE | 데이터베이스 임포트 권한 |
| DELETE_CATALOG_ROLE | 데이터 딕셔너리 테이블에 대한 DELETE 권한 |
| EXECUTE_CATALOG_ROLE | 데이터 딕셔너리 테이블에 대한 EXECUTE 권한 |
| SELECT_CATALOG_ROLE | 데이터 딕셔너리 테이블에 대한 SELECT 권한 |

표 19.6 미리 정의된 롤

## 19.6.2 롤 작성

CREATE ROLE문으로 사용자에게 부여할 롤을 생성할 수 있다(①). ②는 룰을 활성화할 때 비밀번호 확인이 필요하지 않을 경우 생략할 수 있고, ③은 룰을 활성화하기 전에 운영체제에서 사용자에 대한 인증해야 하는 경우이다.

| 문법 | ① CREATE ROLE [롤명] IDENTIFIED BY [비밀번호]; <br> ② CREATE ROLE [롤명] NOT IDENTIFIED; <br> ③ CREATE ROLE [롤명] IDENTIFIED EXTERNALLY; |
|---|---|

## 19.6.3 롤 수정

ALTER ROLE문으로 사용자에게 부여할 생성된 롤을 변경할 수 있다.

| 문법 | ① ALTER ROLE [롤명] IDENTIFIED BY [비밀번호]; <br> ② ALTER ROLE [롤명] NOT IDENTIFIED; <br> ③ ALTER ROLE [롤명] IDENTIFIED EXTERNALLY; |
|---|---|

## 19.6.4 롤 할당

GRANT문으로 사용자에 대하여 롤을 할당할 수 있다. WITH ADMIN OPTION 옵션을 사용하여 롤을 부여한 경우 롤을 부여받은 사용자는 다른 사용자에게 롤을 부여하거나 취소할 수 있고, 변경하거나 삭제할 수 있다.

| 문법 | GRANT [롤] TO [사용자명] WITH ADMIN OPTION; |
| --- | --- |

---

**【예제 19.25】** ▶ stud 사용자에게 connect와 resource 롤을 부여하시오.

SQL> GRANT CONNECT, RESOURCE TO STUD;

권한이 부여되었습니다.

SQL>

---

## 19.6.5 롤 취소

ROVOKE문으로 사용자의 롤을 취소할 수 있다. PUBLIC을 사용하면 모든 사용자의 권한이나 롤을 취소한다.

| 문법 | ① REVOKE [롤] FROM 사용자명; <br> ② REVOKE [롤] FROM PUBLIC; |
| --- | --- |

---

**【예제 19.26】** ▶ stud 사용자에게 부여된 resource 롤을 제거하시오.

SQL> REVOKE resource FROM scott1;

권한이 취소되었습니다.

SQL>

---

## 19.6.6 롤 정보 조회

표 19.7을 참고하여 롤 뷰로부터 롤의 정보를 조회할 수 있다.

● DBA_ROLES, DBA_ROLE_PRIVS, DBA_SYS_PRIVS, ROLE_TAB_PRIVS 뷰는 시스템관리자로 조회가 가능하고,

● ROLE_ROLE_PRIVS, ROLE_SYS_PRIVS, ROLE_SYS_PRIVS 뷰는 사용자도 조회할 수 있다.

| 롤 뷰 | 설　명 |
|---|---|
| DBA_ROLES | 데이터베이스에 존재하는 모든 롤 |
| DBA_ROLE_PRIVS | 사용자 및 롤에 부여된 롤 |
| ROLE_TAB_PRIVS | 롤에 부여된 테이블 권한 |
| * ROLE_ROLE_PRIVS | 롤에 부여된 롤 |
| * ROLE_SYS_PRIVS | 롤에 부여된 시스템 권한 |
| * ROLE_SYS_PRIVS | 사용자가 현재 활성화한 롤 |

표 19.7　미리 정의된 롤

**【예제 19.27】** ▶ stud 사용자가 현재 활성화한 롤의 권한을 조회하시오.

```
SQL> SELECT * FROM ROLE_SYS_PRIVS;

ROLE          PRIVILEGE              ADMIN_
------------  --------------------   ------

RESOURCE      CREATE SEQUENCE        NO
RESOURCE      CREATE TRIGGER         NO
......
9 개의 행이 선택되었습니다.

SQL>
```

# 19.7　관리자로 오라클 사용자 생성

SQL문과 PL/SQL 블록을 실행하기 위하여 오라클 사용자 계정이 필요하다. 이 작업은 오라클 시스템 관리자로 접속하여 실행하여야 한다.

## 19.7.1　테이블스페이스 생성

먼저 테이블스페이스를 생성해야 한다. 생성 폴더 위치는 운영체제에 따라 다를 수 있다. 생성하는 사용자 수에 따라 크기를 늘리거나 복수 개를 생성하여 사용할 수도 있다.

| 기본 테이블스페이스명 | 기본 테이블스페이스크기 | 생성 폴더 또는 경로 위치 |
|---|---|---|
| educ11.dbf | 300MB | /oracle/oradata/stud |

표 19.8　기본 테이블스페이스 생성 항목

【예제 19.27】 ▶ 표 19.8를 참고하여 테이블스페이스를 생성하시오.

```
SQL> CREATE TABLESPACE educ11
  2  DATAFILE '/oracle/oradata/stud/educ11.dbf' SIZE 300M;

테이블스페이스가 생성되었습니다.

SQL>
```

## 19.7.2  임시 테이블스페이스 생성

임시 테이블 스페이스를 생성한다.

| 임시 테이블스페이스명 | 임시 테이블스페이스크기 | 생성 폴더 또는 경로 위치 |
|---|---|---|
| temp11.dbf | 200MB | /oracle/oradata/stud |

표 19.9　임시 테이블스페이스 생성 항목

【예제 19.28】 ▶ 표 19.9를 참고하여 임시 테이블스페이스를 생성하시오.

```
SQL> CREATE TEMPORARY TABLESPACE TEMP11
  2  TEMPFILE '/oracle/oradata/stud/TEMP11.DBF' SIZE 50M
  3  EXTENT MANAGEMENT LOCAL UNIFORM SIZE 1M;

테이블스페이스가 생성되었습니다.

SQL>
```

## 19.7.3  사용자 생성

오라클 사용자를 생성한다. 복수의 오라클 사용자를 생성할 경우 사용자명과 암호를 다르게 부여한다.

| 테이블스페이스명 | 임시 테이블스페이스명 | 사용자명 | 암호 |
|---|---|---|---|
| educ11 | temp11 | stud | pass |

표 19.10　오라클 사용자 생성 항목

**【예제 19.29】** ▶ 표 19.10을 참고하여 오라클 사용자를 생성하시오.

```
SQL> CREATE USER stud IDENTIFIED BY pass
  2           DEFAULT TABLESPACE educ11
  3           TEMPORARY TABLESPACE temp11;

사용자가 생성되었습니다.

SQL>
```

## 19.7.4  사용자 권한과 롤 권한 부여

오라클 사용자에게 객체 권한과 롤 권한을 부여한다. 복수의 오라클 사용자인 경우 동일하게 객체 권한과 롤 권한을 부여한다.

| 사용자명/암호 | 객체 권한 | 롤 권한 |
|---|---|---|
| stud/pass | CREATE ANY TABLE, CREATE VIEW | CONNECT, RESOURCE |

표 19.11  사용자를 위한 객체 권한과 롤 권한 항목

**【예제 19.30】** ▶ 표 19.11를 참고하여 사용자에 대한 시스템 권한을 부여하시오.

```
SQL> GRANT CREATE ANY TABLE, CREATE VIEW  TO STUD;

권한이 부여되었습니다.

SQL>
```

**【예제 19.31】** ▶ 표 19.11를 참고하여 사용자에 대한 롤 권한을 부여하시오.

```
SQL> GRANT CONNECT, RESOURCE TO STUD;

권한이 부여되었습니다.

SQL>
```

**【예제 19.32】** ▶ SQL 최적화 실습을 위한 plusstrace.sql 파일을 실행하시오.
(폴더 위치 예: /oracle/11g/sqlplus/admin/plustrace.sql)

```
SQL> @plustrce.sql
SQL>
SQL> drop role plustrace;
롤이 삭제되었습니다.

SQL> create role plustrace;
롤이 생성되었습니다.

SQL>
SQL> grant select on v_$sesstat to plustrace;
권한이 부여되었습니다.

SQL> grant select on v_$statname to plustrace;
권한이 부여되었습니다.

SQL> grant select on v_$mystat to plustrace;
권한이 부여되었습니다.

SQL> grant plustrace to dba with admin option;
권한이 부여되었습니다.

SQL>
SQL> set echo off
SQL>
```

| 【예제 19.33】 | ▶ 오라클 사용자 'stud'에게 14장 SQL 최적화 실습을 위한 AUTOTRACE 명령어를 사용할 수 있도록 권한을 부여하시오. |
|---|---|

```
SQL> GRANT plustrace TO stud;

권한이 부여되었습니다.

SQL>
```

※ 권한을 부여하지 않고 "SET AUTOTRACE ON" 명령어를 실행할 경우, 다음과 같은 오류 메시지가 출력된다.

- SP2-0618: 세션 식별자를 찾을 수 없습니다. PLUSTRACE 롤이 사용 가능한 지 점검하십시오
- SP2-0611: STATISTICS 레포트를 사용 가능시 오류가 생겼습니다

## 19.7.5  로그온 실습

생성한 사용자 계정으로 오라클 서버에 접속한다. 개별적인 사용자를 부여할 경우
부여받은 오라클 사용자 계정과 암호로 로그온한다. 호스트 문자열은 오라클 클라이
언트 소프트웨어를 설치하고, "Oracle Net Manager"에서 "서비스이름지정"을 추
가하여 설정한 "호스트이름"이다. (38쪽 그림 2.4 참고).

| 【예제 19.34】 | ▶ SQL*Plus 도구를 이용하여 오라클 서버에 접속하시오. 단, 사용자와 암호는 "stud"과 "pass"이며, 호스트문자열(H)은 ora11임. |
| --- | --- |

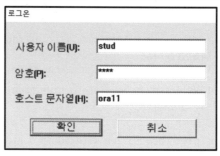

그림 19.8  SQL*Plus 로그온 화면

```
Oracle SQL*Plus                                    —   □   ×
파일(F)  편집(E)  검색(S)  옵션(O)  도움말(H)

SQL*Plus: Release 10.2.0.1.0 - Production on 월 7월 16 15:44:27 2018

Copyright (c) 1982, 2005, Oracle.  All rights reserved.


다음에 접속됨:
Oracle Database 11g Release 11.1.0.6.0 - Production

SQL>
```

그림 19.9  로그온 성공의 초기 화면

# 부록

# 부 록

## I. 견본 데이터베이스 생성 방법

5장부터 18장까지 SQL과 PL/SQL 실습을 위한 견본 데이터베이스 생성 방법입니다.

1. PC에 다운로드할 **sqlSample** 폴더를 생성한다.
2. 홈페이지(http://ibm.ync.ac.kr/~hncho) 자료실(52번) 또는 컴원미디어출판사 **https:**
   **//blog.naver.com/lib365/220104022180**에서 **sqlSample.zip** 파일을 다운로드한다.
3. **sqlSample.zip** 압축 파일을 푼다.

| 파일구성 | 파일명 | 파일 내용 | 실행시기 |
|---|---|---|---|
| 예제용<br>생성 파일 | haksa.sql | 테이블 생성 | 3장과 6장 예제 실습전 실행 |
| | haksa_data.sql | 데이터 저장 | 3장과 6장 예제 실습전 실행 |
| 연습문제용<br>생성 파일 | ec.sql | 테이블 생성 | 6장 연습문제 실습전 실행 |
| | ec_data.sql | 데이터 저장 | 6장 연습문제 실습전 실행 |
| 테이블 삭제 | droptable.sql | 테이블 삭제 | 5장 예제 실습전 실행 |
| 환경설정파일 | glogin.sql | SQL*Plus용 | 3장 예제 3.23에서 사용 |

4. SQL*Plus 도구를 실행하여 오라클 데이터베이스에 접속한다.
5. 【파일】의【열기】메뉴를 클릭하여 "sqlSample" 폴더를 선택하고, "haksa.sql" 파일을 선택한 후 【열기】버튼을 클릭한다.
6. "haksa.sql" 또는 "ec.sql"을 @명령어로 실행하여 테이블을 생성한다.

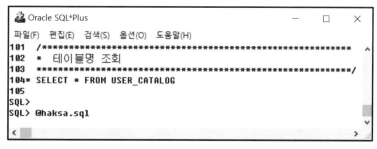

테이블이 생성되면 테이블명이 출력된다.

7. **"haksa_data.sql"** 또는 **"ec_data.sql"** 파일을 @명령어로 실행하여 각 테이 블에 데이터를 저장한다.

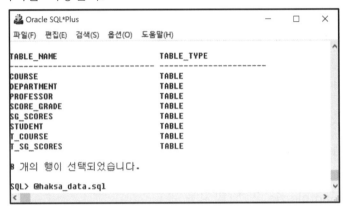

8. 데이터가 저장되면 학과(**Department**) 테이블의 행들이 출력되고, 견본 데이터베이스가 생성된다.

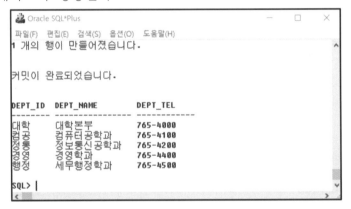

교재에서 사용하는 모든 데이터의 성명, 주민등록번호, 전화번호 등은
단지 실습을 위한 견본 데이터이며,
실제 데이터와는 아무런 관계가 없음을 알립니다.

# II. 연습문제 2 정답 (5장~14장)

- 각장 연습문제2의 정답에 대한 해설은 지면상 생략합니다.
- 각장 연습문제는 다른 처리 방법도 가능하며, 정답은 참고하시기 바랍니다.
- 예제, 연습문제1, 연습문제2를 생략한 경우 결과가 다르게 나올 수 있습니다.

| 문제 | 5장 연습문제-2　정답 |
|------|------------------|
| 1 | CREATE TABLE Board (<br>B_Id　　　　NUMBER(5)　　　PRIMARY KEY,<br>B_Name　　VARCHAR2(20)　　NOT NULL,<br>B_Pwd　　　VARCHAR2(20)　　NOT NULL,<br>B_Email　　VARCHAR2(20)　　NOT NULL,<br>B_Title　　VARCHAR2(80)　　NOT NULL,<br>B_Content　VARCHAR2(2000) NOT NULL,<br>B_Date　　　DATE　　　　　　DEFAULT　　SYSDATE,<br>B_Hit　　　NUMBER(5)　　　DEFAULT　　0,<br>B_Ip　　　VARCHAR2(15)); |
| 2 | ALTER TABLE Board<br>ADD　　(B_Ref　　　NUMBER(5) DEFAULT 0,<br>　　　　B_Step　　NUMBER(5) DEFAULT 0,<br>　　　　B_Order　　NUMBER(5) DEFAULT 0); |
| 3 | ALTER TABLE Board<br>MODIFY (B_Title VARCHAR2(100)); |
| 4 | ALTER TABLE Board<br>MODIFY (B_Pwd VARCHAR2(20) NULL); |
| 5 | ALTER TABLE Board<br>DROP　COLUMN B_Ip; |
| 6 | Describe Board |
| 7 | ① ALTER TABLE EC_MEMBER<br>　　ADD ( CONSTRAINT Member_CK CHECK (UserID BETWEEN 'a' AND 'z'));<br>② INSERT INTO EC_Member (UserID, Passwd, Name, Regist_No, Telephone)<br>　　VALUES ('srlee','1234','이소라','821001-2******','010-1234-1234');<br>③ INSERT INTO EC_Member (UserID, Passwd, Name, Regist_No, Telephone)<br>　　VALUES ('20park','1234','박연수','810604-1******','010-2345-2345'); |
| 8 | ① ALTER　TABLE Board<br>　　RENAME COLUMN B_Step TO B_Level;<br>② Describe Board |
| 9 | ALTER TABLE EC_Order DROP　PRIMARY KEY; |

| 10 | ALTER  TABLE Board<br>MODIFY (B_EMail VARCHAR2(20) CONSTRAINT Board_uk UNIQUE); |
|----|---|
| 11 | RENAME Board TO FREE_Board; |
| 12 | DROP TABLE EC_Basket; |
| 13 | PURGE RECYCLEBIN; |
| 14 | ① COLUMN Position FORMAT 999<br>② SELECT CONSTRAINT_NAME, COLUMN_NAME, POSITION<br>    FROM    USER_CONS_COLUMNS<br>    WHERE   TABLE_NAME ='EC_MEMBER'; |

| 문제 | 6장 연습문제-2  정답 |
|------|---|
| 1 | SELECT  Product_Code,  Product_name,  Standard,  Unit_Price,  Left_Qty, Company<br>FROM    EC_Product<br>WHERE   Company IN ('SAMSUNG', 'Samsung', 'samsung')<br>ORDER   BY 2; |
| 2 | SELECT  Product_Code,  Product_name,  Standard,  Unit_Price,  Left_Qty, Company<br>FROM    EC_Product<br>WHERE   Product_name = '프린터' AND Unit_price >= 500000<br>ORDER   BY 4 DESC; |
| 3 | SELECT Name, Regist_NO, Telephone, TimeStamp<br>FROM    EC_Member<br>WHERE   Name LIKE '정%'; |
| 4 | SELECT Order_NO, Product_Code, Csel, CMoney, CDate<br>FROM    EC_Order<br>WHERE   Csel IN ('현금입금','계좌이체')<br>ORDER   BY 3, 5; |
| 5 | SELECT Product_Code, Product_name, Unit_Price, Left_Qty<br>FROM    EC_Product<br>WHERE   COMPANY = 'HP' AND Product_Name = '프린터'<br>ORDER   BY 3; |
| 6 | SELECT  Product_Code,  Product_Name,  Standard,  Unit_Price,  Left_Qty, Company<br>FROM    EC_Product<br>WHERE   Company NOT IN ('SAMSUNG','Samsung', 'samsung', 'LG전자')<br>ORDER   BY 6, 4; |

| 7 | SELECT Name, Regist_NO, Telephone, Address<br>FROM　　EC_Member<br>WHERE　　Address NOT LIKE '서울%' AND Address NOT LIKE '대구%'<br>ORDER　BY 4; |
|---|---|
| 8 | SELECT　Product_Code,　Product_Name,　Standard,　Unit_Price,　Left_Qty,<br>Company<br>FROM　　EC_Product<br>WHERE　　Left_Qty < 10<br>ORDER　BY 2; |
| 9 | SELECT Name, Regist_No, Telephone, Address<br>FROM　　EC_Member<br>WHERE　　Telephone LIKE '%666%'<br>ORDER　BY 1; |
| 10 | SELECT Name, Regist_No, Telephone, Address, Timestamp<br>FROM　　EC_Member<br>WHERE　　Timestamp > '2018/05/01'<br>ORDER　BY 5; |
| 11 | SELECT　Product_Code,　Product_Name,　Standard,　Unit_Price,　Left_Qty,<br>Company<br>FROM　　EC_Product<br>WHERE　　Product_Name LIKE '노트%'<br>ORDER　BY 6; |
| 12 | SELECT　Product_Code,　Product_Name,　Standard,　Unit_Price,　Left_Qty,<br>Company<br>FROM　　EC_Product<br>WHERE　　Company LIKE 'LG%' AND Unit_Price >= 800000<br>ORDER　BY 1; |
| 13 | SELECT　Product_Code,　Product_Name,　Standard,　Unit_Price,　Left_Qty,<br>Company<br>FROM　　EC_Product<br>WHERE　　Company IS NULL<br>ORDER　BY 1; |
| 14 | SELECT Order_NO, Order_ID, Product_Code, Order_Qty, Cmoney<br>FROM　　EC_Order<br>WHERE　　Product_Code = 'CM01' AND Order_Qty > 1<br>ORDER　BY 2; |
| 15 | SELECT Name, Regist_NO, Telephone, Address<br>FROM　　EC_Member<br>WHERE　　Name　NOT BETWEEN '고' AND '쵸'<br>ORDER　BY 1; |

| 16 | SELECT Course_ID, Student_ID, Score, Score_Assigned<br>FROM   SG_Scores<br>WHERE  Course_ID  IN ('L1011','L1021')<br>ORDER  BY 1,2; |
|----|---|
| 17 | SELECT Student_ID, Course_ID, Score, Score_Assigned<br>FROM   SG_Scores<br>WHERE  NOT Score >= 80; |
| 18 | SELECT Dept_ID, Year, Student_ID, Name, Telephone<br>FROM   Student<br>WHERE  Dept_ID NOT IN ('컴공', '경영')<br>ORDER  BY 1, 3; |

| 문제 | 7장 연습문제-2  정답 |
|------|---|
| 1 | ① dr07-01.sql<br>INSERT INTO T_Course(Course_ID, Title, C_Number, Professor_ID, Course_fees)<br>　　　　　VALUES ('L3001','스프링 프로젝트',3,'P11',50000);<br>INSERT INTO T_Course(Course_ID, Title, C_Number, Professor_ID, Course_fees)<br>　　　　　VALUES ('L3002','모바일프로그래밍',3,'P12',null);<br>INSERT INTO T_Course(Course_ID, Title, C_Number, Professor_ID, Course_fees)<br>　　　　　VALUES ('L3003','데이터베이스튜닝',2,'P13',50000);<br>INSERT INTO T_Course(Course_ID, Title, C_Number, Professor_ID, Course_fees)<br>　　　　　VALUES ('L3004','빅데이터 개론',2,'P14',30000);<br><br>② SELECT * FROM T_Course; |
| 2 | ① dr07-02.sql<br>INSERT INTO T_SG_Scores (Student_ID, Course_ID,Score_Assigned)<br>　　　　　VALUES ('C1801','L3001','18/02/23');<br>INSERT INTO T_SG_Scores (Student_ID, Course_ID,Score_Assigned)<br>　　　　　VALUES ('C1801','L3002','18/02/23');<br>INSERT INTO T_SG_Scores (Student_ID, Course_ID,Score_Assigned)<br>　　　　　VALUES ('C1801','L3003','18/02/23');<br>INSERT INTO T_SG_Scores (Student_ID, Course_ID,Score_Assigned)<br>　　　　　VALUES ('C1801','L3004','18/02/23');<br>INSERT INTO T_SG_Scores (Student_ID, Course_ID,Score_Assigned)<br>　　　　　VALUES ('C1802','L3001','18/02/24');<br>INSERT INTO T_SG_Scores (Student_ID, Course_ID,Score_Assigned)<br>　　　　　VALUES ('C1802','L3002','18/02/24');<br>INSERT INTO T_SG_Scores (Student_ID, Course_ID,Score_Assigned)<br>　　　　　VALUES ('C1802','L3003','18/02/24');<br>INSERT INTO T_SG_Scores (Student_ID, Course_ID,Score_Assigned)<br>　　　　　VALUES ('C1802','L1051','18/02/24'); |

| | |
|---|---|
| | ② SELECT * FROM T_SG_Scores ORDER BY 1, 2; |
| 3 | UPDATE T_SG_Scores<br>SET     Course_ID = 'L3004'<br>WHERE   Student_ID = 'C1802' AND Course_ID = 'L1051'; |
| 4 | ① dr07-04-1.sql<br>UPDATE T_SG_Scores<br>SET     Score = 98, Score_Assigned = '2018/06/28'<br>WHERE   Student_ID = 'C1801' AND Course_ID = 'L3001';<br>UPDATE T_SG_Scores<br>SET     Score = 87, Score_Assigned = '2018/06/28'<br>WHERE   Student_ID = 'C1801' AND Course_ID = 'L3002';<br>UPDATE T_SG_Scores<br>SET     Score = 92, Score_Assigned = '2018/06/28'<br>WHERE   Student_ID = 'C1801' AND Course_ID = 'L3003';<br>UPDATE T_SG_Scores<br>SET     Score = 89, Score_Assigned = '2018/06/28'<br>WHERE   Student_ID = 'C1801' AND Course_ID = 'L3004';<br>UPDATE T_SG_Scores<br>SET     Score = 88, Score_Assigned = '2018/06/28'<br>WHERE   Student_ID = 'C1802' AND Course_ID = 'L3001';<br>UPDATE T_SG_Scores<br>SET     Score = 92, Score_Assigned = '2018/06/28'<br>WHERE   Student_ID = 'C1802' AND Course_ID = 'L3002';<br>UPDATE T_SG_Scores<br>SET     Score = 93, Score_Assigned = '2018/06/28'<br>WHERE   Student_ID = 'C1802' AND Course_ID = 'L3003';<br>UPDATE T_SG_Scores<br>SET     Score = 97, Score_Assigned = '2018/06/28'<br>WHERE   Student_ID = 'C1802' AND Course_ID = 'L3004';<br><br>② SELECT * FROM T_SG_Scores ORDER BY 1, 2; |
| 5 | DELETE FROM T_Course<br>WHERE Course_ID = 'L2033'; |
| 6 | UPDATE T_Course<br>SET     Course_fees = 30000<br>WHERE   Course_ID   = 'L1031'; |
| 7 | ① COMMIT;<br>② SET AUTOCOMMIT OFF |
| 8 | DELETE FROM T_Course<br>WHERE   Course_ID LIKE 'L4%'; |
| 9 | ROLLBACK; |

| 번호 | 8장 연습문제-2 정답 |
|------|---------------------|
| 1 | SELECT Name, SUBSTR(nAME, 1,1) "성", Telephone, Address<br>FROM    EC_member<br>WHERE   Address LIKE '서울%'<br>ORDER   BY 1; |
| 2 | SELECT Product_Code, Product_Name, Standard, CONCAT(Left_Qty, Unit) "재고수량",<br>Company<br>FROM    EC_product<br>WHERE   Product_Name LIKE '%컴퓨터%'<br>ORDER   BY 2; |
| 3 | SELECT Order_ID, Product_Code, CMoney, CDate "결제일자",<br>        TO_CHAR(Cdate, 'YYYY/MM') "결제년월"<br>FROM    EC_Order<br>WHERE   CDate IS NOT NULL AND CMoney >= 1000000<br>ORDER   BY CDate; |
| 4 | SELECT Name, Regist_NO, TimeStamp "가입일자",<br>        Trunc(MONTHS_Between(Current_DATE, Timestamp) / 12) \|\| '년 ' \|\|<br>        MOD(Trunc(MONTHS_Between(Current_DATE, Timestamp)),12) \|\| '월' AS 가입기간,<br>        CURRENT_DATE "기준일자"<br>FROM    EC_MEMBER<br>WHERE   Trunc(MONTHS_Between(Current_DATE, Timestamp) / 12) >= 1<br>ORDER   BY 1; |
| 5 | SELECT Order_ID, CMoney, Csel, Cdate,<br>        EXTRACT(YEAR FROM CDATE) "결제년도",<br>        EXTRACT(MONTH FROM CDATE) "결제 월"<br>FROM    EC_Order<br>WHERE   CDATE IS NOT NULL AND Csel = '신용카드'<br>ORDER   BY 4; |
| 6 | ① UPDATE T_SG_Scores<br>    SET    Grade = CASE WHEN Score BETWEEN 95 AND 100 THEN 'A+'<br>                     WHEN score BETWEEN 90 and  94 THEN 'A '<br>                     WHEN score BETWEEN 85 and  89 THEN 'B+'<br>                     WHEN score BETWEEN 80 and  84 THEN 'B '<br>                     WHEN score BETWEEN 75 and  79 THEN 'C+'<br>                     WHEN score BETWEEN 70 and  74 THEN 'C '<br>                     WHEN score BETWEEN 65 and  69 THEN 'D+'<br>                     WHEN score BETWEEN 60 and  64 THEN 'D '<br>                                    ELSE 'F '<br>                  END<br>    WHERE  Grade IS NULL; |

| | |
|---|---|
| | ② SELECT * FROM T_SG_Scores;<br>③ COMMIT; |
| 7 | SELECT Student_ID, Course_ID, Score, Floor(Score/5) "몫", MOD(Score, 5) "나머지"<br>FROM    T_SG_Scores<br>WHERE   Student_ID = 'C1801'<br>ORDER   BY 3 DESC; |
| 8 | SELECT Student_ID, Course_ID, Grade,<br>        CASE Grade WHEN 'A+' THEN '4.5'   WHEN 'A ' THEN '4.0'<br>                   WHEN 'B+' THEN '3.5'   WHEN 'B ' THEN '3.0'<br>                   WHEN 'C+' THEN '2.5'   WHEN 'C ' THEN '2.0'<br>                   WHEN 'D+' THEN '1.5'   WHEN 'D ' THEN '1.0'<br>                             ELSE '0.0'<br>        END "평점"<br>FROM    T_SG_Scores<br>WHERE   Student_ID = 'C1801'; |
| 9 | SELECT Course_ID, Title, C_Number, Professor_ID, NVL(Course_fees, 0)<br>FROM    T_Course<br>WHERE   Course_fees IS NULL; |
| 10 | ① ALTER SESSION SET NLS_DATE_FORMAT = 'YYYY/MM/DD HH24:MI:SS';<br><br>② SELECT CURRENT_DATE "기준일자와 기준시간", CURRENT_DATE + 5 "5일 후",<br>         CURRENT_DATE + 4/24 "4시간 후"      FROM    DUAL; |
| 11 | SELECT Product_Code, Product_Name, Unit_Price, Company<br>FROM    EC_Product<br>ORDER   BY CASE Product_Name WHEN '개인용컴퓨터' THEN 1<br>                            WHEN '노트북컴퓨터' THEN 2<br>                            WHEN '프린터'       THEN 3<br>                            WHEN 'TV'         THEN 4<br>                                              ELSE 5<br>           END, 3 Desc; |

| 번호 | 9장 연습문제-2  정답 |
|---|---|
| 1 | SELECT TO_CHAR(Cdate, 'YYYY/MM') "결제년월", Count(2) "주문건수",<br>       SUM(Order_QTY) "주문수량 합계", SUM(CMONEY) "결제합계"<br>FROM    EC_ORDER<br>WHERE   Cdate IS NOT NULL<br>GROUP   BY TO_CHAR(Cdate, 'YYYY/MM')<br>ORDER   BY 1; |

| 2 | SELECT DECODE(SUBSTR(REGIST_NO,8,1),1, '남자', 2, '여자', 3, '남자', 4, '여자') "성별", COUNT(*) "회원수"<br>FROM    EC_Member<br>GROUP BY DECODE(SUBSTR(REGIST_NO,8,1),1, '남자', 2, '여자', 3, '남자', 4, '여자'); |
|---|---|
| 3 | SELECT TO_CHAR(Cdate, 'YYYY/MM') "결제년월", MAX(CMoney) "결제최대금액"<br>FROM    EC_ORDER<br>WHERE   CDate IS NOT NULL<br>GROUP  BY TO_CHAR(Cdate, 'YYYY/MM')<br>ORDER  BY 1; |
| 4 | SELECT CASE GROUPING_ID(Order_ID, Product_Code) WHEN 1 THEN NULL<br>                                        ELSE   Order_ID<br>        END "주문자_ID",<br>        CASE GROUPING_ID(Order_ID, Product_Code) WHEN 1 THEN '    소계'<br>                              WHEN 3 THEN '전체합계'<br>                                ELSE Product_Code<br>        END "주문상품",<br>        COUNT(*) "구매횟수", SUM(Cmoney) "결제금액"<br>FROM    EC_Order<br>WHERE   CDate IS NOT NULL<br>GROUP  BY ROLLUP(Order_ID, Product_Code)<br>ORDER  BY Order_ID; |
| 5 | SELECT Order_ID, Product_Code, SUM(Cmoney) "결제금액"<br>FROM    EC_Order<br>WHERE   CDate IS NOT NULL<br>GROUP  BY GROUPING SETS (Order_ID, Product_Code)<br>ORDER  BY 1, 2; |
| 6 | SELECT Order_ID, CDate "결제일자", Csel "결제방법", CMoney "결제금액",<br>        DENSE_RANK() OVER(ORDER BY CMoney DESC) "순위"<br>FROM    EC_Order<br>WHERE   CDate IS NOT NULL<br>ORDER  BY 4 DESC; |
| 7 | SELECT Student_ID, Count(1) "과목수", SUM(Score) "총점", AVG(Score) "평균"<br>FROM    T_SG_Scores<br>WHERE   Score IS NOT NULL<br>GROUP  BY Student_ID<br>Order  BY 3 DESC; |
| 8 | SELECT Student_ID, SUM(Score) "총점", TO_CHAR(AVG(Score), '99.9') "평균",<br>        RANK() OVER (ORDER BY AVG(Score) DESC) "석차"<br>FROM    SG_Scores<br>GROUP  BY Student_ID<br>ORDER  BY 4; |

| 9 | ① SELECT COUNT(*) "총게시물수" FROM   Free_Board;<br>② SELECT CASE WHEN MAX(B_ID) IS NULL THEN 1<br>                 ELSE MAX(B_ID) + 1<br>    END "게시물번호"<br>   FROM   Free_Board; |
|---|---|

| 번호 | 10장 연습문제-2  정답 |
|---|---|
| 1 | SELECT Name, Regist_No, O.Product_Code, Order_Qty, Cmoney<br>FROM   EC_Member M  INNER JOIN EC_Order O ON (M.UserID = O.Order_ID)<br>ORDER  BY 1; |
| 2 | SELECT Name, Regist_No, Telephone<br>FROM   EC_Member M  LEFT OUTER JOIN EC_Order O ON (M.UserID = O.Order_ID)<br>WHERE  O.Order_ID is NULL<br>ORDER  BY 1; |
| 3 | SELECT Name, Regist_No, Product_Name, Order_Qty, Unit_Price, SUBSTR(Address, 1,2) "거주지"<br>FROM   EC_Member M  INNER JOIN EC_Order O   ON (M.UserID = O.Order_ID)<br>          INNER  JOIN  EC_Product  P  ON  (O.Product_Code  =  P.Product_Code)<br>WHERE   Address LIKE '서울%'<br>ORDER  BY 1; |
| 4 | SELECT Dept_ID, Year, TS.Student_ID, Name, TS.Course_ID, Title, C_Number<br>FROM   T_SG_Scores TS, Student S, T_Course TC<br>WHERE  TS.Student_ID = S.Student_ID<br>  AND  TS.Course_ID = TC.Course_ID<br>  AND  TS.Student_ID = 'C1801'<br>ORDER  BY 5; |
| 5 | SELECT Dept_ID, Year, Student_ID, Name, Course_ID,<br>    Title, C_Number, Grade<br>FROM   T_SG_Scores  INNER JOIN Student  USING (Student_ID)<br>         INNER JOIN T_Course USING (Course_ID)<br>WHERE  Student_ID = 'C1801'<br>ORDER  BY 5; |
| 6 | SELECT Student_ID, Course_ID, Title, C_Number "학점", Grade,<br>    CASE Grade WHEN 'A+' THEN 4.5  WHEN 'A ' THEN 4.0<br>         WHEN 'B+' THEN 3.5  WHEN 'B ' THEN 3.0<br>         WHEN 'C+' THEN 2.5  WHEN 'C ' THEN 2.0<br>         WHEN 'D+' THEN 1.5  WHEN 'D ' THEN 1.0<br>           ELSE 0.0<br>    END "등급평점", |

|   |   |
|---|---|
|   | CASE Grade WHEN 'A+' THEN 4.5  WHEN 'A ' THEN 4.0<br>                         WHEN 'B+' THEN 3.5  WHEN 'B ' THEN 3.0<br>                         WHEN 'C+' THEN 2.5  WHEN 'C ' THEN 2.0<br>                         WHEN 'D+' THEN 1.5  WHEN 'D ' THEN 1.0<br>                                    ELSE 0.0<br>        END * C_Number "과목평점"<br>FROM   T_SG_Scores INNER JOIN  Student  USING (Student_ID)<br>                       INNER JOIN  T_Course USING (Course_ID)<br>WHERE   Student_ID = 'C1802'<br>ORDER  BY Course_ID; |
| 7 | SELECT Dept_ID, Year, Student_ID, Name, Count(1) "과목수", SUM(Score) "총점",<br>       TO_CHAR(ROUND(AVG(Score),2), '999.99') "평균"<br>FROM   T_SG_Scores SG INNER JOIN Student S USING (Student_ID)<br>WHERE   Score IS NOT NULL<br>GROUP  BY Dept_ID, Year, Student_ID, Name<br>Order  BY 3 DESC; |
| 8 | SELECT Dept_Name "소속" , decode(Duty,'총장',''<br>                               ,'학과장',' L_____'<br>                               , NULL, '              L____') || Duty ||<br>       ' ' || Name || ' ' ||Position "직책 및 성명"<br>FROM   Professor P INNER JOIN Department D ON (P.Dept_ID    = D.Dept_ID)<br>START  WITH mgr is NULL<br>CONNECT BY prior Professor_id = Mgr; |
| 9 | SELECT Course_ID, Title, C_Number<br>FROM    Course<br>INTERSECT<br>SELECT Course_ID, Title, C_Number<br>FROM    SG_Scores INNER JOIN Course USING (Course_ID)<br>ORDER  BY 1; |
| 10 | SELECT Course_ID, Title, C_Number<br>FROM    SG_Scores INNER JOIN Course USING (Course_ID)<br>WHERE   Student_ID LIKE 'C18%'<br>UNION<br>SELECT Course_ID, Title, C_Number<br>FROM    SG_Scores INNER JOIN Course USING (Course_ID)<br>WHERE   Student_ID LIKE 'C17%'<br>MINUS<br>SELECT Course_ID, Title, C_Number<br>FROM    SG_Scores INNER JOIN Course USING (Course_ID)<br>WHERE   Student_ID LIKE 'C16%'<br>ORDER BY 1; |

| 번호 | 11장 연습문제-2　정답 |
|---|---|
| 1 | ```sql
SELECT Order_ID, Product_Code, (SELECT COUNT(*)
                                FROM    EC_Order A
                                WHERE   A.Product_code = B.Product_code
                               ) "동일상품_구매자수"
FROM    EC_Order B
WHERE   Order_ID = 'jupark';
``` |
| 2 | ```sql
① UPDATE EC_Member M
   SET    BuyCash = BuyCash +
                    (SELECT SUM(CMoney)
                     FROM    EC_Order O
                     WHERE   O.Order_ID = M.UserID
                     AND     CDate BETWEEN '2018/01/01' AND '2018/07/30'
                     AND     Gubun IN ('배달','결제'));

② SELECT UserID, Name, TO_CHAR(BuyCash, 'L99,999,999')
   FROM    EC_Member
   WHERE   Buycash IS NOT NULL;
``` |
| 3 | ```sql
SELECT ROWNUM "순위", a.*
FROM    (SELECT Name "회원명", SUM(CMoney) "결제합계금액"
         FROM    EC_Order O INNER JOIN EC_Member M ON O.Order_ID= M.UserID
         GROUP   BY Name
         ORDER   BY 2 DESC ) a
WHERE   ROWNUM <= 5;
``` |
| 4 | ```sql
SELECT ROWNUM "순위", a.*
FROM    (SELECT Product_Code, Product_Name, Order_QTY, Csel, CMoney, CDate
         FROM    EC_Order INNER JOIN EC_Product USING (Product_Code)
         WHERE   CMoney IS NOT NULL AND CDate IS NOT NULL
         ORDER   BY CDate DESC ) a
WHERE   ROWNUM <= 5;
``` |
| 5 | ```sql
① SELECT AVG(Course_Fees) FROM T_Course;
② SELECT *
   FROM    Course
   WHERE   Course_Fees >= (SELECT AVG(Course_Fees) FROM   Course)
   ORDER   BY 1;
``` |
| 6 | ```sql
SELECT *
FROM    T_Course
WHERE   Course_ID  LIKE 'L1%'
  AND   Course_fees > ANY ( SELECT Course_fees
                            FROM    T_Course )
ORDER   BY Course_Fees Desc;
``` |

| | |
|---|---|
| 7 | SELECT Course_ID, Student_ID, Score, Score_Assigned<br>FROM    T_SG_Scores<br>WHERE   (Course_ID, Score) IN ( SELECT Course_ID, MAX(Score)<br>                                    FROM    T_SG_Scores<br>                                    WHERE   TO_CHAR(Score_Assigned, 'YY/MM') = '18/06'<br>                                    GROUP  BY Course_ID )<br>ORDER  BY Course_ID; |
| 8 | SELECT *<br>FROM    T_Course C<br>WHERE   EXISTS  (SELECT *<br>                    FROM    T_SG_Scores SG<br>                    WHERE   SG.Course_ID = C.Course_ID); |
| 9 | SELECT *<br>FROM    T_Course C<br>WHERE   NOT EXISTS  ( SELECT *<br>                        FROM    T_SG_Scores SG<br>                        WHERE   SG.Course_ID = C.Course_ID )<br>ORDER  BY 1; |
| 10 | ① CREATE TABLE SG_Score_2018<br>    AS<br>      SELECT  *<br>      FROM    SG_Scores<br>      WHERE   TO_CHAR(Score_Assigned, 'YY') = '18'<br>        AND   Score IS NOT NULL;<br><br>② SELECT Student_ID, Course_ID, Score, Grade, Score_Assigned<br>    FROM    SG_Score_2018<br>    ORDER  BY 1, 2; |
| 11 | INSERT INTO T_Course<br>  SELECT *<br>  FROM    Course<br>  WHERE   Course_Fees IS NULL; |
| 12 | SELECT ROWNUM "순위", a.*<br>FROM  (SELECT Dept_ID, student_ID, Name, COUNT(Course_ID), ROUND(AVG(Score),2) "평균"<br>          FROM    SG_Scores INNER JOIN Student USING (Student_ID)<br>          GROUP  BY dept_ID, Student_ID, Name<br>          HAVING COUNT(Course_ID) > 3<br>          ORDER  BY 5 DESC )a<br>WHERE    ROWNUM <= 3; |

| 13 | ```
SELECT *
FROM    (SELECT Title, Grade
          FROM    SG_Scores INNER JOIN Course USING (Course_ID) )
PIVOT  (
         COUNT(*)
         FOR  grade IN ('A+', 'A ', 'B+', 'B ', 'C+', 'C ', 'D+', 'D ', 'F ')
         )
ORDER BY 1;
``` |

| 번호 | 12장 연습문제-2　정답 |
| --- | --- |
| 1 | ```
CREATE SEQUENCE Board_Id_Seq
 START WITH   100
 MAXVALUE    9999;
``` |
| 2 | SELECT Board_ID_Seq.NEXTVAL FROM DUAL; |
| 3 | ```
① INSERT INTO Free_Board
   (B_ID, B_Name, B_Pwd,B_Email, B_Title, B_content)
   VALUES
   (Board_Id_Seq.NextVAL,'박세우','1234','park@test.com','질문-1',
    '인덱스를 왜 생성하나요?');
② INSERT INTO Free_Board
   (B_ID, B_Name, B_Pwd,B_Email, B_Title, B_content)
   VALUES
   (Board_Id_Seq.NextVAL,'김미선','1234','kim@test.com', '질문-2',
    '뷰의 장점은 무엇인가요?');
③ INSERT INTO Free_Board
   (B_ID, B_Name, B_Pwd,B_Email, B_Title, B_content)
   VALUES
   (Board_Id_Seq.NextVAL,'강준상','1234','kang@test.com','질문-3',
    '시퀀스의 용도를 알고 싶어요?');
``` |
| 4 | ```
SELECT B_ID, B_Name, B_title, B_content
FROM    Free_Board;
``` |
| 5 | ```
CREATE VIEW Course_Srch_Professor
AS
    SELECT Professor_ID, name, Dept_ID, Course_ID, title, C_Number, Course_fees
    FROM    Course INNER JOIN Professor USING (Professor_ID);
``` |
| 6 | ```
SELECT *
FROM    Course_Srch_Professor
WHERE   Professor_ID = 'P13';
``` |

| 7 | CREATE VIEW T_SG_Scores_View<br>AS<br>    SELECT Student_ID, Course_ID, Score, Grade, Score_Assigned<br>    FROM   T_SG_Scores  WITH READ ONLY; |
|---|---|
| 8 | INSERT INTO T_SG_Scores_View<br>(Student_ID, Course_ID, Score, Score_Assigned)<br>VALUES<br>('B1701','L1061',92,'18/06/28'); |
| 9 | ① CREATE VIEW Student_comm_view<br>   AS<br>    SELECT Dept_ID, Year, Student_ID, Name, ID_Number, Telephone<br>    FROM    Student<br>    WHERE  Dept_ID = '정통'  WITH CHECK OPTION;<br><br>② SELECT * FROM   Student_Comm_View; |
| 10 | UPDATE Student_Comm_View<br>SET   Dept_ID = '컴공'<br>WHERE  Student_ID = 'T1801'; |

| 번호 | 13장 연습문제-2   정답 |
|---|---|
| 1 | CREATE INDEX EC_Product_Name_Index<br>    ON EC_Product(Product_Name); |
| 2 | SELECT INDEX_NAME, INDEX_TYPE, TABLE_NAME<br>FROM   USER_INDEXES<br>WHERE   TABLE_NAME = 'EC_PRODUCT'; |
| 3 | SELECT INDEX_NAME, COLUMN_NAME<br>FROM    USER_IND_COLUMNS<br>WHERE   TABLE_NAME='SG_SCORES'; |
| 4 | CREATE INDEX Student_Deptid_Name_Inx<br>    ON Student(Dept_ID, Name); |
| 5 | SELECT Dept_ID, Student_ID, Name, ID_Number, Telephone<br>FROM    Student<br>WHERE  (Dept_ID, Name) IN (('컴공','김대현'), ('행정','이미나')); |
| 6 | CREATE INDEX Course_domain_Inx<br>    ON Course(Title) INDEXTYPE IS CTXSYS.CONTEXT; |

| 7 | SELECT * <br> FROM    Course <br> WHERE   CONTAINS (Title, 'S% OR 데%') > 0; |
|---|---|
| 8 | DROP INDEX Course_domain_Inx; |
| 9 | ALTER    INDEX Student_Deptid_Name_Inx <br> REBUILD NOREVERSE; |
| 10 | SELECT COLUMN_NAME, NUM_DISTINCT, DENSITY, NUM_NULLS <br> FROM    USER_TAB_COL_STATISTICS <br> WHERE   TABLE_NAME = 'SG_SCORES' <br> ORDER   BY 3; |

| 번호 | 14장 연습문제-2   정답 |
|---|---|
| 1 | SET AUTOTRACE ON |
| 2 | SELECT CASE GROUPING(TO_CHAR(CDate, 'YY/MM')) WHEN 1 THEN '합계금액' <br>                                           ELSE TO_CHAR(CDate, 'YY/MM') <br>         END "결제년월", SUM(Cmoney) <br> FROM    EC_Order <br> WHERE   CDate IS NOT NULL <br> GROUP   BY ROLLUP(TO_CHAR(CDate, 'YY/MM')) <br> ORDER   BY 1; |
| 3 | ① SET TIMING OFF <br> ② SET AUTOTRACE OFF |
| 4 | EXPLAIN PLAN <br> FOR <br>     SELECT UserID, Name, Timestamp <br>     FROM    EC_Member <br>     MINUS <br>     SELECT ORDER_ID, Name, TimeStamp <br>     FROM    EC_Order O INNER JOIN EC_Member M ON O.Order_ID = M.UserID; |
| 5 | SELECT * FROM TABLE(DBMS_XPLAN.DISPLAY); |
| 6 | ① 조인 기법 : HASH JOIN <br> ② 조인 순서 : PROFESSOR, COURSE 테이블순 <br> ③ 액세스 경로 :  - Professor 테이블 : TABLE ACCESS FULL <br>                         - Course   테이블 : TABLE ACCESS FULL |
| 7 | 실행순서: ( 6 ) → ( 7 ) → ( 5 ) → ( 3 ) → ( 2 ) → ( 4 ) → ( 1 ) → 0 |

| 8 | `SELECT /*+ FIRST_ROW(5) */ ROWNUM "순위", a.*`<br>`FROM    (SELECT Product_Code, Product_Name, Order_QTY, Csel, CMoney, CDate`<br>`         FROM    EC_Order INNER JOIN EC_Product USING (Product_Code)`<br>`         WHERE   CMoney IS NOT NULL AND CDate IS NOT NULL`<br>`         ORDER   BY CDate DESC ) a`<br>`WHERE   ROWNUM <= 5;` |
|---|---|
| 9 | ( 5 ) 행. |
| 10 | `SELECT /*+ NO_USE_HASH_AGGREATION */`<br>`        CASE GROUPING_ID(Order_ID, Product_Code) WHEN 1 THEN NULL`<br>`                                                ELSE  Order_ID`<br>`        END "주문자_ID",`<br>`        CASE GROUPING_ID(Order_ID, Product_Code) WHEN 1 THEN '    소계'`<br>`                                                WHEN 3 THEN '전체합계'`<br>`                                                ELSE Product_Code`<br>`        END "주문상품",`<br>`        COUNT(*) "구매횟수", SUM(Cmoney) "결제금액"`<br>`FROM    EC_Order`<br>`WHERE   CDate IS NOT NULL`<br>`GROUP   BY ROLLUP(Order_ID, Product_Code)`<br>`ORDER   BY Order_ID;` |

# 찾아보기

[개정판]

# 오라클 DATABASE 11g와
## 함께하는
# SQL과 PL/SQL

© 조행남, 2018

**1판 1쇄 발행**__2018년 09월 15일
**1판 2쇄 발행**__2020년 03월 05일

**지은이**__조행남
**펴낸이**__홍정표

**펴낸곳**__컴원미디어
　　　　등록__제324-2007-00015호
　　　　이메일__edit@gcbook.co.kr

**공급처**__(주)글로벌콘텐츠출판그룹
　　　　**대표**__홍정표
　　　　**편집디자인**__김미미 김봄 이예진 **기획·마케팅**__노경민 이종훈
　　　　**주소**__서울특별시 강동구 풍성로 87-6 201호
　　　　**전화**__02) 488-3280　**팩스**__02) 488-3281
　　　　**홈페이지**__http://www.gcbook.co.kr

**값** 25,000원
ISBN 978-89-92475-82-2 93000